VELASQUEZ

委拉斯贵支

VELASQUEZ

委拉斯贵支

凝练世间繁华

背后的真实

[法] 伊夫·博蒂诺（Yves Bottineau）著

黄磊 译

CITADELLES & MAZENOD

華中科技大學出版社
http://www.hustp.com
中国·武汉

有书至美
BOOK & BEAUTY

谨以此书献给玛丽-加布丽埃勒，我挚爱的却为生活所伤的外孙女。

——伊夫·博蒂诺

原著的出版得到了法国国家图书中心的资助以及巴黎威尔顿斯坦研究院的支持。

Avec le soutien du
CNL Centre national du livre

目录

前言

谈及伊夫·博蒂诺（Yves Bottineau，1925—2008年）的辉煌生涯，便是再忆起一位在法国致力于传播17至18世纪西班牙历史、文化与艺术的谦逊学人的一生。学者、高校学生、他的西班牙友人以及所有在不同程度上参与西班牙文化生活的人，都对他倍加尊敬并给予高度评价。他百科全书式的学识与他的谦恭，并不会让人忘记他为艺术史，尤其是西班牙艺术史所做出的巨大贡献，以及他在工艺美术史研究上的造诣。

作为一名毕业于卢浮宫学院和法国宪章学院，并曾在马德里西班牙高等研究院（委拉斯贵支之家）研修过的古文字档案的专家和文学博士，他在博物馆收藏、高等教育、著书立说之间展开他的职业生涯。

在被任命为卢浮宫博物馆工艺美术部助理馆员（1951—1953年）、馆员（1953—1962年）后，他担任了法国博物馆总督察一职。曾为美国耶鲁大学“福西永学人”（1964年）和访问学者（1968年）的伊夫·博蒂诺，也是克莱蒙费朗大学人文学院（1962—1968年）、巴黎第十大学（1968—1993年）以及卢浮宫学院（1985—1988年）的艺术史教授。他还担任过凡尔赛宫与特里亚农宫博物馆主任馆员（1986—1989年）。

身为巴黎第十大学荣休教授（1993年）、法国博物馆总督察的他，也是马德里与里斯本美术学院的通讯院士。作为法国荣誉军团骑士勋章、棕榈叶军官勋章以及文学与艺术骑士勋章的获得者，他也曾接受过西班牙国王颁发的美术金质奖章，并被马德里康普顿斯大学授予名誉博士学位。

除了关于金银器及装饰艺术的一些论著，他多产的著述以研究西班牙艺术与历史为主，如《西班牙》（*L'Espagne*，1955年初版、1988年再版）、《葡萄牙》（*Le Portugal*，1956年初版、1989年再版）、《腓力五世时期的西班牙宫廷艺术（1700—1746年）》（*L'Art de cour dans l'Espagne de Philippe V, 1700—1746*，1962年初版、1993年修订版）、《圣雅各朝圣之路》（*Les Chemins de Saint-Jacques*，1964年初版、1983年再版）、《伊比利亚巴洛克：西班牙、葡萄牙、拉丁美洲》（*Baroque ibérique. Espagne, Portugal, Amérique latine*，1969年）、《葡萄牙及其海上使命》（*Le Portugal et sa vocation maritime*，1977年）、《启蒙时期的西班牙宫廷艺术（1746—1808年）》（*L'Art de cour dans l'Espagne des Lumières, 1746—1808*，1986年）、《西班牙波旁王朝（1700—1808年）》（*Les Bourbons d'Espagne, 1700—1808*，1994年）以及《委拉斯贵支》（*Vélasquez*，1998年）。

在迭戈·委拉斯贵支（Diego Vélasquez，1599—1660年）诞辰400周年前一年，Citadelles & Mazenod出版社邀请伊夫·博蒂诺在“灯塔”丛书中出版一部关于这位腓力四世（Philippe IV）的宫廷画家的专著，并将与画家生平和画作相关的最新研究发现纳入其中。伊夫·博蒂诺这部插图丰富的著作自此成为法语学界关于委拉斯贵支的首项大型研究成果。

早在1955年出版第一本著作《西班牙》之时，伊夫·博蒂诺就以一句“他的大名让其他人黯然失色”对委拉斯贵支赞赏不已。1969年，他撰写了Flammarion出版社著名的“绘画全集”丛书中《委拉斯贵支》（*Vélasquez*）一书的导言，图录则由彼得罗·玛丽亚·巴尔迪（Pietro Maria Bardi）编纂。在他最后一部巨著《委拉斯贵支》的介绍中，伊夫·博蒂诺是这样定义这部曾于1998年荣获法国《美术杂志》（*Beaux-Arts Magazine*）“读者奖”的著作的：“一部由法国人按照自己的艺术史观书写的专著，一方面把历史同严

图19
《圣鲁菲娜》
1629—1632年
布面油画
74厘米×64厘米
塞维利亚，迭戈·委拉斯贵支研究中心，
阿文戈亚塞维利亚文化基金会

图20
《圣母无染原罪》
约1618年
布面油画
142厘米×98.5厘米
塞维利亚，迭戈·委拉斯贵支研究中心，阿文戈亚塞维利亚文化基金会

谨、感性相结合，另一方面摒弃过于抽象的论述、令人厌烦的深奥细节铺陈以及对美的遗忘。”[1]

这本概括艺术家生平与作品的书，汇集了当时最新的研究发现，它不仅着眼于委拉斯贵支的职业生涯及其令人惊叹的艺术创新这些已为大家所熟知的领域，还从画家戏剧化的社会上升历程这一大众相对陌生的层面巧妙切入。成为塞维利亚的一名年轻画师后，委拉斯贵支不懈地追逐着名誉。在被任命为国王腓力四世的“宫廷画家”后，他还将晋升为“大元帅”，成为宫廷中显赫的官员之一；1658年，在经历了漫长的调查后，他最终被任命为享有盛名的圣地亚哥骑士团骑士。画家能够加入骑士团多亏了教宗英诺森十世（Innocent X）的介入，他于1650年为教宗绘制过惟妙惟肖的画像。作为外交官的委拉斯贵支，曾在艺术之都罗马为腓力四世收购古今雕塑，以及当时居住在罗马城内的佛兰德斯、法国和意大利绘画大师的作品。作为画家和装饰师，委拉斯贵支将伟大的意大利巴洛克艺术引介到马德里的王宫别馆：丽池宫、猎亭，尤其值得一提的马德里老王宫装饰。王宫内的镜厅可与凡尔赛宫镜厅相媲美。在集宫殿与修道院于一身的埃斯科里亚尔，他设计了哈布斯堡王朝的先王祠，日后这一王室墓祠也为西班牙波旁王朝所袭用。

特别值得关注的是，作者凭借对欧洲王室历史的熟稔，在精确还原作品创作背景的基础上进行了细致的绘画分析。我们由此可以看到年轻的画家逐渐放弃明暗对照法以及青年时期在塞维利亚经常描绘的平民题材，继而走上截然不同的艺术道路。1623年定居宫廷后，他深入人性与真实心理的表达，在为西班牙王室和达官显贵创作肖像的同时，也描绘侏儒弄臣。他绘制的历史与神话题材也新意别出。画家的用色渐显明亮，笔法也变得格外轻盈。

伊夫·博蒂诺在这本精美的书中呈现了一部资料翔实的委拉斯贵支生活史、职业生涯史和创作史。这部已是各大图书馆必藏参考书的著作如今增订再版，将会成为艺术史学家、高校学生、专家、科研人员以及所有希望走入这位西班牙卓越画家独一无二的艺术世界的美术爱好者之必备文献。

为了尊重伊夫·博蒂诺教授出色的工作成果，增订版的文本，尤其是与画作鉴定相关的部分，几乎都未加改动。至于原有的行文安排，作者在文中大多已阐述缘由，在此亦不作变动。我仅对注释部分作了不少增补：在让条目变得简洁明了的同时，主要是补充了1998年以后为纪念委拉斯贵支诞辰400周年（1999年）而出版的众多最新研究成果。这些增补主要是关于作品的收藏历史、收藏地点以及创作年代问题，尤其是两幅意大利风景画（图235、图237）的相关信息。另外，增补还涉及模特儿身份问题，譬如发现“教宗理发师”其实是圣座国务院的教会法官费尔迪南多·布兰达尼[2]（Ferdinando Brandani）。伊夫·博蒂诺教授的《委拉斯贵支》是一部传记而非作品目录。因此，在我看来并不适合在书中加入那些最近被认为是委拉斯贵支的真迹但尚未得到学界公认的画作。关于这些作品可以参见何塞·洛佩斯-雷伊（José López-Rey）所著《委拉斯贵支》（*Velázquez*）一书的2014年增补版[3]。不过，其中有两件作品如今已被大多数委拉斯贵支专家视为真迹，并由塞维利亚市政厅购得，收藏在阿文戈亚塞维利亚文化基金会的迭戈·委拉斯贵支研究中心。它们分别是绘于1618年左右的《圣母无染原罪》（*Immaculée Conception*）和成画于1629年至1632年的《圣鲁菲娜》（*Sainte Rufine*）。

最后，威尔顿斯坦研究院图书馆丰富的藏书以及玛丽-克里斯蒂娜·莫菲斯（Marie-Christine Maufus）和塞利娜·科尔迪耶（Céline Cordier）的协助，使初版中不够全面、编排复杂且不易阅读的参考书目得以全面补充与修订。

奥迪勒·德朗达（Odile Delenda）

初版前言

我们知道，“灯塔”丛书并非以编纂作品目录为首要目的，而是以阐明艺术大师何以独到创新为主旨。鉴于委拉斯贵支的旷世才华及其作品的影响，显然需要在丛书中推出一部关于他的著作。这一出版需求首先是由画家的成就决定的，但另外也是研究现状使然。后面这一点接下来必须略做说明。当然，这里要着眼的并非在本书结尾将会阐述的画家身后的作品命运。

近来法国艺术史学家的委拉斯贵支研究虽然出色，但数量不多。其中，有两本书尤为重要。一本是让尼娜·巴蒂克尔（Jeannine Baticle）于1998年在伽利玛出版社“发现之旅”丛书中出版的《贵族画家委拉斯贵支》（*Velázquez, peintre hidalgo,* Gallimard）。丛书对行文篇幅固然有所限制，但作者打破陈规，以其才智及对画家技法的深入理解，让这册小书备受关注。另一本是1993年由法国鹿社和瑞士三角出版社联合出版的《宗教画家委拉斯贵支》（*Velázquez, peintre religieux,* Cerf-Tricorne）。作者德朗达凭借其渊博的学识和敏锐的洞察力，着重分析了画家作品中的一个重要篇章，即宗教画。至于法国学者撰写的相关大型专著，继1903年埃利·福尔（Élie Faure）的论著之后再无新作问世，况且这位作者更是一名美学家和富有激情的批评家，而非严格意义上的艺术史学家。尽管如此，法语读者仍然可以通过一些译著，在真迹鉴定和生平、画作解读等方面更好地了解委拉斯贵支。这些著述包括1981年巴黎和洛桑艺术图书馆出版社联合推出的何塞·洛佩斯-雷伊的《委拉斯贵支：艺术家与创作者》[1]（*Velázquez, artiste et créateur,* Bibliothèque des Arts），以及1990年普拉多博物馆的展览图录[2]。在这样的研究现状下，当今学界需要一部由法国人按照自己的艺术史观书写的专著，一方面把历史同严谨、感性相结合，另一方面摒弃过于抽象的论述、令人厌烦的深奥细节铺陈以及对美的遗忘。我们也赞同何塞·洛佩斯-雷伊反对过分探究灵感来源的观点[3]，还有恩里克塔·哈里斯（Enriqueta Harris）反对过度阐释象征意义和寓意的立场[4]。对任何一件艺术品而言，厘清创作者是如何在借鉴前人的基础上推陈出新的[5]，比孤立地谈论灵感来源更有价值。

透过本书，希望法语世界的读者能够了解委拉斯贵支生平和作品中长期被忽视或鲜为人知的几面：他的现实主义在今日被赋予的确切内涵、他对社会地位的攀爬和宫廷职场成功的关切、他作为装饰师的创作活动以及他为丰富腓力四世的艺术品收藏所做的收购工作。他继承了文艺复兴时期的传统，在君主身边尽展创作才华。作为宫廷艺术家的委拉斯贵支，让人联想起为腓力二世（Philippe II）效力的艺术家胡安·德·埃雷拉（Juan de Herrera）。[6]

画家的姓氏，在法语中为“Vélasquez”，本书自然也采用了这一拼写形式。不过，今日通用的西班牙语拼写形式“Velázquez”，其实在画家自己笔下也曾有过变化，两个不同版本的全名分别为“迭戈·委拉斯贵支·德·席尔瓦（Diego Velazquez de Silva）”和“迭戈·德·席尔瓦·委拉斯贵支（Diego de Silva Velázquez）”。自1634年起，委拉斯贵支在签署文件时更喜欢使用后者，以证明他的贵族血统[7]。透过这一细节，我们可以清晰地看到贯穿在画家艺术生涯中的对社会地位改变的渴望。

图21
《布雷达之降》或《长矛》
1634—1635年
图153局部，第176～177页

引言
委拉斯贵支及其所处时代的历史

委拉斯贵支1599年生于塞维利亚，1660年卒于马德里[1]。他在腓力二世离世一年后来到这个世界，并在这位“谨慎国王”的儿子腓力三世（Philippe III）统治期间（1598—1621年），在安达卢西亚首府从孩童、少年成长为青年。腓力三世之子腓力四世登基后，为委拉斯贵支在马德里及宫廷中安顿下来提供了便利，因为新国王像以前作为阿斯图里亚斯亲王时那样，继续对奥利瓦雷斯伯-公爵（comte-duc d’Olivares）恩宠有加。后者即新统治下位高权重的首相，他虽然出生于罗马，但一直自认为是安达卢西亚人，并尽力对来自这一地区的西班牙人提供庇护。正是他对年轻人才的大力扶植，使委拉斯贵支得以进入腓力四世的宫廷。从那以后，除了两次意大利之行（1629—1630年、

图23
龙伯特·凡·登·胡耶《塞维利亚与瓜达尔基维尔河的景色》
17世纪
版画
巴黎，法国国家图书馆，版画摄影部

图22
《宫娥（委拉斯贵支与国王一家）》
1656年
图269局部，第317页

1649—1651年），委拉斯贵支一生都在比他晚五年辞世的国王身边效力。画家的一生基本上是在西班牙哈布斯堡王朝完整的两朝统治下度过的。他先后经历了王朝至高荣光的最后时刻，以及王国内最终层层积化成灾难的困境。详述委拉斯贵支那个时代的西班牙历史自然偏离主旨，但这里还是有必要提一下这段历史的主线，并着重勾勒那些与画家职业生涯直接相关的事件。

伊比利亚半岛上的西班牙和葡萄牙这两个王国，一度因为共同的君主而结成联盟。那时半岛所在的欧洲，不如今日我们所生活的欧洲幅员辽阔。遥远的俄罗斯，还没有经历彼得大帝（Pierre le Grand）从1689年开始推行的改革。伊斯兰世界向维也纳的哈布斯堡王朝屡屡施压，局势要到1683年波兰国王扬·索别斯基（Jean Sobieski）给奥地利首都解围，奥斯曼帝国军队被迫放弃攻城后，才得以控制。柏柏尔海盗攻击西班牙、意大利和法国沿海，使地中海航行愈发危险。事实上，腓力三世和腓力四世时期的欧洲，内外边疆都相当模糊。它包含波兰、瑞典、丹麦、英格兰和苏格兰，最后这两个王国由玛丽·斯图亚特（Marie Stuart）之子詹姆士一世（Jacques Ier）于1603年继承伊丽莎白一世（Élisabeth Ire）王位后统一。它也包括亨利四世（Henri IV，1589—1610年）、路易十三（Louis XIII，1610—1643年）和黎塞留（Richelieu）、路易十四（Louis

图24
佚名《1596年6月英格兰舰队兵临加的斯》
版画
巴黎，法国国家图书馆，版画摄影部

XIV，1643—1715年）、儒勒·马扎然（Jules Mazarin）以及奥地利的安娜（Anne d'Autriche）治下的法国，还有邦国林立的意大利。在意大利，西班牙国王的领地和那些原则上独立且相对辽阔的邦国共同存在，其中最重要的有教宗国、萨伏依公国和威尼斯共和国。新教的尼德兰联省共和国和天主教的尼德兰，又把我们带向哈布斯堡家族维也纳、马德里两大支系统治的大片分散领土，以及它们各自的困境。

维也纳哈布斯堡家族的君主统治着奥地利的世袭领地、波希米亚王国及匈牙利王国，他们也是日耳曼神圣罗马帝国的皇帝。比起西班牙表亲，他们的王朝历史更为动荡混乱。他们是查理五世（Charles Quint）退位后因接替兄长而成为皇帝的斐迪南一世（Ferdinand Ier，1556—1564年）的后代。血脉相承的马克西米利安二世（Maximilien II，1564—1576年）、鲁道夫（Rodolphe，1576—1612年）、马蒂亚斯（Matthias，1612—1619年）、斐迪南二世（Ferdinand II，1619—1637年）、斐迪南三世（Ferdinand III，1637—1657年）和利奥波德一世（Léopold Ier，1658—1705年），自然而然地都继位为皇帝。如前所述，伊斯兰世界直接威胁着哈布斯堡家族的这一支系。他们同时还要面对严重的宗教、政治和社会问题。在尼德兰，腓力二世试图镇压新教徒的反叛，但最终还是徒劳，联省共和国宣布并保持独立。不过，西班牙国王还是为他的女儿伊莎贝尔·克拉拉·欧亨尼娅（Isabelle Claire Eugénie）及其丈夫阿尔布雷希特大公（Albert），也就是皇帝马克西米利安二世的儿子，留下了由信奉天主教的南部诸省组成的西属尼德兰国家。1580年葡萄牙枢机国王恩里克（Henri）过世后，腓力二世极力维护他的继承权。统治西班牙的马德里哈布斯堡君主，由此也开始统治葡萄牙。他们同时还是米兰公爵、那不勒斯和西西里国王。在大西洋的另一端，他们也是西属美洲的统治者，并设立新西班牙和秘鲁两大总督辖区。对于委拉斯贵支而言，他的生活框架主要由伊比利亚半岛构成，尤其是塞维利亚、安达卢西亚、马德里以及卡斯蒂利亚。

美洲贵金属的大量涌入，促使16世纪成为欧洲经济飞速发展的时期。人们一般认为，用于对外战争军费或者挥霍而尽的贵金属在西班牙只是周转而过，并未给它带来长期的实质利益。今天，大家更倾向重新审视这一悲观的论调。不过，事实的确是王权需要承担各种冲突导致的惨重后果，而在这些冲突中，君权不遗余力地反对异端，捍卫天主教信仰，远胜于捍卫其本身。腓力二世统治期间，1576年的国家破产对西班牙产生了持续的负面影响。1588年，前往征讨伊丽莎白一世的无敌舰队，被风暴和英格兰舰队击败【图24】。

总体而言，陷入重重困境的17世纪是一个萧条的时代。最明显的表征之一就是人口变化。世纪初，西班牙约有800万人口，英格兰相对少一些，意大利多一点，而法国人口则比西班牙多一半。对于传统上视捍卫天主教为己任的马德里宫廷而言，这些人口不足以让它能够支配教会，进而为信仰服务。这一不足由多重原因造成。其中值得一提的是美洲移民和教士过多，即便这些因素的实际影响和比重还有待进一步讨论。摩里斯科人被怀疑暗中效忠于伊斯兰教，人们害怕他们帮助柏柏尔人入侵，于是在1609年把他们驱逐出西班牙。流放人数达28万之多。西班牙因此失去了部分有一技之长的劳动力，尤其是在瓦伦西亚、穆尔西亚、阿拉贡和安达卢西亚地区。那时，委拉斯贵支年仅10岁。日后，在腓力四世治下的马德里画坛，当委拉斯贵支在一场以驱逐摩里斯科人为主题的绘画比赛中一举夺魁时，画中传达的自然不是画家在经历流放事件时的切身感受。

瘟疫也是人口减少的因素之一。1599年艺术家出生时，正值1597年至1602年在西北部的坎塔布连山脉、卡斯蒂利亚以及安达卢西亚瓜达尔基维尔河沿岸地区蔓延的那场鼠疫。1647年至1654年的大瘟疫席卷了地中海沿岸和埃布罗河流域，并再次蹂躏了瓜达尔基维尔河谷。在巴塞罗那，2万到3万人，也就是一半的居民死于这场瘟疫；在塞维利亚，死者达6万人，占总人口的40%。那时的委拉斯贵支，正好在意大利或马德里，卡斯蒂利亚地区也凭借有效

图25
彼得·保罗·鲁本斯《莱尔玛公爵骑马像》
1603年
布面油画
290.5厘米×207.5厘米
马德里，普拉多博物馆

的隔离措施而得以保全。人口锐减是岁月无情最悲惨的写照。1605年至1613年经济衰退，大萧条从1623年一直持续到1650年，西班牙分别于1607年、1627年、1647年和1656年经历了4次破产。这些困难并非以相同的方式影响着整个西班牙，因为分别隶属于阿拉贡王权和卡斯蒂利亚王权的地区拥有不同的税赋体系。后面这些地区几乎承担了王室及其对外政策产生的所有花费，因此其他地区受危机的影响相对较小。危机随着反击征服一部分巴西领土的荷兰人而加剧。1628年，在古巴的马坦萨斯（Matanzas），荷兰人夺取了新西班牙舰队运输的宗主国急需的贵金属。

单靠明智并不足以完全把握历史的脉搏。不过，统治者可以广泛了解情况，进而未雨绸缪，其中某些人的意志甚至能产生决定性的影响。委拉斯贵支时代的统治者给后人留下的是什么呢？腓力二世和瓦卢瓦的伊莎贝尔（Isabelle de Valois）完婚后育有二女，长女伊莎贝尔·克拉拉·欧亨尼娅公主（1566—1633年）遵父命嫁给阿尔布雷希特大公（1559—1621年），夫妇二人自此成为天主教尼德兰的统治者；次女卡塔利娜·米凯拉（Catherine Michèle，1567—1597年），于1585年嫁给萨伏依公爵卡洛-埃马努埃莱（Charles-Emmanuel）。直到腓力二世的第四次婚姻，王后奥地利女大公安娜（Anne d'Autriche，1549—1580年）才于1578年产下未来的腓力三世。1580年，奥地利女大公安娜在腓力的妹妹玛丽（Marie）出生时离世。或许是因为腓力二世想独揽大权，抑或是他对继承人的能力不抱幻想，他生前并没有在治国问题上启蒙王储。新君腓力三世对治理大业兴趣不大，把更多时间花在狩猎和虔诚信教上。他把治国大权托付给亲信弗朗西斯科·戈麦斯·德·桑多瓦尔-罗哈斯（Francisco Gómez de Sandoval y Rojas，1553—1625年），并于1599年封其为莱尔玛公爵（duc de Lerma）【图25】。后者为了自己、为了家族以及为了他的党羽而把持朝中要职，并对钱财贪得无厌。他把国王同各种不利于自己的人事隔绝开来，并一度把宫廷从马德里迁往巴利亚多利德（Valladolid，1601—1606年）。在莱尔玛，他规划并建造了具有世纪初典型特征的宫殿建筑和城市。在察觉到反对势力日渐强大后，桑多瓦尔-罗哈斯为了保全自己，于1618年谋得枢机主教一职。的确，莱尔玛公爵同年便失去了宠信，由自己的儿子乌塞达公爵（duc d'Uceda）所替代。1621年，腓力三世辞世。腓力三世先前于1599年同皇帝斐迪南一世的孙女玛格丽特（Marguerite）女大公完婚，育有多个子女：后来嫁给路易十三的安娜（1601—1666年）、日后成为国王的腓力（1605—1665年）、之后与斐迪南三世成婚的玛丽（Marie，

1606—1646年)、王子卡洛斯（Carlos，1607—1632年）以及未来的枢机王子费尔南多（Fernando，1609—1641年）。

腓力四世博学聪颖。他会素描，也懂透视，并钟爱绘画【图26】。他是17世纪最大的艺术品买主之一，对艺术有种超越私欲的关怀。他励精图治的程度随时间而变化。年轻时的他喜欢风花雪月，在钟爱王后伊丽莎白的同时，也有多段风流韵事。他出生于1605年4月8日，并在1621年3月31日，也就是快16岁时登基。当他还是阿斯图里亚斯亲王的时候，他就对第三代奥利瓦雷斯伯爵加斯帕尔·德·古斯曼-皮门特尔（Gaspar de Guzmán y Pimentel）给予绝对的信任，正如他父亲对莱尔玛公爵那样。伯爵于1625年又被封为桑卢卡尔拉迈奥尔公爵（duc de Sanlúcar la Mayor），因此也被后世称作奥利瓦雷斯伯-公爵。这位新的宠臣直到1643年元月失宠前，几乎一直行使着绝对的权力。他对自己的角色其实是有备而来的，因此，认为他只是把国王完全架空的阿谀奉承之辈是错误的。人们一度把他们之间的君臣关系略带夸张地同路易十三和黎塞留的关系相比较。大权在握后，奥利瓦雷斯伯爵面对过激的反应并不退缩。他最强硬的回击就是1621年10月21日在马德里处决谢泰格莱西亚斯侯爵罗德里戈·卡尔德隆（Rodrigo Calderón）。莱尔玛公爵的腐败所造成的民愤都转而集中到他一人身上，而他最后勇敢地面对悲惨的人生结局，又使民意反转，对他抱以同情。我们知道，他在父亲奥利瓦雷斯伯爵恩里克·德·古斯曼（Henri de Guzmán）任罗马使节的时候出生在那里，后来在萨拉曼卡（Salamanque）读书时，他就一心想要提升他所在的古斯曼家族小房一系的地位，并像当时其他人所做的那样，着手拉拢和保护他的支持者。专制的他遭遇了令人精疲力竭的重重危机，但总体上他是一位有学识的首相，为君主利益和西班牙王权殚精竭虑，即便他有时对实际情况掌握不足，且在处理重大治国问题上不够英明。厄运最终使他成为枢机主教黎塞留的对手，后者虽然身患疾病，但精于权术，深谙如何操纵奥利瓦雷斯及种种历史事件。[2]

波旁的伊丽莎白（Élisabeth de Bourbon，1603—1644年），亦即亨利四世（Henri IV）和玛丽·德·美第奇（Marie de Médicis）之女，于1615年同未来的腓力四世成婚。她既美貌聪慧，又活泼灵敏。奥利瓦雷斯的存在让她无法施展自己的政治才能。但当时机出现时，她知道如何展现勇气和政治方面的才干。她和丈夫育有一子一女：阿斯图里亚斯亲王巴尔塔萨·卡洛斯（Baltasar Carlos，1629—1646年）还是青少年时就离世了，留下一段耐人寻味的回忆；玛丽·特蕾莎（Marie-Thérèse，1638—1683年）公主则嫁给了路易十四。

图26
罗德里戈·德·比利安德兰多
《腓力四世和侏儒索普里约》
1619—1620年
布面油画
204厘米×110厘米
马德里，普拉多博物馆

腓力四世的两个王弟中，卡洛斯比较平凡。而费尔南多则不同，身为枢机主教，他却有着和这个身份不符的个性：他好女色，在朝中身居要职，在沙场上也是出色的统帅，他还是一位艺术品收藏的行家。

玛丽·特蕾莎公主在她兄长去世后成了王位的唯一继承人，但腓力四世希望男性继位。巴尔塔萨·卡洛斯与他的表妹奥地利女大公玛丽亚娜（Marie-Anne，1634—1696年），也就是皇帝斐迪南三世和玛丽皇后的女儿，曾订下婚约。换言之，玛丽亚娜也是腓力四世的外甥女。尽管两人之间的年龄差距，腓力四世决定迎娶她，并于1649年完婚。也许是因为近亲血缘关系，更可能是因为国王的年纪和健康问题，王室子女命运多舛。1651年出生的玛格丽特（Marguerite）公主嫁给利奥波德一世成为皇后，但在1673年就离开了人世；生于1657年的腓力·普罗斯佩罗（Philippe Prosper）王子更是在1661年就夭折了。王子卡洛斯（Charles，1661—1700年）后来以卡洛斯二世的名号继位，但一生疾病缠身，成为哈布斯堡家族的最后一位西班牙国王。

腓力四世时期的所有王室成员，如果没有早逝的话，委拉斯贵支都曾为他们绘制过肖像。不过，画得最多的，还是国王本人、玛丽·特蕾莎公主、玛丽亚娜王后及其子女。而玛格丽特公主，就是之后我们会讲到的《宫娥》（*Les Ménines*）中的那位。

在17世纪缓慢而巨大的社会变革中，引领天主教世界的西班牙在法国面前丧失了优势，而同为天主教国家的后者，明白如何利用新教徒。不过，在新教世界中，英格兰和尼德兰联省共和国也正在为称霸海上做着积极的准备。在这场深深烙有三十年战争印记的社会演变中，需要特别注意某些历史事件，因为它们很可能对有学问的或像委拉斯贵支那样附属于宫廷的西班牙人产生了深远影响。对抗哈布斯堡家族并不是巴黎统治阶层的唯一政策。比利牛斯山南北两个天主教王权，面对共同的新教威胁，有时又表现出强烈的联盟意愿。在腓力三世治下的西班牙，以莱尔玛公爵为代表的主和派占了上风。1609年，西班牙同尼德兰联省共和国签署十二年停战协定。腓力四世同波旁的伊丽莎白，以及路易十三和奥地利的安娜的双重联姻，是玛丽·德·美第奇摄政时期最重要的事件之一。1623年腓力三世过世后，日后成为查理一世（Charles Ier）的威尔斯亲王微服前往马德里向玛丽公主求婚，亦可视作以和为贵的举动。不过，由于英格兰天主教徒的处境问题，两国未能结下秦晋之好。我们甚至可以揣测马德里宫廷是否有意阻挠这桩婚事。日后那场虽然以失败而告终的、对加的斯（Cadix）的征讨，正说明了伦敦政府对此事的耿耿于怀。

在腓力二世治国方略的忠实拥护者看来，莱尔玛公爵的和平政策简直就是一场背叛。奥利瓦雷斯重新施行先前的方略，但同时也唤醒了法国人挥之不去的忧虑。他们担心西班牙国王利用阿尔卑斯山区的谷地打开伊比利亚半岛前往神圣罗马帝国和尼德兰南部的通道，继而用军队包围法国。1621年阿尔布雷希特大公过世后，尼德兰南部地区重新回到马德里君主手上，伊莎贝尔·克拉拉·欧亨尼娅公主成为女总督。十二年停战协定到期后并未续签。黎塞留则在解决新教徒问题后，最终加入三十年战争。1636年，科尔比（Corbie）围城之时，甚至连巴黎都受到了威胁。然而，钟摆式的局势开始偏向法国一边。奥利瓦雷斯认为整个王国必须全力支持战争，并向各地强制推行新的征兵政策。这一史称“军法一统”的募兵法多半是失算的，它反而引发了伊比利亚半岛上两大地区的敌对情绪。1640年，加泰罗尼亚发生叛乱，而葡萄牙则重获独立。1643年初，腓力四世罢免了这位政治手腕不够灵活的首相。同年，路易十三去世，但昂冈公爵（duc d’Enghien），也就是未来的“大孔代”，在罗克鲁瓦（Rocroi）大败西班牙军队。1648年签订《威斯特伐利亚和约》（*traités de Westphalie*）后，神圣罗马帝国重归和平，尼德兰联省共和国则于同年独立。腓力四世企图利用路易十四尚未成年造成的混乱，全力对抗法国。然而，在签订由马扎然悉心准备的《比利牛斯条约》（*traité des Pyrénées*）时，他又不得不将鲁西永地区

图27
委拉斯贵支、胡安·包蒂斯塔·马丁内斯·德尔·马索《银粉装玛格丽特公主肖像》
约1660年
图268局部，第315页

图28
《以马忤斯的晚餐》
1619—1622年
图52局部，第67页

割让给法国，并按照奥地利的安娜的意愿，把玛丽·特蕾莎公主许配给路易十四。委拉斯贵支参与安排了宫廷前往丰特拉维亚（Fontarabie）的送亲之旅。从上述种种史实不难看出，天主教改革在西班牙壮大了教会力量，并促进了宗教生活的高度发展。在俗教士既富有又强大，即便各主教区的收入差距悬殊。修会神职人员分属不同的团体，在各地拥有众多修院。丰富的宗教节庆，还有隆重举行的圣体圣事、圣母及圣人崇拜礼仪，都展现了当时的天主教习俗。至于宗教裁判所，其手段虽然令人难以接受，但它仍是凝聚各阶层民众的重要元素。

从艺术层面而言，宗教在日常生活中的重要性和教士阶层的财富可以解释天主教在建筑、雕塑、绘画以及装饰艺术创作中所扮演的重要角色，也解释了当时为何修建并装饰如此之多的教堂和礼拜堂，何以定制如此数量的祭屏和雕塑，以及为何创作数不胜数的关于基督、圣母和圣人生平故事的作品。比起同时代的大部分绘画名家，委拉斯贵支在作品中相对较少描绘宗教题材，因为他在马德里任职后，一直是一名宫廷艺术家。不过，宗教题材在他的作品中其实占有不可忽视的一席之地，我们对此应当深入探究。后世赋予委拉斯贵支这个名字的声望，也不应掩盖那个时代的艺术家为他们的职业活动摆脱普通的手艺行当、上升为博雅艺术而作出的不懈斗争。这是意大利文艺复兴所促成的画家职业地位提升在西班牙社会的表现，也是避免过高税赋的途径。委拉斯贵支以他自己的方式，也参与了这场抗争。

我们所勾勒的西班牙、尼德兰南部和意大利之间的政治全景，也应当延伸到艺术领域。伊比利亚半岛上的艺术家，和这两个国家的联系大概最为紧密。那不勒斯总督为促进两地在艺术和音乐上的不断交流提供了诸多便利。至于葡萄牙，它和西班牙在某些领域达到了一定程度上的共生状态。西班牙的葡萄牙移民为数甚众，尤其是在安达卢西亚。我们之后将会讲到，委拉斯贵支的父亲也是葡萄牙裔。不过，邻国的贵族和普通民众对他们自己的历史、他们的特性以及他们的政治、经济利益，都抱持着敏锐的民族感。当奥利瓦雷斯损害到他们的利益时，当他们的殖民地在荷兰人的觊觎下未能受到足够保护时，葡萄牙人便挣脱了马德里的控制，并重归独立。

西班牙绘画的黄金时代，从查理五世时期一直持续到卡洛斯二世治下，委拉斯贵支是其中的一座“灯塔”。即便在政治、经济开始衰落的年代，灿烂夺目的文学艺术仍使这一黄金时代得以持续发展。我们将会在分析画家生平和作品时论及这些艺术成就。不过，在这里更需要提请大家注意的是，委拉斯贵支的西班牙，大体上就是米格尔·德·塞万提斯·萨阿伟德拉（Miguel de Cervantes Saavedra，1547—1616年）、洛佩·德·维加（Lope de Vega，1562—1635年）和蒂尔索·德·莫利纳（Tirso de Molina，约1583—1648年）的西班牙，尤其是佩德罗·卡尔德隆·德拉·巴尔卡（Pedro Calderón de la Barca，1600—1681年）的西班牙。另外，也还有必要提一下流浪汉小说，暂且不论它和画家之间以后会产生何种关联。早在1554年，《小癞子》（*La Vie de Lazarillo de Tormes*）就展示了这一小说在形式上取得令人瞩目的表现力，而在委拉斯贵支出生的1599年，马特奥·阿莱曼（Mateo Alemán）出版了《古斯曼·德·阿尔法拉切》（*La Vie de Guzmán d'Alfarache*）的第一部分。可惜在辉煌灿烂的文学、艺术和宗教精神背后，是西班牙在科学探索和发展上的滞缓。不过，我们将会看到，像委拉斯贵支这样的绘画大师，对视觉与透视理论的应用也表现出相当浓厚的兴趣。

第一编

青年时代

1599—1630年

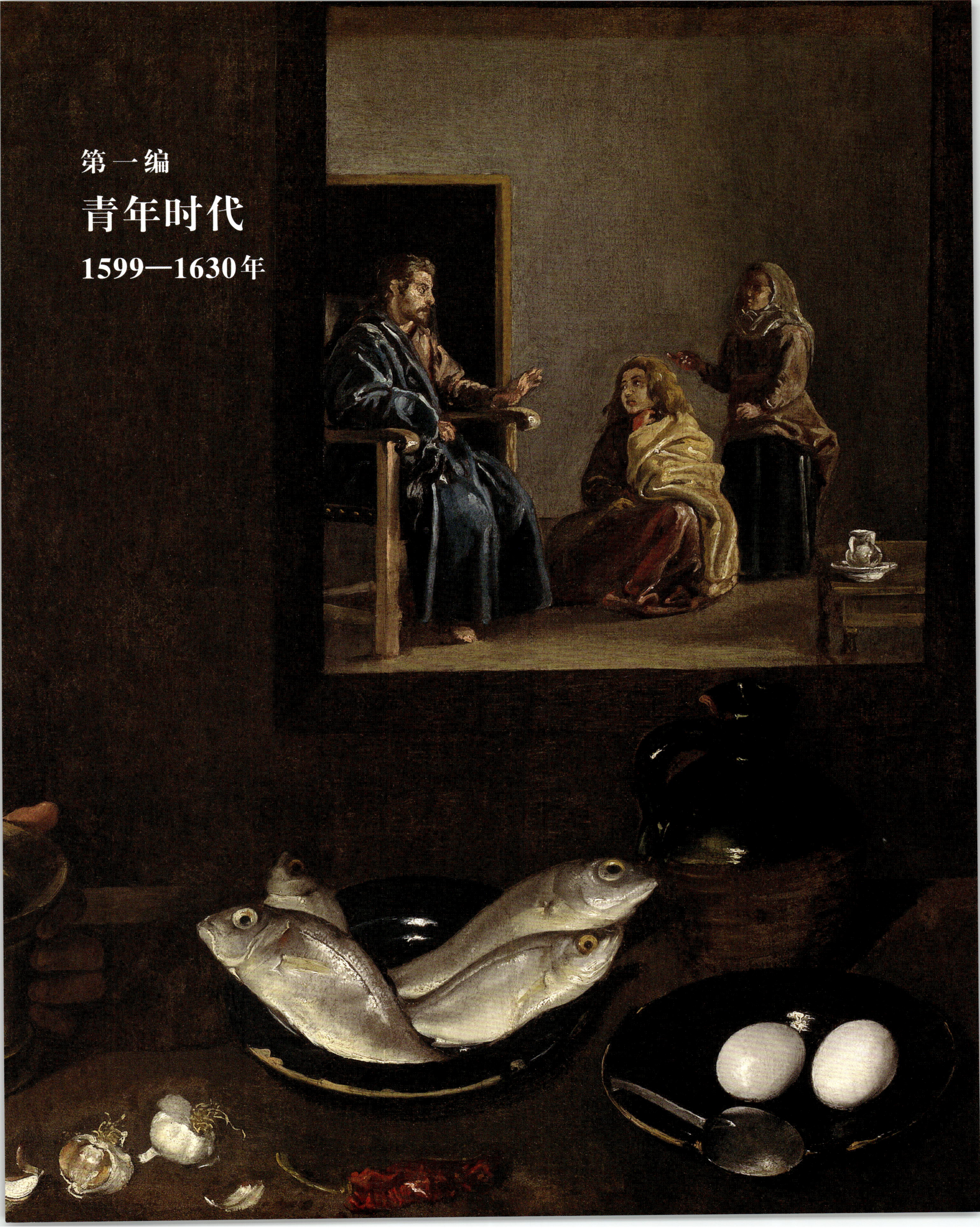

塞维利亚时期（1599—1623年）

委拉斯贵支的塞维利亚[1]

说起17世纪最初25年间的塞维利亚，也就是委拉斯贵支童年、少年和青年时代的那个塞维利亚，人们大概会立即联想到塞万提斯《训诫小说集》（*Nouvelles exemplaires*）里林孔内特和科尔塔迪略的生动故事。到塞维利亚后不久，“他们去城里参观，对城中大教堂的雄伟富丽和在河上穿梭的人流大为赞叹，那时正逢船队装货，六艘大船的外观让他们惊叹不已，但同时也令他们害怕起来，生怕有朝一日因自己犯下的罪过而被惩罚在船上度过余生”。[2]这几行文字充分展现了安达卢西亚首府生机勃勃的荣景，小说中随后则是描写莫尼波迪奥及其小偷“帮会”的大幅片段。在这里提及这一短篇小说是非常有必要的，但它对应的只是委拉斯贵支所生活的塞维利亚的一部分而已。

塞维利亚历史悠久，拥有辉煌的过去。这座被儒略·恺撒（Jules César）征服的城市，曾隶属于高度罗马化的地区，正如城郊图拉真（Trajan）、哈德良（Hadrien）及狄奥多西（Théodose）三位皇帝的故乡意大利加（Itálica）的遗迹所见证的那样。西哥特时期，601年至636年在任的塞维利亚大主教伊西多尔（Isidore），是当时杰出的教会人士之一，他在委拉斯贵支出生前一年被封为天主教圣人。摩尔人于712年攻城之后，开始了长期的穆斯林统治。1248年，直至1671年才被封圣的卡斯蒂利亚国王费尔南多三世（Ferdinand III），收复故城并终结了这段外族统治。之后，发现美洲新大陆则给塞维利亚城及其港口带来巨大的发展机遇。

委拉斯贵支时代的塞维利亚，应当同16世纪时一样显要、充满生机。由于西印度交易所掌控了美洲贸易的特权，塞维利亚得以继续扮演极其重要的经济角色。然而，危机即将降临。1588年至1649年，塞维利亚大概有12万人口，但由于腓力二世定都马德里，使后者人口大增，瓜达尔基维尔河畔的这座大城市只能屈居第二。1597年至1602年的鼠疫，也沉重打击了塞维利亚。

那些随教会或王室生活步调而来的欢乐的、抑或悲伤的，宗教的、抑或世俗的公共仪式，标注了塞维利亚一整年的节奏。安达卢西亚气质中特有的装饰趣味和敏感跃动赋予了它们独特的色彩。在历史上留下最长久记忆的活动之一，是1598年9月在大教堂内举行的腓力二世的盛大葬礼。艺术界以及思想界的大师们也参加了此次丧仪，譬如雕塑家胡安·马丁内斯·蒙塔涅斯（Juan Martínez Montañés，1568—1649年），以及同时以画家和作家身份著称的弗朗西斯科·巴切柯（Francisco Pacheco，1564—1644年）。

委拉斯贵支青年时代生活环境中的古迹，分别属于塞维利亚辉煌历史的不同时期。13世纪的黄金塔，兴建于穆瓦希德时代。14世纪的残忍者佩德罗一世（Pierre le Cruel）的王宫装饰中，蕴藏着穆德哈尔艺术的代表作。始建于1402年的主教座堂，由教士设计了宏伟的平面结构，他们期待完工后看到大教堂的人们，把他们当作营造狂人。教堂选建在旧清真寺的基址上，后来被称作吉拉达的宣礼塔则由小埃尔南·鲁伊斯（Hernán Ruiz II）于1555年至1568年改造加高。从1585年到1598年，交易所先后由胡安·德·明哈雷斯（Juan de Minjares）及阿隆索·德·班德尔维拉（Alonso de Vandelvira）根据胡安·德·埃雷拉于1583年完成的设计主持营建。赫拉克勒斯林荫散步道【图31】则是城市东北部由腓力二世令人规划建造的新街区的中心。在散步道的一端立着两根古代圆柱，上有赫拉克勒斯和恺撒的雕像，前者是传说中塞维利亚城的创建者，并与直布罗陀海峡和西班牙国王的象征直接关联；后者与西班牙及贝提卡行省（即之后的安达卢西亚）联系紧密，恺撒不仅攻下过塞维利亚，还为它加筑了防御工事。在路易-菲利普（Louis-Philippe）的收藏中，有一幅曾被认为是出自委拉斯贵支之手的画作，画的正是这位年轻画家房产附近的林荫散步道及圆柱。如今，这幅已属私人收藏的绘画被视为一位17世纪塞维利亚佚名画家的作品，且有几个不同版本存世。由恩里克斯·德·里贝拉家族（Enriquez de Ribera，即

图29
《基督在马大与马利亚家中》
1618年
图62局部，第77页

图30
《塞维利亚的卖水老人》
约1620年
图64局部，第81页

图31
胡安·包蒂斯塔·马丁内斯·德尔·马索《赫拉克勒斯林荫散步道》
约1650年
布面油画
105.4厘米×160厘米
私人收藏

日后成为加苏莱斯堡公爵的塔里法侯爵之家族）建于15世纪末、16世纪上半叶的比拉多府邸，当年已是塞维利亚最美的宫邸之一【图32】。1560年至1567年兴建的和谐匀称的圣五伤医院礼拜堂则出自小埃尔南·鲁伊斯之手。此后，巴洛克风格在安达卢西亚首府开始流行。在这些作品中，值得一提的是以圣龛教堂为代表的箱式教堂。这座主教座堂的附属教堂于1615年完成设计，并于1618年奠基，建筑师是米格尔·德·苏马拉加（Miguel de Zumárraga）、阿隆索·德·班德尔维拉和克里斯托瓦尔·德·罗哈斯（Cristóbal de Rojas）。另外，一些教堂的样式主义立面变得更为多样，内部的灰泥雕饰也蓬勃发展，如1620年至1622年建造的圣嘉勒教堂。祭屏和大门的装饰亦日趋生动，就像圣五伤医院的外门所呈现的那样。

鉴于委拉斯贵支的性格及其作品透露出的格调与趣味，在这谈论他曾经谙熟的建筑是再自然不过的事情。而提及他熟悉的雕塑则更有必要，因为画家在塞维利亚时期创作的好几幅画作中都展现了同雕塑相当的塑造力。17世纪上半叶的塞维利亚城内，首屈一指的雕塑大师当属胡安·马丁

图32
塞维利亚比拉多府邸
15世纪末—16世纪上半叶

图33
胡安·马丁内斯·蒙塔涅斯
《圣多明我忏悔像》
1605年
木雕
147厘米×68厘米
塞维利亚，美术博物馆

内斯·蒙塔涅斯，正如胡安·德·胡尼（Juan de Juni）和阿隆索·贝鲁格特（Alonso Berruguete）之于上一个世纪的卡斯蒂利亚一样。1568年出生于哈恩省雷亚尔堡（Alcalá la Real）、1649年卒于鼠疫的胡安·马丁内斯·蒙塔涅斯，属于委拉斯贵支的上一代人。这位圆雕和祭屏雕塑家最具代表性的一些作品是在委拉斯贵支去马德里后完成的，例如1628年至1631年为塞维利亚大教堂创作的、表现圣母无染原罪的雕像《盲女》（*La Cieguecita*）。不过，年轻的委拉斯贵支应当见过并研究过雕塑家先前的创作，那些作品体现了艺术家对技艺臻善、精神力量和悲壮感的熟稔，如神圣救世堂的《圣克里斯多福》（*Saint Christophe*，1597年）和加尔都西会岩间圣母修院的《宽恕基督》（*Christ de la clémence*，1603—1605年，现存于塞维利亚主教座堂）。胡安·马丁内斯·蒙塔涅斯于1605年至1609年创作了天堂之门圣多明我修院的大祭屏，不过留存至今的只有《圣多明我忏悔像》（*Saint Dominique pénitent*）【图33】。他还在1609年至1613年雕制了桑蒂蓬塞（Santiponce）的圣伊西多尔修院的主祭台祭屏，其中包括《圣哲罗姆》（*Saint Jérôme*）。他对自己的才华洋洋得意，有时甚至冲破行会组织的行规界限，介入祭屏的绘画创作。也正是这样，他因圣嘉勒教堂的祭屏画甚至和他的友人巴切柯对薄公堂。[3]

当时的绘画，几乎完全依存于教士的委托，作品之多直接影响了世俗绘画的风格。不过，加苏莱斯堡公爵（duc d'Alcalá）家族在这段历史中所扮演的重要角色则是例外。1599年，近三十名画师齐集于公爵门下，开辟画室和家族联姻使双方联系极为紧密。

和塞维利亚建立起关系的外国艺匠主要来自佛兰德斯、罗马以及意大利中部，由于旅行创作以及油画、版画的往来流通，他们的风格趋于糅杂。最具代表性的例子当属16世纪的佩德罗·德·坎帕纳（Pedro de Campaña），画家原名

图34
卡拉瓦乔《圣多马的怀疑》
约1603年
布面油画
107厘米×146厘米
柏林，柏林-勃兰登堡普鲁士宫苑基金会

彼得·坎佩尼尔，1503年生于布鲁塞尔，1580年左右在同一城市离世。他曾在意大利的博洛尼亚（Bologne）和威尼斯学画，后来于1537年至1562年定居安达卢西亚首府。受拉斐尔古典才华的影响，他是一位预示了巴洛克到来的样式主义者。1547年为塞维利亚大教堂创作的《基督降架》（*Descente de Croix*），见证了他西班牙时期的艺术风貌。

16世纪末、17世纪初的绘画，还隶属于样式主义，但这一风格正在终结，逐渐让位于对自然的观察；它同时也见证了光影主义的发端。卡拉瓦乔（Caravage）及其追随者的艺术，开创了这一时期绘画史上令人惊叹却非唯一的新篇章【图34】。不管这些绘画特征如何分类，它们即将展示出一股不可替代的吸引力，这股力量由含笑的优雅、真实、清新以及大众生活凝聚而成。日常生活场面、街景、修院、简朴或奢华的室内，都一一被搬进绘画。这些画面令人信服地保留了触手可及的现实存在中的纯朴；它们拥有宁静的诗意，并以一种鲜明的基调将其呈现。静物在我们的术语概念中仅仅包括没有生命的物体，然而，在17世纪，人物也可以成为静物的一部分。

如果说光影主义可以定义为结合了光影对比和光源的艺术理念，那么卡拉瓦乔主义正是着重表现这些光影反差，强调利用光影来源，来强化场景与人物的大众乃至平民基调，即便这些场景与人物原则上属于宗教题材。自此，关于西班牙绘画，尤其是关于塞维利亚绘画的主要问题，是厘清卡拉瓦乔及其追随者在伊比利亚半岛，特别是安达卢西亚及其首府的绘画风格转向中产生了何种影响。这一问题之所以极为重要，是因为委拉斯贵支在塞维利亚时期创作的绘画中展现了雕塑般的造型特征，大量使用了暗色，并描绘了普罗大众。卡拉瓦乔的几幅作品很早就流传到了西班牙。他的一些追随者也在西班牙广为人知，譬如1605年来到马德里的奥拉齐奥·博尔詹尼（Orazio Borgianni）。早在1614年，托莱多主教座堂就拥有卡洛·萨拉切尼（Carlo Saraceni）的一些油画了。值得注意的是，光影主义在西班牙的传播归功于两个不同流派的准备工作，它们都格外注重真实与光线。一派源自威尼斯，以埃斯科里亚尔的胡安·费尔南德斯·德·纳瓦雷特（Juan Fernández de Navarrete）为代表；另一派在托莱多，更注重塑形和雕塑感，以路易斯·特里斯坦（Luis Tristán，约1586—1624年）和加尔都西会修士画家胡安·桑切斯·科坦（Juan Sánchez Cotán，1560—1627年）为代表。这些流派在塞维利亚为人熟知，因此我们可以把当时的问题概括为，与矫揉造作的样式主义渐行渐远的绘画，开始寻求接近真实，而这种真实是自然的真实。今天的艺术史学家认为，应当避免使用“现实主义”一词，虽然几代学人都曾想把西班牙艺术的定义与阐释限定在“现实主义”的框架内。“自然”一词更适合那些从现实出发或重视现实的创作，不过，“自然”又是凌驾于现实之上的，并将现实与明确的意义、象征体系——这一精心构思的体系往往是错综复杂的——结合起来。

在委拉斯贵支出生前或开始习画前的塞维利亚，有几位画家不得不提。1535年出生于里斯本的巴斯克·佩雷拉（Vasco Pereira），从1561年到1609年去世前，都在这座安达卢西亚大城市长期从事绘画工作。虽然他颇有学问，但他更多只能算作一名手艺人。巴勃罗·德·塞斯佩德斯（Pablo de Céspedes，约1548—1608年）出生于科尔多瓦（Cordoue），年轻时的一次罗马之行对他产生了深远的影响。回到故乡后，他有时也会去塞维利亚，并在那里进行创作。在佩德罗·德·比列加斯（Pedro de Villegas，1518—1596年）或意大利画家马特奥·佩雷斯·德·阿莱西奥（Mateo Pérez de Alessio）的作品中，则凸显了一种雕塑感的趋向。前者于1566年绘制了主教座堂的《圣母往见》（*La Visitation*）祭屏画，后者于1583年至1584年在前往秘鲁的旅途中经停塞维利亚时为主教座堂创作了壁画。[4]

事实上，当时的画坛由（或一度由）胡安·德·罗埃拉斯（Juan de Roelas）、老弗朗西斯科·德·埃雷拉（Francisco de Herrera le Vieux）、阿隆索·巴斯克斯（Alonso Vázquez）和巴切柯四大名家主导。[5]虽然胡安·德·罗埃拉斯的画家生涯与作品和安达卢西亚及其首府只是部分关联[6]，但他的影响是毋庸置疑的。出生于1558年至1560年的他，在1597年创作了版画《上十字架》（*Élévation de la croix*）。从1598年到1601年，他在巴利亚多利德，并参与组织了腓力二世的葬礼。塞维利亚附近的奥利瓦雷斯教堂账册提到他自1603年元月直到1606年是该堂神父。接下来的年月里，他在塞维利亚进行绘画创作，而且颇有名气。此后，成为宫廷神父的他在马德里定居下来。不过，1617年他未能获得御用画家的头衔。1621年，他再次出现在奥利瓦雷斯教堂的记载中，四年后在那里离世。他曾以庄严、刚劲的方式处理了著名的圣雅各在克拉维霍（Clavijo）显圣击溃摩尔人这一题材（1609年，塞维利亚主教座堂）。《圣伊西多尔之死》（*La Mort de saint Isidore*，1613年，塞维利亚圣伊西多尔教堂）可以说是他的代表作【图35】。胡安·德·罗埃拉斯对17世纪初的塞维利亚画坛贡献巨大，使它免受样式主义的支配。他专于叙事的宏大以及构图的清晰。他还展现了善于运用色彩的天赋，这也说明他深受威尼斯绘画大师们的影响。在他身上，除了宏大与清晰，也有一种简单而又隐秘的优雅，这种优雅正好与安达卢西亚独特的气质不谋而合。在塞维利亚，他是第一位——或者说至少是第一批画家中的一位——懂

图35
胡安·德·罗埃拉斯《圣伊西多尔之死》
1613年
木板油画
530厘米×330厘米
塞维利亚，圣伊西多尔教堂

图36
老弗朗西斯科·德·埃雷拉
《圣埃梅内希尔多的凯旋》
1620—1624年
布面油画
523厘米×326厘米
塞维利亚，美术博物馆

得如何把现实主义同神秘主义在弥漫着诗意的氛围中结合起来的画家，正如他在《崇拜耶稣的名》（*L'Adoration du nom de Jésus*，1604—1605年，大学礼拜堂）和《圣伯尔纳的神视》（*La Vision de saint Bernard*，1611年，圣伯尔纳医院）中所展示的那样。

弗朗西斯科·德·埃雷拉被冠以“老”字是为了与他同名的儿子（1627—1685年）区别开来[7]，后者不仅是一名杰出的画家，也是一位优秀的建筑师。1576年左右生于塞维利亚的老埃雷拉，可能曾经师从巴切柯，后来他定居马德里，1656年在那离世。他拥有极为独到的才华。然而，事实上，他并未受到习画时期的委拉斯贵支的关注，首先是因为不能确定他是否在自己的画室培养过后者，其次是在委拉斯贵支定居马德里之前他还未成为公认的大艺术家。老埃雷拉日后因构图中展现的激情和所用色彩的绚丽夺目而备受赞赏，藏于卢浮宫博物馆的名作《圣巴西流口授教义》（*Saint Basile dictant sa doctrine*）即为一例，但这幅作品绘于1639年。他的声誉是1627年至1629年在圣波那文都学院作画时建立起来的，这一系列绘画中的其他作品则由弗朗西斯科·德·苏巴朗（Francisco de Zurbarán）接替完成。此前，老埃雷拉的绘画主要还是隶属于样式主义，比如《圣灵降临》（*Pentecôte*，1617年，托莱多，格列柯故居博物馆）和《圣埃梅内希尔多的凯旋》（*Le Triomphe de saint Herménégilde*，约1620—1624年）【图36】。

阿隆索·巴斯克斯需要用更长的篇幅来介绍，即便他由于令人惋惜的结局而未能给后世留下更多的作品。他1565年左右生于龙达（Ronda），曾和巴切柯一起共事，并参与了16世纪末、17世纪初两大绘画流派的发展历程，即样式主义的延续和研习自然的发端。1590年至1603年，他在塞维利亚被视为一名出色的画家，也是一位在观察真实与重复临摹这一矛盾结合体前并不退缩的创作者，他的《最后的晚餐》（*La Cène*，1588—1603年，塞维利亚，美术博物馆）便是明证。1600年至1601年，他为仁慈圣母会大回廊绘制了《圣佩德罗·诺拉斯科生平》（*La Vie de saint Pierre Nolasque*）组画，其中的两个场景虽然简洁却富有张力，这两件作品如今收藏于塞维利亚美术博物馆【图37】。不过，他1603年就离开西班牙去了墨西哥。在那里，深受欢迎的他于1608年左右辞世。在这段关于塞维利亚画坛的文字中，还剩一位画家需要着重介绍，那就是巴切柯。[8]虽然他缺少突出的个性，但他的经历、他作为人文主义者及宗教裁判审查官的活动、他的绘画作品、他画室的重要性以及他在委拉斯贵支早期职业生涯和个人生活中所扮演的角色，都值得我们关注。

巴切柯出生于桑卢卡尔-德巴拉梅达（Sanlúcar de Barrameda），并于1564年11月在那里接受了洗礼。作为孤儿，他和三个兄弟由他们热爱文学与科学的司铎叔叔抚养，叔叔与未来的画家同名。巴切柯在安达卢西亚首府跟随一位不大有名的画师路易斯·费尔南德斯（Luis Fernández）习画，并在16世纪的最后十年里开始崭露头角。1593年经过选举接手管理行业公会后，他收到了一些重要的创作委托。他不仅了解塞维利亚画坛，对马德里业界也颇为熟悉，曾几度前往马德里及其周边地区。他自己说曾经亲耳聆听过阿隆索·桑切斯·科埃略（Alonso Sánchez Coello）如何定义一幅优秀的肖像画。而后者在1588年8月8日去世前的许多年间似乎从未离开过腓力二世的宫廷，因此巴切柯初次去马德里应该是在这一日期之前。1611年他第二次前往首都，去了埃斯科里亚尔，并在托莱多拜见了格列柯（Le Greco）。这位克里特人以“一位勇者，但不谙绘画”来评论米开朗琪罗（Michel-Ange），让他感到十分惊讶。

图37
阿隆索·巴斯克斯《圣佩德罗·诺拉斯科向征服者海梅一世告辞》
1601年
布面油画
208厘米×250厘米
塞维利亚，美术博物馆

图38
弗朗西斯科·巴切柯《〈赫拉克勒斯的凯旋〉习作》
1604年
纸本铅笔、水墨画
39厘米×27厘米
马德里，圣费尔南多王家美术学院

1623年春，他见证了已成为自己女婿的委拉斯贵支在宫廷的成功。1624年至1626年，巴切柯数次前往马德里时，委拉斯贵支已经在那里定居。他在马德里应当还见到了奥利瓦雷斯招徕的安达卢西亚友人，如诗人弗朗西斯科·德·里约哈（Francisco de Rioja，1583—1659年）以及腓力四世的首席宫廷牧师、绘画爱好者胡安·德·丰塞卡（Juan de Fonseca）。巴切柯以高寿在塞维利亚离世后，于1644年11月27日在圣米迦勒落葬。

1560年左右，人文主义者胡安·德·马尔·拉腊（Juan de Mal Lara）根据意大利文艺复兴时期的新柏拉图主义传统，在塞维利亚主持建立了一个制度宽松的学院体系。他在那里召集了诗歌、文学、文物、神学等不同领域的文化人。在马尔·拉腊过世之后，巴切柯继续发扬这一传统。巴切柯还引来了以文人、收藏者、艺术保护人多重身份著称的第三代加苏莱斯堡公爵。1604年，他为公爵在比拉多府邸的书房绘制了神话题材的天顶画，马德里美术学院藏有一幅此画的习作【图38】。此前，他于1601年为家业殷实的作家、艺术收藏爱好者胡安·德·阿吉霍（Juan de Arguijo）的书房天花板创作了绘画，不过目前为止无人知晓这一作品的实际所在地。相反地，加苏莱斯堡公爵的天顶画则在原址保留了下来。在这件作品的图像志方面，巴切柯得到了诗人、学者弗朗西斯科·德·梅迪纳（Francisco de Medina）的帮助，而在绘画技术层面，则受益于巴勃罗·德·塞斯佩德斯。天顶中央画的是《众神的集会》（*L'Assemblée des dieux*），其中包括呈送给年轻公爵的样图中所描绘的《赫拉克勒斯的凯旋》（*Le Triomphe d'Hercule*）。正如西班牙历任国王那样，公爵也把赫拉克勒斯视为自己的先祖。围绕着中央画的则是法厄同、伊卡洛斯、泰美斯和伽倪墨得斯。巴切柯的理想是成为一名学者型画家。他骨子里是一位坚定的人文主义者，但同时却也非常关心宗教正统以及如何准确得体地表现宗教题材。1618年，他被塞维利亚宗教裁判所任命为审查官。他不仅对绘画技术感兴趣，对绘画理论亦然。他期望绘画能被视为博雅教育的一部分，而非一项简单的手工活动。

正因如此，他希望通过汇编名人画像以证明绘画的高贵，最终编成《名人肖像描画集》（*Libro de descripción de verdaderos retratos de ilustres y memorables varones*）[9]，不过画册未能在他生前出版。更值一提的是，他根据自己广泛的兴趣，于1638年就完成了《绘画艺术》（*Arte de la Pintura*）一书的撰写工作，但著作出版面世则要等到1649年。[10]这里有必要对这部著述略作分析。在前两卷中，巴切

主啊，是谁把你这样安摆，

如此乏味、如此干枯？

你告诉我这是爱，

但我说这是巴切柯。[11]

我们的确可以指摘他的画笔下构图和人物棱角僵硬，但他的绘画方式其实也是不断衍化的。在他为仁慈圣母会大回廊创作的装饰画《仁慈圣母会修士赎回的囚徒上岸》（*Débarquement des prisonniers rachetés par les frères de la Merci*，1602年，巴塞罗那博物馆）【图40】中，与其说展现的是画家的才华，不如说更多是他的勤勉。不过，大约从1610年开始，他的进步极为显著。因此，在1616年绘制的《圣伊雷娜救治圣塞巴斯蒂安》（*Saint Sébastien soigné par sainte Irène*，原存于瓜代拉堡医院，毁于1936年）【图39】和《天使侍奉基督》（*Le Christ servi par les anges*，卡斯特尔，戈雅博物馆）【图41】这两幅画作中，

图39
弗朗西斯科·巴切柯《圣伊雷娜救治圣塞巴斯蒂安》
1616年
布面油画
292厘米×216厘米
瓜代拉堡医院（塞维利亚省），毁于1936年

图40
弗朗西斯科·巴切柯《仁慈圣母会修士赎回的囚徒上岸》
1602年
布面油画
200厘米×250厘米
巴塞罗那，国立加泰罗尼亚艺术博物馆

柯捍卫绘画的博雅性质，理由是他从事的这一艺术形式一向受到王公显贵的保护，而且它像诗歌那样是建立在理论和法则之上的。他在第三卷中则专门讨论绘画技术。在附录中，他把内容延伸到图像志上，因为对于天主教改革时代的思想而言，艺术表现必须真实准确才能激起信徒的虔诚以及他们对上帝的爱。的确，人们经常引用他坚持十字架上的基督必须以四颗钉子钉住的掌故，来说明他对图像志的关切。

作为理论家，他自然会从莱昂·巴蒂斯塔·阿尔伯蒂（Leon Battista Alberti）、乔凡尼·保罗·洛马佐（Giovanni Paolo Lomazzo）等前人的画论中吸取灵感，但他也能接受新生事物，并在一定程度上对画坛发展保持着清醒的认识。意识到样式主义变得流于形式之后，他承认要师法自然。他的绘画有时会被批评过于生硬，就像这首安东尼奥·帕洛米诺（Antonio Palomino，1653—1726年）在评论《基督钉上十字架》（*La Crucifixion*）时引用的一首四行诗所见证的那样：

我们可以感受到更多的柔性和日常生活气息。[12]

作为一位为宗教正统性担忧并深受样式主义影响的人文主义者，巴切柯同时也是一名思想开明人士。这一点，在他与青年时期的委拉斯贵支的关系中得以充分展现。

委拉斯贵支在塞维利亚的生活

1597年12月28日，胡安·罗德里格斯·德·席尔瓦（Juan Rodríguez de Silva）与赫罗尼玛·委拉斯贵支（Jerónima Velázquez）在塞维利亚圣彼得教堂结为连理。[13]夫妇二人都生于这座城市，但新郎的父母迭戈·罗德里格斯·德·席尔瓦（Diego Rodríguez de Silva）和玛丽亚·罗德里格斯（María Rodríguez）都来自波尔图（Porto），后来才在安达卢西亚首府安顿下来。这样的迁徙定居不过是伊比利亚半岛上千千万万个人口流动实例中的一个。自1580年起，当腓力二世成为西班牙和葡萄牙共同的君主，并开始在里斯本统治时，两者间的人员流动变得更加活跃。

新婚夫妇得到的第一个孩子就是未来的画家迭戈。他于1599年6月6日星期日在塞维利亚圣彼得教堂——也就是父母婚礼的举办地——接受了洗礼。可以肯定，他是此前不久出生的。他们一家后来应当居住在圣味增爵教区，亦即巴切柯所生活的街区。迭戈之后，家中又添丁不少：胡安（Juan，1601年）、费尔南多（Fernando，1604年）、西尔韦斯特（Silvestre，1606年）、胡安娜（Juana，1609年）、罗克（Roque，1612年）和弗朗西斯科（Francisco，1617年）。长子迭戈·委拉斯贵支随母亲的父姓，日后他将使这个姓氏举世闻名。当年在冠姓选择上有极大的自由。次子以后给画家女儿当教父的时候，是以胡安·委拉斯贵支·德·席尔瓦的名字签署的文件。关于家族的社会地位、委拉斯贵支的教育和最初的绘画培训，艺术史学家长期都采信帕洛米诺的说法。他的确收录了距画家所生活的时代不远的传说，尤其是宫廷传说，并写就画家生平，但由于他缺乏批判精神，叙述中多有讹误，特别是在画家的出身和早年生活问题上。他的文本既冗长又含糊，致使我们不能完全征引采信这些史料，不过我们可以概述一下其内容，并以此作为初步建立史实的出发点。[14]

成为宫廷画家后，委拉斯贵支一心想提升他先祖的社会地位。他必须建构显赫的出身以及使自己远远超越普通画家的命运。而帕洛米诺的叙述恰好符合画家当初的意图。据帕洛米诺所述，委拉斯贵支在波尔图的父系是著名的席尔瓦家族的后代，也就是埃涅阿斯（Eneas）的儿子、阿尔巴朗格国王西尔维乌斯（Silvius）的后裔。这一说法自然需要我们谨慎看待，而且军事骑士团委员会自1658年起为任命画家为圣地亚哥骑士团骑士而作的调查也让我们对此表示怀疑。比如说，由于1640年重新独立的葡萄牙和西班牙处于战争状态，调查无法深入至波尔图，只好在边境城市蒙特雷（Monterrey）和图伊（Tuy）进行，而席尔瓦家族在当地时而不为人知，时而却又被看作贵族甚至是显贵。今天，史学界一般认为胡安·罗德里格斯·德·席尔瓦属于小贵族（*hidalguía*），且无需缴纳针对庶民的税赋（*la blanca de la carne*）。可是如此一来，他容许自己的儿子迭戈从事被认为是简单手工行业的绘画工作，不免让人感到惊讶。相反地，如果父母本来就不是贵族出身，我们就更能理解日后委拉斯贵支为何想要提升先祖的地位。[15]

在画家父母给予他的文化教育方面，我们在帕洛米诺的著作中也可以读到许多相关细节。我们相信他们的确长期给他提供了“敬畏上帝的奶汁”。不过，下面这句话的含义有待商榷：“他专心学习文学，他的语言和哲学知识引人注目。”胡安·奥古斯丁·塞安·贝穆德斯（Juan Agustin Ceán Bermúdez）在他1800年出版的艺术家辞典中，则只提到了“学习拉丁语和哲学”。[16]除了拉丁语和西班牙语，委拉斯贵支究竟有没有学习其他语言呢？在西班牙一定的社会与文化层次以上，意大利语自然是通用的。此外，在未来的生活中，画家拥有的一些书籍是用意大利语写成的画论，他还在这个提香（Titien）和米开朗琪罗的国度长时间旅居过两次。我们并不确定他是否会法语。1659年他陪同过前来为路易十四向玛丽·特蕾莎公主求婚的格拉蒙（Gramont）元帅，不过这完全不能说明他懂法语。唯一能确定的是，青少年时期的委拉斯贵支曾经接受过扎实的人文主义教育。

在吸收人文教育的同时，他明显地表现出了对艺术的偏好以及这方面的天赋。他刚开始念书时的簿册，都用来画画了。父母见他对绘画如此热爱，也便没有阻拦。他们决定让他去一位画家那里当学徒。根据帕洛米诺和胡安·奥古斯丁·塞安·贝穆德斯的说法，他去了老埃雷拉的画坊。老埃雷拉虽然颇具才华，但脾气专横粗暴。他天生不是平易近人之辈，无法获得少年委拉斯贵支的好感，于是后者很快就离开了他的画坊。坦率地说，我们应当谨慎看待这段在老埃雷拉手下的短暂经历，一些委拉斯贵支的传记作者怀疑它的真实性，甚至提也不提这段经历。似乎巴切柯本人都曾抗议某位同僚声称培养过日后声名大振的年轻画家，即便巴切柯没有指名道姓。[17]

真正的绘画训练，确实是在巴切柯那里完成的。胡安·罗德里格斯·德·席尔瓦把儿子托付给巴切柯。合约是1611年11月17日和21日两次签署的，合约规定了从上一年的12月1日起为期六年的学徒期。根据当时的习惯，委拉斯

图41
弗朗西斯科·巴切柯《天使侍奉基督》
1616年
布面油画
286厘米×418厘米
卡斯特尔，戈雅博物馆

图42
《年轻女子头像》
约1618年
米色直纹纸本黑页岩素描
20厘米×13厘米
马德里，西班牙国家图书馆

贵支住在巴切柯家中，学习老师的高超技艺。他完全浸润在老师及其学院所在的人文主义环境中，对于这一点，或许我们还强调得不够。他对某些神话和深奥题材的趣味或许就是因为他曾经常出入老师的社交圈子。事实上，他由此发展出了完全符合他秉性的绘画趋向。他创作起来驾轻就熟，以至于巴切柯在承认他的才华之余，也意识到必须超越样式主义和拉斐尔的忠告，把目光转向自然。年轻的委拉斯贵支崇尚师法自然。他曾让农民做模特儿，摆出各种姿势让他描习，以提高自己的绘画技艺；他还在草纸上用炭笔勾画过好多次模特儿的头部。有时，在老师的一些绘画作品中，人们似乎也能捕捉到他的风格。这样的揣测其实大多是不可靠的。不过，我们可以注意到的是，1616年巴切柯绘制的《天使侍奉基督》【图41】中的桌上物品，的确不由地让人联想起委拉斯贵支本人不久之后所画的静物。1617年3月14日，他在巴切柯和胡安·德·乌塞达（Juan de Uceda）面前完满地通过考核，成为画师。从此，他可以自由地主持自己的画室，以自己的名义作画并招收学徒。

在此之前，和他一起随巴切柯学画的还有阿隆索·卡诺（Alonso Cano，1601—1667年）。后者于1616年8月17日来到画坊，日后也成为当时西班牙伟大的艺术家之一，他同时在绘画、雕塑和建筑三个领域内展开创作。在17世纪初的塞维利亚，同处培养期的画家，还有1614年到来的苏巴朗（1598—1664年），但他没有出师就离开了这座城市，这也是为何1629年塞维利亚市政府邀请功成名就的他回来定居时，有些画师想要从中作梗。

委拉斯贵支和他老师的关系并未随学徒期结束而疏远。关于这一方面，需要参考巴切柯自己在《绘画艺术》中所写的："教了五年之后，我把女儿嫁给了他。"[18]他之所以作出这个决定，是因为委拉斯贵支的善良天性与卓越才华。1618年4月23日，迭戈和胡安娜的婚礼在圣米迦勒教堂举行。证婚人中，有弗朗西斯科·德·里约哈。那时新郎还不到19岁，新娘胡安娜则刚满16岁。根据巴托洛梅·贝纳萨尔（Bartolomé Bennassar）的研究统计，对于整个西班牙而言，1580年至1640年的平均结婚年龄，男方是24岁，女方则是19至20岁。[19]如果我们以这一普遍数据为准，那么委拉斯贵支和老师女儿完全可以算作早婚。不过，由于学徒制中画坊和家庭的界限模糊，艺术家们有时的确会比一般人更早结婚。

胡安娜·巴切柯从她父亲那得到了两处塞维利亚房产，一处在波特罗街，价值330杜卡特，另一处在加耶戈斯街，还有一个衣橱和若干衣物作为嫁妆，从祖母那则获赠1200杜卡特。小家庭育有二女：长女弗朗西斯卡（Francisca）于1619年5月18日在圣米迦勒教堂接受洗礼；次女伊格纳西亚（Ignacia）则于1621年1月29日在家中接受了圣味增爵教堂神父主持的洗礼。委拉斯贵支一直留心让自己免交庶民消费税。1620年2月1日，他收下一位名叫迭戈·德·梅尔加（Diego de Melgar）的十三四岁学徒。他通过租佃增加了家庭收入。这些史实是否可以说明他们在塞维利亚完全定居了下来？这似乎只是一位画家及其新建家庭在漫漫人生中的一次明智安顿，而日后随时都有可能改变职业所处的社会、地理环境。比外省艺术家更辉煌的职业生涯等待着委拉斯贵支。1622、1623年的两次马德里之行为这一改变做好了准备，紧接着第二次旅行就传来了他在宫廷的任职令。在研究离开塞维利亚的动机和离开这件事本身之前，有必要先分析一下委拉斯贵支在塞维利亚创作的绘画作品及其取得的艺术成就。

委拉斯贵支在塞维利亚的艺术[20]

艺术史学家所公认的画家创作于塞维利亚时期的作品有二十余幅油画，还有两帧如今藏于马德里国家图书馆的《年轻女子头像》（*Tête de jeune fille*）素描【图42、图43】。据巴切柯所述，他的学生习惯在草纸上创作素描画，只可惜保存下来的数量极少。从这段时期起我们就可以注意到委拉斯贵支存世素描作品数量稀少，其实素描作品将贯穿委拉斯贵支的整个职业生涯。

不过，我们可以深入分析一下他的油画作品，即便从中也未必能挖掘到我们希望得到的所有信息。很可能的是，

图43
《年轻女子头像》
约1618年
米色直纹纸本黑页岩素描
15厘米×11.7厘米
马德里，西班牙国家图书馆

像其他初习者那样，委拉斯贵支把青年时期不满意的画作都销毁了。从初期开始，他就很少在画作上署名或注明创作年份，这也是一个将贯穿他一生的创作习惯。在《基督在马大与马利亚家中》(*Le Christ chez Marthe et Marie*)【图62】和《煮鸡蛋的老妪》(*La Vieille femme faisant cuire des œufs*)【图63】这两幅画中，他没有署名，但注明了年份。不过年份的数字很难分辨清楚，1618年应当是最可信的。大部分专家认为，《三王来拜》(*L'Adoration des Mages*)【图51】中的日期是1619年，而《赫罗尼玛·德拉·富恩特修女肖像》(*Portrait de la mère Jerónima de la Fuente*)【图45】中则有落款"迭戈·委拉斯贵支作于1620年(Diego Velazquez f. 1620)"。在这种情形下，很难确立他在塞维利亚时期创作的作品年表。留存至今的第一幅作品可能是藏于圣彼得堡艾尔米塔什博物馆的《餐桌上的三个男人》(*Trois hommes à table*)【图56】。最初的一批绘画中，除了上述两幅(《基督在马大与马利亚家中》和《煮鸡蛋的老妪》)应当是1618年绘制的，还有《黑白混血女》(*La Mulata*)的两个版本【图58】，即都柏林国家美术馆所藏左上角绘有《以马忤斯的晚餐》(*Le Repas à Emmaüs*)的完整版本，以及芝加哥艺术博物馆收藏的，因没有晚餐场景而更多被称作《厨娘》(*La Fille de cuisine*)的那一幅【图61】。

我们可以认为，比起整体综合研究这一创作时期，确立一份严谨的年表要显得次要一些。当时，宗教或世俗题材的大型绘画是最被看重的类别，然后才是肖像画。委拉斯贵支笔下的绘画门类等级，同当时人们普遍遵从的相去甚远。他会绘制宗教题材和肖像，但他更偏爱大众主题和平民，喜欢把日常生活场景同天主教生活结合起来。事实上，当我们注意到画家的这一偏好时，也就可以理解他初期创作中凸显出来的艺术个性。

正如我们可以预料的那样，巴切柯的这位学生掌握了娴熟的技艺，并在此基础上加以改进完善。有些艺术史学家指责他塞维利亚时期的构图和线条不够灵活，但这其实是以学院派的标准在评判，并且忽视了作品中最本质的东西，即画家对自我特色的完全肯定。他从老师身上也学到了对知识的追求，并以自己的方式提高文化修养。最后，像巴切柯一样，他根据天主教改革和耶稣会士的精神与指示，通过宗教故事题材来阐明基督宗教的信仰与习俗。我们不能说所有的17世纪西班牙绘画都应当依据教义来阐释，但即便是在创作了许多神话历史题材和肖像的委拉斯贵支那里，最根本的也还是对基督宗教题材的解读。在这方面，受教于巴切柯并经常出入他文化圈子的委拉斯贵支，把绘画视为传播正统教义的媒介，并严格遵从构图和象征规则。

通过分析绘画目的、模特儿以及光线的运用，我们可以明白委拉斯贵支的新颖之处在于对真实的偏好，这大概也是他最主要的特色。他画中的各色陶瓷用品就很好地说明了这一问题，因为它们正是当时在安达卢西亚和瓜达尔基维尔河谷日常生活中所使用的陶器，也是同时代的特里亚纳(Triana)陶瓷匠所烧制的器皿。巴切柯认为有时应当把眼光放到样式主义之外，委拉斯贵支则更进一步，深信要把对自然的观察融入绘画。我们可以看到，在托莱多，格列柯的学生路易斯·特里斯坦也在进行类似的探索，但他更多是向观察的真实甚至是巴洛克衍化。年轻的安达卢西亚画师在他熟识的人中选择部分模特儿，如家人以及他专门付费请来的一些男孩。这一类似情形在文学创作中也很常见，因为作家和艺术家都是以各自的艺术语言，审视并重构同样的日常生活场景和同样的人物，包括那些流浪汉。需要指出的是，《煮鸡蛋的老妪》所展现的场景在马特奥·阿莱曼的《古斯曼·德·阿尔法拉切》中也有相似的描写。在旅馆里，老板娘问阿尔法拉切要去哪里，他以第一人称这样叙述：“我回答她说要去宫里，并让她给我做些吃的。她让我坐在一只跛脚的板凳上，石桌板上的烤炉刷伸向我这边，上面还放着一个当作盐盅的碎陶罐底、一条满是泥浆水的鸡食槽和一个比桌布颜色还灰暗的烤饼，然后她在盘子里给我盛了个所谓的摊鸡蛋，其实那更应该被叫作难以下咽的膏药。”[21]委拉斯贵支则在画中侧重使用了赭石、栗色、灰、黑这些暗色。轮廓、体积以及衣褶的雕塑感更加增强了这些颜色的表现力。整个氛围沉浸在将要弥散成半明半暗的光线中。

这些塞维利亚时期的所有绘画特征，乍一看和画家之后的风格有所区别，以致一些艺术史学家产生了是不是年轻画家受卡拉瓦乔影响的疑问。之前我们已经大致谈过这个问题。如果以委拉斯贵支为例做进一步的探讨，我们很可能会在其他地方找到这些大众题材的渊源，而不是只有在这位意大利革新画家的笔下。要知道，此类题材在西方流传甚广；委拉斯贵支改进后的弥散光处理方式，和卡拉瓦乔通过固定光源得到明暗对比大相径庭。此外，他可能在塞维利亚的时候就已经接触过何塞·德·里贝拉(José de Ribera)的绘画。对自然的深入研习也并不代表他把自己的绘画简单地缩减成对真实的再现。正如同时期的其他艺术家，委拉斯贵支借由真实来表现不可见的精神世界。总体而言，他在创作中和有或没有生命的原型都保持了一定的距离，从而产生了强化人物个性和尊严的效果。

肖像画

唐·克里斯托瓦尔·苏亚雷斯·德·里贝拉（don Cristóbal Suárez de Ribera）神父是委拉斯贵支之妻胡安娜·巴切柯的教父。他在塞维利亚创办了圣埃梅内希尔多礼拜堂，1618年10月13日过世后他长眠在那里。他的肖像画曾长期保存在这座礼拜堂内，如今则收藏于塞维利亚美术博物馆。1910年清洗这幅《唐·克里斯托瓦尔·苏亚雷斯·德·里贝拉肖像》（*Portrait de don Cristóbal Suárez de Ribera*）【图44】时，在画中发现了“1620”这个日期以及“DOVZ”四个字母，把这几个字母解读成迭戈·委拉斯贵支的缩写应当是合情合理的。艺术史学家也一致认为这幅绘制于唐·克里斯托瓦尔去世之后的画作是他的手笔。右侧的风景衬托了跪着的神父，他的姿势暗示了在同一空间内可能有另一个人和他呼应。宽大的深色服装使人物的存在愈发庄严，但更引人注目的是他的手和脸部。从他的早期作品开始，委拉斯贵支就力图把所绘人物置于地平面上，并在空间中赋予他们特定的位置和体积，从而使人物具有独立的存在感。不过，我们从中也可以看到笔法尚有不够灵活之处，神态也还缺乏说服力，存在这些不足可能是因为肖像是在人物去世后绘制的。

相反地，《赫罗尼玛·德拉·富恩特修女肖像》中透出的人物个性和坚定信仰立刻给人留下了强烈的印象。和跪着的神父不同，修女是站立着的，不过我们并不清楚是委拉斯贵支还是修女本人提出的绘制立像。不管怎样，一座纪念性雕塑从这一修院人物肖像中脱胎而出。上了年纪的修女脸上布满皱纹，她站得直直的，好像要迈出战无不胜的步伐。她是托莱多圣伊莎贝尔修院的成员。1620年，66岁的她前往菲律宾马尼拉创办圣加辣修院并担任院长一职。登船启程前的6月1日至20日，她在塞维利亚停留，委拉斯贵支在此期间为她绘制了肖像。第一幅肖像曾保存在托莱多圣伊莎贝尔修道院，长期以来人们都以为它出自路易斯·特里斯坦之手【图45】。1926年，借参加一场方济各会展览的契机，这幅画作得以清洗，委拉斯贵支的落款正是在那时候发现的。1944年，西班牙政府为普拉多博物馆收购了此画。第二个版本也曾长期保存在圣伊莎贝尔修道院，同年由阿劳斯家族购得并收藏至今【图46】。这件作品是在上一幅画作完成不久后绘制的，但X光的检测结果表明，和第一幅画作相同的署名和日期是后来添加上去的。[22] 修女手握十字架，在普拉多博物馆的藏品中，十字架是正面展示的，比起另一个版本中所采用的侧面展示，更能渲染出欢欣的气氛。十字架上方飘旗上的拉丁文在普拉多博物馆的版本中已被拭去，因为博物馆馆员们当初认为这些文字是后世添加的。这一推论大概是错误的，飘旗上的文字在第二个版本中得以留存：“当主得到赞美时我将获得平静（*SATIABOR DVM GLORI FICATVS FVERIT*）。”在画的顶部有另一段拉丁文：“静默等候主的救恩，这原是好的（*BONVM EST PRESTOLARI CVM SILENTIO SALVTARE DEI*）。”画作下部则是一段西班牙文，道明了修女的身份并讲述了她在基督的安娜（Anne du Christ）、圣方济各的莱昂诺尔（Léonore de Saint-François）和新入会的圣安东尼的胡安娜（Jeanne de Saint-Antoine）三位修女的陪同下，于1620年4月28日离开托莱多的修道院，前往马尼拉建立新的修院。这段文字应当是后人添加在画作上的。画中赫罗尼玛·德拉·富恩特修女占据了大幅画面的存在、整体风格的硬朗以及暗色的使用都令人惊叹不已。脸部、白色的内帽及折领使整幅绘画在精神和物质双重层面上大放光彩。的确，一切都是为了表现修女的信仰与决心。隐藏在她朴实无华的外表下的，是对主全心全意的奉献。

普拉多博物馆还藏有一幅《戴绉领的男人肖像》（*Portrait d'homme portant une fraise*），画中的人物显得十分成熟，头发略微花白，脖子上戴着白色的细布绉领，衣领下方是画到胸前的一件黑衣【图47】。这幅画作应当是1623年之前绘成的，因为从那一年的元月开始就禁止穿戴这种绉领了。当然，这一禁令在各地的贯彻程度不一，但从风格角度来看，作品应当也是在1618年至1622年完成的。传统上，画中的人物被认为是巴切柯，因为他看起来

图44
《唐·克里斯托瓦尔·苏亚雷斯·德·里贝拉肖像》
1620年
布面油画
207厘米×148厘米
塞维利亚，美术博物馆，
圣埃梅内希尔多教团庋藏

图45
《赫罗尼玛·德拉·富恩特修女肖像》
1620年
布面油画
160厘米×110厘米
马德里，普拉多博物馆

图46
《赫罗尼玛·德拉·富恩特修女肖像》
1620年
布面油画
162.5厘米×105厘米
马德里，费尔南德斯·德·阿劳斯私人收藏

BONVM EST PRESTOLARI CVM SILENTIO SALVTARE DEI

BONVM EST PRESTOLARI CVM SILENTIO SALVTARE DEI
Este es verdadero Re
Doña Jeronima de la fuēte
uento de Sancta ysabel de
fundadora y primera Ab
Clara de la Concepcion
dad de Manila en filipin
edad de 66 anos martes
1620 años salieron de
ma la madre Ana de
nor de sanct francisco
na Juana de sanct Antonio
de mucha importancia
trato de la Madr
Relixiosa del Cō
los Reyes de T
badesa del Conuento de S
de la primera regla de la Ciu
nas. salio a esta fundaçion de
veinte y ocho de Abril de
este conuento en su compa
Christo y la madre Leo
Relixiosas y la herma
nouicia Toda personas
Para tan alta obra

图47
《戴绉领的男人肖像（弗朗西斯科·巴切柯？）》
1618—1622年
布面油画
41厘米×36厘米
马德里，普拉多博物馆

图48
《三王来拜》
1619年
图51局部，第66页

很像《三王来拜》中的一位国王，而这位国王据说是委拉斯贵支以岳父为原型创作而成的【图48、图51】。将这帧绘画鉴定为年轻画家的作品基本上已成共识。在画家笔下，人物个性的感染力格外引人注目。这件作品的一段收藏史，则从侧面反映了某一特定时期内人们是如何看待那些绘画大师的画风的。在肖像下方边框上，至今还保留着象征腓力五世（Philippe V）收藏的圣安得烈十字标记，还有1746年拉格兰哈城堡国王财产清册“第43号”的字样，在清册中它被描述为丁托列托（Tintoret）的手笔。正如胡利安·加列戈所指出的，“通过光线把焦点集中到头部和颈部”[23]确实和威尼斯画家的画法相符，但当时负责绘画清点的意大利画家多米尼科·玛丽亚·萨尼（Domenico Maria Sani）很可能弄错了，因为我们知道，从青年时代到生命的最后时光，委拉斯贵支一直对威尼斯画派抱有浓厚的兴趣。

宗教画

在青年的委拉斯贵支的画笔下，宗教画所展现的不仅是我们之前在肖像画中已经观察到的绘画功力，而且还有对复杂构图的熟练把握。[24]这一点在《三王来拜》中体现得淋漓尽致【图51】。其创作年份标注在圣母脚下的石块上，看起来应当是1619年，而非1617年。这件作品很可能是为塞维利亚耶稣会初修院绘制的，卡洛斯三世（Charles III）统治时期耶稣会士被驱逐后流入私人收藏。之后又由费尔南多七世（Ferdinand VII）购得，自普拉多博物馆开馆之初就被收入馆藏。构图来源于赫罗尼莫·纳达尔（Jerónimo Nadal）神父于1593年出版的《福音历史图像集》（*Evangelicae Historiae Imagines*）中所收录的一幅表现相同主题的版画，版画由希罗尼穆斯·维里克斯（Jérôme Wierix）根据马尔腾·德·沃斯（Martin de Vos）的原画刻成。有些艺术史学家批评委拉斯贵支在运用透视时还不够灵活，因为他以高度上的堆叠来表现深度。是否还存在一幅左右更宽的原始画作呢？大家根据卡耶塔诺·帕尔马洛里（Cayetano Palmaroli）于1832年刻印的一幅石版画，一度以为现有油画版本是原画左右两侧被裁切后的结果。然而，这些多出来的部分应当是版画家自己添加上去的，因为X光的检测结果并不支持此前的推论。对绘画边缘的分析表明，画布从未被重新裁切过；在绘制过程中，下方边缘倒是增补过1.5至2厘米。这幅画的尺寸完全不应该成为问题的所在，事实上，画作非常恰当地遵循了上升的动势。动势轨迹落在长方形框架内的一条斜线上，也就是从左侧的国王斜向延伸到右侧的耶稣和圣母。委拉斯贵支对巴切柯和耶稣会精神都非常忠诚，尽可能地依据自然来表现场景。据传，画中描绘的人物是画家家庭的转现：画家本人是跪着的加斯帕；巴切柯是左边最年长的麦乔耳；圣母是委拉斯贵支的妻子，而耶稣则是他们的女儿弗朗西斯卡，也就是我们之前提到过的1619年5月18日接受洗礼的长女。在侍从身上，我们似乎可以看到一直给画家当模特儿的那个男孩。对真实的追求还体现在简单的服饰上。神态和服装的造型表现力被克制的用色烘托得更加明显。构图沿着斜向上升，从三王的暗淡体廓转向照亮圣母与耶稣的光隙。画中的圣婴并没有赤裸着，而是被裹在襁褓之中。这样的图像表达，正符合巴切柯一直宣扬的绘画必须合乎宗教礼仪的原则。

绘于1619年左右的《圣母无染原罪》【图50】和《拔摩岛的圣约翰》（*Saint Jean à Patmos*）【图49】，起初是为塞维利亚加尔默罗会修道院的修士议事厅创作的。来源和成画日期上的共同点以及相同的尺寸并不能证明两件作品

图49
《拔摩岛的圣约翰》
约1619年
布面油画
135.5厘米×102.2厘米
伦敦，国家美术馆

图50
《圣母无染原罪》
约1619年
布面油画
135厘米×101.6厘米
伦敦，国家美术馆

从一开始就是按照严格意义上的对幅标准来绘制的，因为在构图层面上两者并不呼应。这两幅画作于1809年由英国公使巴托罗缪·福瑞尔（Bartholomew Frere）在塞维利亚购得，《圣母无染原罪》从1874年起属于伦敦的国家美术馆，《拔摩岛的圣约翰》则要到1956年才被收入同一馆藏。显而易见，胡安·马丁内斯·蒙塔涅斯的雕塑作品影响了画中的圣母形象，绘画技法中所展现出的圆雕感直接源于这位安达卢西亚祭屏雕塑大师。圣约翰在画中则以农民形象出现，衣服的白色代表着贞洁。与此同时，正如另一幅画中的圣母，他的在场感因造型表现力的精益求精而得以强化。从宗教角度来看，在1854年成为教义之前，圣母无染原罪的信仰早就在塞维利亚得到承认并广泛传播。在描绘使徒的这幅画作中，左上角绘有顶着光轮的圣母出现在恶龙面前的异象，这一场景暗示了对人类的捍卫。

藏于纽约大都会艺术博物馆的《以马忤斯的晚餐》（1619—1622年）【图52】反映了塞维利亚时期最典型的绘画特征：一方面是平民人物以及他们局部暗淡的服饰，另一方面是以较亮的色调绘制而成的基督和桌子，最后，从把三个人物联系起来的椭圆形构图中透出一股令人信服的灵性。

像许多17世纪的西班牙画家一样，委拉斯贵支在塞维利亚时期创作了一系列使徒画像。人们曾把好些有争议的作品或临摹都和画家联系起来。不过，有两幅1619年至1622年完成的使徒像确实被认为是画家的真迹，它们可能就是使徒系列画的组成部分。《圣保罗》（*Saint Paul*）【图

图51
《三王来拜》
1619年
布面油画
203厘米×125厘米
马德里，普拉多博物馆

图52
《以马忤斯的晚餐》
1619—1622年
布面油画
123.2厘米×132.7厘米
纽约，大都会艺术博物馆

图53
《圣保罗》
1619—1622年
布面油画
99厘米×78厘米
巴塞罗那，国立加泰罗尼亚艺术博物馆

图54
《圣多马》
1619—1622年
布面油画
94厘米×73厘米
奥尔良，美术博物馆

S·PAVLVS·

S·TOMAS·

图55
《餐桌上的两个年轻人》
1617—1620年
布面油画
65.3厘米×104厘米
伦敦，阿普斯利府邸，惠灵顿博物馆

图56
《餐桌上的三个男人（午餐）》
1617—1620年
布面油画
108.5厘米×102厘米
圣彼得堡，艾尔米塔什博物馆

53】和《圣多马》（*Saint Thomas*）【图54】都有题词表明身份。画中呈现的是我们已习惯看到的造型才能和黯淡氛围。年长的圣保罗留着络腮胡子，比较年轻的圣多马身穿浅赭色披风，手指修长有力。

从平民题材到宗教意图

我们接下来要谈论的是平民题材，这一话题转换无关绘画风格，而同题材类别相关。卡拉瓦乔及其同时代的画家都曾多次描绘餐桌上的人们。流传至今的委拉斯贵支在塞维利亚时期所创作的绘画中，有三幅作品是处理这一主题的。根据帕洛米诺的说法，画家绘制过一幅“描绘两个穷人在一张小桌子上吃些简单食物的画，桌子上放着各式陶制器皿、橙子、面包，还有一些其他物品，一切都体现了观察的细小入微”[25]。这一描述与现藏伦敦阿普斯利府邸惠灵顿博物馆的《餐桌上的两个年轻人》（*Deux jeunes gens à table*，1617—1620年）【图55】相符。这件作品曾归腓力五世和费尔南多六世（Ferdinand VI）的大臣拉恩塞纳达侯爵（marquis de La Ensenada）所有，后来流转到卡洛斯三世手上。在此之后，画作先是被约瑟夫·波拿巴（Joseph Bonaparte）带出宫廷，再由惠灵顿（Wellington）在维多利亚（Vitoria）从他手上夺回，最后，费尔南多七世把它赠送给了惠灵顿[26]。画面左侧的桌上摆着不同的物品，右侧则是互相探向对方的两

图57
《农民的一餐》
1618—1620年
布面油画
96厘米×112厘米
布达佩斯，美术博物馆

个年轻人，所有这些都被置于一个不甚明亮的室内环境中。在圣彼得堡艾尔米塔什博物馆所藏的《餐桌上的三个男人》中，空间更为宽敞，表现内容也更加真实【图56】。桌布上的静物格外逼真，两个高兴的年轻食客栩栩如生。一般认为这幅绘画作于1617年至1620年，但也有人把它视为画家早期的作品之一。由于画中的欢乐基调，所表现的场景不太可能是《以马忤斯的晚餐》。左边的长者，也出现在布达佩斯博物馆的《农民的一餐》(*Repas de paysans*，1618—1620年)【图57】中：一个年轻女子正给同样坐在餐桌左边的他倒着酒，餐桌右侧则坐着一位男青年。

传神地刻画卑微小人物的性情、给没有生命的物体以勃勃的生机、熟练掌控受限的光线、着重强调造型表现力，这一切都表明委拉斯贵支已经成功地把自然世界与精神世界结合了起来。当他创作画中画，融合宗教场景与世俗场景，并像神造物那样绘制静物时[27]，两者间的有机结合更是得到了凸显。其中有两件作品尤其值得仔细分析：一幅

是一般认为创作于1618年的《基督在马大与马利亚家中》【图62】，另一幅为1617年至1620年成画的《以马忤斯的晚餐》[原属阿尔弗雷德·拜特爵士（Sir Alfred Beit）的私人收藏，后藏于都柏林爱尔兰国家美术馆]【图58】。

这些尺寸较小的绘画面向的是博学的私人客户群，他们有能力透过精心设计的图像志明白作品中的基督宗教寓意。这一寓意是通过在一幅大画中嵌套一幅小画得以建构的。大画通常强调家庭生活、日常用品和食物；小画则明确地描绘宗教场景。大小画嵌套的做法在巴切柯的作品《圣伊雷娜救治圣塞巴斯蒂安》中已经出现过【图39】，但这幅画中描绘的两个场景在故事叙述上是前后相承的，即先有受刑，再有救治。在委拉斯贵支的两件作品中情况却完全相反，嵌套场景里所描绘的动作基本上是同时发生的，而且两者在内涵上呈互补关系。这一处理方式的原型来自北方样式主义画家彼得·阿尔岑（Pieter Aertsen，1508—1575年）及其外甥兼后续者约阿希姆·布克莱尔（Joachim Beuckelaer）的作品。委拉斯贵支应当没有直接研究过他们的画作，但他可能通过版画或摹本对此得以了解。比如说，我们可以征引雅各布·马达姆（Jacob Matham，1571—1631年）根据彼得·阿尔岑原作刻制的版画《厨房一景和以马忤斯的晚餐》（*Scène de cuisine avec Le Repas à Emmaüs*）【图59】。不过，委拉斯贵支的处理方式和这些范本大相径庭。他并不像北方画家所偏爱的那样，通过物件和食物的堆叠来制造生气躁动的张力，他反而减少了它们的数量；他遵从巴切柯的教诲，以博学画家的理念，赋

图58
《以马忤斯的晚餐（黑白混血女）》
1617—1620年
布面油画
55厘米×118厘米
都柏林，爱尔兰国家美术馆

图59
雅各布·马达姆《厨房一景和以马忤斯的晚餐》
1603年
版画，彼得·阿尔岑原画
24.3厘米×32.4厘米
阿姆斯特丹，国家博物馆

图60
《农民的一餐》
1618—1620年
图57局部，第72页

图61
《厨娘（黑白混血女）》
约1620年
布面油画
55.9厘米×104厘米
芝加哥，芝加哥艺术博物馆

予它们特定的象征意义；他还暗示了没有生命的物体也应当拥有属于它们的尊严，因为它们是创世万物的组成部分。《路加福音》第10章末尾第38至42节是这样记述的："他们继续前行，耶稣进了一个村庄。有一个女人，名叫马大，接他到自己家里。她有一个妹妹，名叫马利亚，在主的脚前坐着听他的道。马大伺候的事多，心里忙乱，进前来，说：'主啊，我的妹妹留下我一个人伺候，你不在意吗？请吩咐她来帮助我。'主回答说：'马大，马大，你为许多的事操心烦恼，但是不可少的只有一件。马利亚已经选择了那上好的福分，是没有人能从她夺去的。'"[28]

初步解读《基督在马大与马利亚家中》并不困难：在后部的小图中，基督正在和跪着的马利亚说话，而前景则是餐前准备工作，这里蕴含的寓意是静修生活比活跃的生活更为重要。但进一步分析的话，问题也便随之出现。委拉斯贵支是如何呈现这一描绘救世主和马利亚的场景的？这是挂在墙上的一幅画吗？还是一面映照出所绘场景的镜子？抑或是透过墙上开着的方窗所看到的隔壁空间里的景象？清洗后的画面似乎可以印证最后这个假设，但不是所有人都能接受这一推测。不管怎样，应当注意到的是，委拉斯贵支在整个创作生涯中一直热衷于制造模棱两可。在这幅画中，含糊的仅仅是表达方式，因为画家描绘的场景还是符合文字叙述的。跪着的马利亚，应该是伯大尼的马利亚，但后来也有人把她视为改邪归正的失足女抹大拉的马利亚。在福音书的相关章节里，其实并没有明确说明她的身份。她的姐姐马大呢？人们一度以为前景中左侧的老妇人就是马大，她也出现在基督和马利亚身旁。她和煮鸡蛋的那个老妪十分相像，可能模特儿都是巴切柯的妻子。以马利亚姐姐的标准来衡量的话，她看起来过于年长了些。

她会不会更可能是一起参与备餐的邻居，到基督面前来抗议马利亚不帮她们？正在备餐中的年轻女子是仆人还是马大本人呢？这么多答案不能确定的问题再次证明了委拉斯贵支的模棱两可。桌上逼真的静物不但包括代表基督的鱼，还有其他象征符号：让人联想起主的爱与仁慈的水罐以及暗示着复活和赎罪的鸡蛋等。事实上，作品的主旨就是静修生活高于活跃的生活，但同时也有另一层更隐晦的寓意，那就是通过苦修才能得到永生。

《以马忤斯的晚餐》曾因厨房里坐在桌子后方的人物常常被称作《黑白混血女》【图58】。1933年，当画作还属于拜特家族收藏的时候，在一次清洗中发现了画面左侧有一个描绘以马忤斯的晚餐的小场景。由于画布曾被裁切过，今天的画面上缺失第三个同席者，只能看到他的一只手和部分前臂。这幅绘画的另一个版本《厨娘》，收藏于芝加哥艺术博物馆，通常也被视为委拉斯贵支的真迹，但画中完全删去了晚餐场景【图61】。从拜特家族流转到都柏林国家美术馆的那件作品更为完整，自然也将成为我们着重评论的对象。

帕洛米诺曾具体描述过一幅绘有厨房内景的画作，看起来和都柏林的藏画十分相像，不过文本和作品本身之间也存在些许差异。此外，混血女也应当引起我们的注意。黑人或有色人种奴隶在塞维利亚为数众多。桌后年轻人的

图62
《基督在马大与马利亚家中》
1618年
布面油画
60厘米×103.5厘米
伦敦，国家美术馆

相貌的确具有黑人特征，看起来也应该是个女子，就像画名里所说的那样。但这个人物曾一度被认为是男子。委拉斯贵支有一个名叫胡安·德·帕雷哈（Juan de Pareja）的黑白混血奴隶助理，1649年至1650年旅居罗马期间，画家给他绘制过一张肖像，这件作品也被视为委拉斯贵支的代表作之一。位于画面左上角的小画里所描绘的宗教场景，和《路加福音》第24章第28至31节的文本完全对应："他们走近所要去的村子，耶稣好像还要往前走。他们却强留他说：'时候晚了，天快黑了，请你同我们住下吧。' 耶稣就进去，要同他们住下。坐下来和他们用餐的时候，耶稣拿起饼来，祝福了，掰开，递给他们。他们的眼睛亮了，这才认出他来。耶稣却从他们眼前消失了。" 这里需要明白的寓意是，对可见事物的爱会阻碍我们对不可见的探求。比起《基督在马大与马利亚家中》，这里的厨房场景解读起来更加困难。不过我们至少可以借用阿维拉的圣德肋撒（sainte Thérèse d'Avila）所强调的家务劳动的重要性，她说在锅釜之间也可以与主相遇。

在塞维利亚时期创作的绘画中，还有两幅需要深入研究。乍一看，它们还是受到了平民题材的启发，但仔细探究后可以发现，它们可能揭示了某些宗教含义。它们都是画家的代表作，一幅是《煮鸡蛋的老妪》【图63】，另一幅是创作于1620年前后且技艺更为精湛的《塞维利亚的卖水老人》（*Le Marchand d'eau de Séville*）【图64】。

第一件作品同帕洛米诺的一段描述部分相符。它呈现了一个极为简朴的暗淡场景：右侧的老妪煮着（而非煎着）鸡蛋，左边站着一个男孩。两人一动不动，也不对视，有点像乔治·德·拉图尔（Georges de La Tour）或勒南（Le Nain）兄弟画笔下的人物。静止状态主导了整体构图。我们可以想象鸡蛋慢慢被煮熟。人物的分布如"X"的交叉分支，交点略微偏左地落在煮鸡蛋的锅上。桌上的静物、男孩手里拿的和墙上挂的物品，在雕塑感和色彩的静寂中，似乎被一种颤动的生命力唤醒。棕色和赭石色调主导的黯淡场景氛围，因妇人的白头巾、男孩的脖颈以及几件炊具而被局部点亮。最后，在"X"构图的线条和色彩明暗变化的引导下，观者的目光落到锅中的鸡蛋上。这件作品的完美让我们很难想象它纯粹只是为了描绘平民的日常生活场景。考虑到时人的思想状态，我们应当在寓意或宗教层面对画作进行阐释，而这两种解读同时也不排除其他方面的可能性。根据胡利安·加列戈的看法，画作可能是为了具象描绘味觉。奥迪勒·德朗达则借助天主教改革时期的宗教教诲，提议把它视为善行之一。根据《马太福音》第25章第35、36节，这些善行共有六项，且会纳入最后的审判："因为我饿了，你们给我吃。渴了，你们给我喝。我流浪在外，你们留我住。我赤身露体，你们给我穿。我病了，你们看顾我。我在监狱里，你们来看我。" 在这六善行的基础上，天主教会还加上了第七件善行，即安葬死者。表现七善行最出色的画作，大概就是卡拉瓦乔于1607年为那不勒斯仁慈山教堂绘制的那一幅，它至今还保存在教堂内。我们可以认为委拉斯贵支在《煮鸡蛋的老妪》中试图表现的就是这些善行中的第一件，施食于饥者，而在那个时代，鸡蛋恰好是常常用来施舍穷人的食物。

《塞维利亚的卖水老人》所展现出的完美技艺，让我们觉得这件作品应当绘于上一幅画作之后。画名来自占据了画面右半部分的主要人物：蓄着胡子的卖水老人侧站着，身穿一件栗色披风；他神情中透露出的庄重一直延续到动作之中，他拿着一只透明得令人惊讶的杯子，递给站在左边的男孩，后者的一只手也放在杯足上。杯底里有一颗无花果，应当是用来给水调味的。卖水人把大水罐摆在身前。他被认为是当时在塞维利亚从事这一职业的一个科西嘉人。这件作品的构图和《煮鸡蛋的老妪》中的类似，"X" 结构的两条分支在杯子处相交，同时也道明了画面中最本质的主题。和上一幅绘画相同的还有另外一点，那就是画中人并不对视，一种静止的、无声的、神秘的庄严感支配着整个场景。黯淡的氛围更是衬托了卖水老人和男孩的脸庞、前者的大披风以及后者所表现出的尊重；它也有助于再次强调位于画面主线相交处的水杯之重要性。

图63
《煮鸡蛋的老妪》
1618年
布面油画
100.5厘米×119.5厘米
爱丁堡，苏格兰国家美术馆

图64
《塞维利亚的卖水老人》
约1620年
布面油画
107.7厘米×81.3厘米
伦敦，阿普斯利府邸，
惠灵顿博物馆

同委拉斯贵支的众多作品一样，这件画作的收藏史也分外有名。一开始，画家似乎把它赠送给了一直保护他的安达卢西亚友人胡安·德·丰塞卡。友人过世后，委拉斯贵支在为他的收藏清点造册时，将此画的估值定在400西班牙银元，这也是这批收藏里单件画作中的最高价。帕洛米诺也笼统地描述过这幅绘画。它曾收藏于马德里老王宫和丽池宫，之后进入首都新王宫的庋藏。新古典主义画家安东·拉斐尔·门斯（Anton Raphael Mengs）和学者安东尼奥·庞斯（Antonio Ponz）神父都对它赞不绝口。不幸的是，这幅作品和部分西班牙王室收藏被既是僭越者又是掠夺者的约瑟夫·波拿巴在逃往法国时卷走。不过，1813年惠灵顿赢得维多利亚一役时，也夺取了敌方对手的行李。费尔南多七世告诉这位英国将军，他可以保留《餐桌上的两个年轻人》和《塞维利亚的卖水老人》作为战利品，因此，这两幅绘画后来都收藏在伦敦阿普斯利府邸的惠灵顿博物馆[29]。

这件作品曾有过多种阐释。有人认为它代表了人生的三个阶段。老人把智识之杯递给男孩，杯中的无花果象征着爱。中间的人物尽情地喝着水，可被视为审慎和好政府的寓言。也有人从中解读出对胡安·德·丰塞卡性格的影射。另外，还可以把它理解为善行中的施饮于渴者。

如果委拉斯贵支真的两度描绘了善行，我们应当提出以下问题：画家是否创作过完整的善行系列画，只不过系列中的其他作品如今已散失？我们还记得使徒系列绘画的相似情形，流传至今且没有争议的仅有两幅。不管倾向何种假设，毋庸置疑的是《塞维利亚的卖水老人》的巨大艺术价值：画作的造型表现力、感染力以及象征内容，使它成为委拉斯贵支整个艺术生涯中成就最高的作品之一。才二十出头的他已经完美地掌握了绘画技艺，精通如何通过描绘外在来传达人与物的本质。与此同时，他又是一名博学的画家，把目光转向象征意义层面的冥思或基督宗教的教诲。绘画大师们在功成名就前需要通过长期积累才能达到的大师风范，他在较短时间内就拥有了。即便他的风格之后也还会有所变化，但从那时起，他就已经是一位取得至高成就的艺术大师了。此后，虽然塞维利亚无疑还是一个艺术和人文主义重镇，但它远离宫廷艺术大师、远离围绕着这些大师所形成的更为开放的艺术环境，那么，他还会继续留在这座城市吗？腓力四世身边的安达卢西亚宠臣奥利瓦雷斯的出现，使委拉斯贵支定居马德里成为可能。

在塞维利亚与马德里之间

要理解委拉斯贵支如何被任命为御用画家并在宫廷安顿下来，就不得不提奥利瓦雷斯的政治策略中至关重要的一步。为了巩固他的权力，这位青年腓力四世的宠臣通过为安达卢西亚人提供庇护来编织他的关系网。巴切柯认识其中一些被保护者，尤其是胡安·德·丰塞卡，并利用这些关系来确保自己女婿的成功。委拉斯贵支非凡的才华从一开始就让整个宫廷大为赞叹。后来适逢宫中空出一个画家职位，给正在寻找新前途的年轻画家提供了机会。《绘画艺术》里记述委拉斯贵支两次马德里之行的文字可惜比较简短，不少重要信息因此成了未解之谜[30]。尽管如此，这些文字还是构成了最重要的史料，需要了解并加以补全。

关于委拉斯贵支的第一次马德里之行，巴切柯只寥寥数笔提到他女婿于1622年4月从塞维利亚出发前往参观埃斯科里亚尔。德尔·阿尔卡萨家族的唐·路易斯（don Louis）和唐·梅尔乔兄弟（don Melchior del Alcázar）盛情接待了他，胡安·德·丰塞卡对他更是照顾有加。按照岳父的要求，他为路易斯·德·贡戈拉-阿戈特（Luis de Góngora y Argote）绘制了备受赞赏的肖像【图67】。不过，尽管他费尽苦心，最后还是由于缺少时间没能给王室成员作画。巴切柯叙述事实的方式不仅是简要的，而且也很含蓄，似乎是为了掩盖某种程度上的失败而刻意为之。年轻画家前往马德里当然不可能只是为了参观埃斯科里亚尔。他希望能够接近国王，借由为君主创作肖像而引起注意，如果可能的话，甚至被召入宫廷。此次马德里之行似乎缺乏充足的准备，未能充分利用安达卢西亚同乡的关系网。不过，热爱艺术的胡安·德·丰塞卡，也就是我们提到过的

图65
佚名《1623年3月23日威尔士亲王抵达马德里老王宫》
1623年
版画
19.6厘米×29.1厘米
马德里，马德里历史博物馆

图66
《腓力四世肖像》
1623年
布面油画
61.6厘米×48.2厘米
达拉斯，梅杜斯博物馆，
南方卫理公会大学

《塞维利亚的卖水老人》的首位藏家，非常欣赏委拉斯贵支的才华。画家在路易斯·德·贡戈拉-阿戈特的肖像中所展现出的娴熟技艺也引起了人们的关注。我们并不清楚委拉斯贵支离开马德里的确切日期，我们只知道1623年元月他已经回到了故乡，同年7月7日，他也还在塞维利亚。

在这段时间内，宫中发生了一件对他的未来影响深远的事情，巴切柯和委拉斯贵支的安达卢西亚友人审时度势地把握住了这次机会。我们可以理解他想成为宫廷画家的雄心壮志，但候选人可以被任命的前提是宫廷内有职位空缺出来。1622年12月，宫廷肖像画家罗德里戈·德·比利安德兰多（Rodrigo de Villandrando）去世。作为胡安·潘托哈·德·拉克鲁斯（Juan Pantoja de La Cruz）的学生，他循着安东尼奥·莫罗（Antonio Moro）和阿隆索·桑切斯·科埃略先前开辟的传统施展自己的才华，正如藏于普拉多博物馆的两幅未来国王夫妇的肖像所展示的那样：一幅画的是腓力王子和侏儒索普里约（Soplillo）【图26】，另一幅是腓力的妻子波旁的伊丽莎白。因此，宫中需要的是一位肖像画家，委拉斯贵支将以这一身份前往应聘，而且必须再次证明他于1622年为路易斯·德·贡戈拉-阿戈特绘制肖像时所展现出的才华。

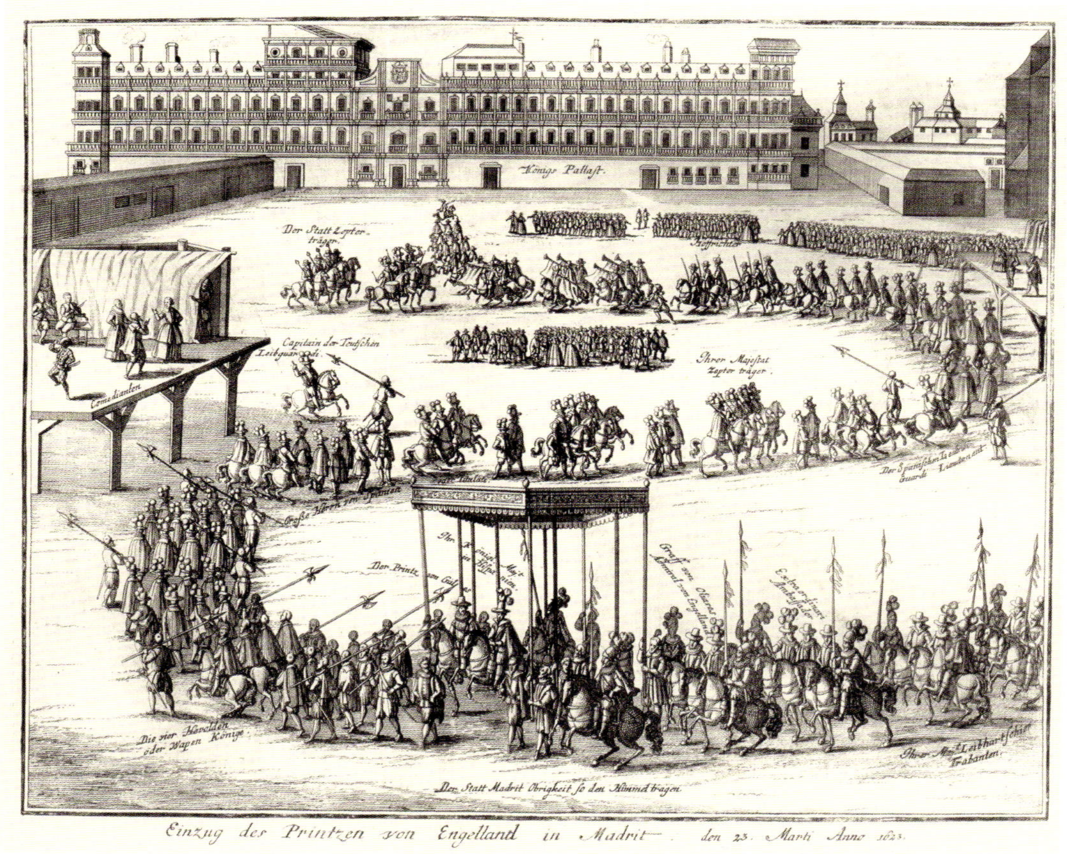

1623年的第二次马德里之行则是经过了充分的准备与精心的策划。有了空缺出来的职位，剩下的就是要高效行动起来使委拉斯贵支得到任命。事情朝着对画家有利的方向发展，这一时期的关系运作又和宫中由于威尔士亲王到来而举办的各种节庆、商讨活动大部分重合。未来的查理一世是由白金汉公爵乔治·维利尔斯（George Villiers）陪同来到西班牙宫廷的。他在来时的路上“隐匿了姓名身份”，但这种微服出行只可能是相对的。3月23日，他以公开身份进入马德里城。

胡安·德·丰塞卡从奥利瓦雷斯那里获允把委拉斯贵支召至宫廷，让他住在家中并请他为自己绘制了肖像。这幅画作被佩尼亚兰达伯爵（comte de Peñaranda）之子加斯帕尔·德·布拉卡蒙特（Gaspar de Bracamonte）带进王宫，一小时内，所有人都观赏了此画，包括几位王子和腓力四世本人。大家纷纷觉得委拉斯贵支必须为君主创作一幅肖像，不过，由于威尔士亲王的到来宫中事务繁忙，作画一事略有耽搁，直到8月30日才最终完成。肖像很讨欢心，尤其中奥利瓦雷斯之意。年轻的画家也为威尔士亲王画了一幅草图。此后，首相令他举家迁往马德里。10月6日，他被任命为御用画家，同月30日任令得到正式确认，俸禄为每月20杜卡特；另外，他还享有特别的恩惠，即每幅画作都将得到额外的报酬。奥利瓦雷斯向委拉斯贵支保证，国王的肖像从此由他专门负责。就这样，胡安·德·丰塞卡也最终达到了把他的保护对象送入宫廷的目的[31]。

非常遗憾的是，那幅展示了青年塞维利亚画家才华的国王肖像后来散失了。不过，有两位艺术史学家认为他们找到了原画。对何塞·洛佩斯-雷伊来说，原画可以通过X光透视在一幅稍晚一些成画、如今藏于普拉多博物馆的《腓力四世肖像》（*Portrait de Philippe IV*，约1626—

图67
《唐·路易斯·德·贡戈拉-阿戈特》
1622年
布面油画
50.3厘米×40.5厘米
波士顿，美术博物馆

对页
图68
《青年男子肖像（自画像？）》
1623（？）
布面油画
55.5厘米×38厘米
马德里，普拉多博物馆

1628年，馆藏编号Inv.P1182）中观察到；对乔纳森·布朗（Jonathan Brown）而言，达拉斯梅多斯博物馆所藏国王半身像是那幅肖像的准备性习作【图66】。[32]至于威尔士亲王的草图，它应当是被带回了英格兰，只是从此以后再也没有留下任何踪迹。不过，1622年完成的路易斯·德·贡戈拉-阿戈特的画像还在，现藏波士顿美术馆。这张肖像呈现的几乎是正面半身，但画面好似被人物的脸部吞食了，而面容部分仿佛又只剩下目光。在弥散着暗淡光线的背景前，黑衣与白领之上画的是模特儿严肃的头部，人物内心世界的强大力量都吸附其上。X光透视下还可以看到一顶桂冠，它也出现在《名人肖像描画集》里收录的诗人肖像中。在马德里的普拉多博物馆和拉萨罗-加尔迪亚诺博物馆，各藏有一幅和波士顿的绘画十分相近的作品，但它们一般被认为是由委拉斯贵支的画室或其他画家临摹的。以路易斯·德·贡戈拉-阿戈特的肖像作为母本的临作或版画数量如此之多，正是它成就斐然的明证。

一般认为，普拉多博物馆所藏《青年男子肖像》（*Portrait de jeune homme*）【图68】绘于塞维利亚时期末期。画中展示了黑衣男子的四分之三侧面，构图几近胸像。他头发乌黑，蓄着小胡子，目光极具穿透力。他的颈部被简单的灰白衣领围着。画中人物的原型曾被认为接近《拔摩岛的圣约翰》里的模特儿；人们也曾怀疑这会不会是画家的自画像或其弟胡安的肖像。当然，这些人物身份辨认都是假设，但绘画中展现的直达心灵深处的穿透力至今让人赞叹不已。我们是否可以比较精确地断定此画的创作年代呢？这类高立领自1623年元月起在马德里被禁止穿戴，因此，肖像的绘制日期应当不晚于这一年。

公元657年成为托莱多大主教的圣伊尔德丰索（saint Ildefonse，606—667年），对圣母马利亚尤为虔诚。在一次显圣中，圣母为了奖励他，赐给他一件精美的祭披。委拉斯贵支为这段在西班牙天主教信仰中被格外看重的故事创作了《圣母赐祭披给圣伊尔德丰索》（*La Vierge imposant la chasuble à saint Ildefonse*）【图69】。它最初保存在塞维利亚大主教宫，后来由市政厅购得，如今藏于塞维利亚美术博物馆。虽然它曾经损坏严重，但我们还是可以从中看到作品所取得的成就。画中宗教氛围凝重，天使看起来像富有魅力的安达卢西亚女子。此画受格列柯影响之深让人惊讶，尤其是在大主教脸部的处理上。委拉斯贵支在来回马德里的途中，应当在托莱多和伊列斯卡斯（Illescas）见过这位克里特大师的作品。我们因此可以认为，这幅绘画作于两次首都之行之间。[33]

马德里时期初年（1623—1629年）

马德里、老王宫及京畿行宫

坐落于梅塞塔高原新卡斯蒂利亚地区的马德里，在1561年5月腓力二世把宫廷迁来并定都于此时，还不过是一座冬季严寒、夏季酷热的小城。它是伊比利亚半岛的地理中心，1563年4月23日奠基的埃斯科里亚也在附近。1561年，马德里城及其近郊共有2500户人家，也就是说共计5000人至10000人。到16世纪末，人口则已经超过50000。从1601年起，腓力三世和莱尔玛公爵把宫廷迁到了巴利亚多利德。1606年王室和政府迁回马德里后，这座城市的首都地位就再也没有受到过争议。首都人口增长迅速，到1617年时共计150000居民。自此，马德里超过塞维利亚，成为了王国内最大的城市。

正如一些平面图，尤其是佩德罗·德·特谢拉（Pedro de Teixeira）绘于1656年的等距投影图所展示的那样【图70】，首都主要是往南北方向发展，因为它在东边受到圣哲罗姆修道院的限制，而在西边又有位于群山边缘的王宫建筑，从高处控制着曼萨纳雷斯河。城市的扩张并不规则，当时的建筑风貌也令人失望。的确，那时的城市面貌和强大的西班牙王朝首都应有的风范相差甚远。城市中心是太阳门广场，而阿尔卡拉街、圣哲罗姆街和马约尔街等主动脉则组成了一张不规则的街道网。胡安·戈麦斯·德·莫拉（Juan Gómez de Mora）于1617年至1619年主持建造的主广场是马德里唯一称得上雄伟的广场【图71】，它集商贸集散地、散步休闲场所、节庆场地、刑场以及信仰审判地于一身。城中也有众多的教堂和修道院，收藏着大量的祭屏、绘画和雕塑作品。贵族宅邸的外观虽然朴实无华，但内部则拥有许多挂毯、绘画和家具装饰。

从17世纪10年代初开始，首都的建筑营造由胡安·戈麦斯·德·莫拉主导，他延续了腓力二世时期的建筑传统，但同时也通过处理立面的律动感来使继承自胡安·德·埃

图69
《圣母赐祭披给圣伊尔德丰索》
1622—1623年
布面油画
166厘米×120厘米
塞维利亚美术博物馆

图70
佩德罗·德·特谢拉
《马德里地图》
1656年
版画
马德里，市政厅，市立档案馆

图71
胡安·德拉·科尔特《1623年马德里主广场上的威尔士亲王接风庆典》
约1623年
布面油画
158厘米×284厘米
马德里，马德里历史博物馆

雷拉的建筑形式更具生气[34]。而1617年来到宫廷并广受欢迎的意大利贵族胡安·包蒂斯塔·克雷申齐（Juan Bautista Crescenzi，1577—1635年）则代表了另一种艺术发展趋势。严格说来，比起建筑师的身份，他更多是一名室内设计师，他带来了当时意大利最新潮的艺术[35]。

日后委拉斯贵支生活所在的宫廷，是围绕着腓力四世、奥利瓦雷斯和王室形成的一个范围有限且等级森严的地方，宠臣奥利瓦雷斯正是在这里管理着王国内的事务。君主每天的日程安排都要依照明确的礼仪规章，国王对严格遵守这些规定以及展现王权的威严形象非常看重。不过，这并不妨碍他喜欢节庆和女人，有时甚至还会忙里偷闲去享受马德里的夜生活。另外，他更是一位细腻的艺术爱好者，理解委拉斯贵支并给他提供庇护。高级官吏负责确保腓力四世及其宫廷的日常生活正常运作。御侍院（*casa*）由大总管（*mayordomo mayor*）领导；其下的国王内侍房（*cámara*）则由大内侍（*camarero mayor*或*sumiller de corps*，后一种称呼来源于勃艮第公爵时代的传统）负责管理；内侍房的贵族侍从持有代表他们职务的金色钥匙。上驷院（*caballerizas*）则由其管院大臣（*caballerizo mayor*）主理事务。宫廷大神父一职由圣地亚哥-德孔波斯特拉大主教担任，由于西班牙国王同时也是西印度群岛国王，隶属西班牙主教团的大神父只负责马德里王宫范围内的宗教事务，同西印度群岛相关的职权则名义上归于西印度群岛宗主教，虽然后者在这些地区并没有实质上的裁判权。和大内侍一样，宫廷牧师也沿袭了勃艮第的传统叫法（*sumiller de cortina*）。我们之前也提到过，巴切柯的友人胡安·德·丰塞卡在宫中担任的就是这一职位。营造司（*Junta de Obras y Bosques*）负责王室居所的营建工程。

老王宫（Alcázar de Madrid，即马德里王家城堡）是腓力四世的主要居所，它象征着整个王权，国王和奥利瓦雷斯在这里统治全国。委拉斯贵支的画室也在王宫内，他大部分时间都在宫中工作。在《宫娥》里，他再现了这座王家城堡中的一间宫室【图269】。

城堡所在的地方最早是公元875年左右由摩尔人在城市西北的战略要地上建造的一座防御工事[36]。堡垒的西侧部分兼作西部围墙，由于紧靠着山地边缘，又有多座防御塔楼，

因此修建得格外高耸。特拉斯塔马拉王朝的君主长期拥有这座防御工事，胡安二世（Jean II）在要塞内以穆德哈尔风格精心装修了王室套房。1536年，查理五世决定翻修这座建筑，此后直至1553年，具体工程由阿隆索·德·科瓦鲁维亚斯（Alonso de Covarrubias）在路易斯·德·维加（Luis de Vega）的协助下负责督办。在东面加建的部分使原有建筑扩大了一倍。把东西庭院分隔开来的中部建筑，其南端为礼拜堂，北端是展示了帝国气派的雄伟楼梯，由左右两部折梯和中间一部直梯组合而成。室内装饰则融合了穆德哈尔艺术和文艺复兴图案。

查理五世完成的翻建工程使城堡的各项功能基本都能满足宫廷的日常使用。他的儿子把宫廷迁来马德里后，需要做的只是按照需要继续扩建，合理分配各部分的用途以及进行装修。1562年11月10日辞世的路易斯·德·维加未能长期负责这些工程；1563年，任务落到胡安·包蒂斯塔·德·托莱多（Juan Bautista de Toledo）身上，直到他1567年5月离世。腓力二世的主要贡献是在主层西部布置了宽敞的国王套房：那是由长廊、塔楼和单间组成的建筑整体，紧邻的西南角上则建造了壮丽的金塔。套房饰有文艺复兴风格的灰泥雕塑和绘画，这些作品一开始由西班牙艺术家加斯帕尔·贝塞拉（Gaspar Becerra）创作，后来由人称贝尔加马斯科的意大利人乔凡尼·卡斯泰洛（Le Bergamasque，Giovanni Castello）接手，后者还得到了罗莫洛·钦钦纳多（Romulo Cincinnato）和帕特里齐奥·卡雷斯（Patrizio Cajés，亦作Caxés）的协助。老王宫的周边也得以重新布置。在南立面的东向延长线上，国王下令修建了包括珍宝馆在内的附属建筑，王宫南面则建造了一座广场，一条长廊把王宫和广场南侧的马厩连接起来。当腓力二世把宫廷从巴利亚多利德迁回来时，马德里市政厅出资修建了新的王后套房。这一工程拉开了南立面改造的序幕，改建后的王宫建筑就是委拉斯贵支在马德里的最初几年里所看到的样貌。

到腓力二世离世时，这一立面已经融合了高耸的塔楼和凹凸的墙体，错落有致又不乏雄伟庄严之气。立面中部是大门入口，左右各有一座凸出的塔楼，东边的名为船塔，西边的则叫作敬塔，日后也被称为总管塔。中部东侧的建筑包含王后套房的多个单间，西侧建筑通向金塔。在此之前，国王曾经请人在西侧建筑的前方修过一条长廊，因此大门左右两侧的建筑并不对称。重修东侧的王后套房正是为了解决这一问题。建筑师起初是弗朗西斯科·德·莫拉（Francisco de Mora），但他于1610年8月19日就过世了。此后，他的侄子胡安·戈麦斯·德·莫拉被任命为总建筑师，并接替了他的工作。1612年，王后套房的修建工程才动工不久，弗朗西斯科·德·莫拉的初始设计就被修改了，因为王室决定在套房的楼上为王后的女官们营建条件更好的住房。新方案是兴建一个全新的立面，胡安·戈麦斯·德·莫拉试图将它改造得既宏伟又整饬。为了呼应金塔，他在东南角上建起了另一座塔楼，并在两座凸出的塔楼之间砌筑了一整道墙面。这面墙把不规则的旧建筑完全遮蔽起来，但也致使北侧的房间采光不足，尤其是在中部的塔楼内。不过，在中部的两座塔楼之间，由于东西向的发展空间更大，他在底楼布置了通向庭院的便利入口和楼梯间，在二楼则设计了新厅（1626年平面图之26），也就是日后将会成为老王宫中最具魅力的地方——镜厅。改建工程到1622年腓力四世治下才基本完工，仅剩下塔楼还需要封顶。改造一新的南立面，已经做好了来年迎接威尔士亲王到来的准备。

马德里市立博物馆收藏的老王宫模型提供了更多关于南立面的信息【图72】。不过，模型并不精确，中部两侧的建筑部分在面阔上仅开有十扇窗户，而非现实中的十二扇。它反映的并不是胡安·戈麦斯·德·莫拉的改造成果，而是更晚些时候的建筑样貌（1627—1635年）。

在一份署有建筑师名字的报告中，附有两幅老王宫的平面图，底楼和二楼各一幅，图上注有编号及对应的建筑说明（罗马，梵蒂冈图书馆，巴尔贝里尼收藏）【图73、图74】。人们从门厅（1626年平面图之2、3）进入王宫。东西两个庭院被命名为王后、国王庭院，分别与对着它们的王后、国王套房相呼应。沿着礼拜堂往北到楼梯间上楼，便来到了位于主

图72
胡安·戈麦斯·德·莫拉（？）《1630年左右的马德里老王宫》
木模型
马德里，马德里历史博物馆

图73
胡安·戈麦斯·德·莫拉《1626年马德里老王宫底层平面图》
2、3：门厅
25：阿斯图里亚斯亲王套房
（皮埃尔·阿蒙根据胡安·戈麦斯·德·莫拉原图绘制）

图74
胡安·戈麦斯·德·莫拉《1626年马德里老王宫主层（二楼）平面图》
4：侍卫厅
6：前厅
10：金廊
13：国王南廊
15：金塔国王办公厅
23：大厅
26：新厅
46：王后寝室
51：新塔小礼拜堂
61—80：奥利瓦雷斯套房
80—81：奥利瓦雷斯官方办公厅
（皮埃尔·阿蒙根据胡安·戈麦斯·德·莫拉原图绘制）

层的这些套房。腓力四世的套房最为宽敞，从侍卫厅（4）一直往西延伸。长长的大厅（23）是用来举办节庆活动和戏剧演出的。一旁的新厅（26）东侧则是王后套房中的寝室（46）。在主层的北部，是奥利瓦雷斯的套房（在61与80之间）和官方办公室（80、81）。北侧主层之下，由于比较阴凉，则安排了两层给君主避暑用的夏季套房。整个王宫饰有大量挂毯和绘画。一些大型装饰以反映腓力四世的普世王权为题材，并与代表他的太阳图像结合起来，因为正如他名字中的"四世"，太阳在托勒密体系中恰好也是第四星；另外，他不仅统治着多个国家，而且也像这颗星体一样，散播着光与安乐。

在王宫北部的夏季套房边上，另辟有可用来骑马的女修院院长广场（*plaza de la Priora*，1622—1623年）、驯马场（*picadero*）以及蹴球场（*juego de pelota*）【图76】。北面更远处，则是道成肉身修道院，修院通过狭长的走道与王宫相连，这条通道也被称为道成肉身廊道。王宫、花园以及各种附属建筑（厨房、衙署、珍宝馆）本身就构成了一座独立的小城市。

位于首都西北郊的帕尔多（Pardo）城堡，则由一个单独的庭院和四座角楼组成。城堡由查理五世和腓力二世所建，后者还请加斯帕尔·贝塞拉完成了西南塔楼的内部装饰。这些装饰在1604年3月的大火中幸免于难。城堡周围的辽阔山林非常适合狩猎活动。

离马德里更远一点的埃斯科里亚尔，虽然外观朴素，但气势宏伟。它是腓力二世治下由胡安·包蒂斯塔·德·托莱多和胡安·德·埃雷拉主持建造的【图75】。国王把装饰工作则交给了特别追求样式主义效果的意大利艺术家：卢卡（卢凯多）·坎比亚索（Luca Cambiaso，或Luchetto）、尼科洛·格拉内洛（Niccoló Granello）、法布里齐奥·卡斯泰洛（Fabrizio Castello）、奥拉齐奥·坎比亚索（Orazio Cambiaso）、拉扎罗·塔瓦罗内（Lazzaro Tavarone），弗朗切斯科·达·乌尔比

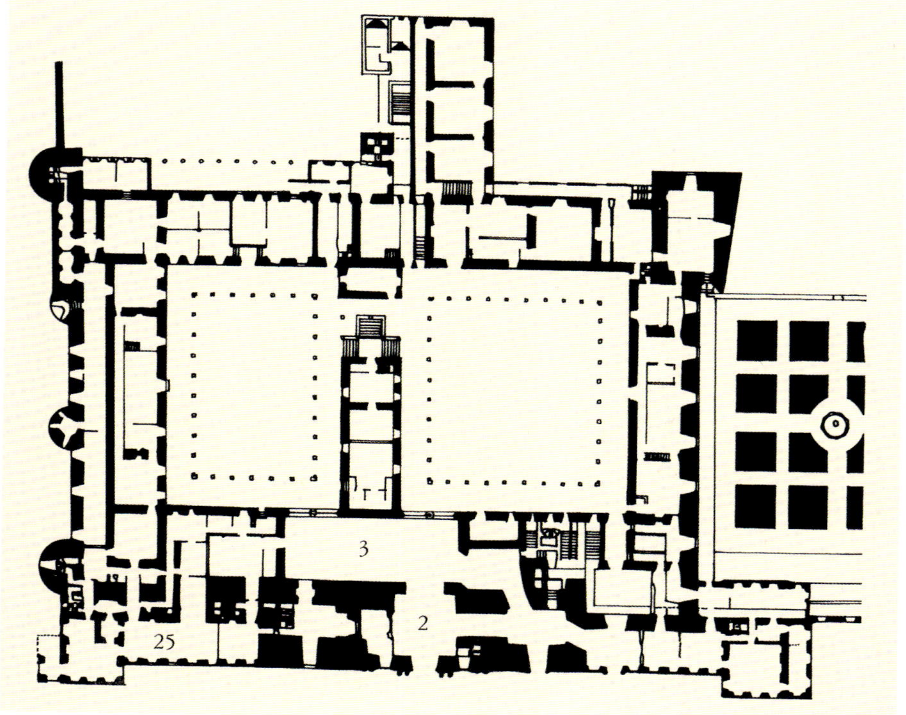

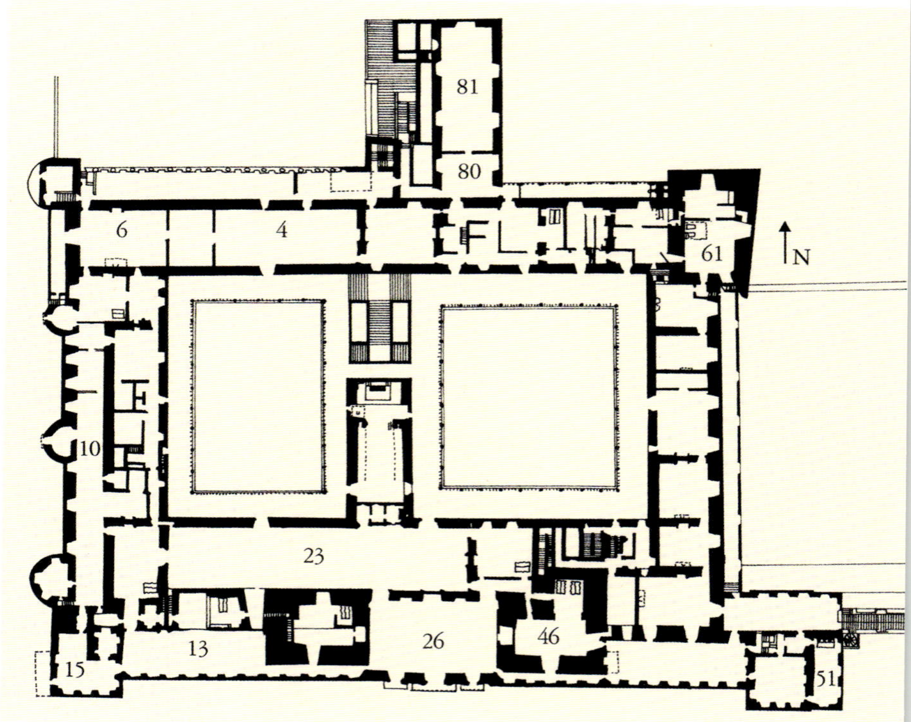

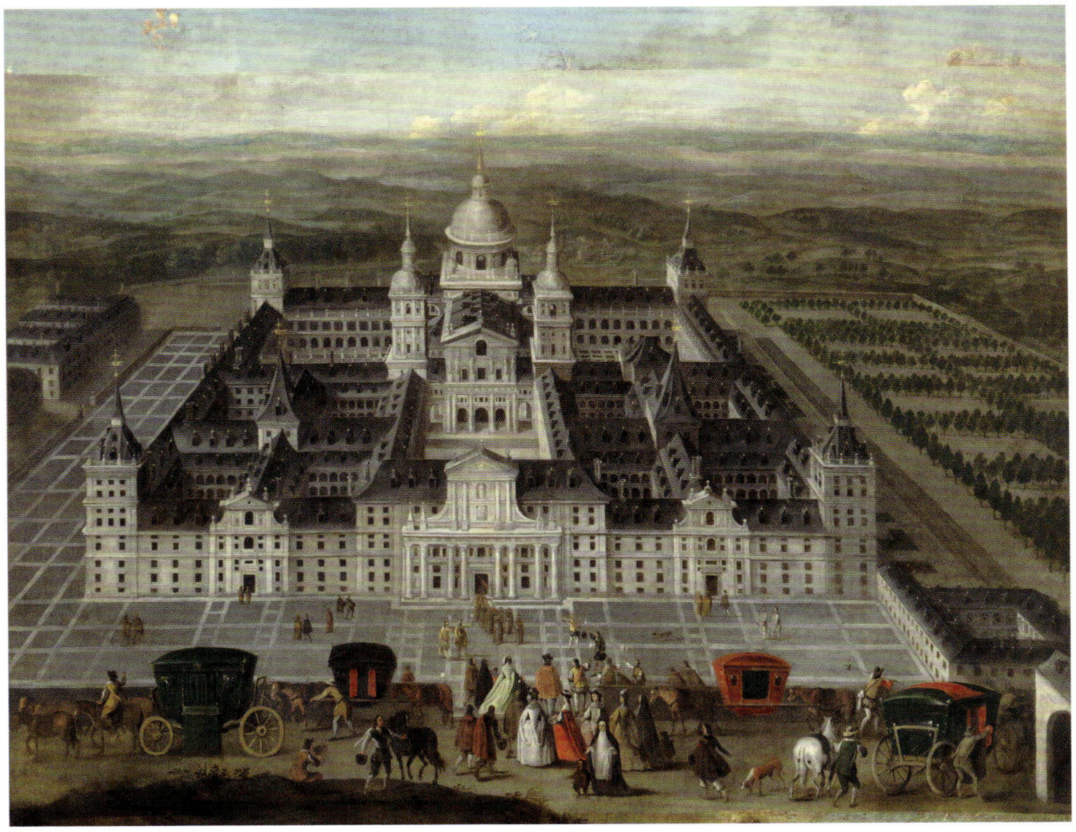

诺（Francisco de Urbino）、罗莫洛·钦钦纳多、费代里科·祖卡罗（Federico Zuccaro）、佩莱格里诺·蒂巴尔迪（Pellegrino Tibaldi）、巴尔托洛梅奥·卡尔杜奇（Bartolomé Carducho）和帕特里齐奥·卡雷斯[37]。这座集修道院与宫殿于一身的建筑主要是用来安葬哈布斯堡家族的王室成员的。不过，“谨慎国王”未能完成墓室的修建工程[38]，这将会是他儿孙两代的作品。我们今日所见的先王祠是1617年动工的，一期工程于1630年结束。建筑师是胡安·戈麦斯·德·莫拉，室内装饰则由意大利人胡安·包蒂斯塔·克雷申齐负责。整个工程全部竣工，则要等到腓力四世统治末期。

马德里以南的阿兰胡埃斯（Aranjuez），其中心区域是腓力二世委托埃斯科里亚尔的两位建筑师——胡安·包蒂斯塔·德·托莱多与胡安·德·埃雷拉——建造的城堡。城堡本身要到波旁王朝时才会成为一座华丽的宫殿。在此之前，这个地方的魅力主要在于园林和林荫道，附近的塔霍河更是把绿荫衬托得分外迷人。

委拉斯贵支、艺术与宫廷

卡拉瓦乔的艺术影响在马德里得以传播，不仅是通过那些和这位伟大艺术家有不同程度关联的作品，也是因为两位意大利画家的到来。罗马画家奥拉齐奥·博尔詹尼在1600年前后以及1603年至1605年两度旅居马德里，他给绘画带来了一种急躁的个性化诠释。来自维泰博（Viterbe）的巴尔托洛梅奥·卡瓦罗齐（Bartolomeo Cavarozzi）于1617年来到西班牙首都，并在那里居住了两年左右，他属于胡安·包蒂斯塔·克雷申齐的随行人员。

不过，马德里的御用画家们，在创作肖像画时如罗德里戈·德·比利安德兰多所做的那样，遵循阿隆索·桑切斯·科埃略的传统，并取得了一定成就。在宗教绘画中，他们因师法自然而同以往的学院派风格略有区别。当时的御用画家共有五名：弗朗西斯科·洛佩斯（Francisco López）、圣地亚哥·罗曼（Santiago Román，1571？—1626年？）、巴托洛梅·冈萨雷斯（Bartolomé González，1564—1627年）、欧亨尼奥·卡雷斯（Eugenio Cajés）及比森特·卡尔杜奇（Vicente Carducho）。

欧亨尼奥·卡雷斯是来西班牙埃斯科里亚尔工作的托斯卡纳人帕特里齐奥·卡雷斯的儿子，这个姓氏是西语化后的结果，原先是指来自卡谢塞（Cascese）。他1574年生于马德里，1612年父亲去世后，他接班成为御用画家，直到1634年离世。他和比森特·卡尔杜奇时常合作并且关系密切，但他也有自己的绘画个性，那是一种对比更加强烈、更活泼的艺术风格。

图75
西班牙佚名画家《埃斯科里亚尔宫景色》
17世纪
布面油画
189厘米×241厘米
巴黎，卢浮宫博物馆，绘画部

图76
《马德里老王宫及其周边》
1：女修院院长广场
2：驯马场
3：蹴球场
4：道成肉身修道院
（由皮埃尔·阿蒙根据何塞·曼努埃尔·巴尔韦托原图绘制）

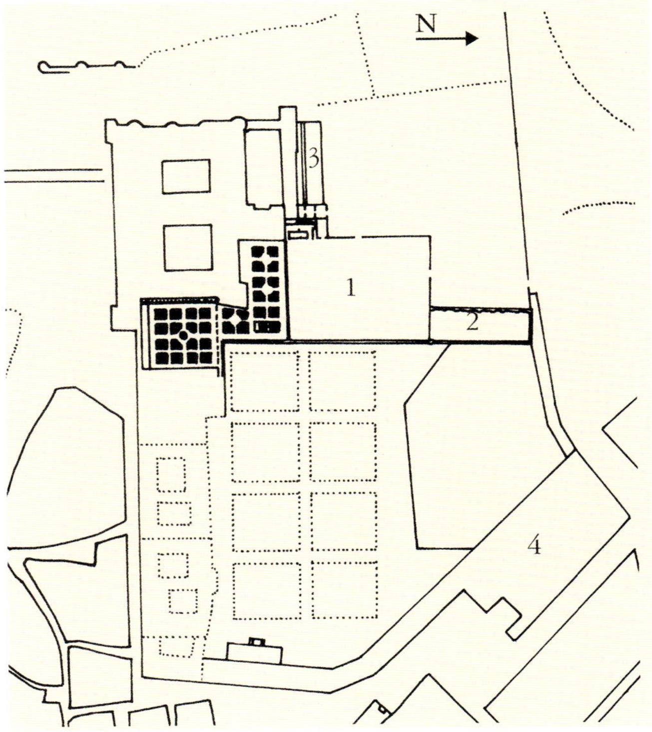

图77
比森特·卡尔杜奇《圣布鲁诺放弃雷焦卡拉布里亚大主教一职》
1626—1632年
布面油画
337.5厘米×297.5厘米
拉斯卡夫里亚，埃尔保拉尔圣马利亚修道院，国立普拉多博物馆庋藏

比森特·卡尔杜奇在1576年至1578年生于佛罗伦萨，1585年随兄长巴尔托洛梅奥·卡尔杜奇来到西班牙。后者同帕特里齐奥·卡雷斯一样，在埃斯科里亚尔进行绘画创作。弟弟协助他一起工作，并于1609年1月接替身故的兄长成为御用画家。他并没有忘记自己的意大利出身，但他也是一个道地的西班牙人和马德里人。他是一位有学问的理论家，著有《绘画对话录》（*Diálogos de la Pintura*，1633年）一书[39]。他的艺术虽然带有官方和学院色彩，但也并不缺少对自然的研究观察。他创作过许多作品，尤其是为埃尔保拉尔的加尔都西会修院绘制的56幅讲述该修会历史的画作；委托合同签于1626年，可惜这一系列绘画如今四散在各地，普拉多博物馆藏有其中的几幅[40]，包括《圣布鲁诺放弃雷焦卡拉布里亚大主教一职》（*Saint Bruno renonçant à l'archevêché de Reggio de Calabre*）【图77】。

因此，在当时的御用画家中，没有人像委拉斯贵支那样拥有鲜明的个人风格。比森特·卡尔杜奇了解绘画，也不断思考，他能够以画服人，并且在某种程度上也有自己的优势，但他不知道如何像年轻的塞维利亚画家那样逼真地再现自然。后者的到来虽然没有终结他的职业生涯，但也未免使他相形见绌。

另外还有必要提一下安杰洛·纳尔迪（Angelo Nardi，1584—1664年）。这位意大利画家生于托斯卡纳的拉佐（Razzo），1607年定居马德里，并于1625年在委拉斯贵支之后成为御用画家。此后，两人之间始终保持着极为融洽的关系。

如果我们闭口不提接下来的这位艺术家，那这部分文字只能被视为一段不完整的背景介绍。宫廷虽然没有给他御用画家的头衔，但他长期扮演着宫廷艺术顾问的角色。他就是1580年生于帕斯特拉纳（Pastrana）的胡安·包蒂斯塔·迈诺（Juan Bautista Maino），他的父亲是米兰人，母亲则是葡萄牙人。他曾旅居意大利，是安尼巴莱·卡拉奇（Annibal Carrache）的学生，也是圭多·雷尼（Guido Reni）的好友。他可能去过米兰。1611年回到西班牙后，他把来自卡拉瓦乔主义和安尼巴莱·卡拉奇的一些元素结合起来，形成了既优雅又明亮的独特艺术风格。他的作品因吸收了意大利绘画中的新生事物而别具魅力。1612年，他签下了托莱多多明我会殉道者圣彼得修道院的大祭屏委托合约。在创作过程中，他加入了多明我会。现藏普拉多博物馆的一幅光彩夺目的《三王来拜》（1612—1613年）【图78】，原先就是大祭屏的一部分。他也是腓力四世年少时的素描老师。这位富有学问的教士应当是于1649年辞世的[41]。

胡安·包蒂斯塔·迈诺修士并不属于官方宫廷画家编制，

因此，委拉斯贵支的艺术个性要在宫廷中脱颖而出似乎也并非难事。正如我们在前文中所说的，他的艺术造诣早已得到了国王和奥利瓦雷斯的认可。不过，我们应当尽可能确切地了解别人是如何看待他的天赋的。他横溢的才华自然是毋庸置疑的，但作为肖像画家，作为擅长使用和谐的暗淡色调、偏爱描绘大众与自然题材的画家，他的才能也会受到争议。比森特·卡尔杜奇就不太欣赏这位新来的同行，不仅是因为后者终结了自己在宫廷中无人能及的地位，也是因为委拉斯贵支不赞同自己心仪的学院派风格。意大利人卡夏诺·达尔·波佐（Cassiano dal Pozzo）对委拉斯贵支的评价也值得一提。1626年，他陪同枢机主教弗朗切斯科·巴尔贝里尼（Francesco Barberini）及其率领的特使团来到马德里。他并不喜欢委拉斯贵支为枢机主教创作的画像，并建议枢机让胡安·凡·德·阿梅（Juan Van der Hamen）另绘一幅肖像[42]，而我们知道，后者主要是一位静物画家。[43]因此，巴切柯的女婿必须让自己已经完美掌握的大众题材和暗淡色调，向更开放的主题、更明亮的画风演变。

王室的绘画收藏汇集了众多精美绝伦的杰作，这也为委拉斯贵支提供了尽情研习它们的机会。在入藏作品最多的大师中有提香，查理五世与腓力二世都和他保持着经常的联系。当年收藏于马德里老王宫和埃斯科里亚尔的提香作品，如今都保存在普拉多博物馆，数量之多在这里不可能一一提及。其中，肖像画包括绘画史上君主骑像的代表作之一《米尔贝格的皇帝查理五世骑马像》（*Portrait équestre de l'empereur Charles Quint à Mühlberg*）【图79】、《伊莎贝尔皇后》（*L'Impératrice Isabelle*）、《腓力二世》（*Philippe II*）戎装立像【图80】以及《萨克斯选帝侯约翰·弗里德里希》（*L'Électeur Jean-Frédéric de Saxe*）。宗教题材的绘画则有也被称作《三位一体崇拜》（*L'Adoration de la Trinité*）的《荣耀》（*La Gloire*）、《被西班牙拯救的宗教》（*La Religion secourue par l'Espagne*）、《勒班陀大捷后腓力二世把唐·费尔南多王子奉献给上天》（*Philippe II offrant au ciel l'infant don*

图78
胡安·包蒂斯塔·迈诺《三王来拜》
1612—1613年
布面油画
315厘米×174.5厘米
马德里，普拉多博物馆

宫廷环境也使委拉斯贵支开始出入另一个文学艺术圈子。和巴切柯不同的是，这些文艺人士并不把宗教教化和准确得体地描绘宗教历史题材放在首位。此外，外国名人的到访也使宫廷的艺术生活变得更加丰富多彩。未来的英格兰国王查理一世到来时，腓力四世已经是一位艺术爱好者了。与后者打交道的是一位对绘画充满着激情，并且不错过任何收藏机会的王子。腓力四世在继承来的名作中选了几幅赠送给亲王，然而，将来这位不幸的英国国王被处决后，这些画作命运辗转。提香的《帕尔多的维纳斯》(*Vénus du Pardo*)经雅巴赫(Jabach)、马扎然之手后，最后被路易十四收藏(巴黎，卢浮宫博物馆)。描绘查理五

图79
提香《米尔贝格的皇帝查理五世骑马像》
1548年
布面油画
335厘米×283厘米
马德里，普拉多博物馆

图80
提香《腓力二世》
1551年
布面油画
193厘米×111厘米
马德里，普拉多博物馆

Fernando après la victoire de Lépente)、《基督在橄榄园》(*Le Christ au jardin des Oliviers*)、《你们看这个人》(*Ecce homo*)和《基督下葬》(*La Mise au tombeau*)。如果说在这些宗教画中最直击人心的是悲怆感的话，那么在《维纳斯和阿多尼斯》(*Vénus et Adonis*)【图81】、《维纳斯、小爱神和弹管风琴的男子》(*Vénus, l'Amour et un joueur d'orgue*)【图82】和《达那厄受金雨》(*Danaé recevant la pluie d'or*)这些神话题材作品中则有一种肉欲与色彩层面的华丽，以及一股微妙的诗意。在《亚当与夏娃》(*Adam et Ève*)一画中，提香更是把人与自然的光彩同宗教情感融合了起来。

世及其爱犬桑佩雷的那幅肖像，则又被腓力四世本人购回（马德里，普拉多博物馆）。不久后，国王开始关心收购同时代意大利艺术家的绘画作品[44]。从1626年到1628年，西班牙驻罗马大使奥菲亚特伯爵（comte d'Ofiate）为君主定制了四幅画作，我们至少知道其中一幅是多梅尼基诺（Le Dominiquin）的《以撒献祭》（*Le Sacrifice d'Isaac*，普拉多博物馆）。正因如此，西班牙宫廷及其画家得以了解意大利的艺术发展趋势，而这个国度的艺术创作大概又是最为活跃、最具革新精神的。1626年5月24日至8月4日逗留马德里期间，弗朗切斯科·巴尔贝里尼枢机率领的特使团除了处理礼节性事务，对艺术领域也产生了诸多影响。如前所述，我们从这段历史中可以获知，委拉斯贵支作为肖像画家的才华并未得到像卡夏诺·达尔·波佐这样的意大利艺术行家的认可。此外，1626年胡安·戈麦斯·德·莫拉完成老

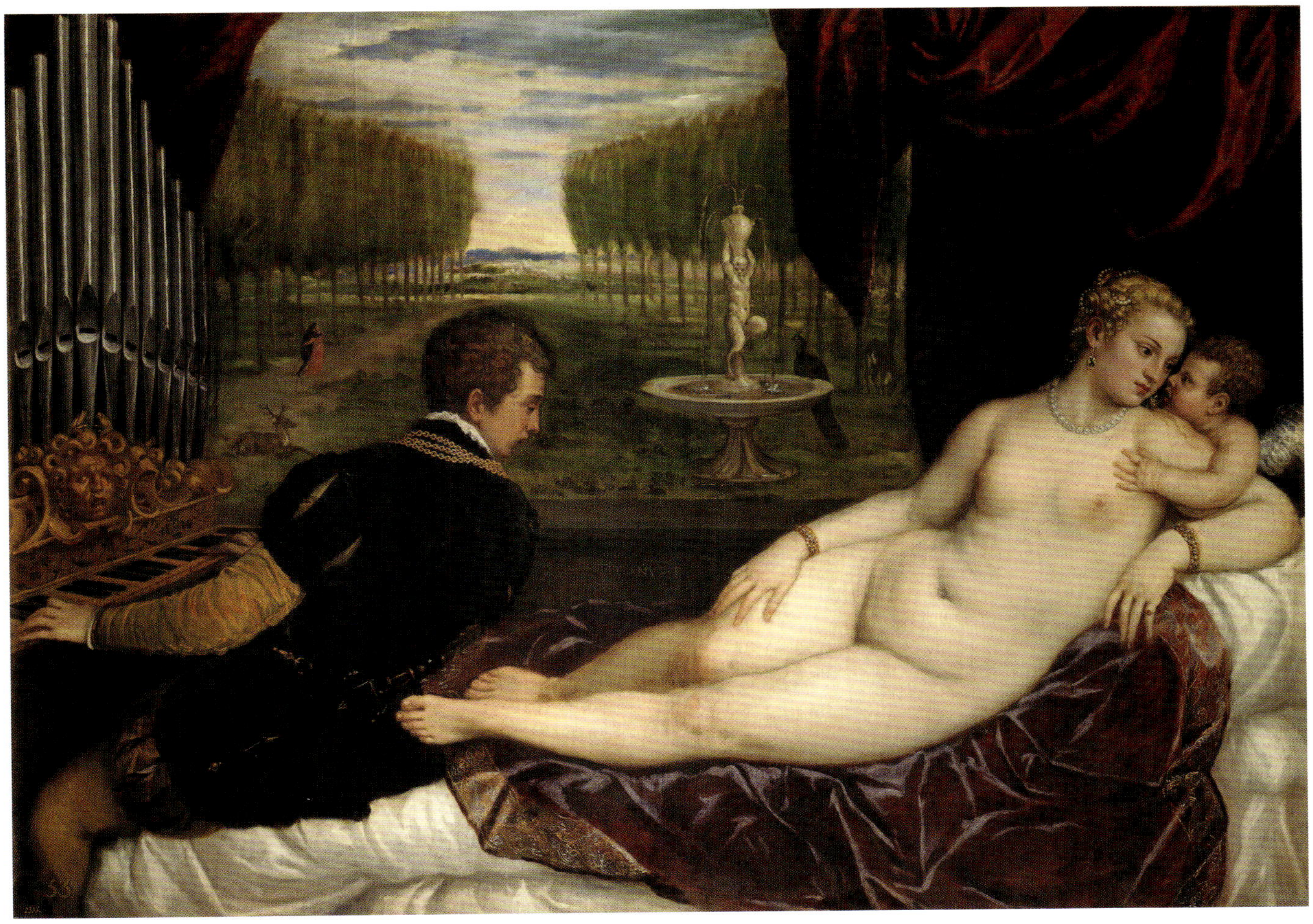

图81
提香《维纳斯和阿多尼斯》
1554年
布面油画
186厘米×207厘米
马德里，普拉多博物馆

图82
提香《维纳斯、小爱神和弹管风琴的男子》
约1550年
布面油画
138厘米×222.4厘米
马德里，普拉多博物馆

王宫的建筑报告和平面图，可能也是为了借枢机主教逗留之机，向他展示这一建筑成果。

在这些到访马德里的名人中，对委拉斯贵支影响更大的是巴洛克时期最伟大的艺术家之一——彼得·保罗·鲁本斯[45]（Pierre Paul Rubens，1577—1640年）。早在1603年，他就到过西班牙，从4月23日一直待到年末。他带来了当时的东家曼托瓦公爵（duc de Mantoue）送给腓力三世和莱尔玛公爵的礼物，并且为公爵绘制了肖像。此后，他不仅成为一位名扬四海的大师，也是巴黎、伦敦和布鲁塞尔宫廷的常客。在布鲁塞尔，他赢得了伊莎贝尔·克拉拉·欧亨尼娅公主的信任。公主委托他创作了《圣体圣事的荣耀》（*L'Apothéose de l'Eucharistie*）系列绘画，并以此作为图样为马德里王家赤足女修道院织造了挂毯[46]。他也完成了一些比正式大使的事务更需要低调处理的外交任务。

在她丈夫过世之后，公主只不过是西班牙国王在天主教尼德兰的统治代理，她为查理一世和腓力四世之间的和平谈判充当了中间人。她派鲁本斯前往马德里继续推动谈判，但此行名义上的目的仅仅是为西班牙王室绘制肖像。他于1628年8月底动身前往伊比利亚半岛。他带去了自己的八幅绘画，腓力四世悉数购买，并把它们陈设在新厅。鲁本斯的真实任务原则上是保密的，但奥利瓦雷斯对他的频繁接见引起了外国大使们的好奇。腓力四世和首相起初对他存有戒心，但到

图83
彼得·保罗·鲁本斯《西班牙腓力四世骑马像》摹本
原画毁于1734年马德里老王宫火灾
布面油画
339厘米×267厘米
佛罗伦萨，乌菲齐博物馆

图84
彼得·保罗·鲁本斯《马背上的腓力二世》
1628年
布面油画
251厘米×237厘米
马德里，普拉多博物馆

8月23日负责国策的英国国王宠臣白金汉公爵遇刺之时，他们已经对他建立起了信任。10月初，马德里宫廷得知刺杀消息后，从此变得有所保留。不过，他被请求多停留一段时间，因而得空游览马德里及其周边地区、钻研各大收藏并继续创作素描和油画。然而，查理一世希望继续推进谈判，于是奥利瓦雷斯决定派鲁本斯作为信使前往伦敦。1629年4月27日，腓力四世任命他为低地国家私人议事会秘书，两天后，他离开了马德里。第二次旅居西班牙期间，鲁本斯创作了大量作品。他扩画了1609年就已完成的《三王来拜》，此画原先是安特卫普市政厅赠送给罗德里戈·卡尔德隆的，侯爵被处决后流入王室收藏（普拉多博物馆）。他还绘制了腓力二世和腓力四世的骑马像。第一幅肖像现藏于普拉多博物馆【图84】，第二幅则毁于1734年圣诞节的老王宫火灾。乌菲齐博物馆藏有后者的一件摹本【图83】，但画中国王的头部是1651年左右的模样。1628年秋，正如鲁本斯来马德里宫廷的官方目的所声称的那样，他为王室绘制了肖像。

第一次马德里之行时，鲁本斯批评了宫廷内画家们的无能与失职。巴切柯曾明确指出，第二次旅居马德里时，除了和他女婿，鲁本斯和其他西班牙画家并没有太多联系。委拉斯贵支在鲁本斯到来之前就和他通过书信，而且两人还曾一同前往埃斯科里亚尔。所提书信处理的应当是一幅奥利瓦雷斯肖像版画的相关事宜【图85】。鲁本斯使用了委拉斯贵支为首相绘制的肖像，并饰以豪华的假边框；版画本身则是保罗斯·庞第乌斯（Paulus Pontius）的作品。和佛兰德斯大师的经常交往对委拉斯贵支来说无疑是受益匪浅的，前者特有的融合了狂热与抒情的画风、高超的色彩运用能力及开放的艺术趣味都对后者有所启发。鲁本斯通过自己的绘画天分和个人能力所取得的非凡社会地位，可能也给西班牙画家提供了追随的榜样。

鲁本斯的到访也使委拉斯贵支意识到，自己还缺乏对意大利的直接认知经验。如果现在回过头来分析委拉斯贵支从初入腓力四世宫廷到1629年意大利之行前的作品，我们也便可以更好地理解画家何以会有这样的感受。

图85
保罗斯·庞第乌斯《奥利瓦雷斯伯-公爵》
1626年
版画，委拉斯贵支、鲁本斯原画
32.5厘米×22.5厘米
马德里，西班牙国家图书馆

委拉斯贵支的作品

社会阶层与艺术环境的改变是否对委拉斯贵支产生了冲击呢？回答应当是肯定的，但同时也需要谨慎地说明一些细节，因为在我们看来，他在宫廷内的创作条件仅仅是整体创作背景的一个面向，而且诠释起来也有相当的难度。可供我们研究的创作于1623年至1629年的作品数量相对有限，并非所有的画作都流传了下来。正如X光透视所常常展示的那样，比起通过绘制准备性习作来推进创作，委拉斯贵支更习惯在画布上直接修改润色。这些修改过的画面，以及那些由画家助手绘制的局部，自然都加大了作品断代的难度。此外，这位新的御用画家需要同时在艺术和行政层面找到自己在宫廷中的位置，他在这两个领域都将取得巨大的成功。他拥有自己的画室，腓力四世平时也很乐意来看他作画。

研究王室收藏本身就是一项极为耗时的工作。如前所述，委拉斯贵支可以自由自在地赏析意大利画家的作品，尤其是威尼斯画派和提香的画作，日后他也承认自己对提香情有独钟。威尼斯画派使他发现了“一种新的绘画方式，它能还原织物的光彩、肉体的柔嫩以及形状外廓上的光线颤动。他承认比起僧侣的棕色粗呢或穷人的破衣裳，镶有

图86
《弗朗西斯科·德·克韦多-比列加斯肖像》
委拉斯贵支原画摹本
17世纪
布面油画
60厘米×48厘米
马德里，瓦伦西亚·唐·胡安研究院

图87
《青年男子肖像》
1626—1630年（？）
布面油画
89.2厘米×69.5厘米
慕尼黑，巴伐利亚国家绘画收藏馆，老绘画陈列馆

金丝、饰有珍珠锦缎的华丽布料给色彩的变化提供了成百上千种新的可能”，他从此也开始喜欢画金色的头发和宝石。鲁本斯只是使他在这条道路上走得更加坚定而已，而且他要到马德里时期初年末期才和佛兰德斯画家有直接的往来。在鲁本斯的影响下，委拉斯贵支丰富了用色，使它们变得更加明丽，笔法也从此显得更为流畅。[47]

在散失的画作中，有一幅特别值得一提，因为它见证了委拉斯贵支与同宫廷密切相连的文人圈子之间的关系，而这段关系也说明了他和巴切柯女婿这一身份是完全相称的。这件作品就是《弗朗西斯科·德·克韦多-比列加斯肖像》（*Portrait de Francisco de Quevedo y Villegas*，1580—1645年）。画中的诗人在一首应当是1629年写就的题为《画笔》（*El Pincel*）的诗歌草稿中，赞扬了“伟大的委拉斯贵支，他用富有创新精神的技巧，给美感以生命、给肉体以意义，那些一一隔开的色块，是他绘画表现力中的真实，而非只是相像”[48]。根据帕洛米诺提供的一些细节，这位“伟大的委拉斯贵支”亲自给诗人画过肖像。“他画的诗人佩戴着眼镜，这也是后者在日常生活中的样子。”[49]原画是何时绘制的呢？没有任何证据表明画作和《画笔》草稿有直接关联。帕洛米诺是在描述完1642、1643年的作品之后才提及这幅肖像的，但曾经攻击过奥利瓦雷斯的诗人，早在1635年就被腓力四世下令囚禁了。因此，除去委拉斯贵支意大利之行这段时间，肖像应当是在画家定居马德里之后、诗人入狱之前的某一时段绘制的，不过我们无法确定具体的创作年份。很可惜的是，原画未能流传下来，不过艺术史界一般、甚至一致认为这件作品有多幅摹本存世，比如马德里瓦伦西亚·唐·胡安研究院所藏的那幅诗人肖像【图86】，画中的弗朗西斯科·德·克韦多-比列加斯确实戴着眼镜，胸前是象征圣地亚哥骑士身份的十字，另外伦敦惠灵顿博物馆也藏有一幅出自委拉斯贵支画室的摹本。

这一时期的大部分传世作品都是肖像画。因此，我们应当首先研究这一门类的绘画。

不是所有的肖像画都是描绘腓力四世、王室或奥利瓦雷斯的。其中一些画作并无官方色彩，即便它们的数量相对较少。它们似乎体现了画家才华中更为率真、自然的一面。这一点在普拉多博物馆的那张《青年男子肖像》中已经有所展现【图68】。在另一幅收藏于慕尼黑老绘画陈列馆的《青年男子肖像》中亦是如此，这件未完成的作品大约是在1626年至1629年或17世纪30年代初绘制的【图87】。画面中交织在一起的暗色把皮肤衬托得格外鲜嫩，在这暗淡色调的交响乐中，画家把力量与微妙、优雅与男子气概巧妙地结合在了一起。曾经收藏在马德里新王宫的《女子头像》（*Tête de femme*，约1625年）【图88】，是一幅更大尺寸的画作之残存部分，画中的女子戴有项链和耳坠。尽

图88
《女子头像》
约1625年
布面油画
32厘米×24厘米
现藏地未知

管原作已经损毁，但我们还是可以从这张脸上感受到某种凝固了的神秘悸动[50]。

据巴切柯所述，委拉斯贵支成为御用画家后为腓力四世绘制的首幅肖像表现的是马背上的君主。这件作品后来在王家圣腓力修院教堂前的台阶上展示，且备受赞赏[51]。作为报酬，国王付给他300杜卡特，而且还额外赏赐了300杜卡特抚恤年金。事实上，这笔抚恤年金来自教会收益，艺术家需要向教宗乌尔班八世（Urbain VIII）申请特许才能得到。委拉斯贵支证明了自己并不富裕，并且说明他的孩子都是女儿，没有儿子将来可以继承领取抚恤年金的权利[52]。这幅肖像起初摆在老王宫新厅内，正对着提香的《米尔贝格的皇帝查理五世骑马像》。后来，为了悬挂鲁本斯的《西班牙腓力四世骑马像》（*Portrait équestre de Philippe IV d'Espagne*），此画被撤下，最终未能保存下来。

那些看到委拉斯贵支获得恩宠而心生嫉妒者，还有那些不喜欢他艺术的人，为了贬低画家，都说他只会画人物的头像。国王让他负责绘制《驱逐摩里斯科人》（*L'Expulsion des Morisques*）。他和比森特·卡尔杜奇、欧亨尼奥·卡雷斯以及安杰洛·纳尔迪以此为主题展开绘画竞赛，并在由胡安·包蒂斯塔·克雷申齐与胡安·包蒂斯塔·迈诺修士组成的评审团面前拔得头筹。就这样，他证明了自己完全有能力绘制大型历史画。这件作品被安放在新厅内，大厅被改造成镜厅后，它也继续陈列在那里。帕洛米诺在镜厅中见过这幅画作，并加以描述。身着铠甲的腓力三世一手指向“一队被士兵驱赶着的男女老少，他们哀声痛哭，在远处货车的尽头，露出一片大海和准备运送他们的船只”。在国王右方，建筑脚下的一位庄严女子象征着西班牙王国。画中的一段拉丁文题文解释了绘画主题，并说明了创作日期为1627年。这件画作后来消失在1734年的老王宫大火中。那年的比赛留下来的唯一视觉见证，是比森特·卡尔杜奇的一幅铅笔、鹅毛笔画，它描绘了摩里斯科人正要上船的场景【图89】。

委拉斯贵支获得的奖赏不仅仅是画作得以在新厅内展示，他还被任命为国王内侍房的掌门官（*ujier de cámara*），并于1627年3月7日宣誓就职。次年9月，宫廷决定给他的俸禄每日增加12西班牙银元，外加每年90杜卡特的置装费。新的任命以及待遇的改善标志着他宫廷官僚生涯的开始，日后他将成为宫中显赫的官员之一。1628年9月，他以宫廷画家（*pintor de cámara*）的身份被两度提及。

尽管国王的骑马像已不复存在，流传至今的其他肖像画可以让我们确切地了解委拉斯贵支作为宫廷画家的风格。他创作了一些简洁的构图，用色也变得柔亮起来。他借用了提香画笔下模特儿的姿势，并通过明亮的背景、头和手部的塑形来衬托人物。比起前人或同时代画家的风格，这些特征构成了一种全新的画风。另外，他也在画中加入了一些专属于这类肖像的象征物。国王的画像和他本人亲临现场一样重要。桌子、帷幔和扶手椅都象征着王权。而且君主应当以立像呈现，庄严的神态要像他在王宫隆重召见臣属时所流露的那样。国王经常穿戴的黑色服饰，提醒人们注意他为反对炫耀奢华着装所做出的努力。火枪和猎狗则令人想起狩猎这一典型的王室活动。

图89
比森特·卡尔杜奇《驱逐摩里斯科人》
1627年
纸本铅笔、鹅毛笔画
38厘米×50.4厘米
马德里，普拉多博物馆

图90、92
《腓力四世立像》
1624年
布面油画
200厘米×102.9厘米
纽约，大都会艺术博物馆

图91、93
《奥利瓦雷斯伯-公爵》
1624年
布面油画
206厘米×106厘米
圣保罗，圣保罗艺术博物馆

唐·加西亚·佩雷斯·德·阿拉谢尔（don García Pérez de Araciel）1618年起进入卡斯蒂利亚议事会。1621年，他被奥利瓦雷斯任命为奥苏纳公爵（duc d'Osuna）审判委员会成员，后者被控在担任那不勒斯总督期间挪用公款和滥用职权。加西亚·佩雷斯·德·阿拉谢尔卒于1624年。然而，同年12月4日，委拉斯贵支给他的遗孀唐娜·安东尼娅·德·伊佩尼亚里耶塔（doña Antonia de Ipeñarrieta）开具了一张预付定金的收据，委托创作的三幅绘画分别是腓力四世、奥利瓦雷斯以及加西亚·佩雷斯·德·阿拉谢尔本人的肖像。她的丈夫可能在生前就委托画家绘制这些作品了。他的肖像没能保存下来。相反地，我们可以将某些作品同1624年预付款涉及的其他两幅肖像联系起来，但是在这一问题上学界尚未达成共识：它们时而被认为是真迹，时而又被视作原画的摹本。坦率而言，它们经历的损坏与修复妨碍了大家对绘画的评判。《腓力四世立像》（*Portrait en pied de Philippe IV*）是本杰明·奥特曼（Benjamin Altman）私人收藏中的那幅，后来被捐赠给了纽约大都会艺术博物馆【图90】[53]。画中佩戴着金羊毛勋章的国王身着一袭黑衣，他站立着，一手还拿着函件。《奥利瓦雷斯伯-公爵》（*Le Comte-duc d'Olivares*）则藏于圣保罗博物馆【图91】。正面像中的他身穿宽大的暗色服装，衣服上饰有象征卡拉特拉瓦骑士团的红色十字。这幅肖像并无奉承的意图，因为人物的身材被画得很粗壮，甚至可以说是肥胖。奥利瓦雷斯身上透出的权力意志，使人物变得栩栩如生。

1624年，首相退出卡拉特拉瓦骑士团后，加入阿尔坎塔拉骑士团。在他的另外两幅肖像中出现的则是代表后者的绿色十字，因此它们的创作年份不会早于1625年。其中一幅曾藏于路易-菲利普的西班牙画廊【图94】，后来流入何塞·路易斯·巴雷斯-菲萨（José Luis Várez-Fisa）的私人收藏，另一幅现藏于纽约的美国西语世界协会【图95】。和1624年的构图相比，委拉斯贵支改换了模特儿的姿势：他略微侧着身子，右手拿着代表他上驷院总管大臣职务的马鞭，他不再显得那么粗壮，反倒添了几分优雅。他的统治

图94
《奥利瓦雷斯伯-公爵》
约1625年
布面油画
209厘米×110厘米
巴雷斯-菲萨私人收藏

图95
《奥利瓦雷斯伯-公爵》
约1625年
布面油画
216厘米×129.5厘米
纽约，美国西语世界协会

el Conde Duque

意志也表现得更加含蓄。在美国西语世界协会的那幅画作中，多了右方的布帘。这两件作品似乎都是出自委拉斯贵支之手。何塞·路易斯·巴雷斯-菲萨收藏中的那张肖像更为出色，而且根据X光检测结果，它的成画日期也相对更早。

普拉多博物馆也藏有一幅《腓力四世立像》【图96】，画中的君主身着黑衣、颈戴高立领，将这件作品的创作日期定在1628年应当是合情合理的。比起此前的画作，这幅肖像的画风更加成熟，但我们在画中还感受不到和鲁本斯交往以及首次意大利之行所带来的那些转变。事实上，通过X光透视可以看到现有画面之下还有另一张腓力四世的全身立像【图97】，如前所述，它可能是画家创作于1623年的那一幅国王肖像。比起本杰明·奥特曼捐赠给纽约大都会艺术博物馆的那幅立像以及如今已被覆盖的作品，委拉斯贵支在重画的时候试图更加强调人物坚定、严厉的一面。他通过突出脸部的男子气概、靠拢人物的双腿以及缩小服饰的宽松度达到了这一目的。服装令人印象深刻的暗淡色调（我们之前已影射过反奢侈斗争）和君主遥不可及的态

图97
《腓力四世立像》
1626—1628年
图96之X光透视图

图96、99
《腓力四世立像》
1623年绘制（?），1628年修改
布面油画
198厘米×101.5厘米
马德里，普拉多博物馆

图98、100
《唐·卡洛斯王子肖像》
1626—1628年
布面油画，
209厘米×125厘米
马德里，普拉多博物馆

图101
《腓力四世铠甲像》
1625—1628年
布面油画
57厘米×44厘米
马德里，普拉多博物馆

度，营造出一种峻冷的庄严风格。画中的物件明确地揭示了人物的地位与责任：桌子、拿在一只手上的函件（象征了他的治国工作）和另一只手搭着的剑柄装饰（长剑意味着他是王国的保卫者）。桌上造型简单的黑帽，也是表现严厉与朴实无华的另一要素。

委拉斯贵支绘制的《唐·卡洛斯王子肖像》（*Portrait de l'infant don Carlos*）同样保存在普拉多博物馆【图98】。王子出生于1607年9月15日，在画中看起来像是二十来岁的样子。鉴于绘画风格和王子的年龄，可以认为这件作品创作于1626年至1628年。王子佩戴的金链也为断代提供了新的线索：这或许就是1628年9月15日他生日的时候姐姐奥地利的玛丽赠送给他的那一条长链。委拉斯贵支是1629年8月前往意大利的，因此画像应当是在1628年末或次年的最初几个月间绘制而成的。乍一看，在服装和人物姿势方面，它和普拉多博物馆的《腓力四世立像》有着惊人的相似。根据一些传言，王子不是一直生活在他王兄的阴影下吗？看来他比传言所说的更有个性。不管怎样，如果我们仔细观察的话，可以发现这幅画作和他王兄的肖像还是略有差别的，尤其是在整体基调上。灰色的织纹和金色的长链照亮了黑色的服装。神态总体上也比国王的更加洒脱。手套由指尖捏着，这一细节也再次说明这件王子肖像确实把尊贵和略显随意的优雅完美地融合了起来。

还是在普拉多博物馆，一幅腓力四世身穿铠甲并戴有红色肩带的半身像【图101】，因其明丽的色彩，与一袭黑衣的国王立像产生了鲜明的对比。然而，对作品进一步的分析揭示了它复杂的创作过程。几经修改的头部，是全画中最早完成的部分，大概绘制于1625年至1626年；铠甲和肩带明显是晚些时候所作的，应该在1628年前后。其实，这张肖像裁自一幅尺寸更大的绘画。原画是否为骑马像，并和在王家圣腓力修道院展示的那幅有所关联呢？我们无法肯定地回答这些问题，因为在这幅肖像中，国王头上缺少一顶在室外骑像中应当出现的帽子，而且我们也无从知晓肩带下部在裁切前的原始版本中是否随风飘动。

数年后，委拉斯贵支将为国王、他的弟弟枢机王子唐·费尔南多、阿斯图里亚斯亲王巴尔塔萨·卡洛斯绘制猎装像。我们也可以把马德里时期初年的一幅《鹿头像》（*Tête de cerf*，1626—1627年）归入艺术家为王侯们创作的狩猎题材绘画【图102】。它似乎就是那件从1637年到1734年火灾之前一直在马德里老王宫内展示并在灾难中幸存下来的作品。画作的最后一位收藏者卡萨托雷斯侯爵（marquis de Casa Torres）于1984年将它捐赠给了普拉多博物馆。在1637年3月16日的老王宫财产清册中，是这样

图102
《鹿头像》
1626—1627年
布面油画
66厘米×52厘米
马德里，普拉多博物馆

记载的："另一幅描绘鹿角的油画，由迭戈·委拉斯贵支绘制，画作附有标签说明'1626年为我们的统治者国王腓力四世所猎杀'。"损坏后经过修复的这件作品，上方和两侧均被裁切过，但它依然保留着许多诗意，并让人浮想联翩。在天空背景前，和谐的色彩传递出动物的生灵呼唤。正如鹿本身一样，天空也让人联想起大自然和户外的自由。

委拉斯贵支也为腓力四世的妹妹奥地利的玛丽公主画过肖像【图103】，她离开西班牙嫁给了维也纳的一位表弟，也就是日后的皇帝斐迪南三世，并成为匈牙利王后。在这幅胸像中，华服之上是她颈部围着的又宽又厚的绉领。过去很长一段时期内，艺术史学家都认为这张肖像是1630年画家首次意大利之行接近尾声时在那不勒斯绘制而成的。今天，它被视为画家于1628年为王室创作的肖像作品中的一幅，只不过这些画像似乎并没有被寄往其他宫廷。

马德里时期初年的绘画创作中有两件作品并非王室肖像，它们是《德谟克利特》（*Démocrite*）和《饮酒人》（*Les*

图103、105
《匈牙利王后唐娜·玛丽公主肖像》
1628（？）
布面油画，
59.5厘米×44.5厘米
马德里，普拉多博物馆

Buveurs）。它们可以帮助我们理解，成为宫廷画家的委拉斯贵支是如何丰富他的风格及表现题材的。

《德谟克利特》一画曾长期被叫作《地理学家》（*Le Géographe*）【图104】，因为画中所描绘的成年男子一手指着地球仪。他身穿黑色与棕色的服装，衣服上部是白色的翻领，脸上可以算是露出快乐的笑容。旧画名概括了我们在画面中所能看到的基本元素。不过，在埃尔卡皮奥侯爵（marquis del Carpio）1690年前后的财产清册中，有一段记述不禁让人联想起这幅绘画："迭戈·委拉斯贵支绘制的一位在地球仪前笑着的哲人。"[54]这位哲人是古希腊的德谟克利特（约公元前460—前370年），他以快乐爱笑著称，对他而言一切时机皆可笑。伊拉斯谟（Érasme）以及16、17世纪的学者撰写了许多关于这位哲学家的评论，对于艺术家和艺术爱好者而言，哲人是备受欢迎的绘画主题。

尽管如此，委拉斯贵支应当是以哲人的名义描绘了宫中的一位弄臣。可能正是从这时候起，他就开始创作侏儒弄臣系列肖像了。日后，他将会数次重拾这一题材。

关于这幅画作的收藏过程，我们只了解其中的一部分。1822年入藏鲁昂博物馆时，它被鉴认为里贝拉的作品，直到1881年才被视为出自委拉斯贵支之手。此后，这一鉴定基本为大家所接受。大革命时期它在鲁昂被扣押，之后又被售出。在此之前，我们可以将它同曾在诺曼底首府出现过的一幅《牛顿》（*Newton*）联系起来；再往上追溯，据传18世纪席尔瓦家族的一支定居鲁昂时，为了获准归化，曾将两件委拉斯贵支作品捐赠给了审计院，我们正在介绍的画作可能就是其中的一幅。

通过分析可以看到这幅绘画继续保留了塞维利亚时期的几个特征：暗淡的色调、略显硬朗的轮廓以及多少有些平民化的氛围。不过，造型表现在这里显得更加灵活，德谟克利特和地球仪仿佛被包裹在一层轻盈的外壳中。我们有理由相信画作是分两步完成的：第一步是在意大利之行前的马德里时期，第二步是在1631年至1640年，但具体年份难以确定。

《德谟克利特》中值得注意的一点是，委拉斯贵支在表现古代哲学主题时所使用的基调：他并没有想要刻画一位博学之人，于是只选用了一位平民模特儿。

这一再现古代的方式也是《饮酒人》重要的特征之一【图108】。法语画名并不能反映画作的本质，西班牙画名《醉汉们》（*Los Borrachos*）更加合适，因为它暗示了由酒引起的兴奋与陶醉。远山前的乡间，头戴葡萄叶冠的酒神巴克斯赤裸着上身坐着，左侧的一个漂亮小伙子手拿着酒杯向他递去，另有一个年轻人跪在他面前。画面右侧则是几个农夫，身穿粗布衣服的他们脸上布满了皱纹，有的农夫手里拿着酒杯或酒盏。主题灵感的确来源于古代，但画面中只有左方小伙子的英俊能让人联想起古代神话。巴克斯本人身材发胖，右方的农人似乎刚结束田间劳作或放牧之类的卑微劳动。显而易见，整幅作品都散发着自然的表现力，以至于人们在评论画作时，有时会强调委拉斯贵支以略带讥讽的平民风格来诠释古代题材的意图。这样的评价是准确的，因为它符合当时的时代精神，尤其是文学领域内的思想状态，只是这一解释并不足以让我们完全理解《饮酒人》[55]。

委拉斯贵支为何要选取这个题材？根据一个在17世纪的西班牙依然广泛流传的古老传说，巴克斯曾经征服过这个国家。古罗马作家西利乌斯·伊塔利库斯（Silius Italicus）在他的史诗《布匿战争》（*Punica*）中就记述过这段传说[56]。西班牙王室收藏的绘画中之前就有以巴克斯为表现主题的，比如相关史料提及的1600年马德里老王宫内的一幅画作。在阿尔布雷希特大公和伊莎贝尔·克拉拉·欧亨尼娅公主于布鲁塞尔举办的一次宫廷庆典上，酒神巴克斯和年轻人醉酒的场景也曾被搬上过舞台。委拉斯贵支见过这幅画作吗？我们不得而知。

在平民层面诠释，画家想要呈现的是酒神不吝葡萄藤的神力把饮酒者从奴隶制度中解放出来。我们或许可以把绘画题材和画家藏书中胡安·佩雷斯·德·莫亚（Juan Pérez de Moya）所著的《秘密哲学》（*Philosofia secreta*，1585年马德里初版）一书联系起来。[57]最可信的灵感来源其实是16世纪末由扬·萨恩雷丹（Jan Saenredam，约1565—1607年）根据亨德里克·霍尔奇尼斯（Hendrick Goltzius，1558—1617年）的原画所刻印的一帧佛兰德斯版画《崇拜巴克斯》（*L'Adoration de Bacchus*）【图107】，画中还有荷兰诗人科内利乌斯·舍奈厄斯（Cornelius Schonaeus，1540—1611年）写的一首小诗，其中一句是："年轻的神明被请求减轻人们的不幸。"[58]不过，两件作品的主要区别是，版画是纵向构图，而油画则是横向构图。

《饮酒人》在西班牙激发了众多的散文创作。何塞·奥尔特加-加塞特（José Ortega y Gasset，1883—1955年）这样写道："酒神节落入酩酊大醉之中。巴克斯被神话化了。那里只有所见到的与所触摸到的。那里没有神。"而欧亨尼奥·德·奥尔斯（Eugenio d'Ors，1882—1954年）在《在普拉多博物馆的三小时》（*Trois heures au musée du*

图104、106
《德谟克利特》
1623—1629年及1631—1640年
布面油画
101厘米×81厘米
鲁昂，美术博物馆

图107
扬·萨恩雷丹《崇拜巴克斯》
1596年
版画，亨德里克·霍尔奇尼斯原画
44厘米×32厘米
阿姆斯特丹，国家博物馆

图108
《饮酒人（醉汉们）》
约1628年
布面油画
165厘米×225厘米
马德里，普拉多博物馆

Prado）中又是这样写的：“在《饮酒人》中，人物笑着。作者却不在笑……他带着冷漠、带着在我们看来只有科学才拥有的那种平静，在记录和揭示欢愉的爆发，这种爆发好似愚昧可悲地做着鬼脸。”[59]

从艺术角度来看，塞维利亚时期的特征在光与影的对比中、在人物和服装的粗俗里继续保存了下来。不过，委拉斯贵支在此画中特别关注塑形和透明度。提香的影响是显而易见的，鲁本斯的影响应该也是有的，因为画作的付酬日期是1629年7月22日。绘画的创作时段和佛兰德斯画家旅居马德里的时间大致吻合。

腓力四世对《饮酒人》赞赏不已。1636年，画作被陈列在马德里老王宫国王夏季套房内的“陛下的寝殿里”。在1734年火灾之前，它一直保存在这座王家城堡内。虽然它在大火中幸免于难，但由于损伤，其尺寸被略微缩小了。

正如《塞维利亚的卖水老人》是塞维利亚时期的代表作，《饮酒人》也可以被视为马德里时期初年的巅峰之作。画作的卓越品质和神秘色彩自然让人惊叹不已，但我们更能从中预感到，委拉斯贵支接下来将在构图和色彩问题上继续深入求索。

第一次意大利之行（1629—1630年）

1629年6月28日，委拉斯贵支获得暂离宫廷前往意大利的准许。帕洛米诺记述了一些旅行准备工作的细节：国王给了画家400银杜卡特，并预付了两年的俸禄；向伯-公爵告辞时，艺术家又收到了200金杜卡特、一枚铸有国王肖像的奖章以及大量推荐信。1629年7月28日，威尼斯驻马德里大使向十人团通报了画家不久后将会抵达的消息；9月22日，佛罗伦萨大使阿韦拉尔多·德·美第奇（Averardo de Médicis）也向比萨大主教通报了此事。坦率地说，奥利瓦雷斯和热爱观看委拉斯贵支作画的腓力四世给予画家如此特别的恩惠，致使他在此行中可能被视为一名以艺术的名义来掩护其秘密任务的间谍。在帕尔马大使弗拉维奥·阿蒂（Flavio Atti）于1629年7月26日写给该邦国女大公的一封信中[60]，有一段加密文字谈论的就是委拉斯贵支的身份问题。然而，委拉斯贵支此行的真正目的，纯粹是为了研究意大利的文物古迹，并为丰富王室的艺术品收藏做好前期准备工作。

出发的时候，他加入了安布罗焦·斯皮诺拉（Ambrogio Spinola，1569—1630年）的随行队伍。这位著名的热那亚军人兼外交官，为腓力三世和腓力四世治下的西班牙王室立下了显赫功勋，并于1621年被腓力四世封为洛斯瓦尔瓦塞斯侯爵（marquis de Los Balbases）。1624年春，他攻下尼德兰城市布雷达（Breda），并接受了敌方的投降。1628年1月3日，他离开佛兰德斯前往马德里，虽然他在奥利瓦雷斯那里未能得到像莱尔玛公爵给予他的那般恩惠，但他还是被委以重任前往意大利。在曼托瓦公爵领地的继承问题上，马德里宫廷支持维也纳，而维也纳宫廷则拒绝承认黎塞留和路易十三所支持的讷韦尔公爵查理·德·贡扎加（Charles de Gonzague）的继承权。1629年3月6日，路易十三强行占领了苏萨（Suse）隘口。

旅行路线

作为米兰地区的统治者和西班牙军队的将帅，斯皮诺拉自然是反对法国在意大利的扩张企图的。此行直至加泰罗尼亚的车旅交通合约是1629年7月10日在马德里签署的。除了马车和12头驮畜，合同中还提及56头骑用骡，每头牲口配备骡夫一人。斯皮诺拉及其随行队伍于8月8日前后抵达巴塞罗那，10日登船离开，23日在热那亚上岸，继而前往米兰。委拉斯贵支在热那亚应当见过安东尼·凡·代克（Antoon Van Dyck）绘制的一些肖像，因为后者在1623年至1627年旅居意大利时曾在这座城市逗留。在告别随行队伍踏上自己的旅途前，画家有充裕的时间来了解这位布雷达战役中的获胜者的性格，也多亏了这段经历，日后他在为马德里丽池宫王国大厅创作精妙绝伦的绘画时，得以传神地表现斯皮诺拉的个性。

大家都知道，自古以来，西班牙艺术家和意大利的紧密联系为西班牙艺术的发展提供了何等肥沃的土壤。意大利的古迹、文人、艺术创作者慷慨地同西班牙分享经验教训。里贝拉在旅居罗马时就成为圣路加学院的一员，后来他前往那不勒斯，在那里也是出类拔萃的画家，即便那不勒斯的君主事实上还是"天主教国王"。直至1652年离世，里贝拉一直都留在那不勒斯。他是这样对阿拉贡画家胡塞佩·马丁内斯（Jusepe Martínez，1601—1682年）解释定居那不勒斯的原因的，西班牙"对于外国人而言是一位慷慨的母亲，而对于自己的孩子来说则是一位残忍的后妈"。[61]必须说明的是，委拉斯贵支来到亚平宁半岛后，一直享有一些特权。他并不是由年轻艺术家汇聚而成的一波又一波人潮中的一员，因为初出茅庐的他们既无资本，又无关系网络。1629年6月，也就是在巴塞罗那登船前的几个星期，他刚满30岁。他来意大利并非为了接受初期培训，而是为了丰富自己已经相当广博的创作经历，之前的绘画训练已使他完全有能力绘制出佳作乃至杰作。他不仅拥有雄厚的财力支持使自己免受物质问题的困扰，而且还有许多推荐与关系，这给他的日常生活与工作持续地带来了不少便利及社会特许。对他而言，诸多有利条

图109
《伏尔甘的打铁铺》
1630年
图117局部，第128～129页

件都结集在了一起。可惜的是，关于此次旅途的具体信息，史学家一般只能从巴切柯和帕洛米诺的叙述中窥见一斑[62]。总而言之，我们可以确认的只有小部分事实，余下的都是需要极其谨慎对待的假设与阐释。

鉴于画家持有一封致帕尔马女大公的引荐信，委拉斯贵支有可能在这个因法尔内塞家族的支持而成为艺术重镇的小城逗留过。我们很想确认他是否真的在此停留过，是否亲眼见过科雷乔（Le Corrège）的一些绘画作品，比如主教座堂的穹顶画《圣母升天》（*Assomption*）、福音使徒圣约翰教堂的穹顶画《圣约翰在以弗所的神视》（*Vision de saint Jean à Éphèse*）以及圣保罗教堂的拱顶画。不过，我们对此一无所知。我们可以确认的可靠信息，涉及的都是画家抵达威尼斯之后的事情。[63]

西班牙驻威尼斯大使克里斯托瓦尔·德·贝纳文特-贝纳维德斯（Cristóbal de Benavente y Benavides）十分敬重委拉斯贵支。他把画家安顿在自己的府邸，并与其一道用餐。当时威尼斯共和国反对马德里宫廷的政策，西班牙人在这座城市中并不受欢迎。外交官为了谨慎起见，在画家外出时还吩咐自己的仆人陪同保护。尽管城中氛围令人不快，委拉斯贵支还是参观了圣马可教堂和总督府，得以尽情欣赏提香、保罗·委罗内塞（Paolo Véronèse）和丁托列托的绘画。在丁托列托的作品中，他尤其欣赏大议会厅内的《天堂》（*Le Paradis*）。在圣洛克学院里深深吸引他的也是这位画家的艺术，他在那里以素描临摹了《基督钉上十字架》一画【图110】，并以油画复制了《最后的晚餐》。日后，他将油画摹本带回西班牙进献给了腓力四世。委拉斯贵支非常喜欢威尼斯，只是当时的政治气氛使他的逗留变得极为不便。于是他离开了威尼斯，前往费拉拉（Ferrare）。

费拉拉由枢机主教朱利奥·萨凯蒂（Giulio Sacchetti）以教宗的名义统治着，他曾经是教廷驻马德里大使，也是一位艺术爱好者。他收到委拉斯贵支交给他的介绍信后，对画家关怀备至，还邀其同桌进餐。画家谦逊地以自己用

图110
丁托列托《基督钉上十字架》
1565年
布面油画
536厘米×1224厘米
威尼斯，圣洛克学院

餐时间特殊为由婉拒邀请后，枢机主教甚至还令人备下和自己餐桌上一样的餐点给画家送去。委拉斯贵支在城中停留了两日，参观了被人称作加罗法洛的本韦努托·蒂西（Garofalo，Benvenuto Tisi，约1481—1559年）的画作，其作品深受威尼斯画派影响，但成就一般。离开费拉拉前，画家和朱利奥·萨凯蒂深谈了三个多小时。

之后，他前往摩德纳（Modène）附近圭尔奇诺（Le Guerchin）的故乡琴托（Cento）。委拉斯贵支可能在那里拜访过这位画家。此后他直奔罗马，途经罗雷托（Lorette）和博洛尼亚都未作停留，因此也没有把介绍信呈送给尼古拉斯·卢多维西（Nicolas Ludovisi）和巴尔塔萨·埃斯帕达（Balthazar Espada）两位枢机主教。画家旅居意大利的时间长度说明了他对这个国家的热爱，他要到1631年初才回到西班牙。

委拉斯贵支意大利之行期间在位的教宗是乌尔班八世。1568年出生的他本名马费奥·巴尔贝里尼（Maffeo Barberini），1623年当选为教宗，1644年辞世。我们应该还记得，他的侄子枢机主教弗朗切斯科·巴尔贝里尼曾于1626年率领教廷特使团前往马德里。

委拉斯贵支将要旅居一段时日的罗马城，是相信宗教改革凯旋的罗马城。巴洛克艺术在那里绽放，但同时也与其他艺术流派并存。这些不同艺术风格之间的差异其实不容小觑。在最负盛名的那些艺术家及作品中，我们至少可以列举以下一些例子。布拉曼特（Bramante）和米开朗琪罗的圣彼得教堂原先是在希腊十字平面的基础上设计建造的，而卡洛·马代尔纳（Carlo Maderna，1556—1629年）最后把教堂平面建成了拉丁十字，并修建了奢华的正立面；1624年，吉安·洛伦佐·贝尼尼（Gian Lorenzo Bernini，1598—1680年）接到了制作圣彼得教堂主祭台华盖的委托。在绘画领域，则呈现出反差强烈的多样化景象。博洛尼亚时期之后，卡拉奇兄弟主要是在罗马整理、精炼了样式主义的贡献。安尼巴莱·卡拉奇（1560—1609年）在兄长奥古斯蒂诺·卡拉奇（Augustin Carrache，1557—1602年）的协助下，约于1597年至1608年装饰了法尔内塞宫的赫拉克勒斯长廊。在这件作品中，他们把宏大叙事、精湛技艺、图像志与人文主义学识、光线与绘画的可读性有机地结合了起来。1597年至1602年，卡拉瓦乔在圣王路易教堂的圣马太礼拜堂内，以平民的、悲怆的、暗淡的方式处理了宗教题材【图111】。相反地，圭多·雷尼在1613年为罗斯皮廖西宫绘制的《奥罗拉》（*L'Aurore*）中着重强调的则是光亮与轻盈，画面设计得犹如浅浮雕；而在圭尔奇诺于1621年为卢多维西府邸创作的《奥罗拉》中，透视逐渐消逝在天际。彼得罗·达·科尔托纳（Pierre de Cortone）于1626年至1630年在首都附近为萨凯蒂家族建造了皮涅托庄园，庄园如今已不复存在，但通过版画我们可以了解它当初的样貌。从1624年到1626年，科尔托纳参与了圣比比亚纳教堂的湿壁画绘制工作，作品描绘了即将殉道的圣女拒绝向偶像献祭的场景。不过，需要说明的是，巴尔贝里尼宫大厅内逼真、壮美的天顶画是科尔托纳在1633年至1639年才

图111
卡拉瓦乔《圣马太的使命》
1597—1602年
布面油画
322厘米×340厘米
罗马，圣王路易教堂，孔塔雷利礼拜堂

创作的，而佛罗伦萨皮蒂宫内行星套房的装饰画则更是晚至1640年到1647年才得以绘制。

我们很想了解委拉斯贵支在看到这些罗马最新艺术创作时的反应，但巴切柯和帕洛米诺对此都未着墨，他们叙述的更多是画家的物质生活，还有他对16世纪艺术大师们的研习。德国历史学家卡尔·尤斯蒂（Carl Justi）自己都坦承，由他出版的委拉斯贵支书信纯属虚构。这些书信在文学魅力、氛围再造和人物理解方面都十分引人入胜，但它们并没有严谨的学术价值。不过，我们至少可以透过1649年到1650年委拉斯贵支与维尔吉利奥·马尔韦齐侯爵（Virgilio Malvezzi，我们将会看到他与西班牙宫廷的政治与艺术联系紧密）的书信往来了解到[64]，画家在首次意大利之行时并不欣赏彼得罗·达·科尔托纳，但日后他的看法将会有所改变。

在罗马期间，委拉斯贵支曾被引荐给乌尔班八世。另外，由于枢机主教弗朗切斯科·巴尔贝里尼的庇护，画家被安顿在梵蒂冈。他甚至还持有一些厅室的钥匙以便自由参观，其中最重要的一间饰有费代里科·祖卡罗创作的宗教历史题材壁画。费代里科·祖卡罗是曾在埃斯科里亚尔为腓力二世效力的意大利画家之一，但他在西班牙未获成功，因此最终选择回归故里。不过，委拉斯贵支觉得那间厅室过于偏远，来回不便，于是他情愿每次向教廷守卫请求临时准许，按照自己的意愿在西斯廷礼拜堂、保罗礼拜堂和拉斐尔画室以彩色或铅笔素描进行临摹。在米开朗琪罗的作品中，他尤其喜欢西斯廷礼拜堂的《最后的审判》（*Jugement dernier*）【图112】、众多《先知》（*Prophètes*）和《女先知》（*Sibylles*）【图113】，还有保罗礼拜堂的《圣彼得钉上十字架》（*La Crucifixion de saint Pierre*）和《圣保罗改宗》（*La Conversion de saint Paul*）。在拉斐尔画室的壁画中，他临摹了《圣礼之争》（*La Dispute du Saint-Sacrement*）【图114】和《帕尔纳索斯山》（*La Parnasse*）【图115】。帕洛米诺还列举了“在雅典向哲人们讲道的圣保罗”。鉴于他是在讲拉斐尔画室时提到的这一绘画场景，

图112
米开朗琪罗《最后的审判》之《基督与圣母》
1534—1541年
湿壁画
罗马，梵蒂冈博物馆，西斯廷礼拜堂

图113
米开朗琪罗《厄立特里亚女先知》
1509年
湿壁画，拱顶局部
360厘米×380厘米
罗马，梵蒂冈博物馆，西斯廷礼拜堂

图114
拉斐尔《圣礼之争》
1509年
湿壁画
罗马，梵蒂冈博物馆，签字大厅

图115
拉斐尔《帕尔纳索斯山》
1510—1511年
湿壁画
罗马，梵蒂冈博物馆，签字大厅

这里指的应当是《雅典学院》（*L'École d'Athènes*），而非《使徒行传》系列挂毯中的《圣保罗在雅典讲道》（*La Prédication de saint Paul à Athènes*）。

四月的时候，在西班牙驻意大利大使蒙特雷伯爵（comte de Monterrey）的帮助下，委拉斯贵支获得了托斯卡纳大公斐迪南二世（Ferdinand II）的准许，得以入住维尼亚别墅，也就是今天的美第奇别墅。当时距别墅修缮工程结束不久，画家希望别墅所在的苹丘因地势较高而拥有更有利于健康的空气。他在那里居住了两个多月，但后来因为发烧而不得不回到城中。这次，他住在西班牙广场和“天主教国王”的大使馆附近。蒙特雷伯爵对他关怀备至。离开罗马后，委拉斯贵支南下那不勒斯，并在那里见到了里贝拉。1631年初，他回到了马德里。

图116
委拉斯贵支（？）《教士像？》
约1630年
布面油画
63厘米×50厘米
罗马，卡比托利欧博物馆

历练与作品

委拉斯贵支在首次意大利之行期间获得的经验颇丰。总体而言，画家接触到了一个由不同邦国组成、生活比西班牙更加自由的国度，一种繁荣、精致的文化，还有来自不同社会阶层并涵盖了宗教与世俗领域的艺术赞助。毫无疑问，他热爱这样的自由与文化。从画家个人的角度来看，1649年至1651年第二次旅居意大利的目的之一，就是为了再次享受这个国度的文化与自由，而且他尽可能地拖长了此次行程。

去意大利之前，他已经通过王室丰富的收藏对威尼斯画派有所了解。不过，到1630年的时候，他不再只是面对一幅幅单独呈现的绘画，而是得以深入感受这些作品的创作地点以及当时的创作氛围。他试图理解创作过程的每一个步骤，从而在整体上把握作品，这种全局观关涉城市、邦国、社会、风俗、古迹、风景、气候以及光线等方方面面。他沉浸在大师们的艺术世界里，但特别吸引他的是丁托列托。

在罗马和梵蒂冈，他有充裕的时间来研究米开朗琪罗和拉斐尔的绘画，并以素描的形式临摹了他们的作品。

此外，他也得以直接研究古代艺术。1649年腓力四世再次派他前往意大利，为的就是收购用来装饰马德里老王宫的雕塑和雕塑复制品。1630年的时候，委拉斯贵支就已经积累了不少相关经验，也为日后的任务做好了准备。在某种程度上，或者说至少在1639、1640年的伦敦宫廷内，他被视为古文物领域的专家[65]。

在他的绘画作品中，构图从此变得更加自然流畅，光线与色彩也更为丰富。不同的绘画特征都融合了对自然的偏好。画中的基调则比卡拉瓦乔的要少一些戏剧化。

可惜的是，可以让我们更好地理解这些变化的画作数量有限。据巴切柯所言，他的女婿曾在罗马画过一幅自画像。人们曾一度以为罗马卡比托利欧博物馆所藏的一张肖像就是这件作品。事实上，从衣领的类型来看，画中的人物似乎是一位教士【图116】。虽然此画的风格的确和委拉斯贵支1630年左右的画风相似，但目前还没有足够的证据表明这件作品确实是他的手笔。1630年8月13日到12月18日之间，腓力四世的妹妹玛丽公主在出嫁的路上经停那不勒斯，画家给她绘制了肖像。不过正如前文所述，我们现在已不再认为所作肖像就是现藏于普拉多博物馆的那一幅【图103】。

首次意大利之行期间，委拉斯贵支在绘画上的创新之处体现在两幅画作中。它们分别是《伏尔甘的打铁铺》（*La Forge de Vulcain*）【图117】和《约瑟的彩衣》（*La Tunique de Joseph*）【图120】。这两件在意大利完成的作品被运回西班牙后，于1634年由阿拉贡王权的首席公证官唐·赫罗尼莫·德·比利亚努埃瓦（don Jerónimo de Villanueva）为国王购得。它们起初一起陈列在丽池宫，不久之后却有了不同的命运。《伏尔甘的打铁铺》日后转藏于马德里新王宫，并出现在1772年和1794年的王宫财产清册中。画作大概是在这次转移过程中被加宽的。1819年起，它归普拉多博物馆所有。《约瑟的彩衣》在1657年至1667年被运往埃斯科里亚尔修道院，作品的两侧被缩减了。画面最右侧的雅各，原先坐在一张挂毯下，挂毯的消失使整幅构图失去了平衡：在现存版本中，雅各显然没有完全入画，最左边的人物手中持有的物件（手杖？）也已缺失。

《伏尔甘的打铁铺》的主题来自奥维德（Ovide）的《变形记》（*Métamorphoses*）。启发委拉斯贵支的应当是安东尼奥·滕佩斯塔（Antonio Tempesta）的一件版画【图118】，当然它只是提供了初步灵感，因为版画中仅有三个人物。这一主题也再次印证了画家拥有丰富的藏书，其中包括胡安·佩雷斯·德·莫亚的《秘密哲学》[66]。不过，我们在思考画作的灵感来源时，不能忘了这件作品不是在西班牙，而是在意大利绘制的。尽管我们并不了解当时画家手头有哪些素材。

这幅构图明晰的画作看一眼就让人着迷。在泛着天蓝色的窗洞前，以瘦长少年形象出现的阿波罗侧着脸，他戴有桂冠的头部光芒四射，半裸的身上是一角垂在肩后的褶布。画家只画了他的一只胳膊和双手，并用它们摆出传信者的手势。阿波罗传给铁匠之神伏尔甘及其工匠的消息是维纳斯与玛尔斯通奸。在被火光照得通红的壁炉前，他们停下了手中的活计，作出不同的反应。扭腰斜立着的丈夫

伏尔甘在得知妻子不忠后反应最大：他放下手中正在锻打的火红金属，用他黑色的双眼定定地看着阿波罗。强壮的工匠们赤裸着上身，以不同的方式表达了他们对此事的关注程度，有的是惊讶，有的可能是嘲讽。最右边的工匠一手还放在正在制作中的铠甲上。这一场景中，主题是古代神话，但只有阿波罗身上才透出一股高格调的诗意，余下的画面则还是忠实于委拉斯贵支以平民生活来表现神话题材的习惯。然而，这件作品不仅与塞维利亚时期的绘画区别明显，同马德里时期初年的《饮酒人》也大相径庭【图108】。画中的色调是艺术家在意大利的几个月中所使用的新色调，而光线更是强化了它的效果。这在阿波罗的身体上、伏尔甘和工匠的上半身上以及缠在他们腰间的布段上体现得尤为明显。整幅画面笼罩在美妙的光线中。处理这些光线对画家而言似乎并非难事，它们给画面带来了动态

感，这种动态感主要来自那些身体内所暗含的震颤。我们可以感受到委拉斯贵支想要表现神话崇高感的意图，他把描摹真人模特儿、回忆古代、借鉴文艺复兴时期的绘画大师以及传达真实的力量完美地结合了起来。画中描绘的场景还是平民性质的，但它完全没有卡拉瓦乔在《圣马太的使命》（*La Vocation de saint Matthieu*）中所表现的那种平民式的夸张【图111】。

《约瑟的彩衣》描绘的是《创世纪》第37章中的一段故事【图120】。雅各的十个儿子都对他们17岁的弟弟约瑟心生嫉妒，极力想要摆脱他。他们先是把他扔在没有水的大坑里，后来又觉得把他卖了更加稳妥，于是便以二十舍客勒银子把他卖给了来自基列要往埃及去的以实玛利人。《创世纪》第37章第31至35节是这样叙述的：“他们宰了一只公山羊，拿了约瑟的那件外衣染上了血，派人把长袍送到他们的父亲那里，说：‘我们发现这个，请认一认，是不是你儿子的外衣？’他认出来，就说：‘这是我儿子的外衣，恶兽把他吃了，约瑟一定被撕碎了！’雅各就撕裂衣服，腰间围上麻布，为他儿子哀伤了多日。他的儿女都起来安慰他，他却不肯受安慰，说：‘我必哀伤着下阴间，到我儿子那里。’约瑟的父亲就为他哀哭。”

图117
《伏尔甘的打铁铺》
1630年
布面油画
223厘米×290厘米
马德里，普拉多博物馆

图118
安东尼奥·滕佩斯塔《伏尔甘的打铁铺》
奥维德《变形记》版画
里昂，1606年
哈佛，哈佛艺术博物馆，福格博物馆，印刷品部

图119
贝尔纳·萨洛蒙《约瑟的彩衣》
《圣经历史四行诗》版画
里昂，1553年
巴黎，法国国家图书馆，版画摄影部

图120
《约瑟的彩衣》
1630年
布面油画
213.5厘米×284厘米
国家遗产，埃斯科里亚尔圣洛伦索王家修道院

委拉斯贵支并没有描绘雅各面对儿子们的场景（那样的话，画中应该要有十个儿子），而是他收到消息时，两个人拿着血衣来给他看的画面。这件作品最有可能的灵感来源是1553年在里昂出版的《圣经历史四行诗》（*Quatrains historiques de la Bible*）中的一幅同主题版画【图119】，书中的这些插画都是由贝尔纳·萨洛蒙（Bernard Salomon）创作的。在委拉斯贵支的画笔下，地砖呈现出令人惊异的完美透视。画中最重要的自然是独到的人物编排，这也使这件作品成为公认的、最受赞赏的代表作之一。画作的构图既是平稳均衡的，又是震颤抖动的：在雅各的绝望与左侧人物所表现出的恐惧之间，插入的是拿血衣者的悲痛，以及不幸的父亲边上另外两人有所保留的神情。栩栩如生的人物体型各异，外部的自然世界在画面左侧露出一角，强烈的光线同时又显得让人难以捉摸。艺术史学界曾长期强调画中的金黄色调，并把它同威尼斯及其画派所使用的色调联系起来。然而，1990年普拉多博物馆大展前清洗这幅作品时所发现的银色色调，则让人联想起博洛尼亚画派。委拉斯贵支并未在这座城市停留，不过我们知道，博洛尼亚画派的作品在当时的梵蒂冈就能看到，且在教廷内备受赞赏。

不过，以上这些分析并不能回答艺术史学家对《伏尔甘的打铁铺》和《约瑟的彩衣》提出的所有疑问。创作的先后顺序是什么？委拉斯贵支为何选择这些题材？两个主题是否有所关联？它们想要表达的确切含义又是什么？

在哪件作品先完成的问题上，目前学界尚未形成统一的意见。要评判哪幅画作更胜一筹也是徒劳，因为两件作品都十分出色，比较起来不可避免地会在判断中引入主观因素。可以肯定的是，这些主题不是西班牙或意大利所特有的，而是国际性的。和那些诋毁委拉斯贵支只会画肖像和西班牙静物画（*bodegones*）的人所说的正好相反，画家证明了他完全有能力驾驭宏大的《圣经》与神话题材。《伏尔甘的打铁铺》和《约瑟的彩衣》有可能是对幅[67]，但我们对此并不确定。如果我们承认这两幅绘画在主题上有所关联的话，那么它们可能是分别描绘“告发”和“诽谤”的寓意画，同时也展现了话术对人类行为的影响。

第二编

成熟期：马德里的艺术生涯

1631—1648年

从委拉斯贵支返回马德里（1631年初）到他再次出发前往意大利（1648年底、1649年初）的这段时间里，除了几次短暂的离开，他的生活都围绕着马德里宫廷[1]。而这些难得的缺席，也是因为要随同国王出行。在这一时期内，首都一直是他的居住地，也几乎是他所有作品的创作地。这连续的十七年零几个月的时间显得十分漫长，尤其是同他生命中的其他时段相比较的话：从标志着他跨进绘画行业的学徒合约签署开始计算（而非从出生开始）的塞维利亚时期（1610—1623年）、定居马德里（1623—1629年）、第一次意大利之行（1629—1630年）、第二次意大利之行（1649—1651年）以及在马德里的最后岁月（1651—1660年）。因此，人们会倾向把1631年至1648年画家在首都生活的这段时期看作一个整体。然而，这样的整体观和事实并不相符。的确，通过研究可以发现，在委拉斯贵支的这段人生中出现了几种复杂的发展前景。艺术生涯的发展和非凡的社会地位上升紧密地结合在一起。这一时期，画家的作品门类多样，风格也有所变化。此外，委拉斯贵支还活跃于建筑与装饰领域。

按时间顺序为1631年至1648年创作的作品编制目录不仅是一项枯燥乏味的任务，而且很可能会淡化这一时期内每一个序列的特性，这些不同序列可以按风格或主题来划分。因此，需要采用另一种研究方法来更好地理解委拉斯贵支，也就是说，要在这些不同序列的基础上，着重探究这一时期内的几大面向，如宫廷视野中的艺术生涯、绘画技法的演变、宗教画、或多或少与宫廷生活有所关联的绘画以及作为建筑师和室内装饰师的创作活动等。

委拉斯贵支的宫廷艺术生涯[2]

如前所述，委拉斯贵支并不满足于成为腓力四世和奥利瓦雷斯最欣赏的肖像画家。在宫廷内，画家很快就让人明白，他想要、也有能力绘制大型宗教画和历史画。从那以后，他开始拓宽自己的能力范围。作为一名有学识的开明艺术家，委拉斯贵支负责了马德里老王宫的一些工程，并着手丰富王室的艺术品收藏。他在艺术创作方面的雄心壮志，与他对官场上飞黄腾达的渴求不可分割：他希望能够挣脱加在艺术家身上的桎梏，并超越宫廷行政等级制度所规定的艺术家地位。在委拉斯贵支取得社会和经济层面的巨大成功以前，这些完美的或者至少是出色的作品，有时是在相对困难的条件下完成的。他的雄心激怒了宫廷中的某些官吏，嫉妒与争吵时有发生；为了在宫中晋职他不懈地斗争着，还要追讨包括俸禄、补贴和画酬在内的欠款。不过，就像往常一样，国王一直保护着他，并给他扫除了不少障碍。

艺术家本人的日常生活虽然不能完全解释他的作品，但创作又和日常生活密不可分，因此有必要在这里谈一下画家的一些生活细节。当首都主广场上举办节庆活动时，特别是举行奔牛活动的时候，委拉斯贵支和其他宫廷官吏一样，根据他们的职务等级，在特别留给国王身边近臣的区域占有一席。而画家于1633年5月8日收到的城市与宫廷掌门官（*alguacil de Villa y Corte*）节杖[3]，应该可以说明他备受器重。

1636年10月24日，委拉斯贵支请求支付自1634年底拖欠下的俸禄、置装费和画款。1643年5月12日，他签收了14000西班牙银元，亦即2000杜卡特欠款中的一部分。1645年7月29日，国王命人支付他两年的宫廷创作欠款。在1647年5月的一份账单中，委拉斯贵支试图追讨1645年一半的画酬，以及1646年的部分画款。

1633年8月21日，在马德里的圣雅各教堂，堂区神父马丁·德·豪雷吉（Martin de Jaúregui）主持了委拉斯贵支的长女弗朗西斯卡与画家胡安·包蒂斯塔·马丁内斯·德尔·马索（Juan Bautista Martínez del Mazo，约1612—1667年）的婚礼。新娘同年5月18日刚满14岁。从那时开始，新郎同岳父的艺术创作和生活紧密地联系了起来。1654年11月，新郎年轻的妻子过世，但留下了许多子女。根据他们的洗礼证明，这些孩子分别是：伊内斯（Inés），1635年1月28日接受了洗礼；伊内斯·曼努埃拉（Inés Manuela），1638年8月16日（长女伊内斯可能在此之前

图121
《布雷达之降》或《长矛》
1634—1635年
图153局部，第176～177页

图122
《基督与基督教灵魂》或《柱上的基督》
约1632年
图128局部，第143页

图123
委拉斯贵支画室《巴尔塔萨·卡洛斯王子》
1638—1639年
布面油画
211厘米×110厘米
伦敦，王室收藏

夭折了）；何塞（José），1640年3月18日；迭戈（Diego），1642年5月29日；巴尔塔萨（Baltasar），1645年1月9日；玛丽亚·特蕾莎（María Teresa），1648年1月13日；赫罗尼玛（Jerónima）1650年5月20日，以及梅尔乔·胡利安（Melchor Julián），1652年11月5日。

早在第一个外孙女出生之前，委拉斯贵支就开始帮助女儿的小家庭。1634年1月30日，他获准把自己于1627年谋得的国王内侍房掌门官一职传给了马索。1634年2月23日，马索宣誓就职。如今收藏在马德里国家图书馆的一份写于同年7月28日的不具名文书，以寥寥数语揭示了这位岳父的雄心："他们任命迭戈·委拉斯贵支为国王司服（*ayuda de guardaropas*）；他想有朝一日能成为国王侍从（*ayuda de cámara*），并像提香那样终能'衣锦'。"引用提香的用意很明显，这位威尼斯大师不但在绘画艺术上是典范，在依靠王侯方面亦然。委拉斯贵支期望自己能"衣锦"，也就是说像提香那样加入军事骑士团。1533年，查理五世任命提香为金马刺骑士团骑士，并召他入宫创作。对于腓力四世的画家来说，被任命为国王司服意味着他要处理绘画以外的事务，从此以后，他需要负责国王套房内的家具、挂毯、绘画以及其他艺术品陈设。

他想成为国王侍从的愿望几年后终于实现了。1643年1月6日，他宣誓就职。坦率地说，这对他而言其实只是一个荣誉头衔而已，因为他并不负责实际事务。国王侍从一般由军事骑士团中的杰出人士担任，他们在君主的套房区域侍奉，并佩戴黑色钥匙作为标志，而国王的贵族侍从则佩戴金色钥匙。后来委拉斯贵支又成为真正掌事的国王侍从，他要求从1643年1月6日起计算自己的年资。根据一份1646年11月15日的卷宗摘要，另一位名叫萨利纳斯（Salinas）的国王侍从对委拉斯贵支的要求提出了异议。国王最后决定让画家重新宣誓就职。

数年来，他其实已经承接了不少新业务：1643年6月9日，他成为马尔皮卡侯爵（marquis de Malpica）手下的王室工程部（*obras reales*）助理，也就是说他正式进入了负责王宫营造工程的行政体系。1647年1月到3月，他相继被任命为八角厅工地的督察（*veedor*）和会计（*contador*），这座大厅是腓力四世治下在老王宫建造的重要的建筑之一。

1623年以肖像画家的身份被任命为御用画家（*pintor del rey*）的安达卢西亚青年，在二十多年后，也被视为"天主教国王"王宫内的一名出类拔萃的装饰师。

风格演变与肖像类别

我们还记得，在塞维利亚青年时期的作品中，委拉斯贵支就已经展露出了大师风范。从那以后，直至生命的最后岁月，他都保持着这样的风范，并将它推向登峰造极之境。塞维利亚时期之后，在风格方面，我们要一步一步分析的并非绘画的进步，而是画法的丰富多变。在研究委拉斯贵支的专家中，恩里克·拉富恩特·费拉里（Enrique Lafuente Ferrari）大概是把这一演变论证得最为细致、解释得最为透彻的学者[4]。他将委拉斯贵支从1631年初返回马德里到再次前往意大利之间的年月分成三个时段，它们之间的共同点是技艺的高超，但每个时段又有各自的特征。需要特别指出的是，风格演变反映的是总体趋向，而非绝对趋势。此外，作品断代遇到的重重困难也要求我们在研究过程中注意细微的差别，并保持谨慎。

从1631年至1636年，也就是从意大利回来后的几年内，委拉斯贵支对这个国度的艺术记忆犹新。不过，画家在去意大利前就已经利用王室收藏研究过提香和鲁本斯的绘画，从意大利回来后也还继续钻研，这些作品对他产生的影响，比起意大利之行的艺术记忆，大概更为深远。不管怎样，这两种可能性应当是相互促进的。这也解释了这一阶段何以构图更加自如，笔触更为流畅，色彩愈发丰富。委拉斯贵支以令人惊叹的简练笔法，传神地塑造了画笔下的人物。在对动物和自然的描绘中，他也展现出过人的天资。这些年月，是创作腓力四世与巴尔塔萨·卡洛斯王子骑马像以及丽池宫的《布雷达之降》（*La Reddition de Breda*）

的年月。它们取得的成就，概括了这一阶段画家艺术水平所达到的完美程度。

1636年至1643年的绘画艺术可以说变得更为朴素，委拉斯贵支一改之前展现的眩目美感，仿佛刻意要追求更为保守的效果。在颜色上，灰色系的各种色调尤为多用。不过，这些创作还是拥有一如既往的卓越品质。总体而言，这一阶段主要是在阴影与庄严之间追求巧妙的平衡。

上一阶段的有限用色只是临时之举。1643年至1649年，画家使用的色彩又开始丰富起来，色调也因此发生了显著变化。多彩的用色再次证明了意大利绘画，尤其是威尼斯画派对委拉斯贵支的吸引力。我们可以用“默许的华丽”来定义这个阶段的色调。

从技法角度来看，正如让尼娜·巴蒂克尔通过敏锐观察所指出的那样：“在委拉斯贵支的画里，体型的塑造在某种程度上是外化的。他看到的是所画人物的血肉，而非骨架。”[5]他善于灵活运用色斑，就像威尼斯画派和未来的印象派那样，他也深谙如何在渲染出的氛围里巧妙地布置生命体与物件。

在艺术家的作品中，创作对象群体的扩大使肖像画在数量上远胜于其他绘画类别。王室肖像或被陈列在君主的王宫别馆内，或作为礼物被赠送出去。大部分王室肖像是要寄送到欧洲各大宫廷的，譬如伦敦、巴黎以及最为重要的维也纳宫廷。委拉斯贵支也会为到访马德里的要人绘制肖像，或者接受来自外国的委托。他不可能以一己之力完成所有这些画像，何况他也并没有这样的习惯。可以肯定的是，通常他只绘制草样，剩下部分则由其画室完成。当他亲自负责全程创作时，他的助手们同时也会绘制摹本。比如说，汉普敦宫所藏的腓力四世、伊丽莎白王后和巴尔塔萨·卡洛斯王子画像【图123】，都是画室成员的临摹版本，其中国王和身着铠甲的王子立像，是1639年左右由马德里宫廷赠送给伦敦宫廷的[6]。我们很想了解画室的组织情况，以及在委拉斯贵支手下工作的学生和助手的数量，只是这方面的信息极其有限。在助手当中，我们至少知道有

图124
弗朗西斯科·德·苏巴朗《十字架上的基督》
1627年
布面油画
269厘米×165厘米
芝加哥，芝加哥艺术博物馆

图125
《十字架上的基督》
1631—1632年
布面油画
248厘米×169厘米
马德里，普拉多博物馆
（来自圣普拉西多修道院）

胡安·德·帕雷哈（1610—1670年）和马索[7]。在所有这些与委拉斯贵支或多或少有所关联的肖像画中，由他独自完成的作品数量有限。我们也不难想见，那些艺术合作与作品归属问题曾给专家学者们带来了多少困扰。

1631—1636年：委拉斯贵支、丽池宫与猎亭

宗教画

委拉斯贵支回到宫廷后，在接下来的几年内创作了三幅宗教画。在这些绘画中，他把自塞维利亚时期的经验，同马德里时期和意大利之行期间所开拓的艺术视野融合了起来。这三件作品分别是《十字架上的基督》（*Le Christ en croix*，原属马德里圣普拉西多修道院）、《圣托马斯·阿奎那的诱惑》（*La Tentation de saint Thomas d'Aquin*）、《柱上的基督》（*Le Christ à la colonne*）或《基督与基督教灵魂》（*Le Christ et l'Âme chrétienne*）。

相传，《十字架上的基督》与腓力四世的一段艳史有关【图125】，不过此事并无任何依据。根据传言，国王和本笃会圣普拉西多女修院的一名修女有私情，阿拉贡首席公证官赫罗尼莫·德·比利亚努埃瓦的寓所恰好在修院附近，为国王提供了私会便利，而这幅绘画是国王为了和修女们修好而赠送给她们的。事实上，画作更有可能是来自首席公证官的礼物，因为修道院是由他于1623年创建的。帕洛米诺在修道院里见过这件作品，直到日后被戈多伊（Godoy）收购，它都一直保存在那里。后来这幅画作随戈多伊的财产充公，但不久又归还给和他分居的妻子钦琼女伯爵（comtesse de Chinchón）。1826年，此画在巴黎出售，按约定普拉多博物馆本当以30000西班牙银元将其收购，但女伯爵的继承人最后拒绝出让。此后，女伯爵的妹夫圣费尔南多公爵（duc de San Fernando）利用选择继承权得到了《十字架上的基督》，并把它作为礼物赠送给了费尔南多七世。1829年，国王又把它交托给普拉多博物馆。至于此画的创作年代，我们有理由认为是在意大利之行后的1631年至1632年。

在图像志方面，委拉斯贵支遵照巴切柯的指示，以四颗钉子把基督钉在十字架上。我们知道，十字架上的基督形象是画家岳父最热衷表现的主题之一。样式主义画家发展出了一种扭曲的、受折磨的艺术，他们更喜欢用一颗钉子穿透交叠的双脚，如此一来可以使身体扭曲，这种扭曲既有戏剧化的效果，又符合他们所宣扬的风格趋势。巴切柯认为这种做法不能展现基督的神圣，且与历史事实背道而驰。在塞维利亚主教座堂的《宽恕基督》雕像中，胡安·马丁内

ΙΗΣΟΥΣ ΝΑΖΟΙΟΣ ΒΑΣΙΛΕΥΣ ΙΟΥΔΑΙΩΝ
IESVS NAZARÆNVS REX IVDÆORVM

斯·蒙塔涅斯也使用了两颗钉子来固定双脚，但他同时又不顾自然姿势，把双腿强行交叉，同时交叠双脚，他以这样的方式暗示了基督所遭受的极度痛苦。在1627年苏巴朗为安达卢西亚首府的王家圣保罗修道院绘制的《十字架上的基督》（现藏芝加哥艺术博物馆）中【图124】，基督哀婉动人的身体极具造型表现力，但并不交叉的腿脚以及承托双脚的木板尺寸之小削弱了张力。委拉斯贵支采用了相同的布局，同时却又更加干脆利落地传达出一种平和的感受。

巴切柯眼中的相关图像志，还包括十字架横木上方选自《约翰福音》的文字，也就是"犹太人的王，拿撒勒人耶稣"这句话的希伯来文、希腊文和拉丁文版本。他曾经建议过另一个拉丁文版本"*HIC EST IESVS NAZARÆNVS REX IVDÆORVM*"，但是加上"*HIC EST*"（这是）遭到了第三代加苏莱斯堡公爵的反对。委拉斯贵支确实也画了三种不同的语言版本，但他略去了那两个有争议的词。

人们一度认为，由于绘画本身随着时间渐渐变暗，原有图像中的风景部分变得无法辨认。不过，实验室检测结果表明，画中仅有的景物是承托十字架的一个小石堆。

基督低垂着头。委拉斯贵支表现的是他断气的那个瞬间[8]，这完全符合《约翰福音》第19章第30节的描述："耶稣尝了那醋，说：'成了。'就低下头，断了气。"忠实于圣典的委拉斯贵支，将由塞维利亚时期的培训和巴切柯的教导滋养出的绘画特点结合在这幅画中：图像志、造型表现力、宗教和戏剧感、尊重自然的真实。但他同时也展示了自己的解剖学知识，以及对平静的基督之偏爱。我们可以用"阿波罗式"来界定他赋予基督的美感。头部的低垂也带动了头发的下垂。长发半遮着脸庞，也把基督和信徒拉得更近。在精心打磨过的十字架上，受刑的基督在神圣的平和中发出光芒。此外，在画评中也不能一味强调平和安详，应当也要注意到与之平衡的肉体所遭受的苦难，因为时间已经拭去了委拉斯贵支当时用来表现肉体剧痛的一部分元素。实验室检测结果表明，当初画面中的某些血滴今天已经变得不可见了。

这幅《十字架上的基督》曾经启发过米格尔·德·乌纳穆诺-胡戈(Miguel de Unamuno y Jugo)。1920年的时候,他认为圣普拉西多的被钉在十字架上的基督,同时表达了美的悲剧感与平和感,就像西班牙人在他们的民族艺术中所构想的那样:

> 这里表现了
> 在以线条和色彩讲述的
> 苍白无声的语言里,
> 我那悲惨的人民所说的信仰。这是至高无上的
> 圣体圣事剧,这剧关于死亡
> 让我们直面上帝[9]。

的确,这幅《十字架上的基督》是最贴切地表达了西班牙灵魂的作品之一。但它又是超越民族诠释的。它也是整个西方基督教世界中最动人、最卓越的描绘架上救世主的图像之一。

普拉多博物馆藏有另一幅尺寸较小的《十字架上的基督》【图126】。此画起初保存在马德里熙笃会圣体修道院,后来修女们把它捐赠给了西班牙政府。作为交换,国家负责修缮1936年至1939年内战导致的修道院损坏部分。在一片自然风景中,十字架立在高高的基座上,基座脚下有一个骷髅头。基督的双脚并不重叠,文字中含有"*HIC EST*"两词(除了第一个字母)。受难的基督尚未断气,他的脸庞让人联想起圭多·雷尼的艺术,这一时刻正是《马太福音》第27章第46节中所描绘的:"我的神,我的神,为什么离弃我?"画作中署有"迭戈·委拉斯贵支作于1631年(*Do. Vélasquez fa. 1631*)"的字样。以前,并非所有艺术史学家都认为它是画家亲手绘制的,但一般觉得把它视为圣普拉西多那件作品的准备性绘画应当是合乎情理的。如今,根据实验室的分析结果,这幅画作并非委拉斯贵支亲手所绘,大概应当把它看作他画室的作品[10]。

《圣托马斯·阿奎那的诱惑》最初属于奥里韦拉(Orihuela)的多明我会修院【图127】,西班牙内战开始后,它被转藏至城中的主教区宗教艺术博物馆。艺术史学家曾长期质疑、讨论这幅画作的来源与作者。一些学者把它排除在委拉斯贵支的作品之外。其他人或认为它出自他的学生尼古拉斯·德·比利亚西斯(Nicolás de Villacís)之手,或认为巴切柯的女婿接手了一幅阿隆索·卡诺未完成的画作,甚至还有一些其他解释。1990年公布的一张发现于奥利维拉档案馆的运送费用单据[11],终结了这些不确定的猜测。城中的多明我会学院成立于1554年,并在1644年成为大学。早在1633年3月,这幅"圣托马斯的绘画"就运往那里了。它很可能是一位身居高位的保护人捐赠的,也就是

图127
《圣托马斯·阿奎那的诱惑》
1631—1632年
布面油画
244厘米×203厘米
奥里韦拉,奥里韦拉-阿利坎特主教宫,主教区宗教艺术博物馆

对页
图126
委拉斯贵支画室(?)《十字架上的基督》
1631年
布面油画
100厘米×57厘米
马德里,普拉多博物馆
(来自熙笃会圣体修道院)

图128
《基督与基督教灵魂》或
《柱上的基督》
约1632年
布面油画
165.1厘米×206.4厘米
伦敦，国家美术馆

腓力四世的御用忏悔神父——多明我会的安东尼奥·德·索托马约尔（Antonio de Sotomayor）修士。因此，它应当是1631年至1632年创作的。至于创作过程，艺术史学界曾经提出过作品是分多步完成的假设。不过，卡门·加里多·佩雷斯（Carmen Garrido Pérez）在她的书中所提到的实验室检测结果并不支持这一假设。画面左半部分以及天使身上显露出的一些创作变化其实是一气呵成的，即便这些变化诠释起来并非易事。我们从中可以辨认出委拉斯贵支的典型笔法，在技法特征方面，这件作品也和那些明确由他创作的绘画有许多共同点。

图像显然和这位日后将成为索邦大学神学老师和教会圣师的年轻宗教人士的一个生活片段有关。他的母亲和兄弟反对他加入多明我会，于是把他关在家中，并派一位年轻女子去诱惑他。他用一段燃烧着的木头把她赶走后，在十字架前睡着了，睡梦中他看到天使给自己在腰间戴上了终身贞操带。的确，委拉斯贵支描绘的正是这个场景，跪在地上的圣托马斯梦见两个天使，其中一个手中拿着腰带。烧焦的木头放在地上，画面的左上部是正在逃走的引诱者。

画家从那时起所表现出的才能与自如，在此画“X”式的构图中完美地结合在了一起。托马斯的外袍呈现出和谐的金字塔形。有着样式主义线条的壁炉，和塞巴斯蒂亚诺·塞利奥（Sebastiano Serlio）的设计相仿。不加修饰的静物，体现了塞维利亚时期就已经达到的驾轻就熟。一些色调，比如左侧天使身上的粉色，让人不禁联想起威尼斯画派的和谐色彩。总体而言，细腻的情感支配着整幅画面，其精妙程度非常适合用来教导年轻的多明我会修士们要坚守贞操。

曾经由奥迪勒·德朗达深入解析过的《基督与基督教灵魂》【图128】一画[12]，左边描绘的是半坐在地上的救世主，缚住双手的绳子还绑在他接受鞭笞的柱子上，右侧则是一个象征着灵魂的孩童，还有立在一旁的天使。我们并不了解这幅绘画的创作背景。1858年，日后成为爵士的英国外交官约翰·萨维尔·拉姆雷（John Savile Lumley）在马德里购得此画，并于1883年把它捐赠给了国家美术馆。有人曾经提出疑问，灵魂和天使画的是否就是艺术家的一个女儿和妻子，不过并没有确凿的证据支持这一猜测。画中所表现的题材一开始也被认为是瑞典的圣彼济达（sainte Brigitte de Suède）的神视。事实上，以孩童来象征基督教灵魂是拜占庭和西方中世纪的艺术传统，天使把他领向受刑的救世主。基督是理想的默想对象，从他眼中迸出的一道光芒，斜射向孩子的胸膛。在腓力三世赠送给马德里老王宫附近的道成肉身修道院的一幅画作中，胡安·德·罗埃拉斯处理过相同的题材。在那件至今还保存在修道院的作品中，有一段意义明确的题文：“为我受苦吧，灵魂，因为是你把我变成了这个样子。”这段痛苦对话的主旨符合圣波那文都（saint Bonaventure，1221—1274年）、阿尔瓦雷斯·德·帕斯（Alvarez de Paz）神父以及天主教改革时期的西班牙神秘主义者对人们的劝告，这些神秘主义者的代表人物是十字约翰（Jean de La Croix，1542—1591年）。此外，巴托洛梅·埃斯特万·穆里略（Bartolomé Esteban Murillo）日后在《受笞后的基督》（*Le Christ après la flagellation*，1668—1670年）中也表现了这一题材。这幅画作现藏波士顿美术博物馆。

艺术分析能够让我们更好地明白画家是如何融合悲怆与宗教情感、西班牙特征与意大利影响的，这些元素的结合使作品格外动人。孩子和天使延续了对自然世界中的人物的处理方式，但他们在这里显得特别柔和。基督的身体反映了画家对男体解剖结构的稔熟，而头部处理则接近圭多·雷尼的艺术。救世主和天使之间的无物空间里划出一道断层，有学者认为日后《宫娥》中飘浮在玛格丽特公主及其随从上方的断层可以在这里找到渊源。显然，意大利之行留下的艺术回忆造就了《基督与基督教灵魂》的非凡品质，因此我们可以认为它创作于返回马德里不久之后，也就是说1632年左右。

肖像画

除去我们刚刚分析的宗教画，1631年至1636年，委拉斯贵支绘制的主要还是肖像画。它们中有些是为了装饰王宫别馆的，尤其是猎亭和陈列《布雷达之降》的丽池宫，另外一些肖像的创作条件则往往更为宽松一些。我们将先从后一类作品开始分析，创作的对象包括王国内有一定地位的人物、奥利瓦雷斯、腓力四世、伊丽莎白王后和巴尔塔萨·卡洛斯王子，另外可能也有委拉斯贵支的家人。

从塞维利亚时期开始，艺术史学家就对辨认画家的自画像及其家人的肖像乐此不疲。因此，一幅作于1632年、如今藏于普拉多博物馆的肖像所引起的人物身份讨论，并不会让我们感到讶异【图129】。这是一幅女子的侧面胸像，她头挽发髻，手持蜡版。1746年，它出现在拉格兰哈城堡伊丽莎白·法尔内塞（Élisabeth Farnèse）王后的收藏中，王后购得此画后，以第116号编目在册，如今在画作左下角还可以看到这一编号。这是"委拉斯贵支的另一幅油画真迹，手持蜡板的是他本人的妻子"。[13]这一身份认定自然是个假设，此后因为蜡版的存在而把年轻女子视为女先知的看法亦然。结合这两种不同的解读，有人推测委拉斯贵支应当是特意选择了古代背景来为妻子胡安娜绘制肖像。不管怎样，艺术史学家公认这幅作品的确出自大师之手。模特儿的面庞和神情给人留下庄严、肃穆的印象。头发、服装以及蜡板所用的压抑色彩更是突出了这股肃穆之气。在这件作品中，虽然主题可能是古代的，但之前从意大利画家和鲁本斯那里学到的丰富用色却变得十分朴素。除了肉眼可以观察到的这些特征，实验室分析也带来了一些新的信息。画家运笔极其自如并使用了透明的笔触，他将在丽池宫和猎亭的作品中将这一技法推向极致。画中既无修改润色的地方，也没有构图的改变，而在画家的许多其他作品中我们都能看到这些修饰的痕迹。解释这一现象似乎并非难事：当委拉斯贵支为王室以外的人物绘制肖像时，他并不会感到拘束，因此会更自然地凭着当时的灵感创作。

德累斯顿博物馆所藏的胡安·马特奥斯（Juan Mateos）肖像也是在1632年左右完成的【图130】。他是腓力四世的首席弓弩手，并撰写过一部题为《狩猎的起源与尊贵》（*Origen y dignidad de la caza*，1634年）的专著。他在这部著作中的画像帮助我们确定了油画中的人物身份。这是一个仪表堂堂的男人，即便体态略显肥胖。这幅色调暗淡的绘画显得格外严肃。

1972年，何塞·洛佩斯-雷伊把一张身份不明的卡拉特拉瓦骑士的肖像鉴定为委拉斯贵支的手笔。次年，人们才发现原来画中人物是唐·佩德罗·德·巴韦拉纳-阿帕雷吉（don Pedro de Barberana y Aparregui，1579—1649年）【图131】，他是西班牙王国审计署（*Contaduría mayor*）和枢密院的成员。在这幅立像中，他的脸庞和气度都暗示了他的位高权重。把成画年代定在1631年到1635年应当是合乎情理的。唐·佩德罗·德·巴韦拉纳-阿帕雷吉是1630年10月14日加入卡拉特拉瓦骑士团的。因此，最早也要等到委拉斯贵支从意大利回来后才可能为他绘制肖像。1981年，画作由得克萨斯州沃斯堡（Fort Worth）的金贝尔艺术博物馆购得。

至于伦敦惠灵顿博物馆的《男子肖像》（*Portrait d'homme*），我们无法以同样的精确度来判定其创作日期【图132】。留着山羊胡子和翘八字胡的男子，曾经被认作唐·何塞·涅托·贝拉斯克斯（don José Nieto Velázquez），也就是《宫娥》一画背景中站在门框内的那个男人。这一说法并未得到广泛承认，因为两幅作品的创作年代相隔甚远，同一人物的脸部不可避免地会有所变化。在惠灵顿博物馆的这帧肖像中，人物脸部强大的表现力让我们惊叹不已，而这种表现力正是委拉斯贵支所创作的男性肖像常有的特征。画像应该是在画家从意大利回来后到17世纪40年代初的这段时间内绘制的。

在讲委拉斯贵支初到马德里定居时，我们就已经提到过唐·加西亚·佩雷斯·德·阿拉谢尔，他在1624年辞世前是奥利瓦雷斯的亲信，也是卡斯蒂利亚议事会成员。如前所

图129
《女先知？》
约1632年
布面油画
62厘米×50厘米
马德里，普拉多博物馆

图130
《胡安·马特奥斯肖像》
约1632年
布面油画
108.5厘米×90厘米
德累斯顿，德累斯顿国家艺术收藏馆，历代大师画廊

图131
《唐·佩德罗·德·巴韦拉纳-阿帕雷吉》
1631—1635年
布面油画
198.1厘米×111.4厘米
沃斯堡，金贝尔艺术博物馆

述，他很有可能在生前就委托过画家创作三幅肖像。委拉斯贵支于1624年12月4日开给他遗孀唐娜·安东尼娅·德·伊佩尼亚里耶塔的收据，就是关于这些作品的画款的。这里有必要旧话重提，是因为在委拉斯贵支从意大利回来后，这位夫人又出现在画家的生活里，不过这一次是和她的第二任丈夫一起。1631年左右，画家为夫人和她的儿子画了一帧肖像【图134】，另外也为她再嫁后的丈夫唐·迭戈·德·科拉尔-阿雷利亚诺（don Diego de Corral y Arellano）作了一幅画像【图133】。它们如今都收藏在普拉多博物馆。这两幅成对的画作，以令人惊叹的方式成功地融合了尊贵、素雅以及富有，生动刻画了王朝行政高层和王室交际圈内的一对极为典型的夫妇。

唐·迭戈·德·科拉尔-阿雷利亚诺在1567年至1570年间生于桑托多明戈德西洛斯（Santo Domingo de Silos），1632年5月20日离世。他是一名少有的极其正直的法官和法律顾问。他曾投票反对判处罗德里戈·卡尔德隆死刑。他从1618年起进入卡斯蒂利亚议事会，1622年成为圣地亚哥骑士团成员。从风格角度来看，他的肖像作于1631年前后，他妻子的画像亦然。生于1598年至1603年的唐娜·安东尼娅·德·伊佩尼亚里耶塔，于1627年再嫁，1635年7月30日后辞世。根据一份家庭财产清册，和她一起入画的是他们一个名叫路易斯的儿子。事实上，他们有两个儿子叫路易斯，根据孩子的年龄，这里描绘的应该是生于1628年的哥哥路易斯·比森特（Luis Vicente）。他看起来3岁左右，因此肖像应该是1631年前后绘制的，这既符合父亲肖像的创作日期，也同委拉斯贵支的风格演变史相吻合。

两幅肖像的品质让艺术史学家和评论界大为赞叹。画中所展现的纪念性和心理表现力不但证明了委拉斯贵支高超的绘画技艺，也说明了他对人物有着敏锐的理解力。不过，细想某些艺术评论的细节，有些观点还是会让我们感到讶异。确实，唐娜·安东尼娅·德·伊佩尼亚里耶塔僵硬、黯淡的服装强化了她本来就已经略显呆板的神态，这些服装甚至让人联想到以前的腓力二世时代。她搁手的椅子也的确并非简单的装饰，她拥有坐在椅子上的权力（但并非象征王权的扶手椅），因此椅子象征着她的地位。同样道理，唐·迭戈·德·科拉尔-阿雷利亚诺手中拿着的纸和身旁的桌子象征着他的职务。相反地，有些艺术史学家基于肉眼观察的假设，最后未能经受住实验室检测结果的考验。比如说，有人曾经提出过小路易斯是不是后加到母亲肖像里的疑问；也有人认为母子像并非出自委拉斯贵支一人之手，巴托洛梅·冈萨雷斯也参与了绘制工作。根据X光检测结果，孩子并非后来添加上去的。其实，真正需要我们注意的是，画家在孩子身上并未使用巴尔塔萨·卡洛斯王子肖像中经常出现的厚涂笔法。总而言之，从这一系列分析中可以看出，两幅肖像是同时创作的，也使用了相同的绘画技法。

我们知道，由于国王、王后以及阿斯图里亚斯亲王的众多肖像都需要被送往外国宫廷，和这些作品相关的归属、合作问题有时显得格外棘手。悉数列举这些画作不仅是枯燥乏味的，而且对了解委拉斯贵支不可替代的才能也并无多大裨益，因此，有必要精选其中的一部分来加以分析。

维也纳博物馆藏有腓力四世与王后波旁的伊丽莎白的成对画像【图135、图136】，它们当初是送给国王的妹妹玛丽的，后来出现在安布拉斯（Ambras）城堡的财产清册中。学界一般认为它们是1632年完成的，而且最开始有可能是全身立像。这些作品展示了西班牙宫廷礼品画通常的品质：委拉斯贵支亲自绘制肖像的局部，余下部分则由其画室完成，比方说，王后的头部似乎就是他的手笔。哥本哈根博物馆藏有一幅质量上乘的王后肖像摹本。更值得关注的则是另一幅伊丽莎白王后的执扇立像，1950年的一次清洗工作使它的价值凸显了出来。18世纪时，这件作品保存在丽池宫。此后它进入私人收藏领域，曾先后属于卢浮宫的路易-菲利普画廊、伦敦的亨利·休斯（Henry Huth）收藏和弗兰克·萨宾（Frank Sabin）收藏、苏黎世某私人收藏，最后流入纽约的私人藏家手中。因为品质卓越，它如今被视为委拉斯贵支本人的作品。伊丽莎白王后的执扇立像似乎比维也纳艺术史博物馆的对画像略早[14]，应当成画于1631年左右。

图132
《男子肖像（何塞·涅托？）》
1631—1640年
布面油画
76厘米×64.8厘米
伦敦，阿普斯利府邸，惠灵顿博物馆

图133
《唐·迭戈·德·科拉尔-阿雷利亚诺》
约1631年
布面油画
215厘米×110厘米
马德里，普拉多博物馆

图134
《唐娜·安东尼娅·德·伊佩尼亚里耶塔和她的儿子唐·路易斯》
约1631年
布面油画
215厘米×110厘米
马德里，普拉多博物馆

图135
委拉斯贵支及其画室
《腓力四世肖像》
1632年
布面油画
127.5厘米×86.5厘米
维也纳，艺术史博物馆

图136、138
委拉斯贵支及其画室
《伊丽莎白王后肖像》
1632年
布面油画
132厘米×101.5厘米
维也纳，艺术史博物馆

在一幅《腓力四世立像》中，扑面而来的既有王者风范，又有浓烈的诗意。君主身着满饰银绣的华服，所以这帧肖像在英语世界又被贴切地称作《银装腓力》(*The Silver Philip*)【图139】。这件1635年左右绘制的作品署有画家的名字，画中反复修改的痕迹反映了作者力求完美的心态。1810年1月前后，此画被约瑟夫·波拿巴从宫廷收藏中调出，作为礼物赠送给了德索勒（Dessolle）将军；1882年，伦敦的国家美术馆将其收购。这件画作同国王平常那些朴实无华的肖像形成了鲜明对比，同时又传神地表现了君主复杂的性格，并且展示了画家令人眩目的高超技艺。因此，无论是从物质层面来看，还是就精神层面而言，和同时期为丽池宫绘制的那帧国王骑马像一样，这幅绘画被视为委拉斯贵支为西班牙宫廷创作的最辉煌的一幅作品。

收藏于波士顿美术博物馆的《巴尔塔萨·卡洛斯王子和他的侏儒》(*Le Prince Baltasar Carlos avec son nain*)一画【图141】，以完美的技艺描绘了居于画面右侧的王子，他表现出一种早熟的庄严感，左侧则是他不幸的小伙伴。画中有一段题文“*ÆTATIS AN... MENS 4*”。一般认为，这段不完整的文字所传达的信息是，巴尔塔萨·卡洛斯入画时的年龄为一年零四个月。他是1629年10月17日出生的，因此肖像应当绘制于1631年。另外的假设是，这幅画与1632年3月7日画家向王位继承人宣誓效忠有所关联，如此一来，创作日期要推迟到1632年。画里的王子已配备了象征王权的物件，特别是剑和权杖，还有一旁靠垫上的羽冠。相反地，侏儒则拿着表明他还是孩童的摇铃，另一只手中的苹果象征的可能是耽于声色与责任感的缺失。我们对侏儒的身份一无所知。有人说这是弗朗西斯科·莱斯卡诺（Francisco Lezcano），但他要到1634年才进入宫廷。在深入解读这件作品之余，我们也可以看到，它细腻的美学趣味再次见证了委拉斯贵支在宫廷和意大利所获得的启发。在构图方面，侏儒和王子并置在一条斜线上，胡利安·加列戈曾提出这样的疑问，由于挂毯和地毯的套叠，我们可不可以把全画看作是侏儒站在巴尔塔萨·卡洛斯的一幅肖像前。幼小的王子和他将来在这个世界上的伟业之间的对比，以及幼小的侏儒和他将来不可避免的生理不幸之间的对比，使色彩搭配华丽浓重的画中生出一丝微妙的忧郁。

伦敦的华莱士收藏中有一幅和波士顿美术博物馆所藏肖像极为相近的巴尔塔萨·卡洛斯像【图142】，不过画中的王子独自一人，放有帽子的靠垫也被安置在了画面左侧。模特儿看上去3岁的样子，因此成画时间应当在1632年左右。

在日常与政治生活中和王室不可分离的奥利瓦雷斯，也和委拉斯贵支的作品紧密相连，比如我们接下来将会谈到的几幅丽池宫的骑马像。在这里，我们先要提一下圣彼得堡艾尔米塔什博物馆所藏的首相胸像【图140】，艺术史学家

图137、139
《腓力四世立像（银装腓力）》
约1635年
布面油画
195厘米×110厘米
伦敦，国家美术馆

图140
《奥利瓦雷斯伯-公爵肖像》
约1635年
布面油画
67厘米×54.5厘米
圣彼得堡，艾尔米塔什博物馆

图141
《巴尔塔萨·卡洛斯王子和他的侏儒》
1631年
布面油画
128厘米×102厘米
波士顿，美术博物馆

图142
《巴尔塔萨·卡洛斯王子肖像》
约1632年
布面油画
117.8厘米×95.9厘米
伦敦，赫特福德府邸，华莱士收藏

图143
《弄臣巴勃罗·德·巴利亚多利德肖像》
约1633年
布面油画
209厘米×123厘米
马德里，普拉多博物馆

一般把这件作品鉴定为委拉斯贵支的手笔。人物的冥思神态，与此前那些奥利瓦雷斯肖像中外向，甚至是哗众取宠的神态相去甚远。我们可以把它的创作日期定在1635年左右。

委拉斯贵支早期的侏儒与弄臣像

克里夫兰博物馆藏有一幅弄臣胡安·卡拉瓦萨斯（Juan Calabazas）的肖像，画中人称卡拉瓦西里亚斯（Calabacillas）的他站在一把马扎前。不过，学界对这件绘于1626年前后的作品是否真的出自委拉斯贵支之手尚有争议。因此，要研究这些在画家作品中占有重要地位的原创性侏儒、弄臣画像，只能从他结束首次意大利之旅后开始。我们可以从一些基本信息来切入这一主题。

17世纪30至40年代，委拉斯贵支绘制了“一系列宫廷内的侏儒与弄臣肖像，这些精神单纯的画像构成了画家作品中最有名、最受欣赏的画类之一。国王身边成群地出现这样的特别人物，其实是向来的传统。他们给国王解闷，以不拘礼节的方式给国王展现周遭的现实世界，他们所拥有的自由度有时大得令人瞠目”。这里我们引用的是阿方索·埃米利奥·佩雷斯·桑切斯（Alfonso Emilio Pérez Sánchez）的评论，他继续说道：“自古以来，在西班牙也好，在意大利、佛兰德斯也好，创作君主肖像的艺术家们同时也描绘这些供人消遣的人物（*hombres de placer*）。因此，委拉斯贵支其实是继承了这一绘画传统，其代表人物有安东尼奥·莫罗、阿隆索·桑切斯·科埃略、奥古斯蒂诺·卡拉奇等名家。我们永远都不会知道，画家是主动创作的，还是在国王的要求下被动创作的，即便后一种情况的可能性更大。不过，毋庸置疑的是，在他的中期创作中，绘制这些‘令人生厌的人’（*sabandijas de palacio*）的肖像占据了他相当重要的一部分创作时间；他给我们留下了一系列悲伤生命的画像，他们的目光看似无情，实则蒙着一层让人难以捉摸的峻冷忧郁，还有一层温柔的怜悯，这份怜悯把他们提升到和我们平等的地位，也使我们必须承认，他们就是人之命运的真实写照。”[15]

在普拉多博物馆收藏的一幅弄臣巴勃罗·德·巴利亚多利德（Pablo de Valladolid）的立像中【图143】，身着黑衣的人物仿佛一边转着身体，一边在夸张地朗诵一段文本。确定此画的创作时间有一定的难度，但把它定在1633年前后应该是合乎情理的。画像于1701年首次出现在丽池宫的财产清册中。出生在巴列卡斯（Vallecas）的巴勃罗·德·巴利亚多利德从1632年开始为宫廷服务，直到1648年12月20日去世。他是马德里圣约翰堂区的教徒，因此葬礼也是在那里举行的。他娶了贝亚特里斯·比利亚格拉（Beatriz Villagra）为妻，他们的一个女儿于1637年过世。何塞·涅托·贝拉斯克斯，也就是在《宫娥》中出现的官职在某种程度上相当于宫廷元帅（*aposentador*）的那位人物，是他两个孩子的教父，画家胡安·卡雷尼奥·德·米兰达（Juan Carreño de Miranda）则是他的遗嘱执行人。何塞·洛佩斯-雷伊用以下这段文字，概括了委拉斯贵支在这幅画中所呈现的面对生命的强烈感受：“弄臣夸张朗读的神情及其动作使空洞的空间活跃了起来，他略微显胖的身影融化在空气里，点在鼻尖上、有气无力的嘴巴上以及大眼眶内游移的眼睛里的几抹亮色，把他的态度刻画得既滑稽又可悲，不过也正因如此才显得极具人情味。委拉斯贵支把男人黑色的身影画在灰底之上，这样的身影既是实的，但同时又空无内物，男人站在没有任何具体元素的空洞空间内，这个连地面线条都没有的空间纯粹由颜色的深深浅浅和阴影构成[16]。”

《弄臣唐·克里斯托瓦尔·德·卡斯塔涅达-佩尼亚肖像》（*Portrait du bouffon don Cristóbal de Castañeda y Pernia*）中的鲜亮和巴勃罗·德·巴利亚多利德肖像的暗淡色调形成了强烈的反差【图144】。画中的弄臣从头到脚穿戴着一身的红色。这幅画也出现在1701年的丽池宫财产清册里，如今收藏于普拉多博物馆。两件作品在神态上也大相径庭：唐·克里斯托瓦尔·德·卡斯塔涅达-佩尼亚站着一动不动，他展示出的是战士的英勇。在宫廷游戏中，他扮演大名鼎鼎的巴巴罗萨（Barberousse）来供大家消遣，他一手持剑，一手拿鞘，同时露出凶狠的眼神。画作的绘制

年代很难断定。这位弄臣1633年5月24日还在宫廷内，但1634年他就被流放到塞维利亚了，因为他冒昧用橄榄树来影射了奥利瓦雷斯。他的离开或许可以解释为何委拉斯贵支没有完成这幅肖像，灰色斗篷和绘画的剩余部分使用了不同的技法。如果我们按照弄臣在宫廷内效力的时段来推断的话，画作应该是在1633、1634年间初步完成的，不过，这幅绘画日后显然还经历过修改。

丽池宫的兴建[17]

1625年，西班牙（及葡萄牙）王国的几场军事胜利格外引人注目。由圣十字侯爵（marquis de Santa Cruz）率领的舰队给热那亚共和国成功解围，让它重获自由。在巴西，唐·法德里克·德·托莱多（don Fadrique de Toledo）从荷兰人手里重新夺回了巴伊亚（Bahía）。斯皮诺拉接受了布雷达的投降。英国舰队在攻打加的斯时也败下阵来。可惜的是，军事上的胜利并未促成西班牙与伦敦及联省共和国政府之间的和平协议。1628年9月，皮特·海因（Piet Heyn）在古巴的马坦萨斯截获了从新西班牙运往宗主国的大量财富。数月后，米兰统治者唐·贡萨洛·费尔南德斯·德·科尔多瓦（don Gonzalo Fernández de Córdoba）在路易十三的大军到来时，被迫撤退围攻卡萨莱蒙费拉托（Casale Monferrato）的军队。

奥利瓦雷斯在1629年秋季时的心思很容易被我们猜透。他一直坚持着建立西班牙霸权的大政方针，即便他也意识到这将会是一个缓慢的过程。其实，不单是伯-公爵，国王也致力于推行这一治国大略。为了能让励精图治的国王劳逸结合，首相一直挂虑着给腓力四世提供娱乐活动的问题。他最终决定为君主兴建一座可以用来休闲的别宫，而这座宫殿必须以它的壮美来见证首相和国王的荣光。

新的王室建筑（*sitio real*）要在何处选址呢？因园林和塔霍河的清凉而显得舒适宜人的阿兰胡埃斯似乎离马德里过远。首都附近的帕尔多有森林环绕，但除了狩猎好像也并不适合其他活动。在马德里西郊曼萨纳雷斯河的另一边，田园之间拥有广阔的空间与绿地，但它和莱尔玛公爵令人不快的往事纠缠在一起：这位腓力三世的臣子曾在那里大兴土木，他的家族也还继续拥有着那片土地。这也解释了选址时奥利瓦雷斯何以将目光投向了马德里东郊，他要在那里为国王兴建一座西班牙版的意大利王侯城郊别宫。

在普拉多林荫散步道的东边是圣哲罗姆修道院，其历史早已和王权交织在一起。根据因费尔南多·丘埃卡·戈伊蒂亚（Fernando Chueca Goitia）的大力介绍而引起学界关注的一项王室传统，我们了解到在伊比利亚半岛上，以前的君主并无固定的王宫，他们常常在大修道院内保留一些厅室，有时甚至是一座小型宫殿。马德里的圣哲罗姆修道院就属于这种情形。腓力二世在修道院内拥有于1563年竣工的套房，位于礼拜堂的东北侧。1632年，为了举办臣属向巴尔塔萨·卡洛斯王子宣誓效忠的仪式，套房得以扩建。这些前期建筑日后将会发展成马德里的第二座王家宫殿。起初，这座别宫的设计规模并非像最后建成的那般宏大，但相应的建筑用地已征用到位，而且奥利瓦雷斯向来对浩大的工程兴致勃勃。宫殿的兴建不仅是为了腓力四世的安逸与荣耀，也是为了伯-公爵个人的政绩与宣传。

奥利瓦雷斯所选用的建筑师并非胡安·戈麦斯·德·莫拉。后者一直反对把一些在他看来不过是室内装饰师甚至是业余爱好者的人引入建筑界，他认为建筑界需要的是有能力的技术专家。他在王室丢失提香画作一案中受到牵连，虽然他其实可能是无辜的。1636年，失宠的他被贬至毛里求斯。在为君主兴建丽池宫（Buen Retiro）时，奥利瓦雷斯利用自己手中的大权，让胡安·包蒂斯塔·克雷申齐侯爵负责工程监督，而后者正是胡安·戈麦斯·德·莫拉所反对的非专业建筑师中的一员。宫殿本身的建筑师则是阿隆索·卡沃内利（Alonso Carbonell）。1590年左右出生的他，曾经在埃斯科里亚尔和马德里老王宫的工程中与胡安·戈麦斯·德·莫拉有过合作。1627年，他成为建筑师助理（*aparejador*），1630年又升为建筑师主管助理（*aparejador mayor*）。因此，他已经积累了足够的经验，也了解宫廷中意的风格，并拥有在这一领域内发展所不可或缺的随机应变能力。从1632年起，他在胡安·包蒂斯塔·克雷申齐手下建造丽池宫，1635年侯爵过世后，他直接听命于奥利瓦雷斯。

通过一些后世还经常翻印的版画，比如法国人路易·默尼耶（Louis Meunier）于1665年左右刻制的那些，可以了解丽池宫的外部远景。另外一些图像资料，则让我们对建筑的平面及外部面貌有了明确的概念。藏于马德里新王宫的一幅绘画以透视角度展示了建筑整体【图146】。这件作品被认为是胡塞佩·莱昂纳多（Jusepe Leonardo）于1637年绘制的[18]，且属于王室建筑系列画中的一幅，我们在下文还会提到这一组画。佩德罗·德·特谢拉1656年版的马德里地图也是反映腓力四世统治末期城市风貌的重要资料。1668年至1669年跟随托斯卡纳大公科西莫三世（Cosme III）来西班牙访问的意大利人皮耶尔·玛丽亚·巴尔迪（Pier Maria Baldi），留下了一幅含有不少信息的全景图，它在洛伦佐·马加洛蒂（Lorenzo Magalotti）的游记中以插图的形式出现（佛罗伦萨，洛伦佐图书馆）。最后，当腓力五世计划按路易十四的首席建筑师罗贝尔·德·科特（Robert de Cotte）的设计方案在丽池宫建造一座新的宫殿时，从巴黎远道而来的勒内·卡利耶（René Carlier）于1712年为其老师绘制了一系列花园及建筑平面图【图145】，这些平面图对了解17世纪的丽池宫也是弥足珍贵的（巴黎，法国国家图书馆，版画摄影部）。其中有几幅经过重新描制后，在乔纳森·布朗和约翰·赫克斯特布尔·艾略特（John Huxtable Elliott）合著的专书中得以出版，从此成为了解腓力四世时期丽池宫布局的必读资料。

丽池宫主体建筑群建在修院教堂北部，营造工程分为两大阶段推进。1633年，首先开始建造的是主广场四边的建筑。1634年至1636年，紧挨着主广场又修建了大广场。总体平面布局缺少协调，也不规则。建筑外墙极为简单，只有主广场上的建筑立面才是精心建造的。整座宫殿也没有雄伟的大门。紧接着宫殿建筑的是花园，但两者之间的过渡并未经过整体设计。不过，大片的树荫、花丛和水面，还有多处僻静的隐修地，给这些花园带来了十足的

图144
《弄臣唐·克里斯托瓦尔·德·卡斯塔涅达-佩尼亚肖像（巴巴罗萨）》
1633—1634年
布面油画
198厘米×121厘米
马德里，普拉多博物馆

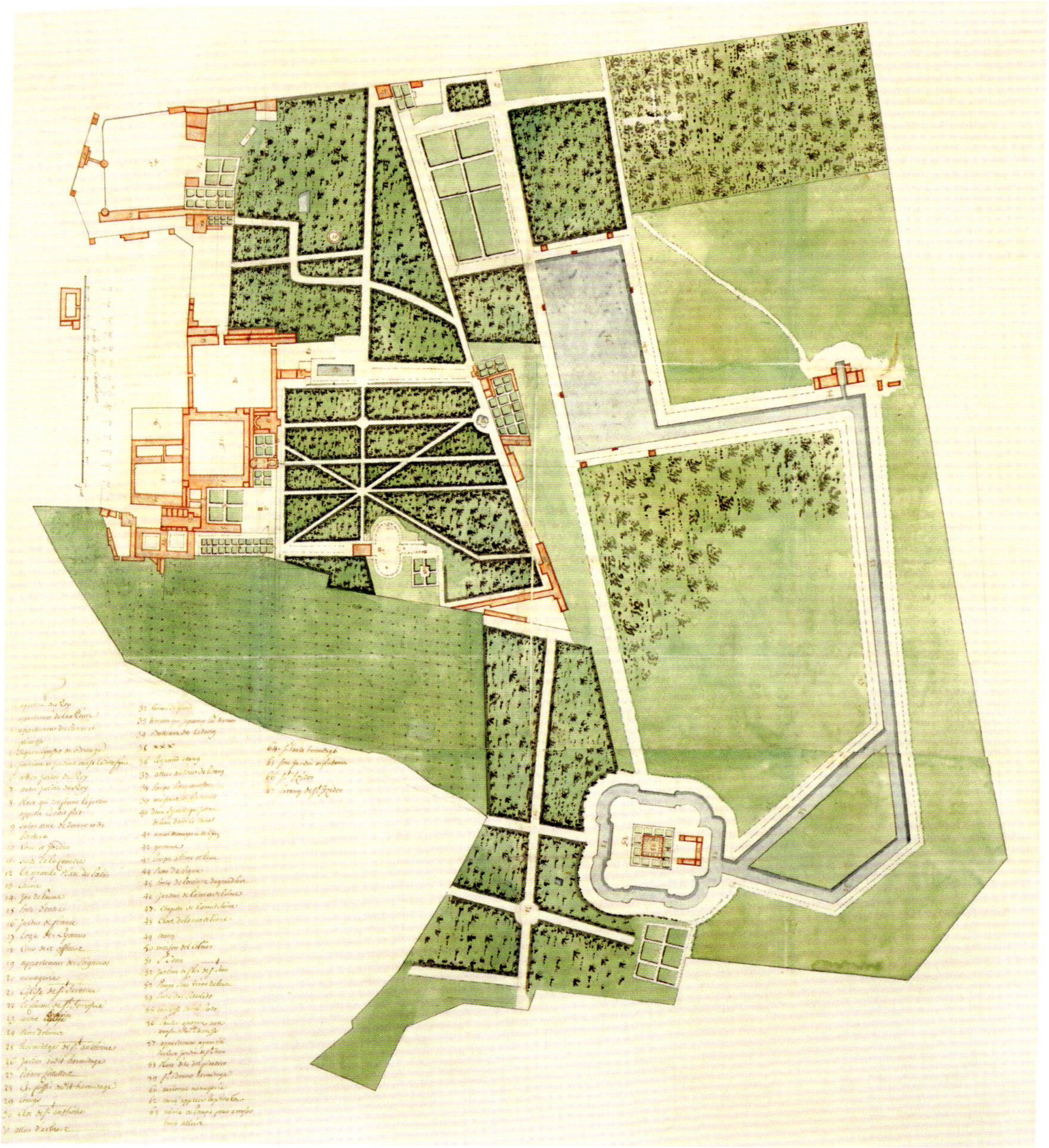

图145
勒内·卡利耶《丽池宫及其花园》
1712年
纸本鹅毛笔、水墨画
巴黎，法国国家图书馆，版画摄影部

魅力。在众多的水池中，有一处由于水面宽阔，被恰如其分地称为大池塘（*estanque grande*）。最重要的退隐修行静居有1634年建造的圣约翰、1635年修建的圣布鲁诺和葡萄牙人的圣安东尼三处。宫廷里的人们不仅可以在花园内散步和乘车散心，还可以泛舟游赏。水池间有运河相连成网，园中因此配备了一支小船队在水上穿行。

这些花园与广场，以及由阿隆索·卡沃内利在东侧加建的舞厅（1637年）与剧场（1638—1640年），都非常适合举办各种节庆活动，这也是丽池宫声名远扬的原因之一。另外，这些活动也使丽池宫在文学史和音乐史上占有重要一席。

1634年基督圣体圣血节期间，上演了卡尔德隆·德拉·巴尔卡的一出圣体圣事剧——《丽池新宫》（*El nuevo palacio del Retiro*）[19]。舞台布景是科西莫·洛蒂（Cosimo Lotti）的作品，他是被西班牙驻圣座大使帕斯特拉纳公爵（duc de Pastrana）从托斯卡纳大公身边挖过来的，于1626年来到西班牙宫廷。这位1643年底过世的艺术家并没有留下布景的图纸。相反地，他的继任者佛罗伦萨人路易吉·巴乔·德尔·比安科（Luigi Baccio del Bianco）给我们留下了一些装饰设计图：11幅为卡尔德隆·德拉·巴尔卡的《安德洛墨达与珀尔修斯》（*Andromeda y Perseo*）设计的舞台布景（剑桥，马萨诸塞州，哈佛大学，霍顿图书馆），这部剧作于1653年在丽池宫剧场上演。

丽池宫最奢华的节庆活动，大概就是从1637年2月15日至24日持续了十天的那一场。其实，这场节庆比起预计的时间晚举行了，因此在推延的几个月中累积了更多必办的理由。

伯-公爵长期为战胜腓力四世的忧郁倾向而操心。我们知道，1636年，枢机王子唐·费尔南多攻占科尔比时，西班牙一度以为从此打开了去巴黎的通道。在意大利北部，莱加内斯侯爵（marquis de Leganés）也大获全胜。同年，还应该要庆祝1629年出生的巴尔塔萨·卡洛斯王子的7岁生日。但是，奥利瓦雷斯试图通过一些或多或少带强制性质的措施，来尽可能地减轻王室在丽池宫工程中的财政负担。他想要让马德里市政厅承担把圣哲罗姆修道院的普拉多高地草场改造成节庆用地的费用。这块草地的面积超过了丽池宫大广场和市中心的主广场。说服首都市政厅并非易事，节庆用地的整治工程也很漫长，直到1637年2月才全部完工。在这段时期内，也发生了其他一些值得庆祝的事情。1636年11月，黎塞留的对头卡里尼昂亲王夫人（princesse de Carignan）来到马德里。次月22日，腓力四世的妹夫，也就是未来的斐迪南三世，在雷根斯堡（Ratisbonne）当选为罗马人的国王。总体而言，奥利瓦雷斯是想向法国宫廷证明，虽然西班牙宫廷遇到了一些困难，但它还是完全有实力来举办一场超过一周的多彩节庆的。

1637年2月15日星期天，腓力四世为了开幕，先来到圣哲罗姆大道上热那亚银行家卡洛·斯特拉塔（Carlo

Strata）的家中，并在那里着装打扮。在停留的这几个小时内，他不但尽情享用了主人准备的餐点，还惊喜地收到了许多礼物，也就是他在主人家中赞赏过的一切物品，尤其是室内陈设。之后，国王和首相在一群贵族的陪同下，就着火把的微光，来到丽池宫。身穿银线黑衣的君主，进入改造一新的普拉多高地，由凉廊围起来的场内灯火通明。庆祝斐迪南当选罗马人国王的活动多姿多彩。科西莫·洛蒂设计了两辆凯旋战车，由扮成犀牛的牛群牵引。一场比武大赛也在紧张地进行。之后，大家一起听卡尔德隆·德拉·巴尔卡朗诵他关于战争与和平的诗作，诗中同时也解释了战车的内涵。

2月16日星期一，葡萄牙富商曼努埃尔·科尔蒂索斯·德·维拉桑特（Manuel Cortizos de Villasante）在圣布鲁诺静居招待了国王、王后和阿斯图里亚斯亲王。17日星期二，奥利瓦雷斯在抹大拉的马利亚静居招待了国王；18日星期三，奥利瓦雷斯公爵夫人在圣伊西多尔静居款待宾客。19日星期四，丽池宫大广场上举办了奔牛活动，到了晚上，王国大厅内进行了一场以诗歌与天文为主题的文学辩论。20日星期五晚上，在同一间大厅内举办了另一场文学沙龙，装饰背景是科西莫·洛蒂设计的帕尔纳索斯山。21日星期六则沉浸在狂欢节的欢腾之中，狂欢节上女士们互相掷扔香蛋。22日星期天，举办的是一场化装舞会；23日星期一，展开了一场骑兵大战；24日星期二，整段节庆在另一场化装舞会中落幕，这场舞会的费用由马德里市政厅赞助。

节日庆典让丽池宫魅力四射，但这种魅力不过是断断续续的。丽池宫内丰富的艺术收藏所散发出的魅力才是持久的。佛兰德斯艺术家雅各布·永赫林克（Jacob Jonghelinck）的青铜系列雕塑《七星球》（*Sept planètes*）由枢机王子从南尼德兰派人运出，1637年抵达马德里。它们先在丽池宫收藏了十年，之后被转往马德里老王宫，如今藏于新王宫。比起雕塑作品，更引人注目、数量也更多的是

图146
胡塞佩·莱昂纳多《丽池宫》
1637年
布面油画
103厘米×305厘米
马德里，普拉多博物馆

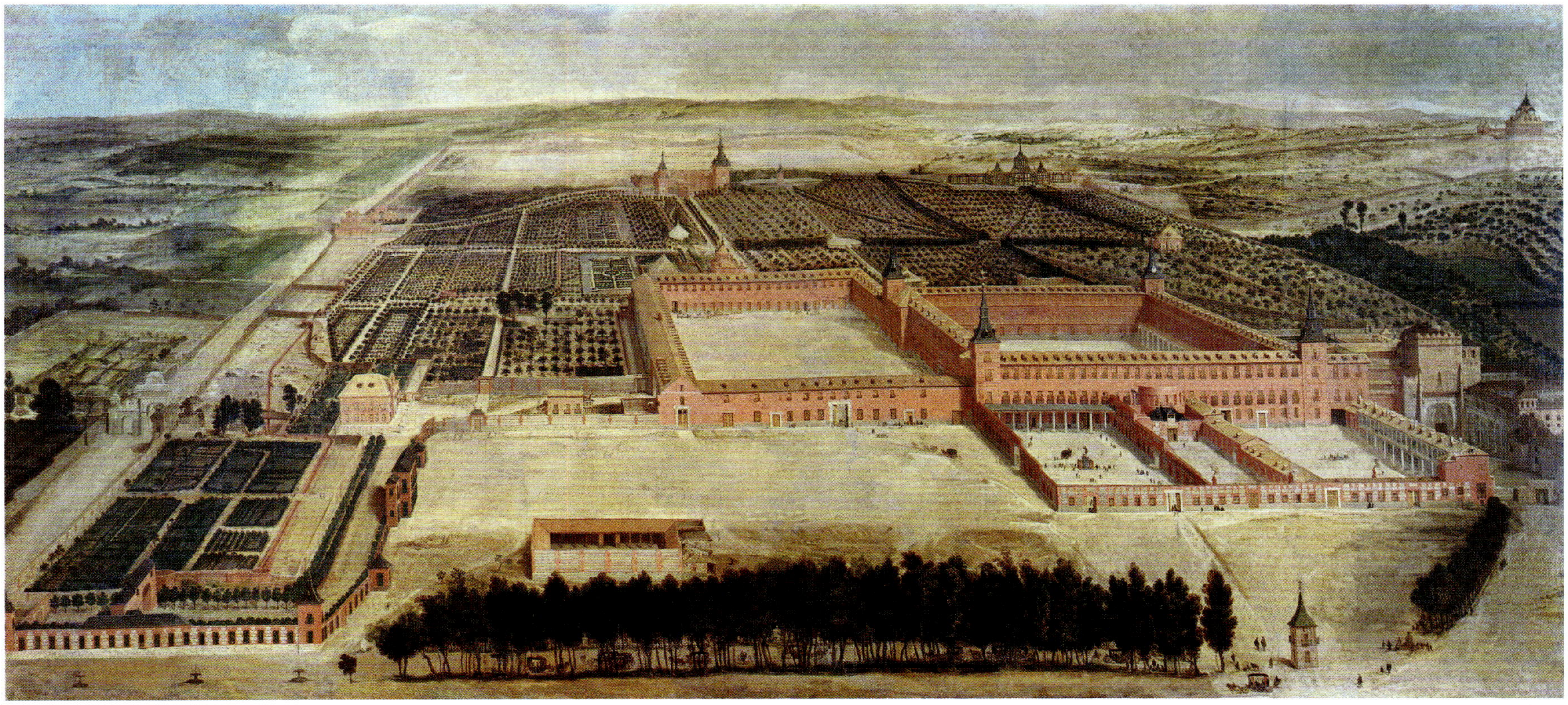

图147、148
《隐士圣安东尼与圣保罗会面》
约1633年
布面油画
261厘米×192.5厘米
马德里，普拉多博物馆

绘画收藏，这也反映了腓力四世的艺术趣味。1701年编制卡洛斯二世身后财产清册（*testamentaria*）的时候，丽池宫的绘画才得以首次清点[20]。不过，更早的腓力四世时期，其实已经给我们留下了许多关于丽池宫绘画庋藏的史料。

西班牙国内的绘画收购工作由卡斯特里略伯爵唐·加西亚·德·阿罗（don García de Haro）和赫罗尼莫·德·比利亚努埃瓦负责执行。需要再提一下的是，1634年，正是后者从委拉斯贵支手中为丽池宫购得《伏尔甘的打铁铺》和《约瑟的彩衣》，不过第二幅绘画并没有一直留在丽池宫，它在1657年至1667年转藏到了埃斯科里亚尔。

那不勒斯的绘画收购则由总督蒙特雷伯爵及其继任者梅迪纳德拉斯托雷斯公爵（duc de Medina de las Torres）负责。在这些现藏于普拉多博物馆的作品中，有乔凡尼·兰弗兰科（Giovanni Lanfranco）和多梅尼基诺绘制的某罗马皇帝的多个生活场景，还有马西莫·斯坦齐奥内（Massimo Stanzione）的《施洗约翰生平》（*Vie de saint Jean-Baptiste*）。

腓力四世的驻圣座大使罗德里戈堡侯爵（marquis de Castel Rodrigo）也向马德里运送了不少画作，他在绘画方面的艺术格调和开放态度，使丽池宫拥有了能概括当时意大利中部地区绘画面貌的系列作品。列举其中几幅就足以让我们了解这批画作的品质：尼古拉·普桑（Nicolas Poussin）的《墨勒阿革洛斯的围猎》（*La Chasse de Méléagre*），克洛德·洛兰（Claude Lorrain）的一些风景画和描绘隐修士生活场景的作品，如《抹大拉的圣马利亚及风景》（*Paysage avec sainte Marie-Madeleine*）和《罗马圣女保罗在奥斯提亚登船》（*L'Embarquement de sainte Paule romaine à Ostie*）。最后这些作品和丽池宫花园里的隐修静居有明显的关联。[21]

丽池宫的《隐士圣安东尼与圣保罗会面》[22]

委拉斯贵支的《隐士圣安东尼与圣保罗会面》（*La Rencontre de saint Antoine et de saint Paul ermites*）一画【图147】，正是为这些隐修静居中的一座小礼拜堂的祭坛所绘。相关的隐修地似乎是圣保罗静居，因为帕洛米诺曾在那里见过这件作品，即便在1701年的财产清册中，这幅画作属于圣安东尼静居。再者，静居的主保是帕多瓦的圣安东尼，而非画中所涉及的这位安东尼。起初，作品的顶部可能呈圆弧形。关于它的成画日期，学界曾经有过不少争论，从17世纪30年代初到17世纪50年代末的各种意见都有。其中，有一个见解的理据显得格外充足。根据实验室检测结果，这件作品应当绘于1630年到1635年的中段时期。恰好也是在这几年内，腓力四世在罗马收购了一些描绘隐修士生活的画作。另外，圣保罗隐修静居也于1633年5月竣工。因此，我们可以认为这幅绘画创作于1633年前后。

保罗是离群索居的独立隐修的鼻祖，而安东尼开创的则是以修道院为单位的群聚式隐修。委拉斯贵支从耶稣会士佩德罗·德·里瓦德内拉（Pedro de Ribadeneyra）的《圣人之花》（*Flos sanctorum*，马德里，1598、1604年）一书中汲取了灵感。除了在画面最重要的部位（前景中央）表现两位隐士的会面，画家也在作品中描绘了他们的其他故事片段。隐居在德巴意地区沙漠中的圣安东尼，在睡梦中得知圣保罗在他之前就来此地隐修了，于是决定去拜访保罗。他在路上遇到了萨堤尔、半人马和狼，它们给他指明了通向保罗所在山洞的路。刚开始，保罗为了修行清净，把自己关在洞穴里，不愿接待来客。后来，他才让客人靠近，而且每天给他叼来半块饼作为食物的乌鸦，那天也给他叼来了一整块饼，供两人分享。预感到死亡即将来临，他让安东尼去找圣亚他那修的大衣来裹自己的尸首。安东尼匆匆出发，但没能在保罗咽下最后一口气前赶回来。两只狮子已经用爪子给保罗挖好了葬坑。画面上，左侧的那只狮子只露出了头部。委拉斯贵支在这件作品中并没有强制自己遵循严格的叙事布局。他可能参考了阿尔布雷希特·丢勒（Albrecht Dürer）描绘两位隐士的版画。自然景色部分不仅让我们想起了当时藏于埃斯科里亚尔、如今属于普拉多博物馆的约阿希姆·帕蒂尼尔（Joachim Patinir）的《圣哲罗姆及风景》（*Paysage avec saint Jérôme*），也让我们想

到了瓜达拉马山脉。次要故事画面中缩小的比例以及露天景色的现代感，使这件作品充满了新意，也使它在委拉斯贵支的所有创作中显得十分独特。

这幅绘画在图像志和艺术层面都取得了巨大成就。不过，在委拉斯贵支为丽池宫所创作的作品中，最精彩的、也是耗费了画家最多心力的，还属那些为宫中最奢华的王国大厅绘制的画作。

委拉斯贵支与丽池宫的王国大厅:《布雷达之降》与骑马像

在《丽池新宫》中，卡尔德隆·德拉·巴尔卡从宗教角度对马德里的两座王宫以及国王本人进行了评价。老王宫代表了犹太教会和旧约律法，刚刚竣工的丽池宫则代表了天主教会的恩典和新律法。至于腓力四世，他是可与救世主相比的正义之日。这段论证说明了作者思维灵活，巧妙地把王权、宫廷生活、宫殿、寓意以及宗教融合在了一起。不过，如果我们还记得奥利瓦雷斯兴建丽池宫的初衷是为了给他的君主提供休闲娱乐的话，卡尔德隆·德拉·巴尔卡的评价多少有点让人惊讶。其实，这座宫殿得以落成和当时的政治环境是分不开的。

国王套房位于修院以北，它的东边是王后套房。不过，奥利瓦雷斯用来展示国家、宗教、王朝治理大略的地方却在别处。那是一座长34.6米、宽10米、高8米的大厅，位于所在建筑的二层中部，其长边直接面向主广场和大广场采光。它曾被称作大厅（*Salón Grande*）、喜剧厅（*Salón de Comedias*）、王座大厅（*Salón del Trono*）或王国大厅（*Salón de Reinos*）。它是丽池宫最大的厅堂，用来举行会议和节庆，大厅中的艺术作品最能体现奥利瓦雷斯的治国大略。

如今，王国大厅被迁移到了军事博物馆。它保留了原有的空间和室内建筑，窗户依旧分为两层，拱顶绘有叶饰及阿拉伯式蔓藤花纹，起拱处的带状区域则饰有代表西班牙王国各个城邦的纹章，王国大厅的名字即来源于此。大厅内原有的油画，除一幅已散失，余下的都收藏在普拉多博物馆。1734年圣诞夜马德里老王宫焚毁后，直到1764年12月1日卡洛斯三世迁入新王宫前，丽池宫成了首都唯一的王家宫殿。经历过独立战争末期的激战后，丽池宫的主体建筑都已损毁，保留下来的只有王国大厅和舞厅。今日附属于普拉多博物馆的舞厅中还存有卢卡·焦尔达诺（Luca Giordano）绘于卡洛斯二世统治末期的湿壁画《金羊毛骑士团的成立》（*L'Institution de la Toison d'or*）。另外，丽池宫花园也保存了下来，不过后来经历过大面积的改造。

早在1911年，埃利亚斯·托尔莫（Elías Tormo）根据曼努埃尔·德·加列戈斯（Manuel de Gallegos）的《地形诗》（*Silva topográfica*，1637年）详细地研究了王国大厅。他的研究成果[23]，以及更近一些的乔纳森·布朗和约翰·赫克斯特布尔·艾略特于1980年出版的著作[24]，都为重构腓力四世时期王国大厅的样貌提供了必要的信息[25]【图149】。充足的光线穿过南北长边上的窗户洒进大厅：两侧窗户各上下两层，每层5扇，全厅共计20扇。高窗前建有内阳台，可供观摩在主层上举办的节庆活动。在两面长墙上，每一扇低窗上方是一幅讲述赫拉克勒斯生平的画作，与这些绘画相间展示的则是描绘西班牙王权最近取得的军事胜利的作品，南北各有六幅。在宽向的短墙上，悬挂的是王室骑马像。西墙上，门的两侧分别是前朝的腓力三世和奥地利的玛格丽特；东墙上，两侧为当朝君主腓力四世和波旁的伊丽莎白，中间的门楣上方，则是代表王权未来的巴尔塔萨·卡洛斯王子。在描绘胜利的画作之下，以及两对国王、王后肖像的下方，靠墙都设有半桌。地上铺设的是来自东方的织毯。

王国大厅的各色工程从1634年一直持续到次年。正如托斯卡纳公使团秘书贝尔纳多·莫南尼（Bernardo Monanni）在他的急件中所说的，1635年4月28日，大厅内工程结束，绘画也全部陈列完毕。

我们可以轻易地想象出大厅的奢华以及装饰中表达的各大主题。各个城邦的纹章汇集在一起，代表整个王国都在响应所展示的治国大略。赫拉克勒斯的行动把国家、王权以

图149
委拉斯贵支时期的丽池宫王国大厅复原图

及腓力四世本人，同遥远的古代、功勋及英雄美德紧紧地联结在一起。在丽池宫的创作中，王朝以最主要的三代示人，画中所描绘的胜利让人再忆起那些令人得意的成功，也提醒人们不要忘记西班牙在捍卫天主教信仰中所扮演的角色。是谁为画家们设计了这一总体绘画方案呢？众多画家协力工作，需要有人为他们指示创作方向。当时，不仅委拉斯贵支和其他宫廷艺术家参与了创作，就连从塞维利亚来的苏巴朗，也于1634年绘制了赫拉克勒斯的生平【图150】，并在表现胜利的绘画中与其他画家进行了合作。

军事胜利的荣耀当然属于腓力四世，但背后真正的功劳其实归于奥利瓦雷斯。首相想要再次唤起人们对这些丰功伟绩的记忆，提醒大家不用为了那些时不时会发生但又不可避免的失败而耿耿于怀。如果是奥利瓦雷斯确立了整套绘画方案的主旨，我们有理由相信，方案的具体细节则

图150
弗朗西斯科·德·苏巴朗
《赫拉克勒斯之死》
约1634年
布面油画
136厘米×167厘米
马德里，普拉多博物馆

是由他身边的人策划的，特别是他的图书管理员弗朗西斯科·德·里约哈，后者同时也是诗人和学者。其中，委拉斯贵支又扮演了什么角色呢？他亲自绘制了《布雷达之降》以及腓力四世和巴尔塔萨·卡洛斯王子的骑马像；腓力三世、奥地利的玛格丽特以及波旁的伊丽莎白骑马像中也可以看到他介入的痕迹。他是否参与了总体绘画方案的设计呢？鉴于奥利瓦雷斯和腓力四世对画家如此器重，我们很难想象他未曾出谋划策。此外，这些展现胜利的作品中所采用的“基调”也给人留下了深刻的印象。虽然这些画作品质不一，有时甚至高下相差甚远，但在所有的作品中，占据画面主要位置的并非战争的片段，而是将领的会面或指挥场景，也就是说绘画强调的是历史事件中人的作用。在这层意义上，《布雷达之降》把潜隐在同系列其他画作中的这一趋势展现得淋漓尽致。不过，到目前为止，还没有相关史料足以让我们确信委拉斯贵支也参与了其他作品的绘制工作。

埃利亚斯·托尔莫并未确定悬挂在窗间的每一幅战争画的具体位置。乔纳森·布朗和约翰·赫克斯特布尔·艾略特则试图按照1701年财产清册中的先后顺序来解决这一问题，但他们也承认这样的假设未必符合腓力四世时期的布局。根据他们提出的序列，在北墙上，从西到东，也就是说从左到右，分别是：胡塞佩·莱昂纳多的《占领布赖萨赫》（*La Prise de Brisach*，1633年）、安东尼奥·德·佩雷达（Antonio de Pereda）的《解放热那亚》（*La Délivrance de Gênes*，1625年）、委拉斯贵支的《布雷达之降》（历史事件发生于1625年）、胡塞佩·莱昂纳多的《于利希之降》（*La Reddition de Juliers*，历史事件发生于1622年）、胡安·包蒂斯塔·迈诺修士的《夺回巴伊亚》（*La Reconquête de Bahía*，历史事件发生于1625年）【图152】以及苏巴朗的《保卫加的斯》（*La Défense de Cadix*，历史事件发生于1625年）【图151】。在南墙上，从西到东，则是：费利克斯·卡斯特洛（Félix Castelo）的《夺回圣基茨岛》（*La Reconquête de l'île de Saint-Christophe*，1629年），欧亨尼奥·卡雷斯的《夺回波多黎各的圣胡安》（*La Reconquête de San Juan de Porto Rico*，1625年），比森特·卡尔杜奇的《攻占莱茵费尔登》（*L'Assaut de Rheinfelden*，1633年）、《解放康斯坦茨》（*La Délivrance de Constance*，1633年）和《弗勒吕斯之战》（*La Bataille de Fleurus*，1622年）[26]。其中，安东尼奥·普加（Antonio Puga）似乎也参与了欧亨尼奥·卡雷斯的创作，这幅绘画最后由路易斯·费尔南德斯完成。苏巴朗的《占领圣马丁》（*La Prise de Saint-Martin*）则在拿破仑入侵时散失了。

在之前提到的整体“基调”内部，其实也有一些细微的差别。安东尼奥·德·佩雷达在解救热那亚人的画面中，把西班牙人和热那亚人的会合描绘得格外庄重。在《于利希之降》中，胡塞佩·莱昂纳多把斯皮诺拉的神情刻画得极具人情味。在苏巴朗的作品里，要不是前景中因年迈和残疾而坐着的加的斯统领唐·费尔南多·希龙（don Fernando Girón）在下令时所表现出的尊严与毅力，整幅画作可能会略显平庸。不过，画家在以海战为背景的画面中最终还是传神地表现了人物的英雄气概。

这一系列中有两幅绘画出类拔萃，一幅是胡安·包蒂斯塔·迈诺修士的，因为它品质卓越；另一幅是委拉斯贵支的，因为它已然是一件杰作。

1624年5月，荷兰人为了占领巴西的甘蔗种植园，在巴伊亚登陆并出其不意地攻占了这座城市，城中居民都逃到了周边地区。马德里政府无法容忍这一公然挑衅腓力四世王权的行为，因为他同时也是葡萄牙国王。一支在里斯本组成的舰队，与另一支从加的斯出发的西班牙舰队会合后，在唐·法德里克·德·托莱多的指挥下，一起离开了佛得角群岛。1625年3月29日，远征军到达巴伊亚；4月1日，大军登陆；5月1日，荷兰驻军投降。唐·法德里克·德·托莱多向降军展示了自己的宽宏大量，允许他们回到荷兰。10月24日，他抵达马拉加（Málaga），但胜利的消息早在他回到西班牙之前就已经传到了马德里。先前抵达的战事报告给洛佩·德·维加提供了灵感，他创作的《归还的巴西》（*El Brasil restituido*）于11月6日在宫中上演。在这部剧作中，

图151
弗朗西斯科·德·苏巴朗
《保卫加的斯》
约1634年
布面油画
302厘米×323厘米
马德里，普拉多博物馆

图152
胡安·包蒂斯塔·迈诺修士
《夺回巴伊亚》
1634—1635年
布面油画
309厘米×381厘米
马德里，普拉多博物馆

唐·法德里克·德·托莱多告诉荷兰守军，他征讨的目的是为了严惩他们的肆意妄为，而非宽恕他们。他命令降军跪在地上，然后揭开一幅国王的肖像，让他们向君主请求原谅，“得到”国王的宽恕后，他允许降军返回他们自己的国家。

在胡安·包蒂斯塔·迈诺的绘画中，同样也有以表现人物同情心、人情味为目的的创作意图。战事只占据了背景的一小部分。在画面左侧最重要的空间内，画家描绘了行善的场景，一位年轻女子正在救治一名伤员，后者可能就是远征军中的一员。在右侧的画面中，唐·法德里克·德·托莱多正在给下跪的荷兰人展示一张挂毯。挂毯上，身着戎装的腓力四世手握着统帅权杖，弥涅耳瓦立在他左边，站在右边的奥利瓦雷斯则正在给国王带上桂冠，他们脚底下踩着拟人化的异端、愤怒与战争。

曼努埃尔·德·加列戈斯在他的《地形诗》中并未提及《布雷达之降》。但是根据贝尔纳多·莫南尼1635年4月28日的报告，画作是在这一天悬挂到墙上的。因此，委拉斯贵支的这件《布雷达之降》应当是在1634年至1635年绘制的[27]。

初观这幅画作时【图153】，首先映入眼帘的是冒着硝烟的辽阔景色，以及前方分别位于左右两侧的荷兰人和西班牙人。在西班牙人的后方竖着许多长矛，这也是这件作品也被称作《长矛》（*Las Lanzas*）的原因。观者的目光尤其会被前景中央的两个人物吸引：布雷达的统治者拿骚的尤斯蒂努斯（Justin de Nassau）不失尊严地躬着身，把城门的钥匙交给斯皮诺拉；后者的身体微微倾向前者，怀着

好意与谦恭迎接他。接下来，我们将通过研究历史事件本身、艺术家的创作灵感以及作品的创新之处，来补充和完善对此画的初步印象。

西班牙和尼德兰联省共和国签署的十二年停战协定到期后并未续签，战争也随之再次爆发。西班牙的军事行动首先迎来的是一场胜利，1622年斯皮诺拉攻占了于利希。之后的战争逐渐陷入僵局，因为强大的水防使那些城市很难被攻破。马德里宫廷急需一场大捷。象征着尼德兰异教徒顽强抵抗的布雷达，又时刻威胁着天主教低地地区。位于今日荷兰北布拉班特省马克河与阿河汇流处的布雷达，于1577年被阿尔瓦公爵（duc d'Albe）占领，1598年又被奥兰治亲王（prince d'Orange）夺回。它的城防工事被视为典范，在荷兰人眼中这是一座坚不可破的城市。因此，攻下布雷达对西班牙而言既有象征意义，又能解除实际军事威胁。据传，腓力四世给斯皮诺拉下达的命令十分简练，即攻占布雷达。1624年9月12日，伊莎贝尔·克拉拉·欧亨尼娅公主写信告知腓力四世，攻城之战已经打响。荷兰一方则嘲讽西班牙人的举动，他们信誓旦旦地说斯皮诺拉不得不放弃他在希尔泽（Gilsen）的指挥部，已经和部队一起转移到了海尔（Geel）的疯人院。还有讽刺诗提到腓力四世，说他在热那亚主将的陪同下，打着油灯寻找布雷达。然而，一冬已过，围城战还在继续。斯皮诺拉令人开挖了战壕，城里城外的敌军试图利用水来突围。被围困的荷兰人放水淹没了周围的田野，但西班牙人设计了巧妙的水道系统，把洪水全部引向城市。事实上，最后决定投降并非因为西班牙人的军事打击，而是荷兰守军实在过于虚弱。荷兰人无法向布雷达提供补给，整座城市备受饥饿的煎熬。其实，双方都已疲惫不堪，大家都觉得有必要通过谈判来安排一场体面的投降。1625年6月2日，双方商妥各项投降条件。比起炫耀光荣或满足自己的报复心，斯皮诺拉更想展现国王的宽厚。根据商定的条件，统治者拿骚的尤斯蒂努斯将率领军官与3500名剩余守军，举着他们的战旗，带着他们点燃了火绳的武器，在隆隆鼓声中出城。三天后的早上九点，荷兰军队撤离。他们往东行进，经过站在战壕和城市之间的斯皮诺拉面前时，他们微微低下军旗。西班牙司令官则向拿骚的尤斯蒂努斯及其上尉们问好。因此，整个投降过程在尊重、谦恭的氛围中完成。彼得·斯奈耶斯（Peeter Snayers，1592—1667年）创作过三幅绘画，描绘了围城战以及1625年6月12日伊莎贝尔·克拉拉·欧亨尼娅公主访问攻下的布雷达，它们自1636年起保存在马德里老王宫，如今则收藏在普拉多博物馆。它们的价值在于精确与细致的刻画，并把这种刻画同诗意的氛围结合在一起[28]。

相反地，委拉斯贵支在绘制《布雷达之降》时则超越史实，呈现了史诗般的辉煌。

他应该曾经通过一些相关资料得以了解布雷达之降。早在1625年，一封从布雷达寄出的西班牙语匿名信件就在巴利亚多利德刊印了[29]。斯皮诺拉的随军神父主管耶稣会士埃尔曼·乌戈（Herman Hugo），1627年在安特卫普出版了《围攻布雷达》（*Obsidio Bredana*），西班牙文版（*Sitio de Breda rendida a las armas del Rey Don Felipe IV*）也于同年同地出版。这部著作极为重要，因为作者以及书中的插画提供了第一手信息。1627年7月，雅克·卡洛（Jaques Callot）在实地参观后，为伊莎贝尔·克拉拉·欧亨尼娅公主创作了一组版画，共计六幅，它们对了解当时的军事行动和作战地点也十分有用。另外，还有1625年11月在宫廷首演的卡尔德隆·德拉·巴尔卡的剧作《围攻布雷达》（*El sitio de Breda*），它反映的精神视角也将会是委拉斯贵支的精神视角。画家很可能曾经观看过这部剧作。剧末，拿骚的尤斯蒂努斯把城门的钥匙交给斯皮诺拉，后者接过钥匙，并安慰战败者道：

> 尤斯蒂努斯，我收下了
> 我承认你英勇善战
> 因为战败者的英勇
> 能让战胜他的人更加声名显赫[30]。

在艺术灵感来源方面，凯旋和送交钥匙的场景在许多画作中都曾反复出现过，而且它们在《布雷达之降》面前一般都会相形见绌。我们似乎应当从别处寻找先例。不过，先例如此众多，以至于我们往往会忘记最重要的一点：一件艺术作品并不是由各种借鉴拼凑相加而得，而是根据新的构图、新的创意来灵活运用这些已有的元素，并对它们保持或多或少的忠诚。因此，我们在这里仅仅列举几个先例。首先，是一幅贝尔纳·萨洛蒙的版画《亚伯拉罕和麦基洗德》（*Abraham et Melchisédech*）【图154】，出自1553年在里昂出版的《圣经历史四行诗》，这部著作有时也会出现在某些版本的《圣经》中。版画正中的两个人物以及右侧的长矛，都和委拉斯贵支的画作有着惊人的相似。不过，这只是构图上的相似而已，版画中完全看不到创作表现力。人们也曾把斯皮诺拉与拿骚的尤斯蒂努斯这组人物同阿尔恰托（Alciat）的寓言画《和谐》（*La Concordia*）中的人物相比较，不过，也还是一样，这幅版画了无生气。相反地，在那不勒斯吉罗拉米尼绘画陈列馆所藏的《耶稣遇见施洗约翰》（*La Rencontre de Jésus et de saint Jean-Baptiste*）中，我们可以看到圭多·雷尼表现了相同的人物神态，甚至带着充沛的情感与诗意[31]。委拉斯贵支如果借鉴了这幅画作的话，那他所研究的应该是版画版本，因为他把两个人物的姿态对换了。我们还记得，他在第一次前往意大利的旅途中与斯皮诺拉同行，不过他在这里似乎并没有使用意大利之行时可能画过的习作。画中这位司令官的外貌应该更多是来源于鲁本斯于1629年左右绘制的一幅肖像，这件作品如今收藏在不伦瑞克（Brunswick）博物馆。委拉斯贵支可能是从一些摹本、版画中了解到的这帧肖像。在他的画作里，斯皮诺拉的形象是按照他的实际年龄创作的，而比斯皮诺拉年长10岁的拿骚的尤斯蒂努斯，则被画成了前者的同龄人。此外，后者的样貌是模糊不清的，因为委拉斯贵支未曾见过这位尼德兰将领。

关于创作的过程，现藏西班牙国家图书馆的两幅黑页岩素描和实验室的X光透视检测为我们提供了一些信息。

图153、155
《布雷达之降》或《长矛》
1634—1635年
布面油画
307厘米×367厘米
马德里，普拉多博物馆

图154
贝尔纳·萨洛蒙《亚伯拉罕和麦基洗德》
《圣经历史四行诗》版画
里昂，1553年
巴黎，法国国家图书馆，版画摄影部

GENESE XIIII.

Melchisedec pain & vin presenta
A Abraham en benediction:
Lequel du grand butin qu'il apporta,
Luy diuisa le disme en portion.

C

图156
《〈布雷达之降〉立人习作》
1634—1635年
米色纸本黑页岩素描
26.2厘米×16.8厘米
马德里，西班牙国家图书馆

图157
《〈布雷达之降〉斯皮诺拉人像习作》
1634—1635年
米色纸本黑页岩素描
26.2厘米×16.8厘米
马德里，西班牙国家图书馆

其中一幅素描展示了一个人物的背面，他站立着，一手在腰间握着拳头，另一只手高举着武器【图156】。它与《布雷达之降》的关联只是一种可能，因为在最后的构图里并没有与素描中完全对应的人物。但是，假设两者间存在联系应当是合理的，因为在这幅素描的背面，是一张描绘斯皮诺拉的习作，画的是他走向拿骚的尤斯蒂努斯，不过他手中既没有帽子，也没有指挥棒【图157】。

实验室的检测结果表明[32]，自从初步接触过提香、鲁本斯的作品及第一次意大利之行以后，委拉斯贵支的绘画技巧发生了变化。我们可以看到他的运笔变得更加流畅，使用的颜料种类也不多。关于风景，我们可以说画家是以“印象派”的方式来绘制的，虽然当时还没有这样的术语。委拉斯贵支在创作过程中似乎是分区推进的。有时，因为缺少预留的空间，他会用一个人物来部分覆盖另一个已经画好的人物。在画面右侧，X光透视展示了一些在最终画作中没有出现的人物。比如说，在斯皮诺拉和他的马之间，有三个头像最后被遮盖了起来。这匹马的腿部也经历过多次修改。而长矛所在的部位，起初画的是旌旗。

最后得到的，是一幅满是人情味的历史画。背景里的风景既融合了精致与壮丽，也把战争记忆（洪水与硝烟）与大自然之美结合在了一起，和平将还自然以祥和。左侧的一众荷兰人，和对面的一群西班牙人形成了完美平衡。在西班牙人的前方，斯皮诺拉那匹以后臀示人的马在画面上占据了重要的一部分，它的存在避免了重复对面那样的人群将会导致的单调，并为摇动的长矛提供了坚实的基座。在马匹和长矛之间，有限的空间内恰到好处地填满了人像和帽子。除了主要人物，其他人物的身份并不能完全确认。事实上，两位战争将领定下了整个场景的基调：拿骚的尤斯蒂努斯不失尊严的服从，以及斯皮诺拉迎接对方时的右臂动作，这个动作既展示了后者的宽宏大量，也似乎在安慰前者。是否应当进一步深入解读这个场景呢？也就是说，在显而易见的主导性胜利和对敌人的尊重背后，有何更深层的寓意？曾经有艺术批评甚至暗示，这幅画作表现的不仅是西班牙的胜利，也是真信仰的凯旋。布雷达城的投降的确促成了宗教的凯旋，但是在对画作的初步分析中可以看到，比起政治、宗教方面的意图，战胜者的谦恭才是更重要的。而且，此次投降之所以能长久流传，更多是因为委拉斯贵支的绘画才华，而非事件本身的外交、军事效应。1639年，荷兰人重新夺回布雷达城，而绘画却还在不断地激起世人的赞赏与品评。

这些长矛不免会让人想起保罗·乌切洛（Paolo Uccello）于1456年在《圣罗马诺之战》（*La Bataille de San Romano*）中描绘的三个片段（佛罗伦萨，乌菲齐博物馆；伦敦，国家美术馆；巴黎，卢浮宫博物馆）【图158】。在他的艺术中，人物和物体都被当作几何图案来处理，通过严格运用这一原则，他在15世纪的意大利发展出了某种意义上的先驱性抽象绘画。相反地，委拉斯贵支试图表现的则是高尚的人性。要传达出这种人情味，必须懂得体悟人性，并恰如其分地渲染其影响力。何塞·卡萨多·德尔·阿

图158
保罗·乌切洛《圣罗马诺之战》
1456年
木板油画
182厘米×317厘米
巴黎，卢浮宫博物馆，绘画部

图159
何塞·卡萨多·德尔·阿利萨尔
《拜伦之降》
1864年
布面油画
338厘米×500厘米
马德里，普拉多博物馆

利萨尔（José Casado del Alisal，1832—1886年）于1864年创作了《拜伦之降》（*La Reddition de Bailén*）【图159】，描绘的是1809年法国第一帝国军队的首次败北。他在处理画面中央的人物时，从委拉斯贵支的画中汲取了灵感。但是，在他的画笔下，卡斯塔尼奥斯（Castaños）将军当着杜邦·德·雷当（Dupont de l'Étang）将军的面摘下军帽，以致在前者身上看不到斯皮诺拉迎接拿骚的尤斯蒂努斯时所表现出的那种更高境界的谦虚和谨慎。

重要人物（无论是国王、王子，还是军事首领）的骑马像，不管在雕塑中，还是在绘画里，长期以来都是最有名的人物表现形式之一。文艺复兴和巴洛克时期，这一表现形式臻于极致，它能把技艺的娴熟和权力、光荣的象征结合在一起。

可以想象在丽池宫王国大厅的西墙上，《腓力三世骑马像》（*Portrait équestre de Philippe III*）和《玛格丽特王后骑马像》（*Portrait équestre de la reine Marguerite*）中

图160、162
委拉斯贵支及其画室《腓力三世骑马像》
1628（？）—1635年
布面油画
305厘米×320厘米
马德里，普拉多博物馆

图161
委拉斯贵支及其画室《玛格丽特王后骑马像》
1628（？）—1635年
布面油画
302厘米×311.5厘米
马德里，普拉多博物馆

240

图163、164
《巴尔塔萨·卡洛斯王子骑马像》
1635年
布面油画
209.5厘米×174厘米
马德里，普拉多博物馆

图165、167
《腓力四世骑马像》
1628（？）—1635年
布面油画
303厘米×317厘米
马德里，普拉多博物馆

图166、168
委拉斯贵支及其画室《伊丽莎白王后骑马像》
1628（？）—1635年
布面油画
304.5厘米×317.5厘米
马德里，普拉多博物馆

的人物都骑着马向中间的大门前进，也就是说国王从左向右，王后从右往左【图160、图161】。同样地，在东墙上，《腓力四世骑马像》（*Portrait équestre de Philippe IV*）中的国王向右侧前进，而《伊丽莎白王后骑马像》（*Portrait équestre de la reine Élisabeth*）中马匹朝着左方迈进【图165、图166】。但是，我们还记得，中间门楣上方还有《巴尔塔萨·卡洛斯王子骑马像》（*Portrait équestre du prince Baltasar Carlos*）【图163】，画中的他看起来正在骑向父亲一边。身穿铠甲的腓力三世和腓力四世，是以军事统帅的形象入画的。正如王权象征中所要求的，他们的坐骑前蹄奋起。两位王后的马徐徐前行，而阿斯图里亚斯亲王则策马奔驰，马匹也像父亲和祖父的那样，扬起了前蹄。

1954年，艺术史学家马丁·塞瓦斯蒂安·索里亚（Martín Sebastián Soria）指出，这五幅肖像源自克里斯平·凡·德·帕斯（Crispin de Passe）为苏埃托尼乌斯（Suètone）《罗马十二帝王传》（*De Cesarum XII Vitis*）创作的皇帝肖像版画[33]。把这些作品相提并论让人颇感讶异，就像他另外也把《布雷达之降》里斯皮诺拉的马同其中的版画相比较，以及他不顾品质的巨大差异，还把这幅画作和贝尔纳·萨洛蒙的《亚伯拉罕和麦基洗德》联系起来。不过我们知道，天才艺术家或者有才华的艺术家有时的确会从一件平庸的作品中汲取灵感，然后轻而易举地在创作中超越原作。但在这些骑马像中，还有另外一个理由使马丁·塞瓦斯蒂安·索里亚的观点显得站不住脚，那就是只有腓力四世和巴尔塔萨·卡洛斯王子的肖像才是由委拉斯贵支独立创作的。在另外三幅绘画中，他只是在不同程度上参与了绘制工作，而且我们无法确定这些合作的具体细节。

根据一个可能成立的假设，画家在1628年就开始创作腓力三世、奥地利的玛格丽特以及波旁的伊丽莎白三人的肖像，当他启程前往意大利时，这些肖像已经部分成画。后来，另一位艺术家接手完成了这三幅画像，在1635年4月28日王国大厅的绘画布置工作结束前，委拉斯贵支本人又对它们进行了润色。在《腓力三世骑马像》中，我们可以辨认出，委拉斯贵支画了马匹的大部分（鬃毛、头部、两耳间的饰结、配饰和臀部）、国王的手臂与腿脚、马镫以及可能影射了1619年君主进入里斯本时所见风光的海景。在玛格丽特王后的肖像中，修改润色的部分最少，只有马匹前腿的下部和风景中的树木。总体而言，国王夫妇的风格庄重奢华，在细节展示上，与《腓力四世骑马像》形成了鲜明的对比。腓力三世和玛格丽特王后的肖像在成画后又经历过扩展，这可能是卡洛斯三世治下画作转移到马德里新王宫时所作的更改。比起前两件作品，委拉斯贵支在伊丽莎白王后的画像中亲自创作的比重更高。他重画了人物的头部和上半身、白马以及风景，这些部分和古朴精致的服饰对比明显。

有可能从1628年就开始绘制的《腓力四世骑马像》，在1635年4月28日前由委拉斯贵支独立完成。创作这幅肖像既不缺乏艺术灵感，也不缺少模特儿。旅居意大利期间，他在威尼斯见到过委罗基奥（Verrocchio）的《科莱奥尼》（*Colleone*）雕像，在罗马的卡比托利欧广场上也应当见过古代的《马尔库斯·奥勒里乌斯》（*Marc Aurèle*）骑马雕像。在他的日常生活中，马德里王宫内可以见到《米尔贝格的皇帝查理五世骑马像》【图79】。鲁本斯则在1628年至1629年旅居马德里时绘制了腓力二世（普拉多博物馆）【图84】和腓力四世的骑马像，后者毁于1734年的老王宫火灾【图83】。他还可以参考马术著作，并在王室马厩内自由观察。此外，需要再次说明的是，在被任命为御用画家后不久，他绘制的《腓力四世骑马像》就已经获得了巨大成功，并在王家圣腓力修院教堂前的台阶上展示[34]。

但是，王国大厅既奢华又真实的《腓力四世骑马像》如此光芒四射，研究它可能的创作来源反而显得微不足道。一些技术细节说明了委拉斯贵支在创作王室肖像时是何等用心，他甚至在画布上重新构图推敲。国王的脸庞本来侧得更过，帽子也曾被重新修改。马的头部起初更加靠近画面的左端，比起原先的版本，腿部的多处改动也使马更加向前腾跃。和王后伊丽莎白的肖像一样，这件画作的尺寸也曾被更

改过，不过，和《腓力三世骑马像》与《玛格丽特王后骑马像》不同的是，这两幅作品在创作过程中就被扩展了。王权的威严是通过马的姿态体现出来的，正如腓力三世的坐骑那样，这里的马匹也是呈后腿着地的奋起腾跃状；同时，这一威严也是透过国王的神情来传达的，他身穿铠甲，手握指挥棒，表现出完美的自控能力。风景又给这种王室风范的凯旋平添了一股自然的气息，让人想起帕尔多的景致。这幅《腓力四世骑马像》是巴洛克时期绘制的最伟大、最具诗意的王公骑马像之一。与之相比，凡·代克的《查理一世》（*Charles Ier*，伦敦，国家美术馆）虽然也极为庄严，但终究显得过于平静了一些。

在大约成画于1635年的王子肖像中，除了华丽的衣着，以及通过手中的指挥棒和肩上的绶带体现出来的军事统帅魅力，巴尔塔萨·卡洛斯还展现了6岁孩童的优雅。有人曾把这幅绘画同安东尼奥·滕佩斯塔在十二恺撒系列中描绘尼禄的版画联系起来。这里，喜爱骑马的王子，在山顶积雪的瓜达拉马山脉景色前策马奔腾。马匹看起来既肿胀又不够优雅。不过，这并非画中的瑕疵，而是委拉斯贵支有意为之的结果，画家既要忠实地再现王子的坐骑（引用胡利安·加列戈的话来说就是某种小型马），又要考虑到绘画将要悬挂的位置，也就是说门楣之上的画作是要从下往上仰观的。

《腓力四世骑马像》和《巴尔塔萨·卡洛斯王子骑马像》的出类拔萃，早在1635年就在以丽池宫为主题的诗集中得到了公认，诗集同年在马德里由迭戈·德·科瓦鲁维亚斯（Diego de Covarrubias）出版：《腓力四世骑马像》由费利佩·戈迪内斯（Felipe Godínez）作诗赞美，《巴尔塔萨·卡洛斯王子骑马像》则由何塞·佩利塞尔·德·托瓦尔（José Pellicer de Tovar）来颂扬[35]。

这五幅肖像和《布雷达之降》此后经历的历史，印证了它们在民族、王权以及艺术层面的重要性。在卡洛斯三世治下，它们陈列在马德里新王宫，后于1819年转藏至普拉多博物馆。

与王国大厅画作相近的委拉斯贵支绘画

委拉斯贵支的一些绘画作品虽然不属于丽池宫装饰，但同后者在创作日期、艺术风格以及主题上都颇为相近。因此，在分析完王国大厅内的绘画后，紧接着应当对这些作品加以研究。

奥利瓦雷斯兴建了这座新的宫殿，并给王国大厅的装饰带来了灵感。他的肖像不能在大厅内悬挂，因为他只是国王手下的首相。不过，他扮演的角色、他或对或错地给自己所邀的功劳、他的雄心壮志以及他的虚荣心，促使他也希望委拉斯贵支为自己画一幅辉煌的骑马像。

就这样，也便有了藏于普拉多博物馆的这帧奥利瓦雷斯骑马像【图169】。比起委拉斯贵支初到马德里时为他画的那些立像，他在这件作品中显得更强壮、更庄严、更在意威望。他挥动着指挥棒，策马奔向画面左端的战场，同时又把身体微微转向观者。马匹也是处于腾跃的状态，好像骑在上面的是一位国王一样。莱尔玛公爵曾经请鲁本斯给他绘制过骑马像，但他的坐骑只是在慢步前行。

我们十分了解奥利瓦雷斯骑马像的庋藏历史。它先是归奥利瓦雷斯家族所有，后来由费尔南多六世的重臣拉恩塞纳达侯爵收藏。1769年1月26日，当它从侯爵的收藏中流出时，卡洛斯三世将其购得。此画接下来保存在马德里新王宫，最后于1819年入藏普拉多博物馆。

不过，我们还没有十足的把握来确定此画的创作日期。帕洛米诺带着钦佩之情详细描述过这件作品[36]，并且还提及萨尔塞多·科罗内尔（Salcedo Coronel）的赞辞。但赞辞是1627年写就的，《绘画博物馆与视觉比例》（*El museo pictórico y escala óptica*）的作者应该是混淆了赞辞的对象。胡塞佩·莱昂纳多在《占领布赖萨赫》中画的费里亚公爵（duc de Feria）的战马，似乎借鉴了委拉斯贵支笔下的伯-公爵坐骑。如此一来，后者可能是在1635年前创作的，不过这并不是决定性的论据，因为两位画家也可能是从共同的来源中汲取了灵感。伯-公爵用指挥棒指向的战争，可能是1638年西班牙人战胜孔代的丰特拉维亚大捷。人们以

图169
《奥利瓦雷斯伯-公爵骑马像》
1634—1638年
布面油画
313厘米×239厘米
马德里，普拉多博物馆

为这是他的功劳。事实上，他并没有参与实战，就像他也并未直接参加夺回巴伊亚的战斗，但在胡安·包蒂斯塔·迈诺的画中他还是把荣耀揽给了自己。因此，将这幅普拉多博物馆所藏奥利瓦雷斯骑马像的创作时间定在1634年至1638年应当是合乎情理的。

另一幅自1952年起藏于纽约大都会艺术博物馆的伯-公爵骑马像，曾先后属于埃利切侯爵（marquis de Heliche）和额尔金伯爵（Lord Elgin）。同普拉多博物馆的那幅画像相比，它作了一些变更，比如马匹在这里是白色的。它被认为是马索的作品。相反地，现藏于马德里王宫的《白马》（*Cheval blanc*）【图170】一画，大家基本上都同意把它看作是委拉斯贵支的手笔。这匹白马1959年由洛索亚侯爵（marquis de Lozoya）发现，当时马背上还有屠杀摩尔人的圣雅各（*Santiago Matamoros*），后来被抹除了。这件画作可能就是在委拉斯贵支身后财产清单中曾被提及的那幅。我们可以把这匹马和普拉多博物馆所藏奥利瓦雷斯骑马像中的坐骑联系起来，甚至同纽约大都会艺术博物馆的伯-公爵骑像中的马相比较[37]。

威斯敏特公爵（duc de Westminster）收藏的《王家驯马场上的巴尔塔萨·卡洛斯王子和奥利瓦雷斯伯-公爵》（*Le Prince Baltasar Carlos au manège royal avec le comte-duc d'Olivares*）【图171】一画，描绘了马术训练中的王位继承人，但整幅画的构图重心暗地里又多多少少偏向奥利瓦雷斯。这幅绘画，可能一开始就属于首相，后来归其家族所有。到帕洛米诺提及它的时候，画作依然由奥利瓦雷斯家族收藏。巴尔塔萨·卡洛斯看起来比丽池宫的骑马像中稍微年长一些，我们因此可以认为这件作品创作于1636年前后。左侧的画面中，王子骑在奋起腾跃的马上。右侧，同时也是上驷院总管大臣的奥利瓦雷斯接过一根比武大赛的长矛。背景中的阳台上，站着腓力四世和王后伊丽莎白，或许还有一位公主和负责看管、教育王子的奥利瓦雷斯伯爵夫人。阳台所在的建筑曾被认为是丽池宫的王子套房，但是我们并不确定创作此画时这部分建筑是否已经竣工。另外，学界也有人认为这是在马德里老王宫的北部，那里正好也是伯-公爵及其夫人的居所。

这幅把王子、王室和上驷院总管大臣齐聚在一起的绘画，曾因其诗化的魅力和场景的真实而备受赞赏。有人甚至把它视为《宫娥》的先声【图269】。在这一点上，我们

图171
委拉斯贵支及其画室《王家驯马场上的巴尔塔萨·卡洛斯王子和奥利瓦雷斯伯-公爵》
约1636年
布面油画
144厘米×96.5厘米
伦敦，威斯敏斯特公爵收藏

图170
《白马》
约1634年
布面油画
310厘米×245厘米
马德里，国家遗产，王宫

图172
费利克斯·卡斯特洛《猎亭》
1637年
布面油画
214厘米×128厘米
马德里，马德里历史博物馆

对此，何塞·洛佩斯-雷伊的观点应当是中肯的："显而易见，画作展现了参差不齐的水平。技法的不统一，表明参与绘制工作的不止一人，这也加剧了创作品质的不均。我们不能把这幅绘画视为委拉斯贵支独立完成的作品。它看起来更像是画室的集体创作，委拉斯贵支仅对部分细节进行了润色，但并没有进行大幅修改。"[38]

猎亭的王室肖像

丽池宫所展示的几乎是整座王家宫殿从无到有的完整营造。距离帕尔多城堡3000米处的猎亭（*Torre de la Parada*），其名来源于"国王停下来歇息的草地"（*Prado de la Parada del Rey*）。根据路易斯·德·维加1544年的素描，这里不过是一个狩猎时歇脚的地方。1635年至1636年，按照胡安·戈麦斯·德·莫拉的设计图纸进行的改造工程，仅局限于对原有建筑的扩建上[39]。但是，其室内绘画装饰的规模和品质，则达到了王宫的水准。改造后的猎亭外观可以在费利克斯·卡斯特洛作于1637年的一幅绘画中看到：中间是覆有岩瓦尖顶的方形塔楼，它的四周是仅有两层的低矮楼房【图172】。这一画作同胡塞佩·莱昂纳多描绘丽池宫的作品属于同一系列【图146】。

这座亭楼当年饰有鲁本斯的绘画。他画了大量的草图，一般都是取自奥维德《变形记》的神话、古典和狩猎题材。不过，最终他只绘制了一小部分作品，余下的则交给他身边的画师完成[40]。虽然没有留下那个时代的文字记载，但1701年的财产清册和现藏于普拉多博物馆的画作本身，还是可以让我们感受到当年弥漫在猎亭内的诗意。委拉斯贵支曾负责布置这些画作，同时也为这座小城堡创作了一些绘画。

按照时间顺序，委拉斯贵支最早为猎亭绘制的三件作品，是腓力四世、枢机王子唐·费尔南多和阿斯图里亚斯亲王巴尔塔萨·卡洛斯的肖像【图175、图176、图177】。在创作过程中，他发展出了自己作品中未曾有过的一种王室肖像新类型。人物不再像丽池宫王国大厅里的那样被置于

持有不同的意见：《宫娥》展示的是室内场景，画中精心布排的光线是室内光，而非露天的自然光。仔细观察这幅王子像，除了赞美，我们也会产生一些疑问。马术训练的场景布置让人感到讶异：王子占据了左侧的大幅画面，他的姿势有点僵硬，腿部尤其是脚部略有变形；马有些丑陋，而不像丽池宫的骑马像那样，需要考量观看角度的问题。

豪华排场和王权氛围中，描绘方式从此变得更加简洁。他们的地位通过高人一等的尊严和朴素来体现。他们以猎人的装束示人，这样的装扮也符合猎亭的用途：他们手持猎枪站在树下，穿着朴素，头戴一顶类似于鸭舌帽的帽子；猎狗伴随在一旁，但除去猎狗，人物都独处于马德里郊外瓜达拉马山脉的辽阔景色中。

概括这一新创的肖像类型并非难事，但这些画作的绘制日期问题还时不时困扰着我们。其中，巴尔塔萨·卡洛斯王子的肖像是个例外，因为画中有“在他6岁这年（*ANNO ÆTATIS SVÆVI*）”的题文，也就是说画像是在1635年10月和1636年10月之间绘制的。这幅绘画的右侧后来被裁切过，从而导致了一只猎狗的部分缺失。如今，右边的猎狗只剩下前部，左侧的那只则还是完整的。不同于王国大厅和王家驯马场的王子骑马像，这里，马的缺席使委拉斯贵支摆脱了坐骑可能不够优雅的问题。我们最后看到的是猎狗旁边带着微笑的清纯小王子，是他还未被生活磨损过的人格，他所处的自然环境也是一样，尚未受到人为破坏。

枢机王子唐·费尔南多1632年离开马德里后，又于1634年离开西班牙。身为佛兰德斯总督的他应当是1641年11月9日在布鲁塞尔离世的。为了绘制猎亭的这幅肖像，委拉斯贵支或许利用了自己此前可能画过的习作，抑或参考了其他画家新近创作的王子画像，比如鲁本斯的作品。学界一般认为此画的创作年份在1634年到1636年。王子展现了令人着迷的优雅，比起凡·代克画笔下枢机王子的优雅，可以说是有过之而无不及。在佛兰德斯画家的作品中，身着镶金红衣的王子以半身示人，这帧肖像自1636年起就保存在马德里老王宫，现藏普拉多博物馆。

腓力四世的肖像给艺术史学家留下了更多的疑问。它最终呈现的版本，和凡·代克的《狩猎中的英格兰国王查理一世》（*Charles Ier, roi d'Angleterre, à la chasse*）一样【图173】，属于最优雅的君主狩猎画像。但是，这种完美其实是在创作过程中不断探索、修改才最终达到的，比如左腿位置的改动、猎枪的缩短等。起初，国王并未戴上帽子，就像卢浮宫寄藏于卡斯特尔戈雅博物馆的腓力四世肖像所展示的那样【图174】[41]。猎亭的这帧画像应当是在1634年至1636年绘制的，然后可能是在1638年，画家又对它进行了润色。

图173
安东尼·凡·代克《狩猎中的英格兰国王查理一世》
约1635年
布面油画
266厘米×207厘米
巴黎，卢浮宫博物馆，绘画部

图174
委拉斯贵支及其画室《腓力四世猎装像》
约1635年
布面油画
200厘米×120厘米
卡斯特尔，戈雅博物馆

图175
《腓力四世猎装像》
1634—1638年（？）
布面油画
189厘米×124厘米
马德里，普拉多博物馆

图176、178
《枢机王子唐·费尔南多猎装像》
1634—1636年
布面油画
191厘米×107厘米
马德里，普拉多博物馆

图177、179
《巴尔塔萨·卡洛斯王子猎装像》
1635—1636年
布面油画
191厘米×103厘米
马德里，普拉多博物馆

ANNO ÆTAT SVÆ·VI

1636—1643年

1636年至1643年的西班牙宫廷，没有再兴建类似丽池宫及其王国大厅那样的宏大建筑，但这些既有工程还在继续推进。需要说明的是，委拉斯贵支的风格在这一阶段变得更加朴素，但创作的类别还是和以前一样，包括宗教画、王室建筑装饰以及更为重要的肖像画，前两种类别有时也会交错在一起。

为宫廷创作的宗教画:《圣母加冕》

藏于普拉多博物馆的《圣母加冕》(*Le Couronnement de la Vierge*)一画【图186】[42]，存在着棘手的创作年代问题，目前为止还没有确切的答案。实验室的检测结果指向1635年左右[43]，但史料要求我们重新审视这一初步结论，并加以补充论证。这幅绘画的历史同马德里老王宫内的伊丽莎白王后小礼拜堂的历史不可分割。小礼拜堂最初位于城堡东南部王后生活区的新塔东廊，也就是1626年胡安·戈麦斯·德·莫拉所绘主层平面图上编号为51的地方。不过，1629年，王室套房扩建，在老王宫主建筑外侧加盖了翼廊，其中新设了小礼拜堂前厅、小礼拜堂以及圣器室。最后，1634年12月，在连接王宫与道成肉身修道院的廊道上又建造了一间小礼拜堂，其半穹顶上是一座覆有尖顶的方塔。在安杰洛·纳尔迪用来辅助设计小礼拜堂胶彩画装饰的建筑图底本上，有胡安·戈麦斯·德·莫拉的落款。后者可能同时也绘制过这座建筑的平面图，但建筑本身应该属于胡安·包蒂斯塔·克雷申齐带来的新流派。藏于马德里市立博物馆的一张剖面图，似乎同这些装饰工程直接相关[44]，这张图纸被认为是出自欧亨尼奥·卡雷斯之手。绘画装饰以圣母崇拜为主题，当时博尔哈(Borja)枢机主教在罗马委托那不勒斯画家安德烈亚·瓦卡罗(Andrea Vaccaro)为小礼拜堂创作的九幅相同大小的组画，表现的也是同一题材。这些绘画于1636年元月抵达马德里。委拉斯贵支的《圣母加冕》也属于小礼拜堂整体创作的一部分，它的加入在图像志和绘画层面上都标志着小礼拜堂装饰工程的圆满完工。王后于1644年10月离世，此后，委拉斯贵支的作品在1647年编制的王后身后财产清册里曾被提及。此画的创作年代应当在王后辞世之前。再者，1644年，画家的学生兼朋友胡塞佩·马丁内斯为萨拉戈萨(Saragosse)主教座堂绘制了一幅相同题材的作品，画作的上部似乎模仿了委拉斯贵支的绘画。因此，这件作品应当是在1635年至1644年绘制的，其中更合乎情理的时段是1641、1642年前后。

关于委拉斯贵支创作此画的确切灵感来源，学界已有诸多论述。大家不禁会想起胡安·马丁内斯·蒙塔涅斯的《盲女》，但雕像创作于1628年至1631年，那时委拉斯贵支已经定居马德里了。当然，画家可能间接了解过这件雕塑作品。他可能也参考了丢勒1509年的木刻版画《圣母升天》【图181】，还有格列柯一些和丢勒版画相近的画作，譬如分别藏于伊列斯卡斯医院和普拉多博物馆的《圣母加冕》【图182】。恩里克塔·哈里斯则强调了与鲁本斯作于1626年的

图180
《圣母加冕》
图186局部，第210页

图181
阿尔布雷希特·丢勒
《圣母升天》
1509年
木刻版画
巴黎，法国国家图书馆，版画摄影部

图182
格列柯《圣母加冕》
1591—1592年
布面油画
99厘米×101厘米
马德里，普拉多博物馆

图183
扬·萨德莱尔《圣母加冕》
16世纪末
版画，扬·凡·德·斯特拉埃特原画
巴黎，法国国家图书馆，版画摄影部

图184
保罗斯·庞第乌斯《三位一体加冕圣母》
17世纪上半叶
版画，鲁本斯原画
布鲁塞尔，比利时王家图书馆，版画部

图185
弗朗西斯科·德·苏巴朗《真福阿隆索·罗德里格斯的神视》
1630年
布面油画
266厘米×167厘米
马德里，圣费尔南多王家美术学院

《三位一体加冕圣母》(*La Vierge couronnée par la Trinité*，布鲁塞尔，王家历史艺术博物馆)的相似之处【图184】，他认为委拉斯贵支通过保罗斯·庞第乌斯的版画得以分析过这幅绘画[45]。另外，奥迪勒·德朗达把画作同扬·萨德莱尔(Jan Sadeler)于16世纪末刻制的版画《圣母加冕》【图183】相比较，原画出自人称斯特拉达努斯的扬·凡·德·斯特拉埃特(Stradanus，Jan Van der Straet)之手，这一比较最后得出了令人振奋的结论[46]。不过，就像在其他画作的灵感来源研究中一样，艺术史学家的评论不该一味强调源流问题，而更应当侧重于艺术家的原创性，以及他们把素材和自己所处时代的宗教、文化表达融合起来的方式。

17世纪的圣母崇拜盛极一时，当时的布道内容就是明证。这种崇拜自然也是伊丽莎白王后虔诚信仰的一部分，她小礼拜堂内的艺术品都浸润在这一主题之中。此外，耶

VENI DE LIBANO SPONSA MEA
VENI CORONABERIS
Cant: 4.
Cũ puil: Sac: Cæs: Mai.

P.P. Rubens pinxit
CORONATIO DIVÆ VIRGINIS
Paulus Pontius sculpsit

稣及圣母的圣心崇拜也在教士和信众中极为风行。1675年，基督在帕雷勒莫尼亚勒（Paray-le-Monial）向圣母往见会修女玛格丽特-玛丽·阿拉科克（Marguerite-Marie Alacoque）显现的时候，向其展示了自己的心脏，并让她设立一个专门庆祝圣心的宗教节日。一位来自塞戈维亚（Ségovie）的耶稣会士，在马略卡岛的帕尔马（Palma de Majorque）锡安山学院做卑微的看门人，他有幸经历了一次神视，看到基督和圣母把圣心印在他的左右胸上。苏巴朗在1630年为塞维利亚耶稣会创作的画作中描绘了这一场景，这也是画家动人的作品之一【图185】。胡利安·加列戈通过细腻的观察，指出在普拉多博物馆的《圣母加冕》中，构图正好围成心形【图186】[47]。

委拉斯贵支的极度敏锐及其在绘画中表达的宗教教诲，都说明了他和所处的时代和国度都是合拍的，但画家同时也展现了自己的实力和独到之处。实验室的检测结果表明，他精心绘制了这幅为王室创作的绘画。他遵照巴切柯的教诲，把基督的母亲画成30岁的年轻女子，因为她虽为人母但还是处女。他同时也自由发挥，把圣父画成了秃顶，并让一般都是半裸的救世主穿上了衣服。画作构图极具感染力，圣母一手置于心上的姿势显得格外尊贵，圣母下方的天使以空灵、优雅的姿势在飞翔。和谐交织在一起的红色系、蓝色系及紫色调，既鲜明又沉稳有力。

委拉斯贵支、狩猎与猎亭装饰：伊索、梅尼普斯和玛尔斯

为装饰猎亭而定制的绘画并非只有鲁本斯的神话系列，腓力四世另外也想布置一些狩猎题材的画作。现藏于伦敦国家美术馆的《王家猎网》（*La Tela real*）大概就是其中的一幅【图187】，这件作品应当算作委拉斯贵支的手笔，但学界对此还持有一定的保留意见。我们必须立刻说明其中的困难所在。西班牙王室曾长期拥有两幅相同尺寸的《王家猎网》：1701年的财产清册提及的那一幅收藏在猎亭，另一幅则在马德里老王宫“塔楼中面向花园的房间”内，而且曾出现在1686年的财产清册里。由于估价和收藏地点的问题，要在王宫历史的框架内追踪这两件作品，有时非常困难。然而，现藏普拉多博物馆、本属马德里老王宫的这幅画作，看起来应该是一件古老的摹本，即便在1686年财产清册中它被记为委拉斯贵支的作品。相反地，猎亭的那一幅应当是原画。大约在1814年到1818年，费尔南多七世把它赠送给了英国驻马德里公使亨利·韦尔斯利爵士（Sir Henry Wellesley），伦敦国家美术馆最后于1846年将其收购。

要确定伦敦国家美术馆所藏《王家猎网》的创作日期并非易事。人们一度把画中的场景同1637年元月为向卡里尼昂亲王夫人致敬而举办的围猎，或1638年元月为欢迎舍弗勒斯公爵夫人（duchesse de Chevreuse）而组织的狩猎活动联系起来。实际上，画作似乎是1635年至1637年绘制的。绘画的保存状态不佳，致使专家们很难深入研究这件作品，有些学者甚至把它从真迹目录中剔除了。仔细想来，总体构图以及部分画面的品质，比如前景中围栏外列席的人群所体现的技艺，足以让我们把它视为真迹。作品成功地把自然意趣、场景的真实感和小尺寸人物融合在露天景象中。伦敦国家美术馆藏品目录的作者尼尔·麦克拉伦（Neil MacLaren）曾这样写道：“事实上，在前景右半部分画面中被描绘得富有生气的人像，比起普拉多博物馆所藏美第奇别墅草图中的那些人物，还要略胜一筹。”[48]但是我们应当承认的是，委拉斯贵支的一位助理也参与了绘制工作。我们甚至可以提出这位助理就是马索的推测，画家的这位女婿专于描绘风景以及有小尺寸人物的狩猎场景，不过，我们无法完全确定他是否真的参与了合作[49]。

画中展示的场景是围猎野猪，正如腓力四世在现实中常做的，胡安·马特奥斯的《狩猎的起源与尊贵》中也有一幅类似的版画。野猪被驱赶进由小木桩撑起的猎网（*tela*）所围成的围场内。然后，人们再把它赶入第二道围栏里，这道围栏呈圆形，直径略短于100米，也由木桩撑起的猎网（*contratela*）组成。国王及其随行人员身处第二道围栏，他们骑在马上，手持某种长柄叉（*horquillas*）。王后及其女伴

图186
《圣母加冕》
1641—1642年
布面油画
178.5厘米×134.5厘米
马德里，普拉多博物馆

图187
委拉斯贵支及其画室《腓力四世猎捕野猪（王家猎网）》
1635—1637年
布面油画
182厘米×302厘米
伦敦，国家美术馆

图188、190
《伊索》
1636—1640年
布面油画
179厘米×94厘米
马德里，普拉多博物馆

图189、191
《梅尼普斯》
1636—1640年
布面油画
179厘米×94厘米
马德里，普拉多博物馆

ÆSOPV

MOENIPPVS

图192
米开朗琪罗《洛伦佐·德·美第奇》
1521—1534年
大理石雕像，高178厘米
佛罗伦萨，圣洛伦索大殿，新圣器室

图193
《坐着的玛尔斯（卢多维西的阿瑞斯）》
古代大理石雕像，高156厘米
罗马，国立罗马博物馆

图194
《玛尔斯》
1636—1640年
布面油画
179厘米×95厘米
马德里，普拉多博物馆

们也在这道围栏内，她们坐在马车里，由手拿长矛的步行猎人护卫。有人从中辨认出腓力四世和奥利瓦雷斯，还有波旁的伊丽莎白，或者说至少认出了她的马车。也有人还推测过其他一些人物的身份，尤其是胡安·马特奥斯。大家一般认为这场狩猎活动是在帕尔多森林里举行的。

《玛尔斯》（*Mars*）以及组成对幅的《伊索》（*Ésope*）和《梅尼普斯》（*Ménippe*）是三幅高窄的竖向绘画【图188、图189、图194】，它们绘制于1636年至1640年，我们基本可以确定它们是专门为猎亭创作的。它们出现在这座别苑1701年的财产清册中。人们曾经试图在这些绘画和鲁本斯为猎亭绘制的相似题材之间建立某种知识上的联系，后者的相关画作包括现藏普拉多博物馆的《德谟克利特》、《赫拉克利特》（*Héraclite*）与《伏尔甘》（*Vulcain*）。但是，它们各自的悬挂位置并不支持这种关联。比起佛兰德斯大师笔下的人物，更值得与委拉斯贵支的《伊索》和《梅尼普斯》相比较的，其实是里贝拉绘制的人像。

这两幅绘画中，站立的人物身穿宽大的暗色服装，其朴素程度符合委拉斯贵支在1636年至1643年的艺术风格

演变。他们的生动逼真不由地让人想到画家应当使用了真人模特儿，在这一点上，他们比起里贝拉的人像有过之而无不及。公元前7至前6世纪的古希腊半传奇寓言作家伊索以正面入画，脸上露出忧郁的神情；公元前4至前3世纪的古希腊犬儒哲学家梅尼普斯穿着破烂，他那转向观者的脸庞上，同时流露出沉思与嘲讽。他们的拉丁文名字标写在画面上方的角落，“*ÆSOPVS*”在右上角，“*MOENIPPVS*”则在左上角。传统上，人们一直着重强调委拉斯贵支赋予这些人物的可笑外表，但这样的诠释是否过于夸大了呢？其实，支配他们面部神情的是思索。何塞·洛佩斯-雷伊在库尔特·格斯滕伯格（Kurt Gerstenberg）的研究基础上，提出了十分中肯的述评：“委拉斯贵支在古希腊寓言作家脚边摆放的物品，都是鞣革工的用具和材料：右侧是一只部分盖着皮革的双耳小木盆，左侧是一张正在晾晒的动物皮。这些物品参照的是一则伊索寓言，里面讲述了一个住在鞣革工坊边上的富人，起初无法接受工坊里散发出的臭气，但闻多之后最终适应了异味。其中的寓意是，要想达到泰然之境，必先经历诸多不快。同样的，在成对的另一幅画中，梅尼普斯脚边的书籍和卷轴，表达了他对理论知识和既得权利的蔑视，而架在两块石头上的平衡木承托着一个水壶，则象征了他那从人类禁欲中解放出来的哲学思想里所包含的怀疑主义。”[50]

战神玛尔斯[51]，因其姿势、半裸状态及衣物色彩，和前面两幅画作大不相同。他坐着，上半身和腿部裸露在外，色彩明丽（红色、蓝色以及十分奢华的白色）的宽布缠在他的腰间，然后又从他的身旁垂落下来。他戴着头盔，脚边散落着武器。事实上，这里的战神是一位离开了人群，独自陷入悲伤沉思的战士。有人说这是《卢多维西的阿瑞斯》（*Arès Ludovisi*）给委拉斯贵支留下的回忆【图193】，画家在著名的罗马艺术收藏中应当见过这尊古代大理石雕像，但两者相似的只是神情而已。米开朗琪罗为美第奇礼拜堂创作的雕像《洛伦佐·德·美第奇》（*Laurent de Médicis*）【图192】，则因其姿势和思索神态构成了一个双重先例，但

图195
《自画像》
1639年
布面油画
45.8厘米×38厘米
瓦伦西亚，瓦伦西亚美术博物馆

图196
《女孩像》
约1640年
布面油画
51.5厘米×41厘米
纽约，美国西语世界协会

图197
《做针线活的年轻女子肖像》
约1640年
布面油画
74厘米×60厘米
华盛顿，国家美术馆，安德鲁·威廉·梅隆收藏

它属于王公贵族题材，而且西班牙大师只可能间接了解这件作品，因为他在首次意大利之行期间并未在佛罗伦萨停留。应当如何解释猎亭这幅既平民又忧郁的《玛尔斯》所反映的精神实质呢？正如当时的西班牙人所喜闻乐见的，这是古代神话的戏谑版本吗？但是大八字胡并非戏谑的元素，它象征的是战斗中的勇气。还是说画作影射了西班牙王国的某些军事困难？这样的影射出现在一座王家建筑中是让人无法理解的。是不是玛尔斯刚刚沮丧地得知，阿波罗揭发了他和维纳斯之间的私情？还是这位疲惫的战士在发出狩猎休闲的邀请，而狩猎活动就在猎亭外等着国王？或许，我们必须虚心地承认，这些绞尽脑汁的复杂诠释并没有足够的说服力，其中任何一条都无法令人真正满意[52]。

孤立的肖像

西班牙瓦伦西亚美术博物馆藏有一幅委拉斯贵支的肖像【图195】，它原本属于一件尺寸更大的作品[53]：在昏暗的色调中，剩下的是人物头部和上半身的上部，颈部则戴有白色的领饰；黑色的头发和八字胡围着他的脸庞，直直的眼神甚至有些冷酷。这幅肖像由伊丽莎白·法尔内塞在1729年至1733年宫廷暂居塞维利亚时购得。此后，王后将它赠送给了奉命前来马德里为腓力五世尽可能减轻神经衰弱痛苦的法里内利（Farinelli）。绘画背后有题文“我是法里内利的（*Soy de Farinelo*）”。这位著名的阉伶，在费尔南多六世治下备受恩宠，到卡洛斯三世登基时，他返回意大利，并把这幅画像带了回去。尽管它的庋藏历史相对复杂，但我们还是可以一直追踪到1835年画作被捐赠给瓦伦西亚美术学院之时。1860年，它转藏至美术博物馆。绘画不尽人意的保存状况，有时也曾使它被排除在委拉斯贵支真迹之外。

不过，1986年在普拉多博物馆进行的修复工作让大家重新注意到了这幅肖像的品质，它如今被视为画家唯一的严格意义上的自画像，另一幅广义的自画像则存在于《宫娥》之中。当年有一张临摹这幅肖像的素描（纽约，私人收藏），如果我们相信素描上的落款的话，自画像应当作于1639年。后来，此画又有多个油画摹本，但都是在这一日期之后绘制的，因为画中的艺术家身上饰有圣地亚哥骑士团十字，而他是1659年才被接纳加入骑士团的。

有了确定的委拉斯贵支肖像后，人们也想至少能够发现一张同时期画家家人的画像。自1908年以来，纽约的美国西语世界协会藏有一幅《女孩像》（*Portrait d'une fillette*）【图196】。人们不仅建议将它看作大师的手迹，还通过对照维也纳博物馆所藏马索的《画家一家》（*La Famille du peintre*），把女孩视为马索的女儿弗朗西斯卡[54]，但是肖像的创作年代并不支持这一身份推测。画像或许是将会出现在委拉斯贵支身后财产清册中的那幅。无论女孩是谁，这件作品都让人兴味盎然。虽然裙子、低领和袖子还停留在草图状态，但炯炯有神的眼睛以及深色的头发，使人物朴素的脸庞上透出一股强大的表现力。如今，学界一致认为这幅肖像出自委拉斯贵支之手，创作日期在1640年前后。

华盛顿国家美术馆所藏的《做针线活的年轻女子肖像》（*Portrait d'une jeune femme cousant*）【图197】，绘于1640年左右[55]，它可能就是委拉斯贵支身后财产清册中提及的一件画作。但是，这次我们依然无法确认人物身份。画中女子和我们稍后将会分析的《执扇的女子》（*La Dame à l'éventail*，约1646年）中的人物十分相像【图215】，这一点至少可以说明模特儿属于艺术家身边的圈子。《做针线活的年轻女子肖像》并未全部完成，致使一些艺术史学家在经过严密的论证后，怀疑画作并非委拉斯贵支的手笔。然而，我们可以从中看到画家那种特有的、描绘生活的过人天资。女子低头注视着手中的活计，因此让人无法看清她的脸庞，不过，从这层神秘中透出的，是更加动人的实际存在。

雕塑家胡安·马丁内斯·蒙塔涅斯的肖像【图199】[56]，把我们重新带回到画家塞维利亚青年时期的艺术世界，即便定居马德里后，他也并没有忘记曾经的艺术氛围。他还利用与意大利的关系，打开了西班牙宫廷的雕塑艺术视野。

西班牙雕塑家在需求巨大的宗教领域内充分展现了他们的卓越才华，作品主要是祭屏雕塑和独立雕塑。但是，由

28.

图198
佚名《丽池宫花园之景》
1707年
版画
巴黎，法国国家图书馆，
版画摄影部

图199
《雕塑家胡安·马丁内斯·蒙塔涅斯肖像》
1635—1636年
布面油画
109厘米×88厘米
马德里，普拉多博物馆

于浇铸的问题，骑马塑像则要在意大利委托制作。腓力三世的骑马塑像是在佛罗伦萨由让·博洛尼亚（Jean Bologne）开始创作的，最后由彼得罗·塔卡（Pietro Tacca）完成，前者是这类艺术创作中毋庸置疑的大师。它起初被摆放在马德里老王宫的花园内，1617年，又被移置到了田园之家的花园里。今天，我们可以在首都的主广场上欣赏到它。腓力四世的骑马像也是由彼得罗·塔卡创作的[57]。为了方便雕塑家把握人物的相貌，他收到了一幅委拉斯贵支为王国大厅所画国王骑马像的摹本，这件可能是马索绘制的作品现藏于乌菲齐博物馆。胡安·马丁内斯·蒙塔涅斯则负责为意大利大师制作了国王的黏土头像，为此，他于1635年6月到1636年1月暂住在马德里。委拉斯贵支在此期间为他绘制了肖像【图199】。画中人物的身份曾一度受到质疑，但其实我们可以确定是胡安·马丁内斯·蒙塔涅斯，弗朗西斯科·巴雷拉（Francisco Varela）为更年轻时的雕塑家绘制的肖像（塞维利亚，市政之家）使我们得以进行人物比对。委拉斯贵支的绘画中烙满了人性最高品格的印记。雕塑家正在用刮刀塑造画面右侧的国王头像，身着一袭黑衣的他展现了创作者的崇高。他的服装、稀疏的头发以及胡子，平添了几分因年龄而值得尊敬的微妙。这是画家在偏好暗淡色调期间所绘肖像中最能触动人心的画作之一。而且，这一杰作和另一件大师级作品有所关联，那就是彼得罗·塔卡的腓力四世骑马像，雕塑中的坐骑正奋起腾跃。这尊落款为1640年的骑马像，两年后被安放在丽池宫的王后花园内【图198】。从1844年起，它被移到了王宫附近的东方广场上。

人们有时也认为，委拉斯贵支创作《唐·费尔南多·德·巴尔德斯-利亚诺斯》（*Don Fernando de Valdés y Llanos*）这幅格拉纳达大主教肖像的年份为1639年前后。但我们只知道一些从这张画像衍生出来的作品，比如伦敦国家美术馆的一幅胸像。人们也曾把1848年起收藏在马德里王宫的一帧残画局部（现已散失）同大主教的肖像联系起来：画中是拿着纸的一只手，纸上有“迭戈·委拉斯贵支阁下（*Illmo Señor Diego Velázquez*）”的字样【图200】。学界的各种分析、讨论都还不足以证实这幅残画是委拉斯贵支的作品[58]。

我们在介绍《雕塑家胡安·马丁内斯·蒙塔涅斯肖像》（*Portrait du sculpteur Juan Martínez Montañés*）的创作背景时，提到了意大利负有盛名的骑马雕塑创作。而要分析弗朗切斯科一世·德·埃斯特的肖像（1639年）以及巴尔塔萨·卡洛斯王子的画像（约1639年），就不得不讲到巴洛克时期意大利和西班牙的宫廷肖像风格。

在摩德纳公爵弗朗切斯科一世·德·埃斯特（François Ier d'Este，1610—1658年）访问西班牙宫廷期间，委拉斯贵支为他创作了肖像【图201】[59]。根据一封公爵大使富尔维奥·泰斯蒂（Fulvio Testi）的信函，1639年3月，这帧画像还在绘制过程中[60]。1595年出生于博洛尼亚的马尔韦齐长期在马德里为西班牙政界服务，他也参与了绘画创作时期的各种谈判。身穿铠甲、戴有绶带的年轻统治者以半身入画。画中有限的色彩展示了委拉斯贵支在此类王公肖像中所遵守的克制。相反地，正如恩里克塔·哈里斯所中肯指出的，同样收藏于摩德纳埃斯特美术馆的一尊由贝尼尼雕刻的公爵胸像，传达的则是巴洛克的动感。雕塑家在1650年至1651年创作这尊大理石雕像时，并没有实地研究过模特儿[61]。

在一幅送往维也纳宫廷的立像中[62]，巴尔塔萨·卡洛斯王子身着华服，一手搭在扶手椅上【图205】。画作融合了服饰的华丽与绘图的精细，还有王子的少年魅力与画家的权威。

侏儒弗朗西斯科·莱斯卡诺来自比斯开地区，具体而言可能就是莱斯卡诺附近。人们也称他为“巴列卡斯男孩（*El niño de Vallecas*）”，这和马德里附近的巴列卡斯有关，如今这个地方已并入首都。从1634年起，这位弄臣开始为阿斯图里亚斯亲王效力，直至1649年10月离世。我们有理由相信，他的肖像绘制于1636年左右，它起先保存在猎亭，后来入藏普拉多博物馆【图202】[63]。画中的弗朗西斯科·莱斯卡诺坐在一块巨大的岩石下，画面右侧展开的是辽阔的山景。他患有脑积水，因而局部面瘫。在他显得既笨拙又肿胀的手里，像是拿着纸牌。画家选用的表现方式明显地突出了

图200
《男子的手》
约1639（？）
布面油画
27厘米×24厘米
现藏地未知

图201
《摩德纳公爵弗朗切斯科一世·德·埃斯特肖像》
1639年
布面油画
68厘米×51厘米
摩德纳，摩德纳埃斯特美术馆

图202
《侏儒弗朗西斯科·莱斯卡诺肖像（巴列卡斯男孩）》
约1636年
布面油画
107厘米×83厘米
马德里，普拉多博物馆

图203
《弄臣胡安·卡拉瓦萨斯肖像（卡拉瓦西里亚斯）》
约1636年
布面油画
106厘米×83厘米
马德里，普拉多博物馆

人物的残疾。他好像在轻轻摇晃着脑袋，几乎空洞的眼神往上斜着，抬起来的右脚仿佛是要迈出画面。画家使用的都是深色调，它们强化了这个不幸的人物本身已唤起的极度哀伤。然而，委拉斯贵支也表现了尊严，因为即便是丑陋人物的尊严，别人也不能任意剥夺。画家还暗示了在弗朗西斯科·莱斯卡诺这种情况下，人之命运崩塌的悲剧色彩。所绘人物以何等感人的方式，展示了他就是造物的一员。他所处的环境，某种程度上不正是象征着默想的山洞吗？

人称卡拉瓦西里亚斯的弄臣胡安·卡拉瓦萨斯，起初为枢机王子服务，从1632年7月起为国王本人效力，直到1639年10月过世。在1794年马德里王宫的财产清册中，他被误认为是《科里亚的呆子》（*El bobo de Coria*）中所描绘的人物，这一错误在1885年得到了更正。他的肖像似乎是在1636年左右创作的，如今收藏在普拉多博物馆[64]。画像【图203】中的他蹲坐（可能是因为残疾）在两个葫芦之间，因为葫芦在西班牙语中和他的绰号谐音。蹲坐的姿势使他在身高上看起来和侏儒相近。画中各种暗色调交织在一起，笔触自由不羁，胡安·卡拉瓦萨斯的亮脸以及灰色的领圈和袖口出现在这样的画面上，既令人印象深刻，又让人倍感不安，仿佛他并不属于我们这个世界。

图204、205
委拉斯贵支及其画室《巴尔塔萨·卡洛斯王子肖像》
约1639年
布面油画
128.5厘米×99厘米
维也纳，艺术史博物馆

1643—1648年

1643年至1648年创作的肖像流传至今的有十余幅。和之前一样，画笔下的人物主要还是来自腓力四世的宫廷。国王本人和一些侏儒、弄臣的肖像，是以极具暗示性的方式来创作的。大家或许还记得，我们之前用了“默许的华丽”来概括画家在这些年月中的风格特征，这一点有必要在此重申一下。但是，从现在开始，我们应当还要补充另外一个至少同样重要的特征，那就是委拉斯贵支对描绘对象的关注，这一点本当属于心理范畴。画家深入研究模特儿，以他敏锐的目光仔细地观察他们。他让人物个性里的神秘部分分别从眼神、脸庞和态度中流露出来，脸庞烘托了眼神，眼神则以它的深邃征服观者。就这样，画家剖析的不仅是他那命运开始反转的君主，还有那些脸上常常蒙着一层极度忧郁的丑陋生命。如此刻画的侏儒、弄臣身上透出悲伤的尊严，这种尊严和人性撕裂后的颤抖，使这些彩色的画作大获成功。画中使用的颜色，有时甚至是非常丰富的，而当色彩保持暗淡的时候，效果比鲜艳夺目时更加耐看，也更令人印象深刻。

在这一时期的绘画中，除了肖像，我们应当还要讨论一下《萨拉戈萨之景》（*Vue de Saragosse*）【图218】。不过，其作者归属问题还需谨慎论证。

《唐·加斯帕尔·德·博尔哈-贝拉斯科枢机主教》（*Le Cardinal don Gaspar de Borja y Velasco*，1582—1645年）应当也是1643年至1649年绘制的一系列作品中的一幅。它同时涉及天主教会和西班牙王权，因为所绘人物是当时显赫的领导人之一。他来自著名的博尔哈家族，族中出过大名鼎鼎的教宗亚历山大六世（Alexandre VI）和多任甘迪亚公爵（duc de Gandía）。他曾任米兰和塞维利亚大主教、西班牙宫廷驻罗马代表及那不勒斯总督。1643年1月3日，快走到生命尽头的他被任命为托莱多首席主教，并一直担任到离世。他是在首席主教任上请委拉斯贵支绘制的肖像，艺术家谢绝了他的画酬。如今原作已经散失，但现存几幅摹本，如法兰克福施泰德艺术馆、波多黎各庞塞艺术博物馆和托莱多主教座堂所收藏的那些。不过，艺术史学家对委拉斯贵支原作的构图尚未达成共识：首席主教原本是坐在扶手椅中，还是一开始就是一幅胸像？另外还有一幅此画的习作【图207】，学界也一致认为它是委拉斯贵支的真迹。这张现藏马德里圣费尔南多王家美术学院的白色纸本黑页岩素描，画的是首席主教戴着四角帽的头部，以及上半身的上部。笔法利落的素描看上去传神地刻画了人物。光影的分布极为巧妙，面庞和氛围的融合堪称完美。

1644年，腓力四世前往阿拉贡地区鼓舞抗击法国军队的西班牙将士士气。随同国王出行的委拉斯贵支，6月的时候在弗拉加（Fraga），用三天时间为君主创作了画像【图206】。他不得不适应有限的物质条件，绘制工作在一间因国王到来才得以部分修缮的破屋子里进行。在这幅止于膝

左页和下一页
图206、208
《弗拉加的腓力四世肖像》
1644年
布面油画
129.8厘米×99.4厘米
纽约，弗里克收藏

图207
《博尔哈枢机头部习作》
1643—1645年
白色纸本黑页岩素描
18.8厘米×11.6厘米
马德里，圣费尔南多王家美术学院

部的四分之三侧面像中，人物并没有戴上帽子，而是把它拿在手上，另一只手则持有指挥棒；他的脸上露出默想和庄重的神情，给人以极大的好感。《弗拉加的腓力四世肖像》（*Portrait de Philippe IV à Fraga*）的魅力主要来自服装。大衣在一片和谐的玫红底色之上，以对比强烈的色调，展现了深浅浓淡间的色彩摇曳。我们也许会相信帕洛米诺所说的，腓力四世就是穿着这件大衣进入莱里达（Lérida）城的[65]。肖像完成后被送至马德里伊丽莎白王后那里，随后在圣马丁展出。此画令人们赞叹不已，并催生了一些摹本，如今藏于伦敦达利奇学院的肖像大概就是其中的一幅[66]。最初属于西班牙王室收藏的原作，由费尔南多六世赠送给了同父异母的王弟帕尔马公爵腓力（Philippe）。1910年，腓力的后人将它出售给了伦敦的阿格纽画廊，1911年又由亨利·克雷·弗里克（Henry Clay Frick）购得。后者在纽约的私人收藏后来发展为博物馆，这幅被公认为就是“弗拉加肖像”的画作成为镇馆展品之一。伦敦国家美术馆的《腓力四世立像》（约1635年）也常常被称为《银装腓力》【图139】。那鉴于弗拉加肖像中和谐的颜色如此独到且富有诗意，我们是否也可以把画像称作《玫红装腓力》（*Philippe au manteau rose*）或《玫红腓力》（*Philippe couleur de rose*）？

在弄臣与侏儒肖像中[67]，《弄臣奥地利的唐·胡安肖像》（*Portrait du bouffon Don Juan de Austria*）因艺术家的娴熟技巧及其对人物心理入木三分的刻画而显得最具表现力【图209】。学界对此画的创作年代尚未形成共识，各种观点在1632年至1647年摇摆，其中1643年前后似乎是比较合理的断代。这位弄臣从1624年到1645年在宫中效力，但他既没有固定的俸禄，也没有固定的居所。我们并不知道他的真实姓名，但根据当时的风俗，这些被介绍到宫中服务的孩子都被冠以名人的名字。奥地利的唐·胡安可能指的是腓力四世的同名私生子，其政治野心扰乱了卡洛斯二世的统治，也使丧夫后的奥地利的玛丽亚娜倍感不安。不过，这个名字更可能来自那位最有名的奥地利的唐·胡安，他是查理五世的私生子、腓力二世同父异母的弟弟，1571年他在勒班陀大败土耳其舰队。

画中描绘的大概是一出宫廷剧谢幕时的场景，弄臣在剧中扮演了16世纪的奥地利的唐·胡安。在肖像背景的右侧，一艘起火的战舰暗示了一场海战，它指的应当就是勒班陀大捷。演出结束后，弄臣卸下的头盔、铠甲以及钩铳都被扔在一旁的地上。我们可以看到，他一手笨拙地握着指挥棒，一手抵着剑柄。比起本该让人回想起的英雄的丰功伟绩，站立着的他看起来几乎是滑稽可笑的，而精致的服装更使他显得格外荒唐。制作这件黑粉相间的服装所用的丝绸和天鹅绒布是1632年采购的。人物的服装和海战背景要求艺术史学家不能只满足于分析可怜的弄臣和辉煌的史实之间形成的反差，事实上，是色彩的和谐才使这一反差得以升华。服装用色的丰富与细腻，让人想起委拉斯贵支特别欣赏的威尼斯画派。在这里，命运的悲哀被包裹在华丽的色彩之中。

委拉斯贵支也为唐·迭戈·德·阿塞多（don Diego de Acedo）绘制了肖像【图210】，一般认为这位绰号为“堂兄（*El Primo*）”的侏儒是于1635年进入宫廷效力的[68]。虽然缺乏十足的把握，人们还是常常把这帧藏于普拉多博物馆的肖像视为委拉斯贵支1644年6月逗留弗拉加时所绘的那幅侏儒画像。实验室检测结果表明，我们现在看到的头部遮盖了另一个头像。背景中的风光也被修改过，现有版本让人想起巴尔塔萨·卡洛斯王子骑马像中能唤起马德里郊外回忆的景色【图163】。画中的侏儒坐在乡野中，翻着一本对开本。他穿着优雅，大宽帽和辽远的地平线凸显了他矮小的身形。这些对开本和书写工具影射了他的行政职务，他在负责加盖王室印戳的秘书处工作。他和为枢机王子效力的胡安·德·阿塞多-贝拉斯克斯（Juan de Acedo y Velázquez）是亲戚。“堂兄”这个绰号可能是因为他既想让人知道自己和对方的亲属关系，同时又想与对方区别开来。

唐·迭戈·德·阿塞多的肖像用色沉闷暗淡，但同时又极具感染力，黑、白或蓝灰的色调和谐地交织在一起。这

图209
《弄臣奥地利的唐·胡安肖像》
约1643年
布面油画
210厘米×123厘米
马德里，普拉多博物馆

双页面
图210
《执书于膝上的侏儒肖像（堂兄唐·迭戈·德·阿塞多）》
1644年
布面油画
107厘米×82厘米
马德里，普拉多博物馆

图211
《席地而坐的侏儒肖像（唐·塞瓦斯蒂安·德·莫拉？）》
约1645年
布面油画
106.5厘米×82.5厘米
马德里，普拉多博物馆

图212、213
《贝纳文特伯爵》
约1648（?）
布面油画
109厘米×88厘米
马德里，普拉多博物馆

些颜色在不知不觉中使他的矮小身材变得更为敏感，但应当也要注意到，它们同时还烘托了画面的构思精巧与画中的人性意味。画家通过暗淡色调的和谐交织把人物融入风景，这一景色属于尚未受到破坏的天然风光，因而也是最本真的元素。尽管身为侏儒，唐·迭戈·德·阿塞多不可辩驳地属于创世中的造物。造物之力有时会减弱（这位丑陋人物就是一例），但总体而言这股力量还是完好无损的。

同样也是侏儒的唐·塞瓦斯蒂安·德·莫拉（don Sebastián de Morra）[69]，在低地国家为枢机王子一直效力到1643年。之后他回到马德里，成为阿斯图里亚斯亲王巴尔塔萨·卡洛斯的随从，直至1649年过世。委拉斯贵支为他创作的肖像，应当就是在这一时期绘制的，具体而言似乎是在1645年前后【图211】。画中的人物背靠着墙席地而坐。墙体和地面的栗色调构成了几乎呈中性的背景，进而烘托了委拉斯贵支以含蓄的方式刻画出的人物特征。他坐着，两臂斜撑，握拢的双手放在大腿上部，两腿伸直，鞋底竖起向外。在某种意义上，他在提醒大家注意他的残疾。略歪的脸庞上露出的忧伤和直直的目光中透出的深邃，给他的残废平添了一种哀婉动人的表达方式。暗绿与深红相间的服装颜色，把注意力引向人物本身。在这样的背景前，以这样的姿势，带着质问人间苦难的双眼，穿着这样的服饰，侏儒出人意料地变得至关重要起来，即便他的身形还是那般矮小。这幅肖像曾用来装饰过不同的王室居所，这也解释了画像何以经历过多次外形上的改变：它起初是尺寸更大的四边形画作，后来被装裱进椭圆形画框，最后又被改成现有的长方形规格。

普拉多博物馆的《贝纳文特伯爵》（*Comte de Benavente*）肖像，被许多艺术史学家视为委拉斯贵支绘于1648年左右的作品【图212】[70]。它首次被提及是在伊丽莎白·法尔内塞1746年的拉格兰哈城堡财产清册中，当时被认为是一幅提香绘制的肖像，画中人物身份不明[71]。这一作品归属有时让人觉得诧异，但也并非无法解释，因为甲胄、人物姿势以及放在头盔上的手，都和威尼斯大师所作的《腓力二世》中的对应部分颇为相似【图80】。《贝纳文特伯爵》的归属问题在学界备受争议，一些艺术史学家拒绝把这幅画作纳入委拉斯贵支的作品目录，如何塞·洛佩斯-雷伊、乔纳森·布朗等。显然，肖像证实了威尼斯画派对委拉斯贵支的深远影响。指挥绶带呈现出丰富绚丽的色彩，我们刚刚也提到了这幅画作和提香的《腓力二世》之间的相似之处，且腓力四世的画家在马德里老王宫可以尽情地研究提香的绘画。然而，有些专家认为此画与格列柯的绘画艺术有一定的相似之处，因而感到困扰；也有学者觉得人物姿势、光线和反光的处理都还不够成熟。另外，所绘人物的身份也尚无定论。这是第九代伯爵安东尼奥·阿隆索·皮门特尔（Antonio Alonso Pimentel），还是他的儿子第十代伯爵唐·胡安·弗朗西斯科·德·皮门特尔（don Juan Francisco de Pimentel）？画中的人物戴有指挥绶带及金羊毛勋章。作为埃斯特雷马杜拉总督的后者，在对抗葡萄牙的战争中负责指挥西班牙大军。1648年4月3日他被授予金羊毛骑士团勋章，1652年离世。不过，委拉斯贵支于1649年元月开始了他的第二次意大利之旅，直到1651年才返回马德里。这些史料按道理可以帮助确定绘画的创作年代，但实验室的检测结果并不支持这一断代方向："所有的技术数据都符合我们在研究委拉斯贵支1630年左右创作的绘画时所得到的那些信息。"[72]根据检测结果，铠甲和绶带在最后的版本中被缩减了，人物的左半脸亦然。如果我们接受这一分析结果的话，画中的人物应该是1633年辞世的贝纳文特第九代伯爵唐·安东尼奥·阿隆索。此外，我们也不能忘了，委拉斯贵支在1629年至1630年完成了他的首次意大利之行。因此，关于这幅画作，剩下的就是要在实验室数据和第九、第十代贝纳文特伯爵的生平之间找到契合的节点。

德累斯顿博物馆藏有一幅圣地亚哥骑士团骑士的胸像【图214】。人物微微侧着身，头发、八字胡和山羊胡子呈灰白色，他目光虽然静止，但还是炯炯有神。白色的领子使黯淡的服饰变得明亮起来。这幅落笔坚定的画作似乎是为一位大人物绘制的。大家一般认为这幅肖像是17世纪40年

图214
《圣地亚哥骑士团骑士肖像》
1645—1650年
布面油画
67厘米×56厘米
德累斯顿，德累斯顿国家艺术收藏馆，历代大师画廊

图215、216
《执扇的女子》
约1646年
布面油画
95厘米×70厘米
伦敦，赫特福德府邸，华莱士收藏

代的最后几年内创作的。人们也曾精到地指出，骑士的眼睛和雕塑家胡安·马丁内斯·蒙塔涅斯在画像中的双眸有一定的相似之处【图199】，不过后者的肖像更胜一筹，因为画家直击了人物的内心，而且对暗淡色调的布排也把握得更加到位。

这张肖像中的人物有时因为帕洛米诺的记述而被认为是拉皮利亚侯爵唐·费尔南多·德·丰塞卡-鲁伊斯·德·孔特雷拉斯（don Fernando de Fonseca y Ruiz de Contreras）。也有人觉得他是加斯帕尔·德·富恩萨利达（Gaspar de Fuensalida）。1685年的时候，这件画作属于切萨雷·伊尼亚乔·德·埃斯特（Cesare Ignacio d'Este）亲王在摩德纳的私人收藏，当时它被视为委拉斯贵支的作品，但所绘人物身份不明。1747年，它入藏德累斯顿博物馆，先是被看作鲁本斯的绘画，后来又被认为是提香的作品。最后这一归属意见，虽为谬误，但还是非常能说明问题的，就像在拉格兰哈城堡1746年的伊丽莎白·法尔内塞财产清册中出现的《贝纳文特伯爵》归属问题一样，它们都印证了西班牙大师和提香在绘画艺术上的某些相似。

上述作于1643年至1649年的肖像，都是严肃的甚至是悲怆的男性画像。现在，我们要来研究两幅来自另一种灵感的女性肖像：伦敦华莱士收藏中的《执扇的女子》【图215】和纽约大都会艺术博物馆罗伯特·雷曼（Robert Lehman）收藏中的《玛丽·特蕾莎公主肖像》（*Portrait de l'infante Marie-Thérèse*）【图217】。

这幅应当作于1646年前后的《执扇的女子》，大概是由吕西安·波拿巴（Lucien Bonaparte）带出西班牙的，并出现在他1816年的拍卖会上。它曾经先后属于拉斯马里斯马斯侯爵亚历杭德罗·阿瓜多（Alejandro Aguado）和理查德·华莱士爵士（Sir Richard Wallace）。有时，画中的模特儿被认为有可能是委拉斯贵支的女儿弗朗西斯卡，也就是马索的妻子。这幅绘画之所以重要，是因为它使画家的作品目录中多了一幅既非王后、也非公主的女性肖像，它属于画家完美再现西班牙女性日常生活的那些画作，就像前文提及的《做针线活的年轻女子肖像》或《女孩像》【图197、图196】。在这幅止于膝部之上的肖像中，委拉斯贵支描绘的是一位优雅的棕发女子，她显然出身名门，正如她的穿着打扮所说明的那样。她微侧着身，风姿绰约。她戴着项链和手套，把玩着折扇，一块精美的布料从她的头顶垂到身上，衬托了袒露的胸肩。她的右手拿着扇子，左前臂上则挂有一串玫瑰念珠。各种暗淡的色调融合在一种肃穆的美感中，女子的目光似乎在询问她的精心打扮是否成功。

为了帮助实现西班牙宫廷的外交目的，委拉斯贵支为日后将成为路易十四妻子的玛丽·特蕾莎公主绘制过多幅肖像。纽约大都会艺术博物馆不仅有罗伯特·雷曼收藏的一幅公主肖像，还有另一帧来自朱尔斯·贝奇（Jules Bache）收藏的公主画像，后者成画更晚。在第一张肖像中，人物更加年轻，脸庞上稚气未脱。委拉斯贵支于1648年再次前往意大利，画像应该是在此之前完成的。这或许也是他为公主绘制的肖像中最早的一幅。他描绘的是公主的头部和微侧的上半身上部。画中色彩给人以少女的感觉：脸颊上粉红肉色的鲜嫩，额头和颈部或白皙或暗淡的皮肤，如头盔一般的栗色头发，以及上衣苍白的色调。

在丽池宫的骑马像与猎亭的王室猎装肖像中，还有在《隐士圣安东尼与圣保罗会面》和《王家猎网》中【图147】【图187】，委拉斯贵支发展出了表现露天场景和自然风光的过人才华。

接下来要研究的是《萨拉戈萨之景》【图218】。大家等待的或许是一场津津有味的赏析，然而，我们必须谨慎处理的是画作的作者问题。

画中所描绘的城市是从埃布罗河对岸望过去的样子，我们也可以瞥见王室的随从队伍。作品的引人注目之处，是融合了细腻的描绘、生动别致的生活和光线。这是西班牙绘画中最美的风景画之一。

阿斯图里亚斯亲王巴尔塔萨·卡洛斯先前接受了阿拉贡人的宣誓效忠。亲王指定了所绘景色的视角。他和马索关系密切，从1643年起直到他离世，马索一直是他的素描

图217
《玛丽·特蕾莎公主肖像》
约1648年
布面油画
48.3厘米×36.8厘米
纽约，大都会艺术博物馆

图218
胡安·包蒂斯塔·马丁内斯·德尔·马索《萨拉戈萨之景》
1647年
布面油画
181厘米×331厘米
马德里，普拉多博物馆

和油画老师。因此，委托马索作画是再自然不过的事情。右下角的题文证明了此画是马索奉国王之命创作的，并于1647年8月完成。根据艺术家写于1648年8月13日的一封信件，这段题文是由阿拉贡编年史作者唐·胡安·弗朗西斯科·安德烈斯（don Juan Francisco Andrés）撰写的。1647年，拉萨罗·迭斯·德尔·巴列（Lázaro Díez del Valle）说起此画作者时也只提到了马索。根据1686年马德里老王宫财产清册的记载，"位于珍宝馆上层狭长走道"的《萨拉戈萨之景》是"胡安·包蒂斯塔·德尔·马索的原作"。直到1848年，由于风格原因，威廉·斯特灵（William Stirling）才在《西班牙艺术家编年史》（*Annals of the Artists of Spain*）中主观地以为委拉斯贵支也参与了此画的绘制工作。之后，普拉多博物馆的藏品目录沿用了这一观点，并且在不同的版本中变换着师徒二人在天空和人物绘制中所扮演的角色。总而言之，将《萨拉戈萨之景》视为委拉斯贵支部分参与的画作是没有说服力的。它是画家女婿马索最值得称道的作品[73]。

委拉斯贵支和马德里老王宫的八角厅

委拉斯贵支在这一阶段开始履行他作为宫廷官员的职责，也就是负责管理王室套房的室内装饰与陈设。[74]文化修养深厚的他十分喜爱这类工作。首次意大利之行期间，他得

以了解并研究了意大利巴洛克时期的建筑与装饰。由于腓力四世对他的恩宠，他在马德里老王宫的翻新工程中扮演了关键的角色，正如档案和帕洛米诺等人的著述所见证的那样。不过，在这个过程中，他也和一些达官显贵发生了摩擦，譬如他和王室工程总监马尔皮卡侯爵之间的关系。画家是侯爵的助理，1645年3月，两人在王宫南廊的凹室问题上起了冲突。国王最后认为侯爵有理——坦率地说君主也别无他法——但他并未因此而放弃利用委拉斯贵支的协助与艺术趣味。画家同时也和大建筑师胡安·戈麦斯·德·莫拉打着交道。后者自1636年10月起被革去负责老王宫工程的职务，直到奥利瓦雷斯下台后才回到宫廷。1643年6月21日，国王通过政令恢复了他总建筑师（*maestro mayor*）的职务，他立即上任履职并一直担任到1648年2月22日离世。对建筑师而言，腓力四世的画家在建筑方面只能算是业余人士，因为他在正规的技术领域内缺乏相应的能力与经验。但是，艺术史学家想要真正了解的是，委拉斯贵支是否确实为王宫室内装饰风格向意大利巴洛克趣味发展作出了贡献。思想开明的胡安·戈麦斯·德·莫拉也接纳了巴洛克，但更多是在建筑平面、形态和体量方面，而非室内装饰领域。其实，他们两人恰好是互补的。[75]

委拉斯贵支首次介入老王宫的工程是在1642年，相关项目是庭院走道的地面改造。他和丽池宫的建筑督察一同监理了此项工程。这些地面铺设了花岗岩和来自塔马洪（Tamajón）的石料，整个项目几年之后才完工。[76]

从艺术角度而言，另一项重要的工程是属于南廊建筑翻新的八角厅（*Pieza Ochavada*）改造。[77]在17世纪30年代的最初几年内，胡安·包蒂斯塔·克雷申齐拆除了总管塔的上部建筑，这座塔楼位于南立面中轴和主层新厅的西侧。此后，塔楼的剩余结构得以改建成日后被称作八角厅的新大厅及其附属楼梯。楼梯专供国王、王后使用，他们可以避开他人的目光从套房直接下到底楼一间特别的门厅（*zaguanete retirado*），然后坐上马车离开宫殿。在后来腓力五世时期的老王宫平面图上，也可以看到这座楼梯。它还出现在委拉斯贵支的《宫娥》背景里，也就是在右侧的门后。但是，坦率地说，我们并不知道画中楼梯在那些台阶之后的确切走向。在这些工程中，胡安·戈麦斯·德·莫拉展示了他的建筑才能。楼梯的合约分1646年4月13日、9月3日及9月22日三次签署，次年3月5日，新楼梯就已修建完毕。

主层改造之前，八角厅所在的地方是一间台球室（*pieza de los trucos*）。一般认为，把它改建成八角厅是委拉斯贵支的主意。从艺术层面而言，这间大厅有一个特殊的用途，即汇集一些绘画和雕塑作品。它也大大改善了空间布局，为国王用来举行隆重接见活动的新厅提供了更加庄重华美的入口。1646年，台球室被拆除；1647年第一季度，八角厅竣工。1647年1月22日，委拉斯贵支被任命为八角厅工程督察，但由于行政问题，委任状要到3月7日才被确认。[78]另外需要指出的是，他在王室工程部协助马尔皮卡侯爵时，早在1646年2月27日，俸禄就已达每月60杜卡特。单靠这一职务，他的年薪就高达720杜卡特，而总建筑师的年俸只有400杜卡特。由此可见，国王对委拉斯贵支非常慷慨。显然，是国王坚持要画家参与王宫改造工程的。胡安·戈麦斯·德·莫拉是八角厅的建筑师，而委拉斯贵支则负责大厅的室内装饰。我们很希望能了解他们之间角色分配的具体细节。

为了弄清这一点，首先要尽可能地复原大厅的原貌。一些相关资料给我们带来了不少启示。这些资料包括腓力五世时期的老王宫二楼（主层）平面图。[79]其中有一幅通常被称为“尤斯蒂平面图”【图220】，因为正是这位德国学者发现、描摹并出版了这一资料。[80]由于原图长期下落不明，当时其他人翻印的都是这幅平面图，并把它冠以德国学者的名字。后来，原图在马德里宫廷档案总馆内再次被发现，并于1989年得以出版。这幅绘制于1709年秋的平面图被认为是特奥多罗·阿德曼斯（Teodoro Ardemans）的手笔。[81]他也是一张1705年的精美平面全图的作者【图219】。最后，法国外交官、艺术爱好者安托万·迪·韦尔热（Antoine

图219
特奥多罗·阿德曼斯
《马德里老王宫平面图》
1705年
巴黎，法国国家图书馆，
地图平面图部

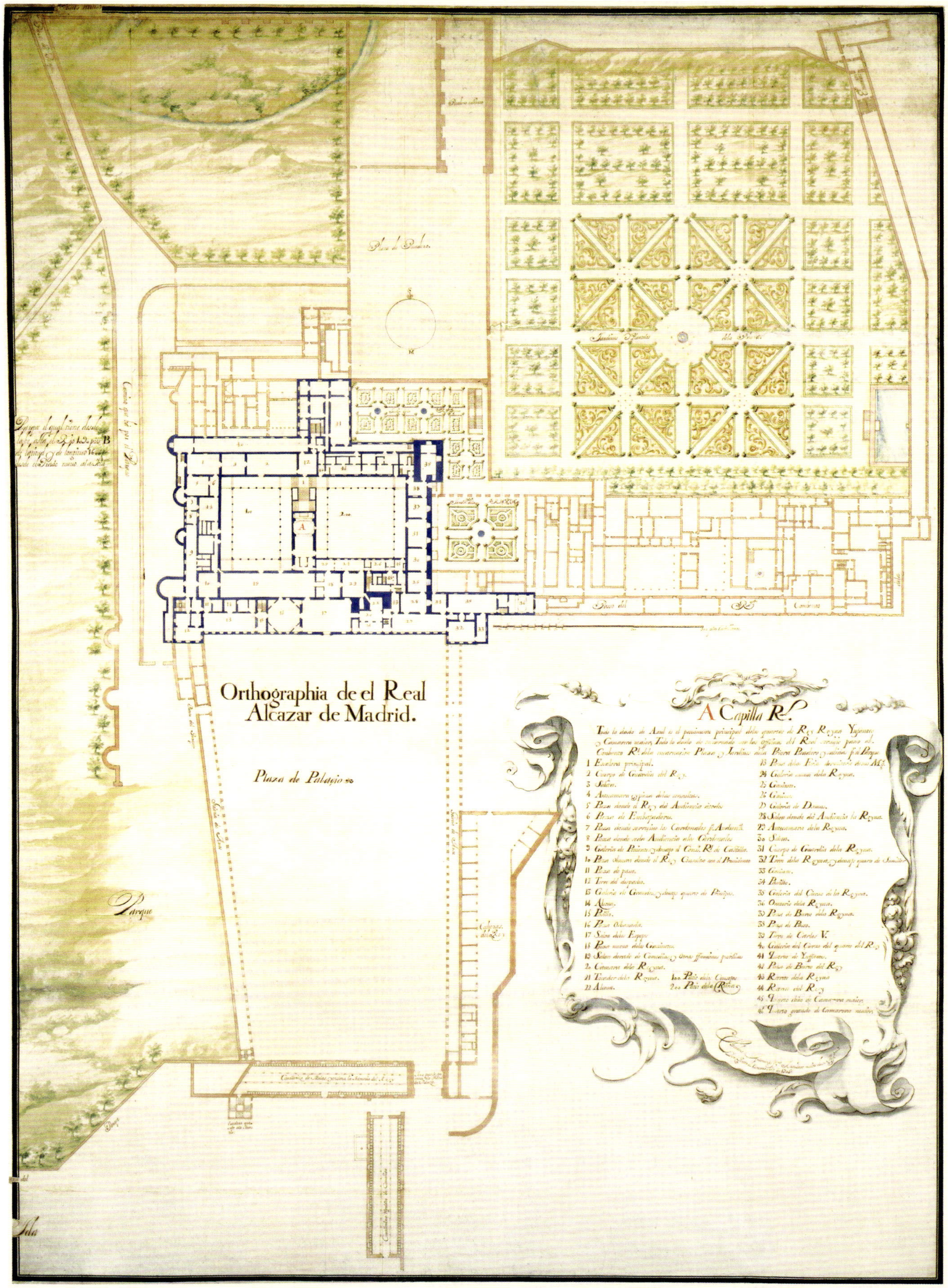

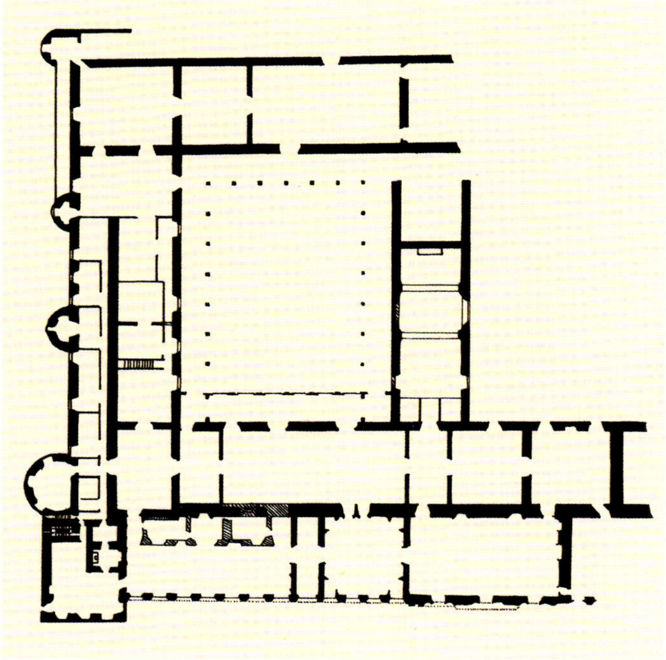

du Verger）在完成奥尔西尼夫人（madame des Ursins）委托他的工程后，于1711年底绘制了反映当时整体建筑状态的平面图和剖面图【图221】，同时附有评论，其中就有南侧主层和八角厅的剖面图【图222】[82]。除了这些平面图、剖面图，还要算上藏于伦敦国家美术馆的奥地利的玛丽亚娜的一幅肖像【图223】。这件作品由马索绘于1666年[83]，那时的王后已成了腓力四世的遗孀。画中的她身处镜厅，但透过左侧开向八角厅的门，画家以小卡洛斯二世为中心展现了一个类似《宫娥》的场景，背景里是一件青铜雕像和一扇门，圆弧形的门楣上置有一尊胸像[84]。结合伦敦这幅画作中的相关部分、安托万·迪·韦尔热的剖面图以及各个版本的平面图，艺术史学家也便掌握了重构八角厅体量和

图220
《马德里老王宫主层（二楼）局部平面图》
卡尔·尤斯蒂根据特奥多罗·阿德曼斯的1709年平面图绘制
（皮埃尔·阿蒙根据“尤斯蒂平面图”绘制）

图221
安托万·迪·韦尔热《马德里老王宫主层平面图》
1711年
I：南廊
K：八角厅
L：镜厅或王座大厅
巴黎，法国国家图书馆，版画摄影部

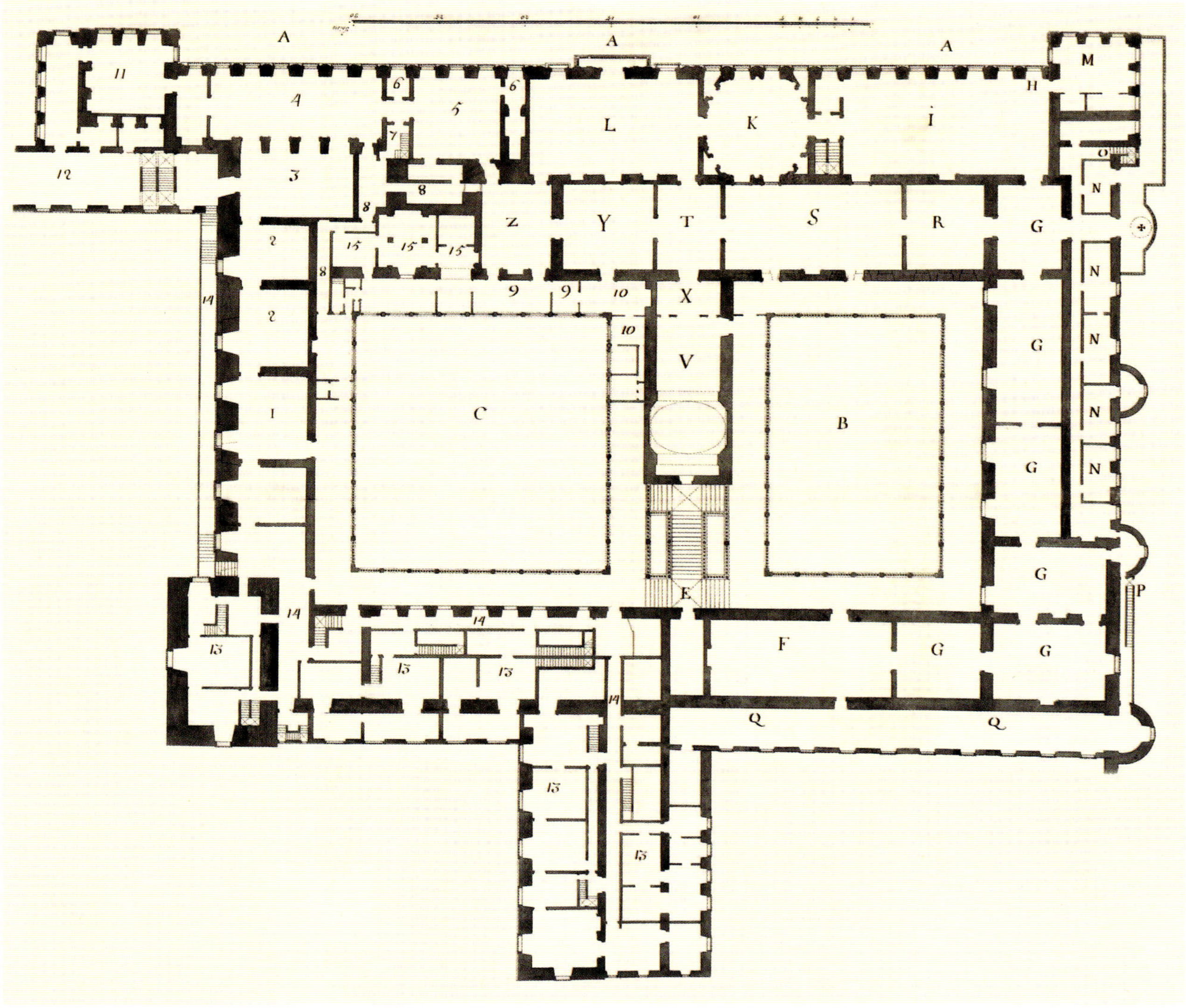

图222
安托万·迪·韦尔热《马德里老王宫南侧主层剖面图C》
1711年
I：南廊
K：八角厅
L：镜厅或王座大厅
巴黎，法国国家图书馆，版画摄影部

墙面设计所需的各种要素。幸运的是，除了这些图像资料，老王宫1666、1686年[85]和1700年的财产清册还提供了装饰八角厅的绘画和雕塑清单。在1734年圣诞老王宫失火之前，八角厅的收藏名录并未经历太大的变动。

厅内的自然光照，来自朝向王宫广场的四扇窗户，它们分属两层，每层各二扇。大厅天顶是并不高的穹窿。何塞·曼努埃尔·巴尔韦托（José Manuel Barbeito）曾这样细致地描述过八角厅："大厅平面是在正方形的基础上切去四角。和四角对应的切边中央开有装饰丰富的小门，碧玉构筑的边梃和过梁之上是承托青铜胸像的圆弧楣。每扇小门两侧各有一个壁龛，全厅共计八个，龛中应当置有雕像。另有两个正对的壁龛，位于两座阳台与两扇大门之间。其中一扇大门通向镜厅（在我们所说的时代还叫作新厅），对面相同大小的另一扇门则通往国王南廊。角上的切边和四方的余边之间由巨柱式的科林斯壁柱连接……这些壁柱同大厅等高。柱头之上是绕厅一周的厚重楣构，它托起八瓣穹顶，对应的八条装饰线脚呈辐射状扩散。"[86]根据高窗的布局，墙上形成了一些可以悬挂绘画作品的区域。

八角厅的装饰基调由雕塑支配，而镜厅在设计中则更趋向于依托绘画。建筑与建筑图样在八角厅中似乎起了决定性的作用。在这样的情形下，我们可以认为"把这间曾经的台球室改造成饰有绘画与雕塑的新大厅是委拉斯贵支的想法。选择和布置这些艺术作品应当也是由他负责的。相反地，总体建筑设计和建筑装饰应该是莫拉的功劳"。[87]

在壁龛中，委拉斯贵支陈列的是由枢机王子从佛兰德斯送来的七星球，此前它们保存在丽池宫。在马索的画中，我们可以辨认出维纳斯的塑像。这一系列雕塑在1734年的火灾中幸免于难，现藏马德里王宫。委拉斯贵支也派人安置了莱昂内·莱奥尼（Leone Leoni）创作的腓力二世和匈牙利的玛丽（Marie de Hongrie）的立像，这两件作品如今藏于普拉多博物馆。[88]

八角厅内的狩猎或战争题材绘画来自佛兰德斯，但是根据1686年的财产清册，那幅镶在天顶中央的描绘爱神与仙女们的画作则是丁托列托的手笔。这些绘画在1734年的火灾中损失惨重。[89]

帕洛米诺曾经写过，八角厅的"设计与布局来自委拉斯贵支"。[90]相信这一叙述的前提是不能忘了建筑师胡安·戈麦斯·德·莫拉的角色。他们的合作非常成功，八角厅不无道理地被认为是佛罗伦萨乌菲齐宫的托斯卡纳大公八角讲坛（*tribuna*）之马德里版。两座大厅的相似之处是都汇集了高雅精致的艺术品。况且，从西班牙的角度来看，八角厅是仿效意大利巴洛克的知名一例。

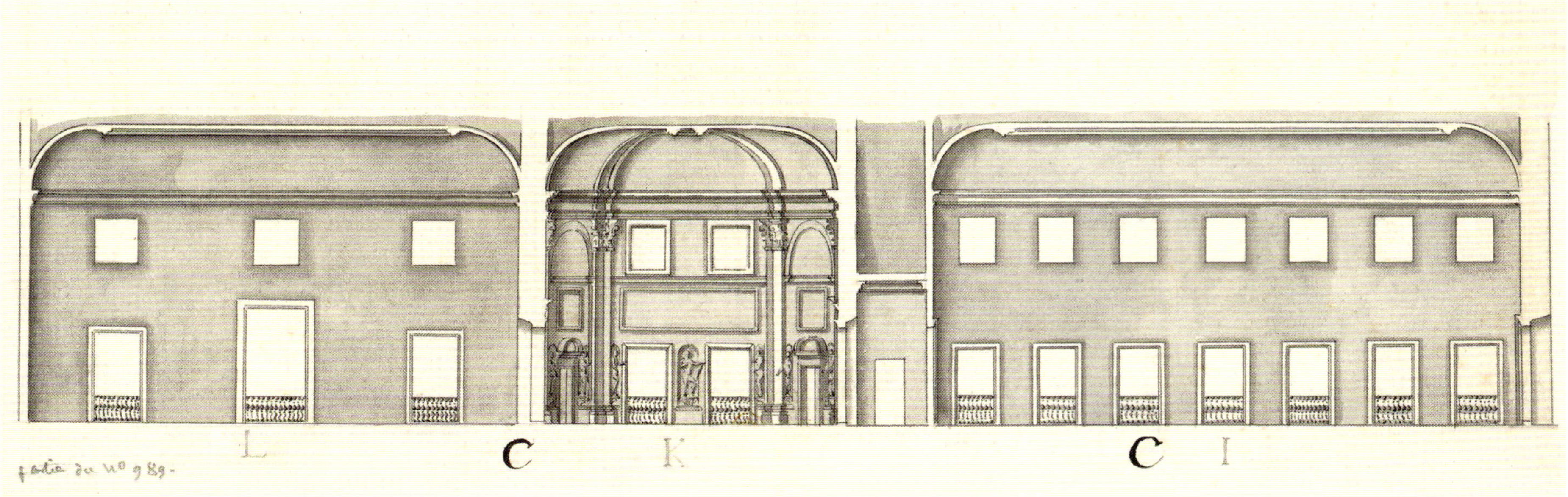

图223
胡安·包蒂斯塔·马丁内斯·德尔·马索《王后奥地利的玛丽亚娜》
1666年
布面油画
196.8厘米×146厘米
伦敦，国家美术馆

第三编

最后的岁月

1649—1660年

第二次意大利之行（1649—1651年）

委拉斯贵支的第二次意大利之行对他的生活与作品而言都是一段至关重要的经历。因此，应当细致分析这次旅行的缘起、旅行的不同阶段以及在此期间艺术家的具体活动，这些活动主要包括创作绘画和为装饰王室居所做的准备工作。[1]

旅行的缘起

我们也许可以相信委拉斯贵支的朋友、阿拉贡画家胡塞佩·马丁内斯所说的，当时腓力四世希望用绘画来装饰王宫内的一条长廊，他向自己的宫廷画家表达了这一愿望，画家考虑到自己对意大利的向往，巧妙地回答道：“陛下不应当拥有那些大家都可以得到的绘画。”国王问他那该怎么做，委拉斯贵支趁势毛遂自荐，愿意再次前往意大利，去罗马和威尼斯为君主收罗可供购买的最美画作。为了让画家能够开展必要的收购工作，腓力四世答应了他的旅行请求。[2]国王的应允满足了艺术家的夙愿，他一直等待着能够让自己再次感受意大利半岛的文化气息与美感的机会。

也可以肯定的是，这次旅行的缘由超越了委拉斯贵支个人的愿望。它们和腓力四世的艺术计划直接相关。老王宫的美化工程不单单是更新已有建筑的装饰和兴建新的厅室，还包括收购国王尚未拥有的艺术珍品。需要收购的作品不仅有绘画，也有雕塑，因为后者在王室收藏中还不够丰富。这些收购工作完成后，马德里老王宫将会和西班牙国王的尊贵与显赫完美相称，也将满足君主开放、细腻的艺术趣味。

在委拉斯贵支即将暂时离开的宫廷内，数年来，因几位王国内最重要的人物相继离世而引起的一些事件，也让王权深感不安。1643年元月失宠的奥利瓦雷斯，逝于1645年7月22日；1644年10月6日，波旁的伊丽莎白王后辞世。1646年10月9日，巴尔塔萨·卡洛斯王子在萨拉戈萨因病离世，这对刚刚经历了丧妻之痛的腓力四世而言，又是沉重的一击。在国王的直系继承人中，只剩下玛丽·特蕾莎公主了。虽然公主可以加冕，但腓力四世更希望有一位男性继承人。他决定迎娶本来是和自己儿子订婚的奥地利的玛丽亚娜公主，她是皇帝斐迪南三世和腓力四世的亲妹妹玛丽的女儿。出生于1634年12月21日的公主，比腓力四世年轻29岁。马克达-纳赫拉公爵（duc de Maqueda y Nájera）奉命前往特伦托（Trente）迎接公主，并负责把她一路护送到西班牙国王跟前。

1648年11月16日，部分马克达公爵的随团成员离开马德里前往安达卢西亚。同月24日，委拉斯贵支委托妻子胡安娜·巴切柯全权代他处理事务，因为他要离开西班牙去为国王办事。25日，国王为他的旅程提供了一辆马车和一头骡子，画家[3]准备和马克达公爵同行。[4]12月7日，公爵到达马拉加。然而，原定的启程耽搁了好几个星期，直到1649年1月21日才最终成行。

旅行的进程[5]

在西班牙沿海港口多次中途停靠后，委拉斯贵支于3月11日抵达热那亚。此后，画家离开马克达公爵的随行队伍，自行前往威尼斯。4月21日，“天主教国王”的驻威尼斯大使拉富恩特伯爵（comte de la Fuente）宣布了他的到来。腓力四世的画家很快就让人明白，为君主收购艺术品才是他挂虑的主要任务。他先是在威尼斯当地搜寻，然后又去了帕尔马、摩德纳、博洛尼亚，之后又前往罗马。1649年5月29日，他已身处教宗国首都。

我们无法确定他抵达那不勒斯的具体日期。他应当从总督奥尼亚特伯爵（comte d’Oñate）那里收到了800西班牙银元，作为旅行费用的差额报销。在此之前，他已经获得了2000杜卡特旅费。在那不勒斯，他拜会了里贝拉（1591—1652年）。当时，负有盛名的里贝拉已是一位病中的老者。委拉斯贵支还在那不勒斯为腓力四世翻制了古代雕塑。

1649年7月10日前后，他返回罗马，并在那里一直待到次年11月。此次暂住给他带来了社交和艺术上的双重

图224
《阿剌克涅的传说（纺织女）》
约1659年
图275局部，第325页

图225
《英诺森十世肖像》
1650年
图229局部，第265页

图226
《费尔迪南多·布兰达尼》
（曾作《教宗理发师的肖像》）
1650年
布面油画
50.5厘米×47厘米
马德里，普拉多博物馆

图227
《卡米洛·马西米肖像》
1650年
布面油画
73.6厘米×58.5厘米
金士顿莱西庄园，班克斯收藏（英国国民信托）

图228
《卡米洛·阿斯塔利（潘菲利）枢机肖像》
1650—1651年
布面油画
61厘米×48.5厘米
纽约，美国西语世界协会

满足，所以对他而言十分重要。枢机主教阿隆索·德·拉奎瓦（Alonso de La Cueva），曾经是为腓力三世和腓力四世效力的西班牙外交官，据说他谈到委拉斯贵支的时候一脸鄙夷，甚至还把画家的活动说成是“诈骗”。但是，即便委拉斯贵支在英诺森十世面前并非“大使”——在这一点上帕洛米诺叙述有误——他在教廷还是备受欢迎，卢多维西亲王（prince de Ludovisi）以及阿斯塔利·潘菲利（Astalli Pamphilj）、弗朗切斯科·巴尔贝里尼两位枢机主教对他更是格外敬重。他为教宗及其身边亲近的人物绘制了肖像。可以想见，这些可观的画酬使他在旅居期间保持了经济上的相对独立。在众多艺术家中，他的成功是毋庸置疑的，这也让他倍感高兴。他还结识了贝尼尼、普桑和马蒂亚·普雷蒂（Mattia Preti）。1650年元月，他被接纳为圣路加学院成员。次月，他还成为万神殿宗座文学艺术学院的一员，这座创立于1542年的学院由教宗直接保护。他的入院文件是由亚历山德罗·阿尔加迪（Alessandro Algardi）签署的。1650年3月19日，在万神殿的年度大展上，委拉斯贵支展示了他为自己的奴隶助手胡安·德·帕雷哈创作的肖像，这幅画作给他带来了极高的赞誉。让尼娜·巴蒂克尔曾指出，“那时他所拥有的相对独立可能改变了他对社会关系的认知”，[6]因此，1650年11月23日，他还胡安·德·帕雷哈以自由之身。大概是为了进一步巩固自己的成功，他希望能够在西班牙加入军事骑士团。他向教宗表达了这个愿望，教廷驻马德里大使负责支持他的申请。

然而，在马德里，腓力四世曾数次要求委拉斯贵支尽快回到宫廷。他分别于1650年6月、8月、10月、11月派人通知画家返回西班牙。他向人解释说要监督艺术家的懒散。不过，委拉斯贵支并没有遵从君主的命令。1650年11月26日之后，他离开罗马前往佛罗伦萨；12月12日，他抵达摩德纳。离开摩德纳后，他并没有登船返回西班牙，而是去了威尼斯，最后又回到罗马。回到教宗国首都是出于私人原因。这一年春天，委拉斯贵支在罗马和某位女子发展了一段私情，不过我们对她一无所知。大约是1651年底，她给画家生了一个名叫安东尼奥的私生子，但孩子的父亲数月前就已经返回西班牙了。

1651年5月，摩德纳宫廷在“天主教国王”跟前的代表奥托内利（Ottonelli）在热那亚遇见了画家，那时他正要从这座港口城市坐船踏上归途。在巴塞罗那上岸后，6月23日晚上，委拉斯贵支已经身处马德里了。据帕洛米诺所言，画家原想在归途中绕道巴黎，但最后由于战争放弃了这个念头，即便他拥有前往法国的“通行证”。

对于此次归途的拖延，人们已作过大量评论，但是长期以来，大家只强调委拉斯贵支不舍意大利的生活、艺术以及他所享有的自由。其实，应当还要加上另外两条理由。一是落在他身上的为君主寻觅、收购艺术品的任务十分繁重。在进行必要的包装和运送之前，收购工作还需要一些不可或缺的许可手续。选择雕塑、翻模以及铸像也花了很多时间。二是1983年才发现的委拉斯贵支在罗马的私情，这段情缘肯定也是造成他归国延期的另一个原因。[7]

第二次意大利之行期间的绘画

委拉斯贵支在第二次意大利之行期间创作的绘画，因自由大胆的笔法而引人注目。威尼斯画派在这些作品中也留下了更深的印记。我们知道，自从委拉斯贵支定居马德里后，威尼斯画派对他的艺术产生了持续的影响。鉴于此次旅行时间之长，以及他在威尼斯对名画所作的现场研究，这一时期内影响的加强也便显得再正常不过。就连威尼斯人都承认委拉斯贵支和那些威尼斯大师在艺术上的相似之处。他们当中，和西班牙画家有着密切往来的版画家马尔科·博斯基尼（Marco Boschini），认为英诺森十世的肖像“是以真正的威尼斯笔触画就的”——委拉斯贵支在威尼斯展示了教宗肖像的副本。正如在马尔科·博斯基尼笔下委拉斯贵支用诗句所表达的那样，他并不欣赏拉斐尔，对他而言，位居画坛榜首的是威尼斯画派，其中他最赞赏的则是提香和丁托列托。[8]

在罗马时，委拉斯贵支为出身潘菲利家族的教宗英诺

图229
《英诺森十世肖像》
1650年
布面油画
140厘米×120厘米
罗马，多里亚·潘菲利画廊

森十世创作了肖像。根据帕洛米诺的记述，画家也给教宗身边亲近的几位人物绘制了画像。他嫂子奥林匹娅·马伊达尔基尼（Olimpia Maidalchini）的肖像如今已散失，但其他一些作品则保存了下来。其中，有教宗理发师、卡米洛·马西米（Camillo Massimi）大人和枢机主教阿斯塔利·潘菲利的画像。

帕洛米诺笔下的“米格尔·安杰洛（Miguel Angelo）”是教宗的理发师，一般认为现藏普拉多博物馆的一幅男子胸像描绘的就是他【图226】。这一人物身份虽然无法完全肯定，但基本还是合乎情理的[9]，创作日期1650年亦然。画作因其品质而几乎被公认为委拉斯贵支的手迹。在单一的底色之上，服装和头发的暗淡色调烘托了明亮的衣领和粉色的面庞，炯炯有神的目光给人留下强烈的印象。可以肯定的是画中人物出身并不高贵，但画家知道如何通过表现内心世界来赋予他生气与尊严。

卡米洛·马西米大人[10]（1620—1677年）出身于罗马上流社会显赫的家族之一。作为文人、艺术爱好者、业余画家、收藏家以及卡夏诺·达尔·波佐的好友，他非常欣赏普桑和洛兰。现藏卢浮宫博物馆的《摩西践踏法老的王冠》（*Moïse foulant aux pieds la couronne de Pharaon*）和《摩西把亚伦的杖变成蛇》（*Moïse changeant en serpent la verge d'Aaron*），就是普桑为他绘制的作品。他在英诺森十世当选为教宗后在教廷任职，但他的职业生涯有时并不顺遂。他也参与了为腓力四世收购艺术品的工作，和委拉斯贵支一起负责购买阿尔加迪的雕塑作品。1650年，画家为他绘制了肖像【图227】。坐在扶手椅上的模特儿是以胸像呈现的。他的脸庞因气定神闲的表现力以及周围和谐的色彩而让人难忘，这些色彩包括扶手椅的红色、衣领的白色和衣服的蓝色调。画中的高级教士身穿由双层长袍组成的教宗秘侍制服。服装的颜色象征着教宗内侍应有的美德，即简朴、克制和谦恭。人们曾注意到，这些颜色预示了《蓝装玛格丽特公主肖像》（*Portrait de l'infante Marguerite en bleu*）中的那些蓝色【图265】，这幅作于1659年的肖像现藏维也纳博物馆。不过，从技术角度来看，我们其实更应该探讨的是，委拉斯贵支在绘制这两幅肖像时，为得到这些色彩效果所使用的技法。

第二次意大利之行后，画家与高级教士继续保持着联系。在1670年成为枢机主教之前，卡米洛·马西米是1654年至1658年的教廷驻马德里大使。受西班牙驻罗马大使的影响，腓力四世对他有所提防，并在允许他进入马德里前，强制他在瓦伦西亚和马德里之间的昆卡省坎皮略德阿尔托布埃（Campillo de Alto Buey）等待了很长时间。我们可以看到，1654年3月13日，卡米洛·马西米就阿尔加迪为腓力四世制作的壁炉柴架问题致信委拉斯贵支。3月28日，画家非常礼貌地做了回复。

此后，国王和教廷大使之间的关系应当有所改善。当外交官返回意大利时，君主还送给他一颗尚未镶嵌的钻石。卡米洛·马西米拥有委拉斯贵支的数幅画作：西班牙国王、王后和公主的肖像，教宗嫂子奥林匹娅·马伊达尔基尼的画像以及我们前面描述过的他本人的肖像。卡米洛·马西米去世后，他的肖像由埃尔卡皮奥侯爵购得。1821年之前，此画又在博洛尼亚被威廉·约翰·班克斯（William John Bankes）收购，运往英国后由他的家族长期收藏。

卡米洛·阿斯塔利（Camillo Astalli）因被潘菲利家族收养而成为英诺森十世的侄子，他更为世人所知的名字是阿斯塔利·潘菲利。1650年9月19日，他成为枢机主教。委拉斯贵支为他作枢机像时，他只有三十多岁【图228】。胸像中留有八字胡、身着披肩、头戴微斜四角帽的枢机主教，在红色服装的衬托下显得无拘无束。比起虔诚，他机灵的面部神情所传达出的更多是能干。1654年，英诺森十世取消了他的显赫官职。卡米洛·阿斯塔利日后在卡塔尼亚（Catane）主教任上逝于西西里。他的肖像看起来忠实地再现了围绕在教宗身边的高级教士圈子。画像由身在罗马的委拉斯贵支创作于卡米洛·阿斯塔利晋升为枢机主教后，亦即1650年的最后几个月或1651年。

从1649年圣诞至1650年末，是每二十五年一次的禧年。

图230
提香《保罗三世及其侄子们》
1545—1546年
布面油画
200厘米×173厘米
那不勒斯，卡波迪蒙特博物馆

图231
《英诺森十世肖像》
1650年
布面油画
82厘米×71.5厘米
伦敦，阿普斯利府邸，惠灵顿博物馆

英诺森十世借此机缘请委拉斯贵支绘制了肖像【图229】，那时已73岁的教宗，并不奢望还能在有生之年再经历一次禧年。委拉斯贵支应当在1626年的马德里就结识了这位未来的教宗，后者当时是弗朗切斯科·巴尔贝里尼枢机主教的随团成员。虽然教宗身穿缎质的夏季披肩，但人们还是认为《英诺森十世肖像》(*Portrait d'Innocent X*)应当是春季绘制的。教宗坐在帷幔前的扶手椅里，手里拿着一张纸页，上面写着“致耶稣基督的教宗陛下英诺森十世，天主教国王内侍房之委拉斯贵支敬上 (*Alla Santa di Nro Sigre / Innocencio Xo / Per Diego de Silva / Velázquez de la Ca / mera di S. Mté Cattca*)”的字样。现藏于罗马多利亚·潘菲利画廊的这幅画像，从未离开过多利亚·潘菲利家族。

从红白色彩中迸射出的强大表现力以及对人物个性入木三分的刻画，激起了人们对这幅画像的无比赞赏。它可以和提香的《保罗三世及其侄子们》(*Paul III et ses neveux*)【图230】——两个侄子分别是奥塔维奥·法尔内塞 (Octave Farnèse) 和亚历山德罗·法尔内塞 (Alexandre Farnèse)——或格列柯展现了华丽红色的那幅《尼尼奥·德·格瓦拉枢机主教》(*Le Cardinal Niño de Guevara*，1596—1601年，纽约，大都会艺术博物馆) 相媲美。自由流畅的笔法把所有的表现力都化在帷幔、扶手椅、帽子以及披肩的红色中，还有法衣、领子和纸页的白色里。画中还有家具和服装以外的其他红色，也就是教宗透着血色的面庞上的那些红色。作品里教宗的威望既非通过对精神生活的隐喻，亦非通过尊贵来确立的。他以一位专制老者的现实形象出现。不过，也不能忘了画中人物是罗马巴洛克时期的一位伟大教宗。1646年至1649年，他把拉特朗大殿的修缮工程托付给了博罗米尼 (Borromini)。他想要把家族府邸前的纳沃纳广场建成罗马城中最美的广场。的确，由吉罗拉莫·拉伊纳尔迪 (Girolamo Rainaldi) 和卡洛·拉伊纳尔迪 (Carlo Rainaldi) 父子主持的圣阿涅塞重修工程，以及1648年至1651年由贝尼尼创作的《四河喷泉》(*Fontaine des quatre fleuves*)，赋予了广场无与伦比的夺目光彩。英诺森十世对自己的肖像十分满意，想以重金酬谢委拉斯贵支。但画家强调自己是“天主教国王”的使者，不能接受画酬。根据帕洛米诺的说法，画家最后还是收到了印有教宗像的金质纪念章以及用来佩戴它的长链。我们知道，对于委拉斯贵支而言，这幅绘画显然是为了向提香致敬。画家还亲自绘制了一幅副本带回西班牙【图231】，可能这就是他去世时悬挂在房间的那帧画像。此后，它先后出现在拉恩塞纳达侯爵和卡洛斯三世的收藏中。画作被“僭主”约瑟夫·波拿巴带走后，又于1813年由惠灵顿在维

图232
胡安·德·帕雷哈《圣马太的皈依》
1661年
布面油画
225厘米×325厘米
马德里，普拉多博物馆

图233
《胡安·德·帕雷哈肖像》
1649—1650年
布面油画
81.3厘米×69.9厘米
纽约，大都会艺术博物馆

多利亚连同逃亡君主的其他行李一并追回。它现在属于伦敦阿普斯利府邸的珍藏。这件复制品在原画基础上缩减成了胸像。[11]

据帕洛米诺所言，委拉斯贵支决定为英诺森十世绘制肖像后，想要通过画一幅惟妙惟肖的头像来练一下手。因此，在1649年7月至1650年3月，他创作了胡安·德·帕雷哈的肖像。[12]这些信息让人有些惊讶，倒不是因为两位模特儿之间的社会地位差距，而是因为色调的不同：一幅展示了夺目红色的奢华，另一幅则更加克制，并以暗色的和谐见长。不过，可以肯定的是，1650年3月1日，在万神殿展出的《胡安·德·帕雷哈肖像》（*Portrait de Juan de Pareja*）给它的创作者带来了赞誉【图233】。18世纪末，这幅肖像收藏在那不勒斯。1798年，它归英国驻两西西里王国特使威廉·汉密尔顿爵士（Sir William Hamilton）所有。1801年，爵士将其售出。从1811年开始，画作长期由历任拉德诺伯爵（comte de Radnor）收藏在英格兰索尔兹

图234
夏尔·佩西耶《美第奇别墅花园里的克娄巴特拉楼》
1786—1791年
纸本渲染画
巴黎，法兰西学院图书馆

图235
《罗马美第奇别墅花园的景色(阿里阿德涅楼)》
1649—1650年（?）
布面油画
44厘米×38厘米
马德里，普拉多博物馆

伯里（Salisbury）附近的朗福德城堡。1970年画像在伦敦佳士得拍卖后，次年由纽约大都会艺术博物馆购得。[13]

胡安·德·帕雷哈（约1610—1670年）和他来自马拉加省安特克拉（Antequera）的父亲取的是相同的名字。[14]在老师为他绘制的肖像中，他以微侧的半身像出现。背景是暗淡的单色，蓬松的头发和胡子呈褐色。明亮的色调则用在漂亮的花边衣领以及黄褐色与粉色的皮肤上。虽然胡安·德·帕雷哈静止不动，但他充满了惊人的活力，仿佛委拉斯贵支能让人感受到人物内心的跳动。在英诺森十世的肖像中，生命力似乎是从红白二色系的和谐交织中透射出来的，而在胡安·德·帕雷哈的画像里，则更多是从脸的结实和微微发福的厚重身体中表露出来的。这幅老师给他留下的画像应该也让胡安·德·帕雷哈本人十分满意，因为在他作于1661年的《圣马太的皈依》（*La Conversion de saint Matthieu*）中【图232】，最左侧的人物就是依照这幅肖像复制而成的。

在委拉斯贵支最有名、最受赞赏的作品中，两幅《罗马美第奇别墅的花园景色》（*Vues des jardins de la villa Médicis à Rome*）属于有别于肖像画的另一个绘画门类。其中一幅描绘的是克娄巴特拉或阿里阿德涅楼【图235】，另一幅是正在施工中的山洞凉廊立面【图237】。在第一件作品的前景中，委拉斯贵支展现了两个站立的男子，左侧的那位在右侧的人物面前微微弯下腰来，两人之间的拱廊后景里，是一尊《克娄巴特拉》（*Cléopâtre*）卧像。我们知道，这尊雕像那时还保存在美第奇别墅，但后来成为佛罗伦萨考古博物馆的收藏。在第二件画作中，描绘的景致并没有传达出前一幅中那种令人印象深刻的高贵与恒久的气氛。画家再次描绘了两个站着的男子，显然他们正在评论背景中的山洞

图236
夏尔·佩西耶《美第奇别墅疏林露台墙上的塞利奥拱》
1786—1791年
纸本渲染画
巴黎，法兰西学院图书馆

图237
《罗马美第奇别墅花园的景色(山洞入口的两个男子)》
1649—1650年（？）
布面油画
48.5厘米×43厘米
马德里，普拉多博物馆

凉廊立面的修建工程。立面被一些宽大的木板封了起来，它们在中间的拱券下和两侧的门洞里组成了一道禁止出入的栅栏。因此，画中所展现的是美第奇别墅最美景点之一的过渡状态，这一场景毫无诗意，和阿里阿德涅楼的安宁与诗意形成了巨大的反差。我们寻思指引委拉斯贵支创作这两件作品的是何种选择。他深深地为光线在树叶、建筑和拱柱上的游移变幻所吸引。石材的明亮色调，以及树木虚化甚至似乎在摇动的轮廓，都说明了风景因光线而展现出特殊的价值。在这样的分析基础上，我们也便可以衡量由恩里克·拉富恩特·费拉里提出的新画名之高妙，即便它们似乎难以推广应用。对他而言，克娄巴特拉楼的景色是在正午时分绘制的，于是画作被他称为《正午》(*Le Midi*)，而施工中的山洞凉廊立面则是午后创作的，因此可以题为《午后》(*L'Après-Midi*)。

这两幅画作的创作年代曾长期困扰着研究委拉斯贵支的艺术史学家。他们几乎都不会怀疑画家是在旅居罗马时完成的绘制工作。首次意大利之行时他曾在美第奇别墅暂住过，但这并不构成充足的理论依据。另外还要考虑的是风格问题。然而，风格分析也并非易事。正如恩里克塔·哈里斯所观察到的那样，两幅《罗马美第奇别墅的花园景色》明显还未全部完成，但这并不意味着它们一定是为准备更大的画作而进行的练习。未完成体现的更多是某种表达意

图238
卡米耶·柯罗《从法尔内塞花园望见的斗兽场》
1826年
贴于布面的纸本油画
30厘米×49厘米
巴黎，卢浮宫博物馆，绘画部

愿，而且也能让人联想到委拉斯贵支想要探索的另一种绘画门类——露天风景油画。“难以想象《罗马美第奇别墅的花园景色》早于17世纪30年代仅包含风景略图的王室骑马像或《隐士圣安东尼和圣保罗会面》。”[15]1644年成为枢机主教的卡洛·德·美第奇（Carlo de Médicis），是科西莫二世（Cosme II）的弟弟和斐迪南·德·美第奇（Ferdinand de Médicis）的叔叔，他也是西班牙在梵蒂冈的保护者。1648年至1649年，他对美第奇别墅和花园进行了大规模的修缮。这些工程解释了委拉斯贵支画笔下山洞凉廊入口的状态，也为断定两幅《罗马美第奇别墅的花园景色》成画于1649年至1650年提供了宝贵的线索。[16]运回西班牙后，这两件作品进入了王室收藏。它们首次被提及，并不是在丽池宫的风景画收藏清册里，而是在1666年马德里老王宫的财产清册中。自1819年起，它们归普拉多博物馆所有。

委拉斯贵支在一幅《罗马美第奇别墅的花园景色》中所展示的克娄巴特拉楼，反映了他对古代主题的兴趣，而山洞凉廊被木板封住的入口，则说明了存在的通俗与非传统面向对他的吸引力。不过，还有一个本质问题需要追问：

在绘制这两幅风景画时，他想要创作何种类别的绘画呢？我们并不能说它们所体现的是普桑、洛兰、意大利或荷兰非主流风景画家的影响。不要忘了，那时罗马的风景画家已经开始自然写生了。《罗马美第奇别墅的花园景色》是委拉斯贵支作品中仅有的两幅风景画[17]。

此外，它们的“叙述”价值也非同寻常，这不单是因为草图带来了自发性，也是因为画中对自然的感悟，而这种感悟的力量、清新与真诚使创造它们的画家超越了他所处的时代。自然而然地，人们会把这两幅风景同卡米耶·柯罗（Camille Corot）的罗马、意大利绘画联系起来【图238】。

装饰王宫的准备工作

丰富王室的绘画收藏是委拉斯贵支被派往意大利的直接缘由。不过，丰富收藏也和另外一个意图联系在一起，那就是通过聘请一名杰出的意大利装饰师和收购雕塑，来装饰首都的宫殿并更新宫中的艺术趣味。

关于腓力四世想要吸引一位意大利著名装饰师来为他效力的愿望，委拉斯贵支于1649年11月至1650年10月写给马尔韦齐侯爵的四封书信[18]，给我们提供了许多确切的信息。1595年出生于博洛尼亚贵族家庭的马尔韦齐，在1636年至1639年曾驻马德里宫廷。1639年，他帮助委拉斯贵支

图239
委罗内塞《维纳斯和阿多尼斯》
约1580年
布面油画
212厘米×191厘米
马德里，普拉多博物馆

议定了摩德纳公爵肖像的画酬。他和西班牙政府十分亲近，因为他曾经在马德里当过国事与战争顾问；1640年，他还是腓力四世在伦敦的特使。1646年，他在博洛尼亚隐退后，还继续享有腓力四世支付的年金，直至1654年离世。这是一位文人兼艺术爱好者，在钻研博洛尼亚历史的同时，他也是圭多·雷尼的赞助人。从委拉斯贵支写给他的信函中可以得知，腓力四世让画家去处理聘用彼得罗·达·科尔托纳的事宜。委拉斯贵支向马尔韦齐解释说，在第一次意大利之行期间，他不太欣赏这位艺术家，但后来他改变了看法，十分钦佩对方的创造力。彼得罗·达·科尔托纳谢绝了前往西班牙的邀请。马尔韦齐继而把安杰洛·米凯莱·科隆纳（Angelo Michele Colonna）引荐给了委拉斯贵支，科隆纳不久前和阿戈斯蒂诺·米泰利（Agostino Mitelli）一起装饰了摩德纳公爵的萨索罗别墅。1650年9月，腓力四世的画家准备返回西班牙时，还在试图联系科隆纳。这通书信并未提及米泰利，但科隆纳似乎要求与他合作。两人要到1658

图240
委罗内塞《刻法罗斯和普洛克里斯》
约1580年
布面油画
162厘米×190厘米
斯特拉斯堡，美术博物馆

年至1660年才来到马德里。之所以年事已高的他们接受去那里工作，大概是因为他们在意大利缺少装饰委托。

在旅居意大利期间，委拉斯贵支为他的君主在威尼斯收购了一些非凡的画作。[19]其中，有委罗内塞的《维纳斯和阿多尼斯》及《刻法罗斯和普洛克里斯》(*Céphale et Procris*)【图239、图240】。他也购买了丁托列托一系列以《旧约》为题材的天顶装饰画：《苏撒拿与二长老》(*Suzanne et les Vieillards*)、《以斯帖在亚哈随鲁面前》(*Esther devant Assuérus*)、《犹滴和何乐弗尼》(*Judith et Holopherne*)、《洁净米甸被俘的处女》(*La Purification du butin des vierges madianites*，位于天顶中央)【图241】、《沙巴女王访问所罗门》(*La Visite de la reine de Saba à Salomon*)、《约瑟和波提乏的妻子》(*Joseph et la Femme de Putiphar*)以及《水中被救的摩西》(*Moïse sauvé des eaux*)。这一组画现藏普拉多博物馆。同一博物馆所藏丁托列托的《天堂》(*Le Paradis*)，和画家在威尼斯总督府绘制的同名画作关系密切，它一般也被认为是委拉斯贵支在第二次意大利之行期间购得的。[20]

在他为腓力四世的王宫所收罗的且最终运至西班牙的艺术品中，还有委托阿尔加迪创作的雕塑。它们是拟人化后的四元素，以朱庇特、朱诺、尼普顿和库柏勒的形象出现。1654年6月，当艺术家辞世时，仅完成了前两尊雕像。腓力四世还是坚持要得到它们。卡米洛·马西米和委拉斯贵支就这个问题通了信。1654年3月13日，高级教士在坎皮略德阿尔托布埃致信画家，他在那里等待以教廷特使的身份进入马德里。他在信中说，之前他希望能够把雕塑同自己的行李一并带到西班牙，他曾多次在阿尔加迪的工作室欣赏过那些作品。他在奇维塔韦基亚(Civitavecchia)等了四天，期望它们能经由台伯河顺利运达，但恶劣的天气阻碍了河运，他最后无法再多做等待，只好先行离开。[21]

1659年，委拉斯贵支使位于马德里老王宫主入口之上、南立面背后的镜厅臻于完美。他在第二次旅居意大利时联系过的科隆纳和米泰利两位湿壁画画家，给他提供了协助。也是在这次旅居时期，他委托制作了十二头青铜狮，用来支撑大厅内的条几【图302】。根据其中一条狮尾上的款识，这些雕塑是由贝尼尼的助手马泰奥·博纳雷利·迪·卢卡(Matteo Bonarelli di Luca)于1651年在罗马

图241
丁托列托《洁净米甸被俘的处女》
1570年后
布面油画
295厘米×181厘米
马德里，普拉多博物馆

设计铸造的。朱利亚诺·菲内利（Giuliano Finelli）制作了鹰形的镜框，鹰翅则正好用作条几上方镜子的托座。[22]

委拉斯贵支在选择古代雕塑上花了许多时间与心血，然后他再请人翻模，制作成青铜铸像或石膏复制品。这部分工作在罗马、意大利其他地方或马德里完成。这些作品可以在马德里老王宫的财产清册中看到。《拔刺的少年》（*Tireur d'épine*）、《赫马佛洛狄忒斯》[23]（*Hermaphrodite*）【图244】、《贝壳中的维纳斯》（*Vénus à la coquille*）、《拉奥孔》（*Laocoon*）中的两尊胸像以及观景台的《墨丘利》（*Mercure*）胸像，均由青铜翻铸而成，如今皆藏于普拉多博物馆。[24]

这些委托定制所体现的他远程组织设计腓力四世王宫装饰的能力，英诺森十世、胡安·德·帕雷哈的肖像以及《罗马美第奇别墅的花园景色》所代表的杰出绘画成就，还有他享有的声誉，一切都表明在第二次意大利之行期间，委拉斯贵支已为返回马德里后的最后岁月提前做好了准备，那将是他艺术生涯与廷臣生涯中的巅峰。

社会地位的上升与杰作（1651—1660年）

从1651年6月23日委拉斯贵支返回马德里，到1660年8月6日画家在这座城市中辞世，时间不足十年。在此期间，除了因玛丽·特蕾莎公主的婚礼而前往西法边境，他没有离开过马德里或其周边地区。如果要用一个词来形容这段时期的话，鉴于他社会地位的上升和在艺术创作方面所取得的成就，艺术史学家最先想到的就是“巅峰”二字。不过，我们也会很快地意识到这个词并不完美，因为它似乎会掩盖画家此前的成就，也会削弱他从塞维利亚时期就已经拥有的大师风范，而这一风范其实贯穿在画家一路创作的非凡作品中。让尼娜·巴蒂克尔则使用了“凯旋的十年”这个十分中肯的说法。的确，在这十年间，正是一股“凯旋”之气把作为廷臣和艺术家的委拉斯贵支高高托起。他登上了宫廷与社会等级的巅峰。1652年，他被任命为相当于法国宫廷大元帅的王宫总管（*aposentador mayor de Palacio*），这也是西班牙宫廷中最重要的一个官职。1659年，他成为圣地亚哥骑士团骑士。在艺术领域内，他继续进行着紧张而多样的创作。他进一步丰富了王室收藏。他不仅是架上绘画画家，还是一名装饰师。他在埃斯科里亚尔的部分建筑中，以及更重要的马德里老王宫内，通过改造厅室内部的布局和陈设绘画、雕塑作品，烙下了他个性化的印记。在他一如既往的出色绘画中，我们可以毫不夸张地把一些作品视为绝妙的杰作：王室的某些肖像画，譬如藏于维也纳博物馆的《蓝装玛格丽特公主肖像》【图265】；藏于普拉多博物馆的两幅大尺寸油画，即把群像和日常生活结合在一起的《宫娥》【图269】，以及把工坊场景升华到神话乃至纯粹诗意境界的《阿剌克涅的传说》（*La Fable d'Arachné*），后者亦称《纺织女》（*Les Fileuses*）【图275】。从1651年到1660年凯旋的十年——我们引用这一说法应该也算不得过分崇拜——也是登峰造极的十年。

委拉斯贵支社会地位的上升：王宫总管与圣地亚哥骑士

在委拉斯贵支的社会地位上升中，腓力四世的个人意志扮演了决定性的角色。没有国王的支持，1652年与1659年的两项任命都不可能实现。很显然，就像之前一样，国王对画家十分尊重，并且深有好感。

1652年初，佩德罗·德·托雷斯（Pedro de Torres）成为国王内侍房秘书，因此需要有人接替他王宫总管的职位。负责准备此类任命的委员会（*Bureo*）成员，应当向国王说明每个候选人的能力与价值，以便国王确定人选。在委员会成员中形成了分别支持委拉斯贵支、富恩萨利达以及其他人选的几派，富恩萨利达的父亲与祖父也都在宫中效力。在投票结果中，委拉斯贵支仅位居第三。然而，1652年2月16日，腓力四世最终选定的却是画家。次月8日，资历

图242
委拉斯贵支及其画室
《玛丽亚娜王后肖像》
1652年
图252局部，第293页

最老的御侍院大总管蒙塔尔万伯爵（comte de Montalbán）为他组织了就职宣誓。

近来，有研究清晰地概述了委拉斯贵支收入可观的新职务。“根据一年中宫廷从马德里转至阿兰胡埃斯，然后到埃斯科里亚尔，再到帕尔多，最后重新回到马德里的行程，监管各王室居所的装饰和家具陈设。另外，应当负责国王及其随从出行的准备工作。这显然也意味着需要长期频繁离开马德里。委拉斯贵支还要监管官方庆典或次要节庆时王室套房的装饰与布置。不过，他有助手负责常规工作，这也给他留出了创作绘画的时间。”[25]

然而，我们也在想，他的一大部分时间是否被许多平凡琐碎的问题耗尽。要不是档案资料在这方面提供了无可争辩的信息，我们根本无法想象这些问题在细节或监督管理上都隶属于《宫娥》作者的职责范围。[26]主广场举办节庆活动时，委拉斯贵支要准备看台上宫廷成员的位席，比如1653年5月底的那次。1655年10月27日，他要负责在王室套房的地面上铺设席子或地毯。[27]在一份1656年7月22日的陈情书中，[28]他反对一些侍应（*mozos*）想要把残渣余料占为己有，即便有些食品还未被动过。1657年10月17日至11月1日期间，[29]宫廷在瓦尔萨因（Valsain）和埃斯科里亚尔逗留，他需要为随行的卫兵安排床位。1660年4月，他还为负责梳妆的侍从购买了靠垫。

从我们的视角来看，委拉斯贵支这位天才艺术家在迫使他远离创作的事务中耗尽了精力。这一推断在很大程度上应该是成立的。但是，对于1623年进入宫廷的那位塞维利亚年轻人来说，日后成为王宫总管意味着极大的成功，况且，负责套房使用前的布置工作也符合他对装饰及室内规划的兴趣。

要任命画家为圣地亚哥骑士，则使著名的军事骑士团及其令人望而却步的贵族出身与虔诚信仰标准陷入了一场风波。比起在宫廷有限范围内就可以决定的王宫总管任命，获准加入骑士团的过程更加漫长，难度也更高。

委拉斯贵支在意大利曾享有的自由和尊重似乎给他留下了如此美好的回忆，以至于1657年画家想再次前往这个国度。或许也是因为他想见儿子一面，如果后者还在世上的话。但是，回想起画家第二次意大利之行期间迟迟不归，腓力四世拒绝了他的请求。不管怎样，这种自由与尊重促使画家想要在西班牙也能享有类似的独立与尊敬。加入军事骑士团能确保他实现这一切，而且我们还记得，早在旅居罗马的时候，他在这件事情上就已经得到了教宗的首肯。根据帕洛米诺的记述，[30]1658年，国王在埃斯科里亚尔任命他为圣地亚哥骑士团骑士。然而，这一任命真正生效，需要先调查确认委拉斯贵支的个人品质及贵族出身。调查收集了将近一百五十份证词，尤其是在塞维利亚以及加利西亚的奥伦塞（Orense）和图伊，由于战争不可能前往葡萄牙搜集信息，调查只能止于边境。阿隆索·卡诺、苏巴朗以及卡雷尼奥等艺术家也接受了询问，结果表明委拉斯贵支从未专门开店售画。[31]调查也指出，他会骑马，而这正是一项贵族技能。但是，似乎总有一块绊脚石阻碍着调查进程，那就是在贵族出身方面缺少令人满意的证据，尤其是画家母亲一系。1659年10月7日，教宗亚历山大七世准予宽免这一出身要求，[32]但是军事骑士团委员会拒不让步。在这种情况下，11月18日，腓力四世授予他的王宫总管贵族身份。[33]据帕洛米诺所述，次日，委拉斯贵支在马德里基督圣体修道院被接纳为圣地亚哥骑士团骑士。马尔皮卡侯爵是他的入团介绍人，日后将成为梅迪纳西多尼亚公爵（duc de Medina Sidonia）的涅夫拉伯爵（comte de Niebla）亲手将礼服授予画家。[34]

艺术家生活居住环境的变化也见证了他的社会地位上升，两者密不可分。1655年8月21日，他奉命迁居至老王宫东侧的附属建筑珍宝馆，[35]从此在王宫边上生活。由马索和另外一人共同撰制的艺术家身后财产清册，[36]给我们展示了一座内部豪华的四层住宅。底层是门厅与马厩；二楼是卧房，也是委拉斯贵支及其妻子仅相隔几日先后去世的地方；在尊贵的三楼，是客厅和书房；再往上还有另外一层。清册中并未提及厨房。[37]至于他进行绘画创作的地方，则在老王宫南部底楼，确切地说是在巴尔塔萨·卡洛斯王子曾经使用过的套房内，我们将会在《宫娥》中看到其中的一些细节。

绘画艺术（1651—1660年）

委拉斯贵支的身后财产清册有一部分涉及藏书，共计一百五十余册。事实上，藏书数量应当比清点所得更多，因为同一书名有时指代的是数本不同的著作，[38]例如《诗人》（*Poetas*）。这份他逝世后编成的书目，给我们了解艺术家在人生最后几年里的文化和灵感来源提供了确切的信息。他的个性得以再次肯定：他不仅拥有深厚的文化修养，还是一位博学之士，对许多不同领域都抱持着开放的态度。他有西班牙语和意大利语版的奥维德《变形记》、意大利语版的阿里奥斯托《疯狂奥兰多》（*Orlando furioso*，Arioste）、意大利语版的彼得拉克（Pétrarque）著作以及西班牙语版的贺拉斯（Horace）著述。我们还可以看到一部古典神话论著，即胡安·佩雷斯·德·莫亚的西班牙语版《秘密哲学》（1611年），切萨雷·里帕（Cesare Ripa）的《图像学》（*Iconologia*），还有阿隆索·洛佩斯·平西亚诺（Alonso López Pinciano）的《古代诗歌哲学》（*Philosofia Antigua Poetica*，马德里，1595年）和胡安·迪亚斯·伦希福（Juan Díaz Rengifo）的《西班牙诗歌艺术》（*Arte poetica española*，萨拉曼卡，1592年）这两部重要的美学著作。委拉斯贵支的藏书涉及文学、古典学、医学、自然科学、数学乃至宇宙学。细致分析过画家藏书构成的胡利安·加列戈不无道理地"提醒大家注意黄金时代第二代中最伟大、最具创新能力的艺术家身上显而易见的二元性：尽管他深深为科学所吸引，但他也对神话、象征甚至占星术论著兴趣盎然"。[39]要理解委拉斯贵支最后十年的作品，就不能忘记这些线索。

从严格的艺术角度来看，这些作品把绘画的逼真和大气的轻盈透明推向了极致。通过评论其中的部分画作，我们将会展示委拉斯贵支如何驾驭日后印象派所偏好的技法，亦即把需要描绘的对象解构成画布上的五彩色斑，再把重构的任务交予一定距离之外的观者目光。

1651年至1660年的绘画主要还是王室肖像，《宫娥》也属于这一门类，但同时又超越了肖像画的范畴。[40]如前所述，《阿剌克涅的传说》（《纺织女》）则把织毯工坊场景、来自古代的灵感以及几乎非物质化的创作以惊人的方式完美地融合在一起。最后，委拉斯贵支不仅设计了马德里老王宫镜厅内的整体装饰，还为这个空间绘制了几幅油画作品。

在着手研究这些不同的作品之前，先分析一幅大约是从意大利返回马德里后不久就创作的绘画，应当是合乎情

图243
提香《镜前的维纳斯》
约1555年
布面油画
124.5厘米×105.5厘米
华盛顿，国家美术馆

图244
马泰奥·博纳雷利 博尔盖塞别墅所藏古代《赫马佛洛狄忒斯》的复制品
1650—1651年
青铜塑像，155厘米
马德里，普拉多博物馆

图245、246
《镜前的维纳斯》
1651—1653年（？）
布面油画
122.5厘米×177厘米
伦敦，国家美术馆

理的，即便它的确切成画年代还有待进一步讨论。这件作品就是《镜前的维纳斯》（*Vénus à son miroir*）。

《镜前的维纳斯》

画中的维纳斯是一位以背部示人的裸女，她平躺在绯红帷幔前铺着灰色丝绸的床上，不无得意地望着小爱神帮她竖起的饰有粉色丝带的镜子【图245】。灰、红两样主色衬托着维纳斯和丘比特的肉体。整幅画面被混合起来的诗意、肉欲及平静支配着。

1651年6月，埃尔卡皮奥兼埃利切侯爵唐·加斯帕尔·门德斯·德·阿罗（don Gaspar Méndez de Haro）的财产清点工作在马德里启动，我们可以在清册描述中认出这幅画作。“出自委拉斯贵支之手的一幅油画，画中的裸女撑着右臂侧躺在床单上，一个孩童手持镜子，她望着镜中的自己。”[41]尽管过去曾有诸多疑问，今天把这一描述同《镜前的维纳斯》对应起来已为大家所接受。

相反地，要确定此画的创作年代则比较棘手。如果我们遵循清点工作的起始日期，那么可以认为画作是在艺术家前往意大利之前绘制的。但更细心的查证引出了另一个观点。事实上，1651年之后清点工作还在继续，在包含331件雕塑和绘画作品的清单末尾注明的是1653年，《镜前的维纳斯》对应的是第222号作品。[42]另外，需要注意的是，画作的“细画布和委拉斯贵支在西班牙所习惯使用的完全类似”。[43]

因此，这两条线索表明作品是在西班牙完成的，而根据风格分析，由于画中体现了效仿意大利的强烈倾向，成画时间应当接近艺术家从意大利返回的年代。尤其值得一提的是，维纳斯的姿势和委拉斯贵支在第二次旅居罗马时特别欣赏的两件雕塑作品中的姿势十分相像。一尊是现藏于卢浮宫博物馆的《赫马佛洛狄忒斯》，画家当时是在博尔盖塞别墅研究的这件作品，并请马泰奥·博纳雷利复制了青铜雕像【图244】。[44]另外一件是如今被称作《阿里阿德涅》的《克娄巴特拉》大理石像，他在美第奇别墅的花园中曾尽情欣赏过这尊雕像，并且在第二次旅居期间把它画入了一幅花园景色中【图235】。[45]

在进行了这些明确的比较之后，也不应当忘记，在西班牙王室的收藏中，委拉斯贵支早已研究过提香的《维纳斯、小爱神和弹管风琴的男子》【图82】；另外也不能忘了，在当时的艺术文化中，乔尔乔内（Giorgione）的《沉睡的维纳斯》（*Vénus endormie*，德累斯顿，历代大师画廊）和提香的《乌尔比诺的维纳斯》（*Vénus d'Urbino*，佛罗伦萨，乌菲齐博物馆）都占有重要的一席。经常在画中出现的

图247
弗朗西斯科·德·戈雅-卢西恩特斯《裸体的马哈》
1795—1800年
布面油画
98厘米×191厘米
马德里，普拉多博物馆

图248
《腓力四世胸像》
1654—1655年
布面油画
69厘米×56厘米
马德里，普拉多博物馆

不仅仅是裸体的女神，还有“镜前的维纳斯”主题，比如提香就也曾表现过后面这个题材【图243】。查尔斯·德·托尔内（Charles de Tolnay）曾把委拉斯贵支的维纳斯同米开朗琪罗在西斯廷礼拜堂绘制的某一古铜色裸像（*ignudi*，位于大卫和歌利亚所在的拱角附近）联系起来。[46]最后，我们可以认为委拉斯贵支也使用了真人模特儿。

裸体女性在西班牙17、18世纪的绘画中十分罕见。出现和委拉斯贵支的裸女可以媲美的作品，则要等到弗朗西斯科·德·戈雅-卢西恩特斯（Francisco de Goya y Lucientes）的《裸体的马哈》（*Maja desnuda*，普拉多博物馆）【图247】。委拉斯贵支和埃利切侯爵是因为有强大的保护者才得以躲过宗教裁判所的禁令。不过，艺术家也在其他作品中表现过这一题材。他将会为老王宫的镜厅创作《维纳斯和阿多尼斯》[47]，此画毁于1734年圣诞的王宫火灾中。曾属于马德里已故画家多明戈·格拉·科罗内尔（Domingo Guerra Coronel）的一幅出自委拉斯贵支之手的“裸女”，于1652年11月7日在史料中被提及。委拉斯贵支去世后的财产清册中，也提到了他画室中的一幅《维纳斯》。

这件藏于伦敦国家美术馆的作品所受到的赞誉，让大家不禁要对画中这样或那样的细节以及绘画的整体意义产生无穷无尽的疑问[48]。我们可以注意到，从背后看上去的维纳斯头部，和镜中有些模糊的脸庞并不完全对应。镜面已不再是一方玻璃，而更像是一块金属。身体和谐柔美的曲线则是精心设计的结果，为的是呼应侯爵收藏中已有的一幅丁托列托的《维纳斯》。

1688年，唐·加斯帕尔·门德斯·德·阿罗的女儿唐娜·卡塔利娜（doña Catalina）嫁给第二代阿尔瓦公爵，《镜前的维纳斯》也因此进入阿尔瓦之家的收藏。1800年11月12日之前，那位曾经出现在戈雅画笔下的第十三代阿尔瓦女公爵把此画赠送给了戈多伊。[49]画作随这位大臣的收藏充公后又被赎回，并于1813年被运往英格兰。几易其主后，它进入约克郡洛克比厅的莫里特（Morritt）收藏，直至1905年才再次流出，这也是它通常也被称作《洛克比维纳斯》（*Rokeby Venus*）的原因。伦敦国家美术馆于1906年将其收购。

委拉斯贵支及其画室创作的王室肖像

从意大利回来以后，委拉斯贵支在他生命的最后十年里，将为王室创作一系列数量可观的肖像，这些作品同时也体现了画家不懈的创新。1665年辞世的腓力四世比他的画家活得更加长久。年事已高的国王，无力再把葡萄牙纳入自己的统治之下，西班牙在和法国争霸欧洲的竞赛中又屡遭军事和外交上的挫败，君主开始在与玛丽亚·德·阿格雷达（María de Ágreda，1602—1665年）修女的通信中寻求精神慰藉。这位方济各会修女早年在索里亚省的阿格雷达附近创立了一所置于圣母无染原罪保佑之下的修道院。1643年，国王前往加泰罗尼亚时途经阿拉贡，顺道去拜访过修女。在她的信中，修女谈论的是宗教与政治。她是《上帝神秘之城》（*Mística Ciudad de Dios*）的作者。这本书讲述的是圣母的故事，修女在书中捍卫了圣母无染原罪。她还促使腓力四世结束了和法国之间的战争。[50]

君主最后的岁月也并非全是严峻、哀伤的图景。第一任妻子波旁的伊丽莎白于1638年给他生下的女儿玛丽·特蕾莎公主，同他出生于1634年的第二任妻子奥地利的玛丽

亚娜，在年龄上仅相差4岁。年轻的她们相处甚欢，这也让国王感到欣慰。她们为宫廷带来了一抹清新。

奥地利的玛丽亚娜，是皇帝斐迪南三世和腓力四世的妹妹玛丽的女儿[51]。她从意大利渡海而来，1649年8月9日在德尼亚（Denia）下船抵达西班牙。10月3日，她在纳瓦尔卡内罗（Navalcarnero）同腓力四世会合，婚礼也在同一天得以举办。那时，新王后15岁，她的丈夫44岁。

只要国王夫妇没有子嗣，玛丽·特蕾莎公主就是王位继承人，因为在西班牙公主也可以统治王国，并把她们的王权传给子女。然而，死亡轮番击中了国王夫妇的儿女。玛格丽特公主（1651—1673年）虽然长大成人并当上了利奥波德一世的皇后，但她英年早逝。腓力·普罗斯佩罗（1657年12月20日—1661年11月1日）没有活满4岁，托马斯（Thomas，1658年12月21日—1659年10月23日）更是未满1岁就夭折了。唐·卡洛斯（1661—1700年）存活了下来，并于父亲去世后以卡洛斯二世的名号继承王位，但是一生疾病缠身的他没有后代，成为哈布斯堡家族的最后一位西班牙国王。他指定的继承人是他同父异母的姐姐玛丽·特蕾莎和路易十四的孙子安茹公爵（duc d'Anjou），也就是1700年至1746年在位的腓力五世。

国王夫妇和王室子女的肖像有着多种功用，比如用来维持和维也纳宫廷的家族关系以及作为外交礼物等。奥地利的哈布斯堡家族想要通过与马德里表亲的传统联姻来保持他们之间的密切联系。尽管西法两国交战，奥地利的安娜还是希望能看到自己西班牙家族成员的肖像。其实，她和马扎然都认为长久的和平必定是同王朝联姻联系在一起的。另外，他们还盘算着利用联姻来确保法国王室将来有机会继承西班牙王位。为了获得画像，尤其是玛丽·特蕾莎的肖像，奥地利的安娜请威尼斯驻巴黎大使乔凡尼·萨格雷多（Giovanni Sagredo）从中斡旋，后者再让他驻马德里的同事奎里尼（Querini）帮忙促成此事。[52]应付如此多的肖像绘制任务，需要投入大量的工作，可是这些工作不但枯燥乏味，而且报酬也不高。委拉斯贵支让他的画室成员帮忙，尤其是马索。1654年老师的女儿过世，马索后来再婚，但并未因此而失去王宫总管的保护。

在腓力四世、奥地利的玛丽亚娜等王室成员的肖像中，委拉斯贵支懂得如何把严肃、克制的尊贵同深度的人性结合起来，正如他在过去的肖像画中所展现的那样。这些绘画的风格与鲜明的光彩无关，这一点和日后亚森特·里戈（Hyacinthe Rigaud）为路易十四创作的奢华肖像截然不同。初看起来，奥地利的玛丽亚娜及其子女似乎是繁文缛节与刻板着装的受害者。但是，童年与青春的魅力，还有皮肤、头发、织物及鲜花的色彩，都散发着高雅的诗意，而对多舛命运的先见又给这种诗意蒙上了一层忧郁。

拉萨罗·迭斯·德尔·巴列于1656年写道，他在马德里老王宫看到了许多委拉斯贵支的绘画，但他同时也指出，“我最欣赏的一幅是画家完成不久的国王陛下的肖像，观看画作使我全身充满了敬佩之情，也激起了我最理所当然的崇拜与尊敬，因为对于惟妙惟肖的肖像而言，它只差没有声音了，画中人物充满生气的躯壳也承载着灵魂”。[53]这段文字的书写年代让我们联想起1655年在马德里出版的《荣耀使徒圣地亚哥骑士团组织章程》（*Regla y establecimiento de la orden y cavallería del glorioso apóstol Santiago*）书名页里的一幅版画。版画的落款为：“御用雕刻家佩德罗·德·比利亚弗兰卡1655年作于马德里（*Petrus de Villafranca sculptor regius fact, Matriti*，1655年）。”它描绘的是腓力四世胸像。君主的头部来自一幅曾先后藏于马德里王宫和圣费尔南多王家美术学院的肖像【图248】。1827年，此画入藏普拉多博物馆。我们确信，或者至少认为极有可能，这就是拉萨罗·迭斯·德尔·巴列笔下描述过的那幅肖像，作于第二次意大利之行结束后的1654年至1655年。画中的国王微侧着身体，高立领下是黑色的真丝服装，由稳重、自我控制及哀伤的尊严所构成的不言自明的王权尊贵，给人留下了深刻的印象。[54]

伦敦国家美术馆所藏的一幅腓力四世肖像，和普拉多博物馆的这幅极为相似【图249】。不过，腓力四世看上去更

图249
委拉斯贵支及其画室
《腓力四世》
1656—1657年
布面油画
64.1厘米×53.7厘米
伦敦，国家美术馆

图250
《玛丽亚娜王后肖像》
1652年
布面油画
234.2厘米×132厘米
马德里，普拉多博物馆

图251、253
委拉斯贵支画室《脚边伏有狮子的腓力四世戎装像》
1651—1660年
布面油画
234厘米×131.5厘米
马德里，普拉多博物馆

图252
委拉斯贵支及其画室《玛丽亚娜王后肖像》
1652年
布面油画
209厘米×125厘米
巴黎，卢浮宫博物馆，绘画部

图254
委拉斯贵支画室《腓力四世祈祷像》
约1655年
布面油画
209厘米×147厘米
马德里，普拉多博物馆

图255
委拉斯贵支画室《奥地利的玛丽亚娜祈祷像》
约1655年
布面油画
209厘米×147厘米
马德里，普拉多博物馆

老一到两岁，而且他佩戴着金羊毛骑士团勋章。大家一般认为人物的头部是由委拉斯贵支亲手绘制的，但服装、金羊毛勋章及其链子则大概出自一位助理之手。鉴于君主看起来更为年长，正常情况下可以把肖像的创作日期定在1656年至1657年。为了给弗朗西斯科·德洛斯·桑托斯（Francisco de los Santos）一本著名的描述埃斯科里亚尔的书籍（1657年）配图，佩德罗·德·比利亚弗兰卡使用了伦敦的这幅画像。[55]

在奥地利的玛丽亚娜立像中，王后身着银黑相间的华服，一手捏着手帕，站在时钟前【图250】。这件作品体现了委拉斯贵支高超的绘画艺术。在埃斯科里亚尔，这幅王后肖像用来和腓力四世的一幅立像匹配成对【图251】。画中的君主身着戎装，手拿指挥棒，脚边伏有一头雄狮。然而，《脚边伏有狮子的腓力四世戎装像》（*Philippe IV, armé, avec un lion à ses pieds*）的成就远远低于对幅中的《玛丽亚娜王后肖像》（*Portrait de la Reine Marie-Anne*），所以前者应当是一件画室作品。[56]另外一组由国王与王后祈祷像构成的真正画对【图254、图255】，也是委拉斯贵支画室的创作，它们散发出强烈的虔诚感与忧郁感。[57]

不难确定和《脚边伏有狮子的腓力四世戎装像》组成对幅的王后银黑装立像的创作年代。鉴于一些显而易见的原因，肖像只能是委拉斯贵支再次从意大利归来后绘制的。1651年玛格丽特公主出生后不久，王后再次怀有身孕，但怀孕期间也抱病在身。1653年2月23日的相关文件表明，西班牙宫廷把画作的复本寄给了维也纳的利奥波德·威廉大公（Léopold-Guillaume），这也为断代提供了另一个时间坐标。肖像应当成画于1652年至1653年。其他一些资料甚至可以让这一年代推断变得更加精确。早在1650年7月7日，也就是当委拉斯贵支还在意大利的时候，维也纳宫廷就提出了寄送肖像的要求。1651年5月5日，画像还在绘制过程中，其作者很有可能是马索。最终版本拖延了许久才得以完成，全画并未使用马索的前期工作成果。1652年12月前，画作尚未从西班牙宫廷寄出。因此，我们可以认为普拉多博物馆的这幅肖像作于1652年。[58]

为了使王后立像在尺寸上和《脚边伏有狮子的腓力四世戎装像》匹配，委拉斯贵支亲自在画面的左侧加上了一块带状区域，以绘制王后的右手，画面顶部的帷幔部分也得以扩充。这些改动最后导致了令人遗憾的结果，玛丽亚娜王后在画面中显得过小，且在比例上受到了些许挤压。

画中不难辨认出那些证明了这是一幅王室肖像的种种细节：华丽的帷幔、玛丽亚娜搁手的扶手椅、司法桌以及塔状时钟。[59]时钟这一既罕见又昂贵的物件，还展示了主人在社会中的高贵地位。在这里，我们应当注意到王后在座钟方面的品位。她身旁的这座来自17世纪上半叶的荷兰或德国，也是王室收藏中最精美的时钟之一，只可惜它消失在了1734年圣诞老王宫的火灾中。[60]

如果没有其他颜色来相衬的话，在宽大的裙撑之上拉长了的金银线裙衫将会给人留下阴郁的整体印象，尽管服装华美依旧。这些明亮悦目的色彩有饰带和头饰的红色，还有手绢的白色与浅灰色。但是，整体而言，和谐的色彩还是略显暗淡，这也强化了绘画中所展示的贵族权力。象征王后美德与权力的细节重申了王权的尊贵，玛丽亚娜化了妆的脸庞虽然并不好看，但透露出青春的诗意。这种诗意在很大程度上也是得益于笔触的自由不羁。

普拉多博物馆的这幅王后立像还有一些复本或摹本，包括在上文中提及的藏于维也纳博物馆的那幅画像。在弗朗哥政府和贝当政府达成藏品交换协议后，卢浮宫博物馆自1941年起拥有另一幅来自普拉多博物馆的王后肖像【图252】。它和我们在前文中分析过的至今还收藏在普拉多博物馆的王后立像非常相像。虽然学界意见尚未完全统一，但大家一般认为普拉多博物馆的这幅肖像更胜一筹。卢浮宫博物馆的立像[61]光芒没那么耀眼，可以算作一幅精美的画室作品[62]，画作顶端的帷幔部分可能被裁切过。在其他一些玛丽亚娜的头像和胸像中，我们可以再次看到王后洋溢着青春的脸庞，但由于宫廷生活的压抑而同时显得僵固，她精心梳理的宽大发型好似戴在头上的帽盔。在达拉斯梅多斯博物馆所藏作于1655年至1656年左右的王后肖像中，

图256、257
《玛丽·特蕾莎公主肖像》
1651—1652年
布面油画
34厘米×40厘米
纽约，大都会艺术博物馆

头发梳成了起伏的波浪形【图258】，而在马德里圣费尔南多王家美术学院和蒂森-博内米萨博物馆收藏的王后画像中【图259】，它们则呈并列的长环状。最后这幅肖像曾长期是蒂森（Thyssen）收藏中著名的绘画作品之一，收藏所在地是位于瑞士提契诺州卢加诺（Lugano）附近的法沃里塔别墅。[63]

委拉斯贵支在再次前往意大利前，就已经为腓力四世和波旁的伊丽莎白存活下来的女儿玛丽·特蕾莎公主绘制过肖像。从意大利归来后，他又为公主创作过几次画像，直到她离开马德里远嫁给路易十四。在纽约大都会艺术博物馆朱尔斯·贝奇收藏里的一幅肖像中【图256】，她看起来是13岁的模样，这件作品的成画年代被定在1651年至1652年。[64]展示了公主头部与颈部的现有画作，原先是一幅尺寸更大的肖像，后来经历了一系列各个方向上的尺寸变更，导致公主的胸部与手臂缺失。不过，穿透服装与发型束缚而外露的心理真实，使这幅公主肖像散发出一定的迷人魅力。在头发（或假发）上，有大量的蝴蝶形饰物。这种召唤自然的方式，尽管略显做作，却和玛丽·特蕾莎的青春年少相得益彰。作为玛丽亚娜的表妹和继女，她和王后的容貌有着惊人的相似。

相比而言，维也纳博物馆的《玛丽·特蕾莎公主肖像》似乎更晚一些【图260】。人们觉得画中的公主大约14岁，因此肖像绘制于1652年左右。[65]这是一幅尺寸较大的作品，继承了藏于普拉多博物馆和卢浮宫博物馆的玛丽亚娜立像的特征。站立的模特儿身穿一条由裙撑支起的宽大裙子，一手拿着垂在裙上的手帕，精心梳制而成的发型上满是头饰。灰白二色被娴熟地分化成深浅浓淡的细腻色彩，衬托了更加暗淡的发色，尤其还凸显了袖子、衣领以及发饰的粉色笔触。[66]在这如花盛放的绘画中，左侧裙撑之上两件珍贵的物品引起了我们的注意。那是两只系有玫红丝带的挂表，它们也解释了何以这幅肖像有时也被称作《佩有两只挂表的玛丽·特蕾莎公主》（*L'Infante Marie-Thérèse aux deux montres*）。

虽然在玛丽亚娜王后和玛丽·特蕾莎公主的某些肖像中，委拉斯贵支在构图、色彩、技法和表现心理方面都达到了难得的高度，但我们觉得玛格丽特公主才是启发他登上艺术巅峰的模特儿，在她的肖像中，画家完美地融合了人物的内心表现、外部布景、色彩以及炉火纯青的技法。他给公主绘制了数幅肖像，人们通常以画中使用的主导色来命名其中的几幅。这些画像如同璀璨的星辰，围绕着那幅以她为中心人物的、享誉世界的伟大作品——《宫娥》。

学界一般认为，在委拉斯贵支为玛格丽特公主创作的肖像中，最早的是她3岁左右的一幅画像。由于公主所穿连衣裙的颜色，人们把现藏维也纳博物馆的这件作品称为《粉装玛格丽特公主》（*L'Infante Marguerite en rose*）【图262】[67]。帝国宫廷希望获取公主肖像的初次请求早在1652年5月就送达马德里了，但绘制工作要到1654年元月才开始。[68]

公主站立着，一只手搭在左边的桌子上，桌上摆着插有一束鲜花的花瓶，她的另一只手则拿着一把扇子。在裙子的主导色鲑鱼粉之上是和谐的银色装饰。画家试图通过巧妙结合简洁与高雅来烘托人物的尊严与年幼。公主并没有使用裙撑，她的头发自然地垂到颈部。和裙子的银、粉色调结合在一起的还有衣领和袖口的黑色花边。项链和手镯等首饰更是给公主的服装增添了姿彩。花束或许有特定的象征意义。和谐、微妙的色彩不单单使用在公主身上以及花束中，还用在她脚下的地毯上以及遮盖着桌子的布料上。事实上，裙子、红扑扑的脸蛋、深邃的眼睛以及金发的明亮色调，在画面的正中划出了一片低调多彩的金字塔形区域。[69]

藏于卢浮宫博物馆的公主肖像，也是她3岁或3岁半时绘制的【图263】。它曾经被排除在委拉斯贵支作品之外。但是，让尼娜·巴蒂克尔精确地重构了它的历史，“这幅迷人画作的非凡品质”[70]从此也为大家所认可。[71]起初，它是奥地利的安娜通过威尼斯大使所获得的十四幅西班牙王室肖像中的一幅。画作由委拉斯贵支于1654年亲自创作。它和同系列的画像一起，陈列在奥地利的安娜在老卢浮宫的

图258
《玛丽亚娜王后肖像》
1655—1656年
布面油画
46.5厘米×43厘米
达拉斯，梅杜斯博物馆，南方卫理公会大学

图259
《玛丽亚娜王后肖像》
1656—1657年
布面油画
66厘米×56厘米
马德里，蒂森-博内米萨博物馆

图260、261
《玛丽·特蕾莎公主肖像》
约1652年
布面油画
127厘米×98厘米
维也纳，艺术史博物馆，绘画画廊

浴室中。为了更好地表明人物的身份，18世纪时，画中加上了“玛格丽特公主（*L'INFANTE. MARGVERITE*）”几个金字，如今这行字的金色已被遮盖。画像柔和沉稳的魅力，以及它所表现出的生活的低调张力，都使这件作品显得格外迷人。公主像止于大腿部位，画中的她一手搭在桌上，另一手垂于裙面。精心绘制的连衣裙十分优雅。公主的颈部、胸前以及手腕上都佩有首饰。她系着丝带结的一头金发垂在肩上。维也纳博物馆所藏肖像中已经相对节制的华丽，在卢浮宫博物馆的这幅画像中进一步减弱（鉴于委托创作的背景，这一点也并不令人讶异），后者更加突出的是人物的稚嫩童年与脆弱。

在藏于维也纳博物馆的玛格丽特公主肖像中，还有一幅描绘的是站在红色帷幔前的公主【图264】。她身着被裙撑撑起的浅银色裙子，织物的柔和色彩与饰品的黑红色调结合在一起。她的卷发垂肩。这幅肖像中的公主之所以让人印象深刻，是因为她和自己在《宫娥》中的形象十分接近：两者的服装极为相似，年龄也相仿。对于某些艺术史学家而言，比起杰作中的她，这里的公主看起来比较年幼。《宫娥》作于1656年，维也纳博物馆的这幅肖像的成画时间可以定在1655年至1656年。

根据帕洛米诺的记述，1659年，委拉斯贵支为腓力·普罗斯佩罗王子和时年8岁的玛格丽特公主绘制了用来寄给皇帝利奥波德一世的肖像【图267、图265】。[72]这两件作品如今都收藏在维也纳博物馆。公主在画中以微侧的站立形象出现，她穿着支有裙撑的蓝色大连衣裙，一手拿着毛皮手笼。裙子的颜色和手笼的存在也解释了这件作品通常也被叫作《蓝装玛格丽特公主肖像》或《拿着手笼的玛格丽特公主》（*L'Infante Marguerite au manchon*）的缘由[73]。画作中占支配地位的是一种暗含的奢华，这也使它成为委拉斯贵支为公主所作肖像中十分出色的一幅。织物的蓝色和银线饰带、珍贵首饰、袖上花边以及丝带结的色彩融合在一起。秀发垂肩的她站在一间可能是位于老王宫内的宫室中。在她身后，一件细木镶嵌家具在背景里突显出来。可惜我们并不能完全看清楚这件家具，这或许和画作的收藏史有关。18世纪时，画面被裁成了椭圆形。我们并不了解此后的收藏信息，直到1923年画作从博物馆库房里调出。画面最终又裁回长方形，但尺寸早已不是最初的那些，原画应该更高更宽。现存的画中看不到完整的时钟，我们需要借助帕洛米诺的描述才能重构这座时钟富丽的样子。“另一幅是奥地利的唐娜·玛格丽特·玛丽公主殿下的肖像，精心绘制的画像展现了模特儿的尊贵和美貌。在她右侧的小工作台上，是一座饰有青铜人物和动物的乌木时钟，外形十分优雅。钟面的正中有大小两个同心圆，内圈标记着钟点，而外圈则绘有太阳战车。”[74]

腓力·普罗斯佩罗王子的肖像[75]，尽管和他姐姐的画像有相同的创作背景和用途，但并不与之构成对幅。比起后者，帕洛米诺对前者的描述更为详尽：“这是他创作的最出色的肖像之一，即便为儿童绘制肖像非常困难，因为他们会乱跑乱动。全身像中的王子穿着和幼龄儿童相称的服装。他饰有白色羽毛的帽子放在一旁的矮凳上，另一侧，他把手搭在猩红色的椅子上；画作的上部饰有帷幔，房间的后方开有一扇门。这一切都体现了极度的优雅、色彩的艺术与美感以及著名画家的高超技法。椅子上还有一只活泼的小狗，这是委拉斯贵支给自己特别喜爱的动物绘制的画像。”[76]动物所扮演的不仅仅是唤起王子生活环境的角色，它还传达了预防保健的意图。[77]此外，护身符也保护着王子免受邪眼的伤害。衣服和围裙的雅致色调、挂在围裙上的各式玩具和小狗活灵活现的眼神，都有助于营造出一个既热情又保护着王子的整体氛围。可是，小王子在1661年11月1日就不幸夭折了。

最后一幅可归于委拉斯贵支的玛格丽特公主像藏于普拉多博物馆【图268】。画面上，站在布帘前红色帷幔下的公主，身穿一件银粉二色的宽大连衣裙，因此画像被命名为《银粉装玛格丽特公主肖像》（*Portrait de l'infante Marguerite en rose et argent*）。[78]有些艺术史学家认为这是艺术家的最后一件作品。然而，画中的公主看起来还没满9

图262
《粉装玛格丽特公主》
约1654年
布面油画
128厘米×100厘米
维也纳，艺术史博物馆，
绘画画廊

图263
《玛格丽特公主》
1654年
布面油画
70厘米×58厘米
巴黎，卢浮宫博物馆，
绘画部

岁，也就是她在委拉斯贵支去世时的年纪。也有人认为，这幅肖像起初由画家本人开始绘制，最后由马索在他身后完成。不过，在马索创作的《画家一家》中[79]，可以看到他的岳父正在绘制一件和我们眼下分析的这幅肖像相似的画作，两者的用色一致。因此，有人推测马索完成的是头部、颈部以及双手。作品在整体上取得的非凡成就，使得在画中分辨师徒二人各自的手笔变得异常困难。公主一手拿着手绢，另一手则持有玫瑰和香堇搭配成的花束。首饰以及手腕和发辫上的红丝带结，以低调的方式丰富了画中的用色。完美驾驭的色彩搭配与娴熟的笔法中所体现出的高超画技，如行

图264
《玛格丽特公主肖像》
1655—1656年
布面油画
105厘米×88厘米
维也纳，艺术史博物馆，
绘画画廊

图265
《蓝装玛格丽特公主肖像》
1659年
布面油画
127厘米×107厘米
维也纳，艺术史博物馆，
绘画画廊

图266、267
《腓力·普罗斯佩罗王子肖像》
1659年
布面油画
128.5厘米×99.5厘米
维也纳，艺术史博物馆，绘画画廊

图268
委拉斯贵支、胡安·包蒂斯塔·马丁内斯·德尔·马索《银粉装玛格丽特公主肖像》
约1660年
布面油画
212厘米×147厘米
马德里，普拉多博物馆

云流水般自然流畅，可视为印象派的先声。尤其是银、红二色的深浅浓淡，渲染出无比成功的色彩变幻效果。

这幅绘画所取得的巨大成就给艺术史学家提出了一个难题。如果这是马索的作品，那必须要重新审视他此前被严重低估的才华。

卡门·加里多·佩雷斯展示的实验室检测结果提供了不少应当引起重视的信息[80]。总体而言，她认为由于画作的完美程度，“似乎我们不能够把它归为”马索的手笔。脸部和双手看起来并非后来才绘制的，也没有修改润色的痕迹。再者，正常情况下，无论在肖像画还是大型绘画中，委拉

图269、270
《宫娥（委拉斯贵支与国王一家）》
1656年
布面油画
318厘米×276厘米
马德里，普拉多博物馆

斯贵支都是习惯先绘制人物（*figuras*），最后才画背景。这里，首饰的处理方式和艺术家为宫廷创作的最后一批肖像中的首饰画法一致，比如在玛丽亚娜王后的画像中或《宫娥》里。委拉斯贵支可能留下了一些未完成的细节，但即便在这种情况下，马索的贡献或许也仅限于“帘幔与地毯”。

《宫娥》[81]

若要按照时间顺序把作为玛格丽特公主画像的《宫娥》放到她的系列肖像中来分析的话【图269】，那就无法保证严格意义上的公主肖像研究的连贯性。何况，正如《宫娥》这个自1843年起使用的画名所指出的那样，画中不单有中心人物玛格丽特公主，还有一些年轻的王室随从与侍女。此外，在委拉斯贵支的绘画艺术中，这件作品代表的是宫廷场景描绘与肖像创作的巅峰，因此也非常值得单独加以分析。

有关这幅画作最早的信息，来自帕洛米诺笔下。他在宫中收集传说、资料并把它们记录下来时，距离画家所处的时代并不遥远。他确信这件作品由“唐·迭戈·委拉斯贵支作于1656年”。桑切斯·坎顿通过查证宫廷生活的进程，也得出了成画于这一年的结论。“1655年12月7日，玛丽亚娜王后生下一位公主，但她于两周后不幸夭折。次年最初的几个月中，她的健康状况令人担忧。宫廷在阿兰胡埃斯和丽池宫度过了整个春天。画作的绘制工作应当不早于夏末。”[82]

整幅画作以一间既宽大又朴素的宫室为背景。室内没有布置家具，天花板上只剩下两个本该挂有大吊灯的挂钩。从右侧高窗照射进来的光线比较微弱，并不能完全驱散某些角落的昏暗。在画面的左侧，委拉斯贵支拿着画笔和调色板，站在一幅绘制中的画作的高大画布前。我们只看得到画布的背面，张在加有横木的画布框上。绘画的几何中心由站立着的玛格丽特公主占据，一位跪在画布旁的侍女（宫娥）向她递来清凉解渴的茶饮，公主右侧是另一位侍女，站立着的她上半身略微前倾。同侧的窗边，有一个肥胖的女侏儒和另一个看起来像小男孩的侏儒，他抬起脚来踩在一只狗的身上。在女侏儒和侍女身后，可以看到正在交谈的两人，透过门框还望得到踩在几级楼梯上的官吏。在公主和左侧侍女头部上方，有一面悬挂在后墙上的镜子，镜中模糊地映出了腓力四世和玛丽亚娜王后的上半身。众多绘画作品装饰了右侧窗间以及后方门框与镜子之上的墙面。

帕洛米诺提供的信息，以及后世艺术史学家尤其是桑切斯·坎顿所作的资料补充，使我们得以深入了解委拉斯贵支在《宫娥》中所描绘的宫室与人物。帕洛米诺指出，这间厅室“是王子套房中的一间”，这里的“王子”指的是阿斯图里亚斯亲王巴尔塔萨·卡洛斯。王子过世后，他的套房确实由委拉斯贵支使用。因此，我们基本上可以认为王子套房组成了画家的画室。不过，正如1686年老王宫财产清册中所指出的，委拉斯贵支在套房中，还拥有一间严格意义上的专门画室。[83]

关于《宫娥》背景厅室内的绘画作品布置，桑切斯·坎顿给出了一些重要细节。在画中后墙右侧的门框上方，他辨认出一幅马索的《阿波罗与潘神》（*Apollon et Pan*）【图271】，画家临摹的是约尔丹斯（Jordaens）的作品，而约尔丹斯则仿照了鲁本斯。如今，马索和约尔丹斯的这两帧绘画均藏于普拉多博物馆。[84]根据1686年马德里老王宫的财产清册，马索的摹本陈列在王宫底楼面朝广场的阿斯图里亚斯亲王套房主室内。在这份财产清册的基础上，桑切斯·坎顿还辨认出了后墙左侧的另一幅画作，即马索临摹鲁本斯而画成的《帕拉斯与正在编织〈掳走欧罗巴〉的阿剌克涅》（*La Fable de Pallas et Arachné, quand celle-ci tissait l'histoire de l'enlèvement d'Europe*）。

至于装饰这间宫室的全部画作，桑切斯·坎顿还是依据1686年的财产清册，指出“房间共饰有四十幅出自胡安·包蒂斯塔·德尔·马索之手的绘画……其中三十五幅临摹的是鲁本斯及其流派的作品，余下五幅描绘的则是狩猎题材”。[85]

继桑切斯·坎顿的研究之后，1983年，约翰·弗朗西斯·莫菲特（John Francis Moffitt）通过深入研究建筑及其几何构成，论证了《宫娥》场景的发生地与阿斯图里亚斯

图271
胡安·包蒂斯塔·马丁内斯·德尔·马索《阿波罗与潘神》
雅各布·约尔丹斯原画摹本
1637后
布面油画
181厘米×223厘米
马德里，普拉多博物馆

亲王套房（*cuarto del Príncipe*）的主室相吻合，并提供了详尽的主室复原图。[86]

在老王宫的一些平面图上，我们可以看到这间主室。[87]在胡安·戈麦斯·德·莫拉绘于1626年的底层平面图上，[88]它的编号为25，但是此后这间厅室得以向东扩建，并通往胡安·戈麦斯·德·莫拉和委拉斯贵支在八角厅边上设计建造的新楼梯。从立面上来看，主室位于底楼主入口左侧。

左侧跪着递给公主茶饮[89]的侍女是炮兵总领萨尔瓦铁拉伯爵（comte de Salvatierra）的女儿唐娜·玛丽亚·阿古斯蒂娜·萨缅托（doña María Agustina Sarmiento），她于1659年嫁给了阿吉拉尔伯爵（comte de Aguilar）。右侧站着并把身体微微倾向公主的侍女是富恩萨利达公爵的女儿唐娜·伊莎贝尔·德·贝拉斯科（doña Isabel de Velasco）。在她和窗户之间的肥胖女侏儒是玛丽巴沃拉（Maribárbola），她的名字出现在1651年4月14日的宫廷账册中。一只脚踏在狗身上，看起来像小男孩的侏儒是尼古拉斯·佩尔图萨托（Nicolás Pertusato），出生于米兰地区的他于1650年进入宫廷效力[90]。

在两位侏儒和唐娜·伊莎贝尔·德·贝拉斯科的后方，有两个只露出上半身的人物站在窗边。女子是王后一众女官的陪媪（*guardadamas*）唐娜·马塞拉·德·乌略亚（doña Marcela de Ulloa），她因守寡而身着孀妇特有的装束。帕洛米诺并未道明一旁男子的姓名，他的身份至今还是未解之谜。

出现在背景右侧门框中的男子，站在最初的几级楼梯上。他是唐·何塞·涅托·贝拉斯克斯，曾负责王后的挂毯织造，也曾和委拉斯贵支一起竞选王宫总管。他最后成为王后的管事。

这些信息如此详尽，或许会让人难以理解艺术史学家在确立绘画主题和探究画作深意时为何还会遇到重重困难。其实，这也在我们意料之中，因为我们对创作背景中的关键信息一无所知：为何要委托委拉斯贵支创作这样一幅绘画？委托人又是谁呢？我们甚至也不清楚画家的灵感来源和创作方法。这些谜团势必会影响我们对画作的解读。

乔治·库伯勒（George Kubler）曾在汉斯·米利希（Hans Mielich）绘于1570年左右的一幅细密画中寻找《宫娥》的构图来源【图272】。画中展现的是聚集在巴伐利亚慕尼黑王宫乔治大厅内的阿尔布雷希特五世（Albert V）的宫廷乐师和奥兰多·德·拉叙斯（Orlando di Lasso），这座大厅毁于1750年。的确，这幅细密画（慕尼黑，巴伐利亚州立图书馆）和《宫娥》在构图布局上有着惊人的相似。[91]但是，有待证明的是委拉斯贵支是否见过这件作品。也有学者认为西班牙画家使用了镜像手法。[92]最后，为了探究绘画的深意，艺术史学家在寓意层面上提出了一些极为复杂的评述。恩里克塔·哈里斯对这些评论持保留态度，[93]在我们看来，这一态度不无道理。我们不能忘了，委拉斯贵支拥有深厚的文化修养和高超的绘画技艺，可以完美驾驭透视问题。另外，也不能忘记，在王室生活场景和王宫厅室这两个主题上，整座宫廷都为画家提供了创作素材，他完全可以按照他的天才构思来选择和编排这些素材。

在绘画主题方面，学界通常有两种初步解读。一是委拉斯贵支正在为公主创作肖像，画作表现的是绘制过程中的休息时间，这也能解释画家和公主各自的位置，画家站在公主的背后，而公主则利用休息来饮水止渴。趁着中途休息，腓力四世和玛丽亚娜王后前来看望他们的女儿。他们从主室的另一边过来，所以镜中出现了他们的映像。二是委拉斯贵支在为国王夫妇作画，他们的女儿前来看望。镜中映出的是他们的肖像上部。帕洛米诺的记述印证了这一解读。[94]镜面一角的红色帷幔，符合王室肖像中经常出现的形式，因而也为这种说法提供了支持。不过，没有迹象表明委拉斯贵支曾给国王夫妇画过单张合像，这一点可以作为反对的理由。此外，大概还存在第三种解读可能。委拉斯贵支的确在为腓力四世和奥地利的玛丽亚娜绘制肖像，他们的女儿也确实来到现场，但镜中的映像是国王夫妇本人，而非他们肖像的上半身。如此一来，画作的观者就处在国王夫妇的位置上，同时也被艺术家纳入他的构图之中。[95]

也有学者在《宫娥》中看到了委拉斯贵支为争取绘画被承认为一门博雅艺术所做出的贡献。[96]这一阐释或许是说得过去的，但前提是不能把它视为唯一的解读。画中的委拉斯贵支并不在进行物质意义上的绘制工作，而是若有所思，他的神态似乎强化了这种阐释的可信度。那一刻，“他好似醍醐灌顶”，[97]受到了意大利文艺复兴传统的启示。但是，我们也可以认为，他在《宫娥》中着重表现的是自我尊严以及他个人的社会地位。

表面上如此朴素的场景，让大家一度忘记这一宫廷生活片段在本质上也是一幅低调的王朝画像。因此，有必要从这个角度来发掘新的解读可能，何况档案资料和实验室检测结果都揭示了这一研究方向的潜力。

根据老王宫的财产清册，保存这幅画作的厅室，是腓力四世在王宫中最喜欢的私密空间之一。1666年的清册提到它在底楼的夏季办公室（*despacho de verano*）。房间的天花板上，是意大利画家科隆纳和米泰利绘制的阿波罗像，也叫《白昼》（*Le Jour*）。套用清册里的描述，画作是“皇后和她的侍女以及一个女侏儒”的肖像，估价为1500银杜卡特。我们还记得，1666年，玛格丽特公主嫁给皇帝利奥波德一世，因而成了皇后。1686年，画作还是收藏在同一

图272
汉斯·米利希《奥兰多·德·拉叙斯与巴伐利亚宫廷乐师们》
约1570年
羊皮纸本细密画
慕尼黑，巴伐利亚州立图书馆

图273
《宫娥（委拉斯贵支与国王一家）》
1656年
图269之X光透视图

地点，清册的描述方式也基本相同："皇后、西班牙公主肖像，以及她的侍女和仆人。"[98]这件作品在卡洛斯二世的身后财产清册中也被提及，画作编号286，估价10000达布隆，描述文字也和1686年的一致。在腓力五世的身后财产清册中，也有这幅在1734年圣诞火灾中幸免于难的画作，但在人物身份描述中有明显的错误：画中的公主不再被认为是玛格丽特，而被看作玛丽·特蕾莎，大概是因为后者是已故国王的祖母，也正是由于她波旁家族才得以名正言顺地登上西班牙王位。

此后，这幅名画于1819年入藏普拉多博物馆。如前所述，1843年，《宫娥》的名称首次出现在博物馆的藏品目录中。

从以上这些资料中，我们可以得出这样的结论：哈布斯堡王朝时期的财产清册都着重强调了一点，那就是这件作品是皇后的肖像，皇后在婚前是西班牙公主。

通过X光透视【图273】，[99]可以看到画家在绘制过程中更改了一些人物的姿势。我们也能注意到尼古拉斯·佩尔图萨托的左腿部位有不少修饰的痕迹。更重要的是，检测结果表明委拉斯贵支在画面的左半部进行了大幅修改。我们寻思画家最开始绘制的是否为玛丽·特蕾莎的画像。然后，由于她和路易十四的婚约，她必须放弃王位继承权（我们知道，她的后代最终还是登上了西班牙王位），因此画中的她为玛格丽特公主所替代。在这种情况下，作品拥有强烈的政治色彩。我们非常赞同让尼娜·巴蒂克尔的分析："首先，《宫娥》是一幅根据私密性质的象征视角构思而成的王朝画像。国王和委拉斯贵支都认同在私密环境中展示王室日常活动的做法，但这并不意味着要模仿生动有趣的佛兰德斯式室内场景。"[100]

尽管我们会因科研信念或个人趣味的差异而倾向不同的阐释，但《宫娥》的整体艺术成就不会因此而改变。首先，它给我们提供了一幅可靠的委拉斯贵支肖像，而且还是自画像，因此具有无可比拟的价值。画家在完成这件作品后才成为圣地亚哥骑士团骑士，所以他胸前的大红十字是后来添加的。根据帕洛米诺的记述，传说腓力四世亲手给画家添上了十字。[101]委拉斯贵支十分了解艺术家们所关心的重大绘画问题。他在《宫娥》中数次引入了"画中画"，比如镜中的国王夫妇以及右侧门框中的唐·何塞·涅托·贝拉斯克斯。正如扬·凡·艾克（Jan Van Eyck）在《阿尔诺芬夫妇像》（*Portrait des époux Arnolfini*，1434年）中那样【图274】[102]，委拉斯贵支充分利用了镜子以及镜面的映像游戏与透视力量。在构图层面，各组人物相互平衡，但同时又突出了委拉斯贵支和玛格丽特公主。我们可以不把画作与哲学联系起来，但是，阅读米歇尔·福柯《词与物》（Michel Foucault，*Les Mots et les Choses*）的卷首让我们受益匪浅。他分析了构图的节奏以及公主头部上方形如圣杯的曲线。[103]至于技法方面，全画笔触遒劲，运笔如行云流水。画中似有空气在流动，色彩呈现出低调的绚丽，且诗意依旧。最近的清洗修复工作使绘画得以重焕清新的光彩。[104]令人难忘的纤弱公主，因金发与裙子的明亮色调而光芒四射。不论是在委拉斯贵支对后世艺术家的影响中，还是在世人对画家作品的评论里，《宫娥》都占据着极为重要的位置。[105]

《阿刺克涅的传说》

在委拉斯贵支1651年至1660年的绘画中，可以和《宫娥》相媲美的另一件伟大作品，完美地展现了艺术最本质的特点，也就是创造生活，那种与现实平行且独立存在的生活。这幅画作延续了先前已经达到的卓越非凡。传统上，它被称作《纺织女》，不过，1948年迭戈·安古洛·伊尼格斯（Diego Angulo Iñiguez）和玛利亚·路易莎·卡图尔拉（María Louisa Caturla）通过他们渊博的学识辨认出画中的主题后，人们更喜欢称它为《阿刺克涅的传说》【图275】。在日常生活场景的表象下，我们可以观察到委拉斯贵支针对深奥题材的复杂构思，不同主题、景深之间的嵌套，以及在处理无法触摸的空气、绚丽色彩的层次时所展现的登峰造极的技法。我们一眼便能再次看到，那种在他成就最高的作品中所共有的大师风范。[106]

何塞·洛佩斯-雷伊把这幅绘画的创作年代定在1644年至1648年，但是其他艺术史学家通常认为它是艺术家在最后的年月里绘制的。它与《宫娥》相近，我们可以把它的成画时间定在1659年前后。起初，它归腓力四世的犬猎队队长唐·佩德罗·德·阿尔塞（don Pedro de Arce）所有。他1657年的财产列表里还没有这幅绘画，不过，他1664年10月24日的马德里财产清册中曾提到“一幅委拉斯贵支的阿刺克涅传说”。[107]接下来，第九代梅迪纳塞利公爵唐·路易斯·德·拉塞尔达（don Luis de La Cerda）收藏了此画。1710年，在西班牙王位继承战争中被腓力五世认为叛变后，公爵沦为国王的阶下囚，并于1711年1月26日在狱中去世。[108]《阿刺克涅的传说》出现在他1711年的财产清册中。此后，画作进入王室收藏，保存在首都的王宫内。1772年，它在马德里王宫的财产清册中被描述为来自丽池宫的庋藏。1819年以来，它陈列在普拉多博物馆。

画面的上下左右都曾经历过不同程度的扩展[109]。画作尺寸上的改变加大了解读的难度，前人的某些阐释过于武断，因而不能被采信[110]。像分析《宫娥》那样，首先应当脱离先前的研究成果，以全新的眼光来审视《纺织女》，然后再在理性论证的基础上，将前人的知识同我们自己的观察结合起来。

图274
扬·凡·艾克《阿尔诺芬夫妇像》
1434年
布面油画
81厘米×59厘米
伦敦，国家图书馆

图275、276
《阿剌克涅的传说（纺织女）》
约1659年
布面油画
220厘米×289厘米
马德里，普拉多博物馆

我们在画中看到的是一座两进的挂毯织造工坊。前景中的一进地面比较低，光线也较弱，里面有几名纺织女工。左侧年龄最长的那位，面向观者摇动着纺车。右边是侧着身的另一组人物，两个织工正在准备线团。两组人物中间，是一位低坐的女子。位于背景中部的一进地面更高，里面的人物站在饰有挂毯的墙前，其中包括几位前来参观织坊的女士。

对画作最简单化的释读，就是依照传统把这座工坊认作马德里的圣伊莎贝尔挂毯工场。[111]但地面更高、光线更亮的后进中的壁毯，正如《宫娥》中的腓力四世和奥地利的玛丽亚娜的肖像，实际上构成了一幅"画中画"，它引导我们进行更深层的解读：画中的日常生活场景和古代诗歌故事恰好相辅相成。奥维德在《变形记》第6卷中讲述了这个故事：智慧、艺术、科学以及手工艺女神雅典娜得知，吕底亚有位年轻女子的编织和刺绣技艺十分高超，并想和女神一争高低。雅典娜前去找她，两者之间展开了一场比赛。阿剌克涅不太得体地选择了表现宙斯风流韵事中的掳走欧罗巴【图277】，[112]比赛中她占了上风。在《纺织女》中悬挂在织坊后进墙上的壁毯，描绘的正是掳走欧罗巴的场景。雅典娜和吕底亚年轻女子间的比赛以后者的悲剧下场而告终：女神把她变成了一只一刻不停地织着网的蜘蛛（araignée），这也是她的名字阿剌克涅（Arachné）的来历。

在这幅画作中，评论者看到的不单是来源于奥维德的绘画题材，还有对艺术家所处时代的西班牙文化甚至政治生活的影射，这些暗示有时极为微妙。查尔斯·德·托尔内曾经这样解释，画作中包含了"委拉斯贵支艺术理论的精华，只不过这一理论没有留下文字记录。委拉斯贵支相信艺术理念的高贵影响，因此，他也相信美术比手工艺更加崇高。但是，他同时也意识到手工艺的存在必要，离开了手工艺，任何艺术理念都无法实现。艺术领域是由手工艺和理念共同组成的一个整体。"[113]

画作在政治层面可能影射的是加泰罗尼亚起义背景下马德里政府的德政，以及服从君主的必要性，但这些解读似乎并没有太大的说服力。

从严格的艺术角度来看，委拉斯贵支对米开朗琪罗尤其是西斯廷礼拜堂绘画的借鉴让我们印象深刻。前景中坐在右侧的两位女子的神态，从古波斯女先知两旁的裸体男子身上汲取了灵感。

不过，画作的魅力根本上还是来自它的诗性。早在塞维利亚时期，委拉斯贵支就喜欢把日常生活场景同宗教元素结合起来。但是，处理方式在这里已发生了巨大的变化。支配画面的不再是暗淡的色彩和几近雕塑的形体，而是光与流畅的线条。运笔的自由、笔触的利落、色彩的丰富以及对瞬间的把握，都说明了画家在技法上已达登峰造极之境。我们甚至可以说，在这里捕捉到的是纺车辐条转动的一个瞬间，为了营造出旋转的整体印象，每一根辐条都消融在了动势之中。

装饰师委拉斯贵支：埃斯科里亚尔

青年委拉斯贵支在进入马德里宫廷后突破了他肖像画家的角色，开始负责王宫套房的装饰布置。1647年，他在老王宫的八角厅改造工程中展露了这方面的能力与才华。他第二次意大利之行的目的，是丰富腓力四世及其居所的艺术品收藏。因此，在返回西班牙后，除了我们刚刚看到的已经相当繁忙的绘画创作活动外，他自然还负责了艺术品的布置工作以及一些王宫别馆的改造工程。

日趋衰老的腓力四世经历了不少家庭成员的离世以及政治、军事上的厄运，这些挫败的结果体现在法国王权的逐渐胜利及其面对哈布斯堡王朝所取得的优势上。在1648年签订《威斯特伐利亚和约》时，国王就得以从战争中脱开身来，但西班牙却继续对抗着法国。在他统治末期的悲伤氛围里，君主对埃斯科里亚尔表现出了新的兴趣。1654年，先王祠终于落成【图278】。国王还决定丰富修道院的艺术品收藏，并希望通过改造使修道院焕然一新。委拉斯贵支参与了先王祠的后期工程，并负责重新布置修道院的绘画收藏。接替胡安·戈麦斯·德·莫拉和胡安·包蒂斯塔·克雷申齐的是阿隆索·卡沃内利和马德里的尼古拉斯修

士。修士成功解决了长期阻碍工程进展的渗水问题，他们懂得如何控制水浸并加以引排。竣工后的先王祠，面貌雄壮威严，适合纪念长眠在那里的历代国王与王后，也提供了默想本性、思考死亡与信仰的场所。位于修道院教堂大祭台之下的楼梯通向墓室。楼梯共有三十四级，分布于三个平台之间，两侧饰有托莱多大理石和托尔托萨（Tortosa）碧玉壁板。先王祠本身呈八角平面，直径10米，内高10.6米。其中一边开有门洞，一边设有主祭台，余下各边则是安置棺椁的层层壁龛。大理石和鎏金青铜的华贵使先王祠成为富丽堂皇的巴洛克建筑中令人惊叹的一例。

委拉斯贵支在先王祠的兴建中扮演了何种角色呢？饰面在这座建筑中所占的重要地位和马德里老王宫八角厅内的情形十分相像。作为装饰师的画家和阿隆索·卡沃内利的关系，是否和胡安·包蒂斯塔·克雷申齐与胡安·戈麦斯·德·莫拉在先前工程中的关系类似呢？[114]对于这个问题目前为止还没有令人满意的最终答案，即便已有学者深

图277
彼得·保罗·鲁本斯《掳走欧罗巴》
提香原画摹本
1628—1629年
布面油画
181厘米×200厘米
马德里，普拉多博物馆

图278
先王祠内景
埃斯科里亚尔，埃斯科里亚尔圣洛伦索王家修道院

入研究过当时的旅行指南和档案资料。[115]我们至少知道，1652年至1653年工程即将结束时，腓力四世让委拉斯贵支负责监督室内装饰和布置。[116]此外，我们对他参与过或可能介入过的某些具体事例也有一定的了解。

悬挂在先王祠正中央的青铜鎏金大吊灯是一件精美绝伦的装饰艺术品。腓力四世为此花费了50000西班牙银元。1651年，这盏吊灯在热那亚还处于制作过程中。我们寻思它是否属于委拉斯贵支在第二次旅居意大利期间委托定制的作品。[117]

在1653年至1657年，他从御库（*guardajoyas*）收到了"一个饰有耶稣受难象牙雕刻的乌木双门圣体柜"，并将其置于先王祠的新圣器室内。[118]

帕洛米诺记述了在先王祠主祭台上安置祠内最负盛名的艺术品的过程，那是多梅尼科·圭迪（Domenico Guidi）的《十字架上的基督》青铜像【图279】："1659年，一尊青铜鎏金基督受难像抵达西班牙，它是特拉诺瓦公爵（duc de Terranova）奉国王之命在罗马请人为西班牙天主教国王墓地先王祠定制的。它的作者是朱利亚诺·菲内利（阿尔加迪的学生或追随者）的一个外甥，这位年轻人[119]在作品中展现了出人意料的才华。11月它被带到了（马德里老王宫）宫中，陛下在八角厅过目后，命委拉斯贵支将其带往圣洛伦索王家修道院（埃斯科里亚尔），国王也一并前往，看应该如何安置这件作品。他按陛下的要求照办了。"[120]这件《十字架上的基督》的精妙之处在于强大的造型表现力及作品所蕴含的宗教情感。正如巴切柯所坚持的那样，基督也是被四颗钉子钉在十字架上。它取代了原先主祭台上彼得罗·塔卡的《十字架上的基督》，这件只有三颗钉子的雕塑被转移到了教堂圣器室。

在唐·路易斯·门德斯·德·阿罗（don Luis Méndez de Haro）的鼓动下，腓力四世想要让这座吸引了无数知名或不知名的旅人前来参观的著名修道院大放异彩。君主丰富了埃斯科里亚尔的图书收藏，并决定把王宫别馆的部分画作转藏到修道院。如此一来，数量大增的修道院收藏需要以全新的方式呈现在世人面前。这项任务落到了委拉斯

图279
多梅尼科·圭迪《十字架上的基督》
1659年
青铜塑像，125厘米
主祭台，埃斯科里亚尔，
埃斯科里亚尔圣洛伦索王家修道院

贵支肩上。关于这一点，帕洛米诺这样写道：“1656年，陛下命唐·迭戈·委拉斯贵支把四十一幅绘画原作运往圣洛伦索王家修道院（埃斯科里亚尔），其中一部分（来自）英格兰国王查尔斯·斯图亚特一世的变卖”，其余的则是委拉斯贵支的收购或国王收到的礼物。[121]帕洛米诺还说，艺术家为这些画作编写了一份描述性报告，里面分析了作品及其作者的成就，还指明了它们的陈列位置。这份报告的文字原本并未流传下来。[122]不过，关于这方面的信息，我们至少还可以参考弗朗西斯科·德洛斯·桑托斯神父于1657、1668年在马德里出版的旅行指南《埃斯科里亚尔圣洛伦索王家修道院简述》（*Descripción breve del Monasterio de San Lorenzo el Real del Escorial*）。[123]

重新整合的建筑空间包括圣器室【图280】、圣器室前厅（*antesacristía*）、几间教务议事厅以及一间供修士研习神学的阅览室，这间阅览室也被称为缮写厅（*Aula de escritura*）或小厅（*Aulilla*）。我们并不完全确定这些改造工程的先后顺序，但我们推测是从教堂的圣器室开始的。我们可以从一封负责管理教堂的奇弗莱特（Chifflet）神父于1656年致国王的信函中了解到，那一年，委拉斯贵支“数月间都在忙于整理，并请人（为所有的绘画作品）制作了金色画框”。[124]改造工程在艺术家离世时，甚至在腓力四世辞世时都还在进行中，最后要到奥地利的玛丽亚娜摄政时期才全部完成。

委拉斯贵支十分了解这些用来装饰的绘画。它们来自王室居所，曾为国王收到的礼物或由腓力四世在不幸的英格兰国王查理一世变卖财产时购得。这场变卖始于1649年秋。[125]委拉斯贵支在收购方面为君主提供了不少建议，具体事务则由西班牙驻伦敦大使阿隆索·德·卡德纳斯（Alonso de Cárdenas）处理。腓力四世同意把绘画转藏至埃斯科里亚尔，而在他治下兴建的丽池宫和猎亭则并未受到这样的优待。[126]事实上，他这么做并非出于虔诚。他也不想让这些曾经属于查理一世的画作远离自己的视线。他希望“更新埃斯科里亚尔的收藏并使之符合新的艺术潮流”。腓力四世转移的所有画作都是宗教性质的。“事实上，圣器室和教务议事厅这两个国王和委拉斯贵支最关心的地方，被设计成了真正的博物馆，用来陈列王室收藏中最优秀的神圣宗教画。”选择作品的标准是艺术成就及国王对意大利艺术的偏好。腓力二世在意大利古典主义和佛兰德斯样式主义之间摇摆的艺术趣味因而也被遗弃了。当然，另外还应当考虑到陈列空间的大小，不过，不可辩驳的是，“在埃斯科里亚尔的圣器室中，人们打算创建一座可以取悦巴洛克国王的意大利绘画精选博物馆”。圣器室前厅内的作品甄选标准也是一样，“那里的佛兰德斯绘画为提香、委罗内塞、里贝拉、鲁本斯和凡·代克的作品所取代，也就是说选择的是威尼斯画家和佛兰德斯当代画家，后者本来就源出于威尼斯画派，如鲁本斯与凡·代克”。在教务议事厅内，

也可以看到与圣器室相同的审美趋向，但这些议事厅的改造工程更晚完工。

圣器室前厅这个狭长的空间里安放的是用来收纳礼仪装饰用品的家具。根据上文提及的装饰趋势，厅内选择的是16世纪的威尼斯绘画或受其影响的作品。属于这一系列的有提香的《逃往埃及途中的休息》（*Repos pendant la fuite en Égypte*，埃斯科里亚尔，新博物馆）和委罗内塞的四幅画作，包括留在埃斯科里亚尔的《三王来拜》（新博物馆）和现藏普拉多博物馆的《基督钉上十字架》。其中也有鲁本斯的《以马忤斯的晚餐》（普拉多博物馆），此画是在画家身后的变卖中购得的。委拉斯贵支在圣器室前厅布置的属于相同艺术流派的作品中，凡·代克的《被抹大拉的马利亚和两位圣人崇拜的圣母子》（*La Vierge et l'Enfant adorés par sainte Marie-Madeleine et par deux saints*）已散失，而丁托列托的《基督下葬》则至今还保存在埃斯科里亚尔（新博物馆）。

委拉斯贵支把圣器室的装饰提升到了新的高度。确实，他把画作的数量从原先的二十幅增加到了三十二幅。为了展示这些绘画，他用尽了墙面上一切可用的空间。引导他陈设的似乎并非题材的神圣特质，而是艺术品位，他为了展现从文艺复兴至巴洛克时期的意大利伟大创作者而疏远佛兰德斯和西班牙大师。在新陈列中，提香以十幅画作占据了主导地位。不管是在乔尔乔内和委罗内塞的绘画边上，还是在拉斐尔、科雷乔、圭多·雷尼、安尼巴莱·卡拉奇及小帕尔马（Palma le Jeune）的作品旁，提香的艺术都绽放出夺目的光彩。尽管这些作品如今已散落各地，但我们还是可以在脑海中对这一整体进行重构。

经由开在北侧的门进入圣器室后，参观者可以在对面祭台上方的墙上欣赏到拉斐尔的《圣家》（*La Sainte Famille*）【图281】。腓力四世发现这件原先属于查理一世的作品时，形容它为“画中的珍珠”，因此它后来也被叫作《珍珠》（*La Perla*）。参观者转过身来，则可以在来时的入口上方看到凡·代克的《基督与通奸的女人》（*Le Christ et la Femme adultère*，马德里，方济各第三会医院）。

图280
圣器室内景
埃斯科里亚尔，埃斯科里亚尔圣洛伦索王家修道院

西墙正中也悬挂着一幅来自查理一世收藏的画作——丁托列托的《濯足礼》（*Le Lavement des pieds*）【图282】。在同一面墙上，这幅绘画周围依然是意大利文艺复兴时期的大师杰作：提香的《纳税银》（*Le Paiement du tribut*，伦敦，国家美术馆）和《基督在橄榄园》（普拉多博物馆）、拉斐尔的《圣母往见》、来自查理一世收藏的安德烈亚·德尔·萨尔托（Andrea del Sarto）的《圣母抱子（在圣马太与天使之间的圣母子）》（*La Vierge à l'Enfant*或*La Vierge et l'Enfant entre saint Matthieu et un ange*）【图283】、科

图281
拉斐尔、朱利奥·罗马诺《圣家》或《珍珠》
1518—1522年
木板油画
147.4厘米×116厘米
马德里，普拉多博物馆

雷乔的《不要摸我》(*Noli me tangere*)【图284】。接下来的意大利绘画也是出类拔萃：安尼巴莱·卡拉奇的《圣母升天》(*L'Assomption de la Vierge*)【图285】、圭多·雷尼的《圣母子》(*La Vierge et l'Enfant*，罗利，北卡罗来纳艺术博物馆)及《圣约瑟与婴孩基督》(*Saint Joseph et le Christ enfant*，圣彼得堡，艾尔米塔什博物馆)。

在东墙上，虽然绘画的数量有所减少，但委拉斯贵支保证了所选作品的卓越品质，尤其是他在这里结集了提香的《十字架上的基督》与《沙漠中的施洗约翰》(*Saint Jean au désert*，埃斯科里亚尔)、拉斐尔的《幕前圣母》(*La Madonna della Tenda*)【图286】、凡·代克的《圣哲罗姆》(鹿特丹，博伊曼斯·范伯宁恩美术馆)。

委拉斯贵支在圣器室中为腓力四世结集的绘画和设计的陈列方式，在19世纪时遭到了破坏，先是由于西班牙独立战争，后来又是因为画商的觊觎。好在至少还有克劳迪奥·科埃略(Claudio Coello)作于1690年左右的《圣体》(*La Sagrada Forma*)展示了当时圣器室的样貌【图289】。不过，画中再现的场景和先前的布置只是部分重合而已。虽然北墙呈现的还是1656年的状态，但东墙已不再是当初的模样了。

在教务议事厅中，有一间是修道院院长议事厅(*sala prioral*)。马德里王宫图书馆藏有一幅厅内绘画作品的分布图。虽然此图很有意义，但一个棘手的问题依旧困扰着我们。事实上，我们无法确定这是否就是委拉斯贵支当年为议事厅设计的布局。何况，要知道厅内的绘画作品清单只出现在弗朗西斯科·德洛斯·桑托斯所撰旅行指南的第二版中。

祭台之上的画作选择，再次表达了对提香的敬意，因为那是他的《基督在橄榄园》(现藏埃斯科里亚尔，不同于陈列在圣器室的同名画作)。祭台左右两侧也是两位大师的名作：曾由查理一世收藏的拉斐尔的《玫瑰圣母》(*La Vierge à la rose*)【图287】以及鲁本斯的《圣家与圣安娜》(*La Sainte Famille avec sainte Anne*)【图288】。

正对着祭台的西墙上，委拉斯贵支选择了圭尔奇诺的两帧小尺寸绘画，一幅是《圣哲罗姆》(已佚失)，另一幅是《圣多马》(埃斯科里亚尔)。

南北二墙的正中，分别是鲁本斯的《圣母无染原罪》【图290】与委罗内塞的《基督在百夫长家中》(*Le Christ dans la maison du centurion*)【图292】。委罗内塞的绘画因动势与情感而出彩，我们可以说这是画家表现这一题材的作品中最引人注目的一幅。画作原先归阿伦德尔伯爵(comte d'Arundel)所有，后来可能也是随查理一世的其他

收藏被西班牙购得。同在北墙上的，还有凡·代克的《基督戴荆冠》(*Le Couronnement d'épines*)和《圣殇》(*Pietà*)，以及小帕尔马的《圣保罗改宗》与《大卫和歌利亚的首级》(*David et la tête de Goliath*)。这四件作品如今均藏于普拉多博物馆。

鲁本斯的《圣母无染原罪》是莱加内斯侯爵赠送给腓力四世的。南墙上，尤其值得一提的，还有圭多·雷尼的《椅上圣母》(*La Vierge à la chaise*)【图291】。

图282
丁托列托《濯足礼》
1548—1549年
布面油画
210厘米×533厘米
马德里，普拉多博物馆

图283
安德烈亚·德尔·萨尔托《在圣马太与天使之间的圣母子》
1522年
布面油画
177厘米×135厘米
马德里，普拉多博物馆

图284
科雷乔《不要摸我》
约1525年
木板油画
130厘米×103厘米
马德里，普拉多博物馆

图285
安尼巴莱·卡拉奇《圣母升天》
约1587年
布面油画
130厘米×97厘米
马德里，普拉多博物馆

图286
拉斐尔《幕前圣母》
1514年
布面油画
66厘米×51厘米
慕尼黑，巴伐利亚国家绘画收藏馆，老绘画陈列馆

有时会被误认为是《圣长雅各》(*Saint Jacques le Majeur*)的里贝拉的《圣亚肋叔》(*Saint Alexis*)，也曾陈列在院长议事厅内。在意大利绘画或与意大利艺术联系在一起的作品集合中，为何会出现一幅西班牙绘画呢？作为腓力四世臣民的里贝拉长期定居在那不勒斯，因此他的作品属于第二种类别。当时的马德里老王宫也藏有他的一些画作，委拉斯贵支对他更是尊重有加。

助理议事厅(*sala vicarial*)和院长议事厅的设置标准相同，但厅内的绘画作品在国王的最后岁月里被集中到了他所居住的马德里老王宫。奥地利的玛丽亚娜摄政时又对大厅进行了重新布置，但那时委拉斯贵支及其君主都已离世，所以更为可取的是不把助理议事厅的陈设纳入艺术家在埃斯科里亚尔的装饰创作中。相反地，缮写厅的布置于1657年完成。因此，我们可以提一下委拉斯贵支在厅中陈列的主要作品。鉴于厅室有限的空间，墙上一共只悬挂了十二幅绘画。它们再次印证了画家及其君主对威尼斯画派的偏爱。确实，我们可以从中看到提香的《基督下葬》【图294】和他为查理五世绘制的《荣耀》【图293】、委罗内塞的《圣梅纳斯殉道》(*Le Martyre de saint Ménas*)【图295】和《天使报喜》(*Annonciation*，埃斯科里亚尔)、丁托列托的《基督降生》(*Nativité*，埃斯科里亚尔)以及拉斐尔的《圣母与鱼》(*La Vierge au poisson*)【图296】。

在埃斯科里亚尔的室内装饰中，委拉斯贵支竭力以精到的方式来展现腓力四世的威望。他工作的本质是选用国王和自己都欣赏的画家作品。在马德里老王宫这个更大的装饰工程框架中，继八角厅的成功之后，他将再次展示作为巴洛克室内装饰师的才能。

图287
拉斐尔《玫瑰圣母》
约1516年
布面油画
103厘米×84厘米
马德里，普拉多博物馆

图288
彼得·保罗·鲁本斯《圣家与圣安娜》
约1630年
布面油画
116厘米×91厘米
马德里，普拉多博物馆

图289
克劳迪奥·科埃略《圣体》
约1690年
布面油画
500厘米×300厘米
埃斯科里亚尔，埃斯科里亚尔圣洛伦索王家修道院，圣器室

图290
彼得·保罗·鲁本斯《圣母无染原罪》
1628—1629年
布面油画
198厘米×135厘米
马德里，普拉多博物馆

图291
圭多·雷尼《椅上圣母》
1624—1625年
布面油画
213.8厘米×137.5厘米
马德里，普拉多博物馆

图292
委罗内塞《基督在百夫长家中》
约1571年
布面油画
192厘米×297厘米
马德里，普拉多博物馆

装饰师委拉斯贵支：马德里老王宫与镜厅

仅以一句“绘画与雕塑在整体上丰富了首都王宫的装饰”简单带过是远远不够的。更具体地说，在委拉斯贵支的规划布置下，一些厅室的装饰被提升到了顶级水准。必须强调的是，正如以1686年的统计[127]为代表的王宫财产清册所展示的那样，一些原创性和品质都十分引人注目的整体装饰在此期间得以在老王宫内实现。

那时，丁托列托的《天堂》（现藏普拉多博物馆）大概还陈列在不那么尊贵的地方。也许是因为被看作可以用来启发艺术思考的绝妙典范，它被安置在宫廷画家们的集体画室内。不过，委罗内塞的《维纳斯和阿多尼斯》则为它所在的南廊（*galeria del mediodía*）增添了光彩。在1666年的财产清册中已被提及的青铜塑像《赫马佛洛狄忒斯》，被摆放在北风廊入口处朝向花园的房间内。同处一室的青铜像还有《贝壳中的维纳斯》（现藏普拉多博物馆），1666年及1686年的财产清册都对其进行了描述。

最具意义的画作布置之一是丁托列托的天顶画陈设。这些题材来自《旧约》的画作陈列在“提香拱廊”（*Bóvedas de Tiziano*）的第一间房间内。这一叫法指的是老王宫北部因斜坡而得以在底层之下建造的多进拥有拱顶的宫室，它们曾饰有多幅王室收藏中的提香画作。

八角厅装饰布置的用心明显地体现了相同的关切。引入新的装饰元素是为了继续美化这间大厅，即便它已经是腓力四世王宫内最壮丽、最迷人的厅室了。委拉斯贵支在厅内增加了三尊仿古铸像：《休息的林神》（*Satyre au repos*）、《演说家》（*Orateur*）、《掷铁饼者》（*Athlète avec un disque*，马德里王宫）。帕洛米诺曾描述过这些塑像，根据它们的款识，这些作品由罗马人切萨雷·塞巴斯蒂亚尼（Cesare Sebastiani）与乔凡尼·彼得罗·德尔·杜卡（Giovanni Pietro del Duca）于1650年至1651年共同铸造。[128]委拉斯贵支还添加了另一尊仿古铸像《拔刺的少年》，并将其置于大厅中央。

镜厅（*Salón de los Espejos*）装饰的完工，标志着腓力四世及其画家为把老王宫内部打造成接近于当时意大利

图293
提香《荣耀》或《三位一体崇拜》
1551—1554年
布面油画
346厘米×240厘米
马德里，普拉多博物馆

图294
提香《基督下葬》
约1566年
布面油画
130厘米×168厘米
马德里，普拉多博物馆

图295
委罗内塞《圣梅纳斯殉道》
约1580年
布面油画
248厘米×182厘米
马德里，普拉多博物馆

图296
拉斐尔《圣母与鱼》
1513—1514年
木板油画
215厘米×158厘米
马德里，普拉多博物馆

流行的巴洛克宫殿所做出的努力终成正果，在这个让镜厅变得富丽堂皇的过程中，他们耐心地坚持着自己的艺术趣味。两位意大利壁画家的到来，使镜厅的装饰创作成为可能。他们是委拉斯贵支在意大利时就已经联系过的科隆纳与米泰利。[129]1658年抵达马德里后，他们由委拉斯贵支接待，并被安顿在珍宝馆。为了使人们能够欣赏到他们可以以假乱真的奢华建筑装饰艺术，他们在西班牙的暂住最后持续了相当长时间。事实上，1660年8月2日米泰利逝于马德里，科隆纳则要到1662年9月才返回意大利。他们不仅为国王效力，也为显贵和教士服务。埃利切侯爵请他们为自己在圣华金（San Joaquín）附近的果园建筑（*huerta*）绘制了装饰画。米泰利过世前，两位画家正在为仁慈圣母院的穹顶创作壁画。

在丽池宫，他们为圣保罗隐修静居绘制了那耳喀索斯的故事，并在一座凉廊顶部描绘了刻法罗斯和厄俄斯的传说。普拉多博物馆藏有第二幅壁画的样图，它展示了两位画家笔下的绚丽色彩【图297】。

他们为老王宫的装饰更新作出了重大贡献。在腓力四世的夏季套房内，他们以《白昼》[130]、《黑夜》（*La Nuit*）及《法厄同的坠落》（*La Chute de Phaëton*）装饰了相邻三间房间的顶部。在这一套房内，他们还装饰了面向王后花园的长廊。对此，帕洛米诺曾解释道，米泰利“在所有的墙上绘制了壁画，在某种程度上把真正的建筑同画出来的假建筑融合在一起，由于画中高超的透视、技法以及典雅，绘画可以以假乱真，必须要亲手触碰才能确信那是画出来的”[131]；科隆纳则负责绘制了假的浮雕、喷泉、看起来正在下楼梯的黑人小孩以及一扇融合在假建筑中的小窗户【图298、图299】。

在老王宫主入口之上南侧，采光来自上下两层窗户的新厅经历了多次改造，这也体现了国王对它的重视。1659年，借格拉蒙元帅前来为路易十四向玛丽·特蕾莎公主提亲之机，厅内的装饰再次得以更新。这座大厅因天顶画、家具（条几及上方的镜子）以及陈列在内的油画作品，成了老王宫内最华丽的地方，或者至少是至尊连厅区的重要组

图297
安杰洛·米凯莱·科隆纳、阿戈斯蒂诺·米泰利《丽池宫凉廊样图：刻法罗斯和厄俄斯的传说》
1659—1660年
布面油画
187厘米×281厘米
马德里，普拉多博物馆

成部分。天顶画的主题是潘多拉的故事。[132]考虑到神话的悲剧色彩，这一题材在公主即将到来的大婚面前可能会显得不合时宜，但我们的目光或许也可以止于潘多拉的美貌以及题材所提供的再现奢华的可能。委拉斯贵支构思了天顶画的布局，并确定了每一细分区域内应当创作的主题。他还把绘制任务在两位意大利画家（科隆纳与米泰利）和两名西班牙画家之间进行了分工，后面这两位是卡雷尼奥（1614—1685年）和弗朗西斯科·里西（Francisco Rizi，1608—1685年）。天顶画于1659年4月开始绘制，并在格拉蒙元帅到来前完成。在创作过程中，腓力四世、奥地利的玛丽亚娜以及公主们常常把前往现场观看作品的进度作为一件乐事。科隆纳和米泰利负责画中的装饰元素与建筑。前者还创作了中央椭圆内的众神集会以及众神赐予潘多拉天赋。卡雷尼奥在绘制潘多拉与厄庇墨透斯的婚礼时病倒了，此后弗朗西斯科·里西接替了他的工作【图300】。[133]

尽管大厅体量巨大，但墙上可供陈列画作的位置在一定程度上由连通厅内外的门道、南侧的上下两层窗户（在安托万·迪·韦尔热于1711年绘制的老王宫南侧主层剖面图上清晰可见双层的布局[134]）、置于地面的条几及其上方的镜子决定。一幅幅画作上下左右都紧挨着，这也符合当时的陈列习惯。这样的布局也可以在一些以镜厅为背景的王室肖像中观察到。[135]

就像在埃斯科里亚尔那样，画作的选择反映了腓力四世和委拉斯贵支的艺术趣味，也就是说他们对威尼斯画派

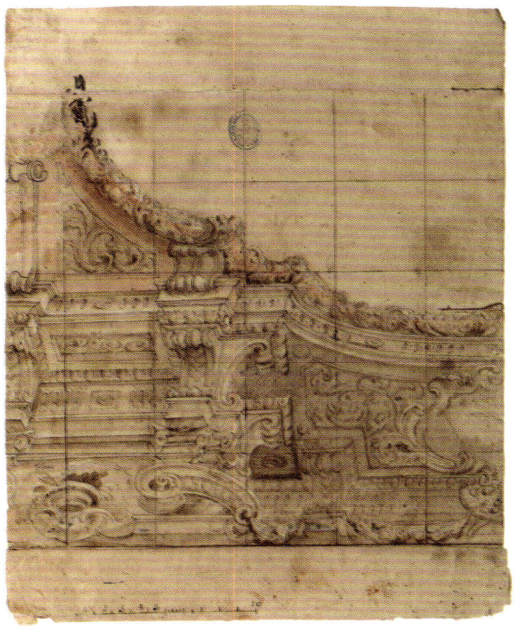

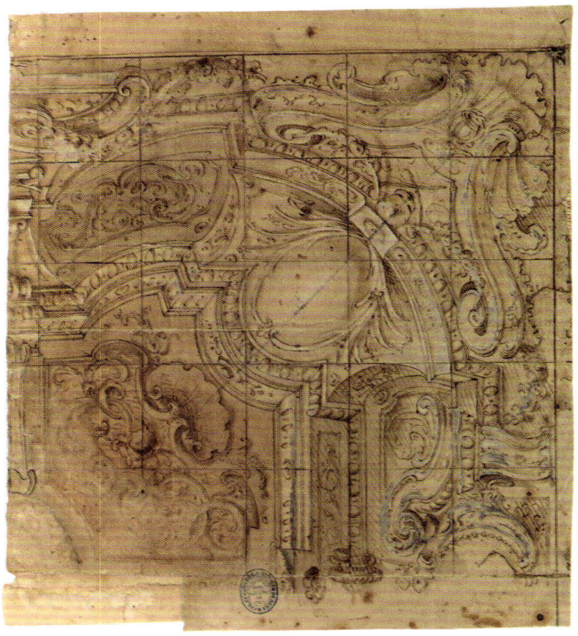

图298、299
安杰洛·米凯莱·科隆纳、阿戈斯蒂诺·米泰利《镜厅天顶画装饰习作?》
1659年
直纹纸本水墨、水彩画
马德里，西班牙国家图书馆

图300
胡安·卡雷尼奥·德·米兰达《老王宫镜厅天顶画〈潘多拉与厄庇墨透斯的婚礼〉习作》
1659—1660年
纸本铅笔、红垩笔素描
34厘米×24厘米
马德里，圣费尔南多王家美术学院

的提香、丁托列托及委罗内塞的偏爱。委拉斯贵支自己的作品也有很多入选。显然，画作的选择也反映了王朝在政治、宗教领域内的大政方针，也就是说为了捍卫信仰而反对新教徒和穆斯林。

墙上悬挂的一些作品仅通过画名就能传达出艺术、统治和天主教三个层面的意义，如提香的《米尔贝格的皇帝查理五世骑马像》和《勒班陀大捷后腓力二世把唐·费尔南多王子奉献给上天》、鲁本斯的《腓力四世骑马像》以及委拉斯贵支的《驱逐摩里斯科人》。

或许，我们不应过于系统化地在所有画作选择中一一寻找象征意图，因为艺术标准也是相当重要的。厅内绘画的整体主题似乎是对美德的回报与对恶的惩罚。[136]除了上文提及的三幅画作，我们不妨再来列举一些。在东西墙的镜子上方，我们可以看到丁托列托的《赫罗弗尼斯之死》（*La Mort d'Holopherne*）以及他的另外三件作品【图301】。数幅鲁本斯的伟大绘画也再次证明了国王及其画家对他的赞赏：《罗马人和萨宾人的战斗》（*La Bataille des Romains et des Sabins*）、《掳掠萨宾女人》（*L'Enlèvement des Sabines*）、《雅各和以扫》（*Jacob et Ésaü*）、《安德洛墨达与珀尔修斯》（*Andromède et Persée*）、《穆修斯·斯卡沃拉》（*Mucius Scaevola*）及《阿喀琉斯和德伊达美亚》（*Achille et Déidamie*）。里贝拉的艺术也通过《参孙和大利拉》（*Samson et Dalila*）与《雅亿和西西拉》（*Yaël et Sisara*）得以呈现。委拉斯贵支特意为三扇低窗间条几镜以上的墙面创作了对幅《阿波罗活剥萨堤尔》（*Apollon écorchant un satyre*）与《墨丘利和阿尔戈斯》（*Mercure er Argus*），还有悬挂在低窗与墙角间同一高度上的画对《阿多尼斯和维纳斯》（*Adonis et Vénus*）与《普赛克和丘比特》（*Psyché et Cupidon*）。两组绘画高度相同，但后者的宽度只有前者的一半。另外需要说明的是，我们对委拉斯贵支选择表现的阿多尼斯和维纳斯、普赛克和丘比特的具体故事场景一无所知。

镜厅中委托意大利制造的家具包括六只条几，由两只鎏金青铜狮支撑起的几面是斑岩石板【图302】，几面上方安置了镜子，镜框为鎏金青铜鹰形。如前所述，这些狮子是马泰奥·博纳雷利在罗马铸造而成的，而镜框则由朱利亚诺·菲内利负责制作。南侧窗户之间的墙面前，以及东西墙正中的门框两侧各安一只条几。

这就是委拉斯贵支布置的奢华大厅。我们在分析八角厅时曾谈到过，它呈现的主要是雕塑的造型魅力，而镜厅则与之相反，以绘画取胜。镜厅是深受意大利影响的西班牙宫廷巴洛克的杰作，而腓力四世的画家正是这一风格的集大成者。镜面的反射使和谐的色彩相映成趣，同时也营造了视觉幻境。我们甚至可以说这座大厅是凡尔赛镜厅的先例之一。[137]

1659年10月16日，格拉蒙元帅抵达马德里，并在镜厅为玛丽·特蕾莎公主大婚一事受到了隆重的接见。[138]委拉斯贵支和国王的首席织毯师（*tapicero mayor*）共同布置了大厅的装饰。端坐在华盖下扶手椅里的腓力四世等待着元帅的到来。西班牙宫廷在接待中所展现出的庄重华贵给法国来宾留下了深刻的印象，他们甚至觉得这场欢迎仪式比自己国王的还要庄严。10月20日，委拉斯贵支奉腓力四世之命向使节展示了国王套房，格拉蒙则向王宫总管赠送了金表。[139]

从那以后，最高规格的接见通常都在镜厅内进行。除了一些微小的改变，大厅基本上都保持着委拉斯贵支确定下来的样貌。可是，1734年圣诞，吞噬了老王宫的大火把它化为废墟，厅中的艺术品收藏也损失惨重。[140]为了尽可能确切地重构这一委拉斯贵支为腓力四世设计并主持完成的杰作，应当要求助于财产清册、王室肖像以及那些幸免于难的艺术品。

图301
丁托列托《赫罗弗尼斯之死》
1570年后
布面油画
198厘米×325厘米
马德里，普拉多博物馆

图302
马泰奥·博纳雷利《狮子》
1651年
鎏金青铜塑像
马德里，王宫，王座大厅

图303
马德里老王宫镜厅复原图
（何塞·曼努埃尔·巴尔韦托绘制）

艺术史学家在研究中已多次使用过1666年、1686年和1700年的财产清册。马索在奥地利的玛丽亚娜的肖像中[141]，描绘了坐在镜厅中的王后，画中的视野一直延伸到八角厅。只不过画作展示的更多是八角厅的陈设，而非镜厅的样貌。[142]相反地，卡雷尼奥绘制的一些肖像再现了镜厅的布置：分别藏于普拉多博物馆[143]（约1669年）【图304】和圣费尔南多王家美术学院[144]的玛丽亚娜王后肖像，还有收藏在普拉多博物馆（约1671年）【图305】和柏林博物馆（1673年）的卡洛斯二世画像[145]。我们可以在玛丽亚娜王后肖像中辨认出《赫罗弗尼斯之死》的一部分。卡雷尼奥把弥漫在委拉斯贵支所饰大厅内的奢华、典雅及迷幻氛围展现得淋漓尽致。

在王室收藏的名画中，鲁本斯的《雅各和以扫》由卡洛斯二世于1694年赠予他的内兄约翰·威廉（Jean-Wilhelm），因此得以躲过1734年的火灾，如今藏于慕尼黑老绘画陈列馆。提香的《米尔贝格的皇帝查理五世骑马像》【图79】和《勒班陀大捷后腓力二世把唐·费尔南多王子奉献给上天》，以及鲁本斯的《安德洛墨达与珀尔修斯》都幸免于难，现藏普拉多博物馆。但令人沮丧的是许多名画在火灾中被焚毁，如佛兰德斯绘画大师的《腓力四世骑马像》和《罗马人和萨宾人的战斗》。

家具陈设也遭受了巨大损失。不过，在曾经承托斑岩几面的青铜狮中，如今有四只被安置在马德里王宫王座大厅内的宝座两旁，还有一些则在普拉多博物馆中用来支撑桌面。

在委拉斯贵支布置的大厅内，他本人的画作也付出了惨重的代价。马德里时期初年他成就极高的画作之一《驱逐摩里斯科人》，消失在了烈火之中。在他特意为镜厅创作的四件作品中，《阿波罗活剥萨堤尔》《阿多尼斯和维纳斯》《普赛克和丘比特》这三幅绘画也毁于火灾，只有《墨丘利和阿尔戈斯》【图306】幸免于难，如今保存在普拉多博物馆[146]。

在朱庇特的风流韵事中，他和伊俄的私情显得格外生动，又极具悲剧色彩。出于对这位年轻女子的嫉妒，朱诺把她变成了母牛，但即便以牛的形象示人，伊俄依旧散发着魅力。朱诺于是把母牛交给阿尔戈斯看管，她觉得如此一来也就万无一失了，因为阿尔戈斯有一百只眼睛，睡觉

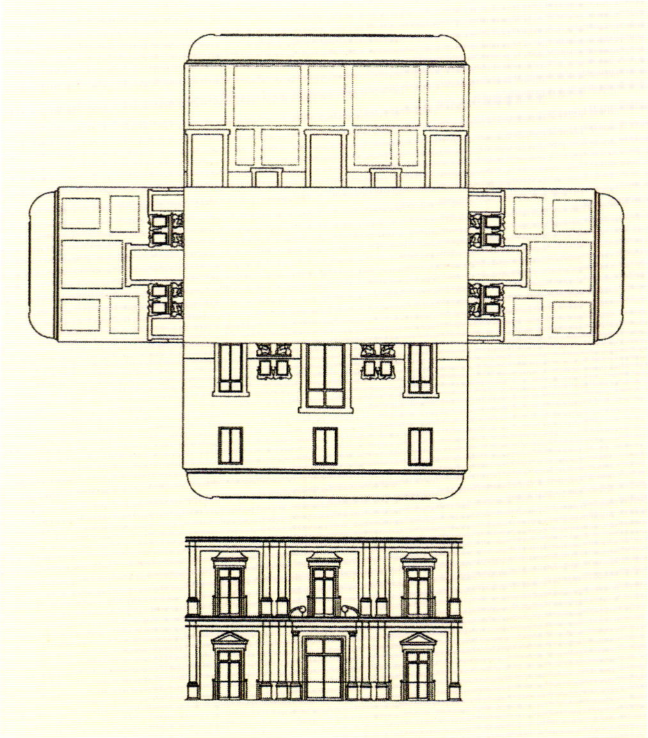

图304
胡安·卡雷尼奥·德·米兰达
《玛丽亚娜王后》
约1669（？）
布面油画
211厘米×125厘米
马德里，普拉多博物馆

图305
胡安·卡雷尼奥·德·米兰达
《卡洛斯二世》
约1671年
布面油画
198厘米×325厘米
马德里，普拉多博物馆

的时候只闭上其中的一半。但墨丘利成功地骗过了他的警惕，最终把他的头颅砍下。

1636年至1638年，鲁本斯在为猎亭创作绘画时曾经处理过这一题材【图307】。在这幅现藏普拉多博物馆的画中，阿尔戈斯的残酷下场被明确地表现了出来：神正挥剑砍向坐着的昏昏欲睡的看守。

委拉斯贵支的画作因其灵感来源与基调而显得大不相同。在伏于地上的母牛前，墨丘利用手臂微微撑起身体，席地而坐的阿尔戈斯正在酣睡，一切都笼罩在半明半暗之中。鲁本斯所预示的血腥结局在这里没有丝毫征兆。阿尔戈斯的双腿让人联想起著名的古代雕塑《垂死的高卢人》（*Gaulois mourant*）的腿部，委拉斯贵支在罗马的卢多维西收藏中曾见过这尊塑像，还让人为马德里老王宫翻制了石膏像。1666年的财产清册中也提到过这件复制品。另外的灵感来源则可以在米开朗琪罗的西斯廷礼拜堂壁画中找到，即位于以西结上方的古铜色裸男像。

委拉斯贵支的绘画基调极具个性。他将神话场景转化为日常生活甚至是平民场景。墨丘利戴的不再是优雅的头盔，而是一顶奇形怪状的脏帽子。鲁本斯画中年迈的阿尔戈斯没有一丝优雅。而他在西班牙大师笔下则是个年轻人，但显然来自平民阶层。绘画的视角、色彩以及技法使这件作品变得十分独特。学界曾长期认为画作最初的构思考虑到了从下往上的观看角度，因为人们以为它被悬挂在镜厅的高处。事实上，这幅绘画陈列在下层的窗间，因此观赏角度是正常的视角。[147]如往常那样，委拉斯贵支在创作过程中进行了修改，母牛起初的姿势正好与我们现在所见到的相反，它原先朝向阿尔戈斯。[148]发生在血腥场景之前的画面由半明半暗的光线支配着，不过，有些细节缓和了气氛，如墨丘利年轻的身体。尤其值得一提的是，委拉斯贵支以他驾轻就熟的技法，渲染出十分迷人的氛围：神秘的明暗相间、落低的视角、银质的色调、会让人联想起水彩的视觉再现。虽然在1734年的火灾中得以幸存，但画作还是遭到了损坏。为了

补救，一些带状区域被添加到了画面上。[149]此后，这件作品曾出现在1746年丽池宫以及1772年马德里王宫的财产清册中，最终于1819年入藏普拉多博物馆。

法国边境送亲及委拉斯贵支离世

1659年11月7日，唐·路易斯·门德斯·德·阿罗与马扎然枢机在伊伦（Irún）、丰特拉维亚附近的雉鸡岛上签订了《比利牛斯条约》，小岛位于分隔西班牙和法国的比达索阿河中央。此后，玛丽·特蕾莎公主的送亲准备也便提上了日程，她和路易十四的联姻是保证两国和平的根本条件。[150]委拉斯贵支作为王宫总管，自然需要负责筹备腓力四世、公主及其随行人员直至西法边境的送亲之旅，并在西班牙一侧布置用于两国君主会面、公主告别的场所。这一系列任务给委拉斯贵支带来了极为繁重的工作。在此次差旅中，王室工程部总建筑师何塞·德·比利亚雷亚尔（José de Villareal）与他随行。

1660年4月15日，腓力四世[151]和玛丽·特蕾莎离开马德里，王后玛丽亚娜则留在宫中。他们一路途经莱尔玛、布尔戈斯（Burgos）、维多利亚、圣塞瓦斯蒂安（Saint-Sébastien），于6月2日抵达丰特拉维亚。委拉斯贵支在差旅中享有一顶驮轿。他于4月8日先于国王离开首都。到达边境后，他前往雉鸡岛视察工程进度，西法两国王室将在1659年举办过和会的岛上会面。河上分别建造了从法国、西班牙通向雉鸡岛主建筑的通道。

图306
《墨丘利和阿尔戈斯》
约1659年
布面油画
127厘米×250厘米
马德里，普拉多博物馆

图307
彼得·保罗·鲁本斯《墨丘利和阿尔戈斯》
1636—1638年
布面油画
180厘米×298厘米
马德里，普拉多博物馆

法国人在他们的小屋中悬挂了壁毯《西庇阿的故事》（*Histoire de Scipion*），而西班牙人使用的则是《启示录》（*Apocalypse*）挂毯。两国王室进行了多次会面，自从1615年奥地利的安娜离开西班牙后，这还是她第一次和弟弟重逢。1660年6月6日，腓力四世和路易十四宣誓遵守他们的大臣于1659年11月7日签下的条约，然后玛丽·特蕾莎离开父亲，踏上了新的命运之路，西法两国王室作别后各自返回。

在哥白林织毯工场织造的《国王的故事》（*Histoire du Roi*）挂毯中【图308】，夏尔·勒布伦（Charles Le Brun）表现了1660年6月6日的团聚，也就是腓力四世与路易十四，还有奥地利的安娜、玛丽·特蕾莎、唐·路易斯·门德

图308
夏尔·勒布伦《国王的故事：路易十四会见腓力四世》
1665—1668年
立机挂毯（羊毛、真丝、金线）
495厘米×689厘米
巴黎，国立织造局

斯·德·阿罗以及马扎然之间的会面。帕洛米诺曾详细描述过委拉斯贵支在雉鸡岛上的华丽着装，他佩戴了表明圣地亚哥骑士身份的奢华贝壳，还有金链、长剑以及钻石。作者还指出画家参与了所有会晤。不过，我们既不确定委拉斯贵支是否属于腓力四世的直接随从人员，对在夏尔·勒布伦的挂毯上能否辨认出画家也没有十足的把握。

6月8日，腓力四世及其包括王宫总管在内的随行队伍踏上了归途，经巴利亚多利德于当月26日回到首都。前往法国边境的旅行，还有王宫总管肩上繁重的任务，使委拉斯贵支精疲力竭，以至于宫中甚至风传画家已在旅途中去世的消息。不过，在他于1660年7月3日写给巴伦廷·迪亚斯（Valentín Díaz）的信中，他只提到了对“夜间旅行、白天工作”的倦怠，还说自己“身体安康”。[152]据帕洛米诺的叙述，风传的存在也可以解释他的家人和朋友在见到他归来时，“惊讶胜过于喜悦”。[153]

回到马德里后，画家重新开始了他在老王宫的行政工作。7月1日，他去观看了一场斗牛比赛。31日星期六，上午在宫中侍奉完国王后，由于疲劳与腹痛，他回到了珍宝馆的家中。[154]他的家庭医生比森西奥·莫莱斯（Vicencio Moles）给他检查了身体。国王也给他派去了米格尔·德·阿尔瓦（Miguel de Alba）和佩德罗·德·查瓦里（Pedro de Chávarri）两名御医。御医发现他一直口渴，将病症诊断为并不乐观的间歇热。国王让西印度群岛宗主教唐·阿方索·佩雷斯·德·古斯曼·埃尔·布埃诺（Alfonso Pérez de Guzmán el Bueno）前去鼓励、照料他。1660年8月6日下午，委拉斯贵支在接受了临终圣事后与世长辞。[155]他的遗体穿上了圣地亚哥骑士礼服，正如传胡安·德·阿尔法罗（Juan de Alfaro）绘制的一幅遗像素描中所呈现的那样【图309】。遗体先是在住所卧房的灵床上供人瞻仰。8月7日，隆重的葬礼在圣施洗约翰堂区举行，宫廷要员及王家礼拜堂的乐手参加了丧仪。画家的遗体被安葬在唐·加斯帕尔·德·富恩萨利达的墓穴中。

画家的妻子胡安娜于8月14日也离开了人世，她被安葬在画家身边。“如今，不管是他们的墓穴，还是圣施洗约翰教堂，都早已不见踪迹。”[156]

委拉斯贵支仅在短短的几年时间内享受到了他竭力追求来的社会地位，他成为王宫总管、贵族、圣地亚哥骑士团骑士。我们不应忘记他在生活中为社会地位的上升所倾注的精力。不过，最本质的问题是另外一个：绘画史上，他的艺术在何种程度上是不可替代的呢？

图309
传胡安·德·阿尔法罗绘
《委拉斯贵支床上遗像》
1660年
纸本黑色铅笔素描
20.5厘米×13.5厘米
巴黎，屈斯托迪亚基金会，
弗里茨·吕格特收藏

不可替代的委拉斯贵支

为了理解委拉斯贵支不可替代且具有革新精神的独创性，有一个既简单又可靠的方法：深入了解画家的一些主要作品、从中得出共通或独立的优点、围绕优点展开思考、与其他西班牙画家进行初步比较。

在以《煮鸡蛋的老妪》为代表的塞维利亚时期绘画和以《宫娥》《阿刺克涅的传说》《墨丘利和阿尔戈斯》著称的艺术家晚年作品之间，有着巨大的特征差异。相隔四十余年，前后的风格与技法呈现出了令人惊讶的反差。在他艺涯之初，画中还是以暗淡的用色和厚重的笔法为主，之后，委拉斯贵支学会了驾驭亮色、光效、透明、流畅，以及表现几近非物质的空气。他摸索出了我们可以名正言顺地形容为前印象派的技法。他把自己在脑海中构思出来的视觉效果解构在画面上，留待一定距离外的观者目光自行重构。

最后这段时期所取得的成就是长期积累的结果。在塞维利亚深受暗色调主义影响的委拉斯贵支，风格接近于卡拉瓦乔和里贝拉，但是，在成为腓力四世的画家之后，他得以领会王室收藏中威尼斯绘画的精髓。他与旅居马德里的鲁本斯经常往来。他曾两次前往意大利。他为伟大的意大利巴洛克装饰艺术传入西班牙宫廷作出了巨大贡献，他本人也同时以室内装饰师的身份为腓力四世效力。

其实，他在最后的岁月里所展示出的革新特质在更早之前就已初露端倪。这一特质在委拉斯贵支所处的时代具有独创价值，它预示了19世纪下半叶印象派的到来。

他独到的绘画方式与理念也体现在他与自然的关系中。当我们提及“自然”二字，思绪会立即把我们带回到两帧《罗马美第奇别墅的花园景色》。我们知道，人们常常因这两幅画作而把画家同柯罗联系起来。不过，应当要提醒大家注意的是，在当时的意大利和法国，也有一些绘画大师像委拉斯贵支那样在户外研究、感悟自然。其中，我们自然会想到洛兰，但在罗马，他也并非唯一如此研习自然的画家。而对于法国而言，难道我们不应当提一下弗朗索瓦·德波特（François Desportes）和让-巴蒂斯特·乌德里（Jean-Baptiste Oudry）这两位画家的名字吗？

事实上，对委拉斯贵支所绘自然的分析，最好超越这样或那样的比较，这些联系、比照往往让人觉得流于表面。它需要的是更精细、更广博的研究，而我们所做的还只是初探。但即便如此，我们也已经能认识到，委拉斯贵支在与创世万物的原始纯洁进行精神对话的同时，想要捕捉与表现的是真实。这正是促使他前往美第奇别墅花园的意图。早在他为王室成员绘制猎装肖像或庄重的骑马像时，他就已经理解了马德里郊外风景的意义，并把这些自然景致植入肖像的背景之中。

这一表达真实的意图，在描绘人、动物等生命体以及无生命物体的绘画作品中亦有所体现，我们对此也要加以分析。无论他画的是国王、公主、弄臣，还是侏儒之类的畸形生灵，委拉斯贵支看重的都是他们最深层的人格，是他们作为创世万物的属性，也就是说，是他们不可剥夺的尊严。

我们已强调过贯穿画家艺术生涯的作品演变，也就是从塞维利亚时期开始，直到在第二次意大利之旅和最后的岁月中，非凡的艺术解放最终臻于完满。相反地，贯穿其间的也有从未改变过的特征，即大师风范与学识。早在塞维利亚时期，构图与笔法中所展现出的权威性，甚至可以说落笔创造万物时的灵气，就已经让艺术史学家惊叹不已。日后，这一大师风范一直是委拉斯贵支的主要特征之一。也是从那时开始，和岳父之名相称的巴切柯女婿，证明了他是一名博学的艺术家。他以自己极具说服力的巧思，把两个不同的场景融入同一幅绘画之中，用大画嵌套小画，以小画解释大画。此类“画中画”给塞维利亚时期的宗教画带来了日常生活场景和天主教诲的双重魅力，《基督在马大与马利亚家中》即为一例。委拉斯贵支一生都在版画和论著中汲取灵感，艺术史学家在他的画作中经常可以辨认出这些灵感源泉。不过，他对知识的探索并非意味着他是秘

图310
《基督在马大与马利亚家中》
1618年
图62局部，第77页

图311
阿尔伯托·贾科梅蒂《临委拉斯贵支〈英诺森十世肖像〉》
1942年
纸本铅笔素描
20.5厘米×22.5厘米
巴黎，国立毕加索博物馆

传式的艺术家，他甚至都不算一名难懂的画家。对文学名著、艺术名作的解读可以如此多样，所以我们认为，过多地寻找象征、寓意层面的影射与阐释是不明智的。委拉斯贵支的绘画受众，通常由有限的圈子组成，有时甚至只是名人个体，如国王本人。虽然受众中有些人可能学养深厚，但他的画作并非只面向饱学之士，那些受过足够教育的人应当也都可以理解。同样，在分析构图方法时，也许还应当避免引入视角或镜像游戏理论，这些错综复杂的理论都只是假设而已。

在尊重这些谨慎原则的基础上，为了确立委拉斯贵支不可替代的贡献，不仅要分析他的长处，还要研究他的作品以及作品类别。

偶尔会启发他的格列柯，画出的是色彩绚丽的精神火光，这一点在腓力四世的画家身上并不存在。后者也不会像戈雅在《1808年5月2日》（*Dos de mayo 1808*）和《1808年5月3日》（*Tres de mayo 1808*）中那样，表现风雨飘摇的血腥世界的裂痕。苏巴朗在描绘僧侣、年轻圣人和殉道者方面是位独一无二的艺术家，如《卡瓦组埃拉斯神父的弥撒》（*La Messe du père Cabañuelas*，瓜达卢佩修道院）中的僧人和普拉多博物馆的《圣卡西尔达》（*Sainte Casilda*）。委拉斯贵支不仅是以才华服众的宗教画家，也是大画面中具有强大表现力的静物之作者，还是创作王室骑马像的肖像画家。在最后这一类别中，为丽池宫王国大厅创作的《腓力四世骑马像》大概是最为庄重的作品，把骑马者、坐骑和风景融合在一起的史诗感扣人心弦。委拉斯贵支以极为庄严、敏感的笔触，展示了身着猎装并与自然融为一体的国王和王子。他也为君主绘制了不少不可替代的画像，这些绘画虽然严肃质朴，但充满着人性的真实。他也是王后和公主的画家，他让她们本不长存的着装与头饰散发出恒久的诗意魅力，这种魅力仿佛可以外化她们的神秘灵魂。

人们曾乐于把委拉斯贵支的肖像画同法国宫廷画家的同类绘画对立起来，前者因质朴与人性而为人称道，后者则被认为浮夸。比利牛斯山南北两个国家在社会观念、君主制理念以及时尚潮流上的特殊性能否解释这一区别呢？源自法国的裙撑在西班牙也拥有极大的体积，从这一点上来说，比起法国这样或那样的时尚，西班牙裙撑显然也是相当传统的。相反地，波旁王朝的形象通常是要比西班牙王朝的更加浮华。事实上，难道我们不应当认为委拉斯贵支的天才优势可以在很大程度上解释这一区别吗？的确，且不说王后与公主的饰物，也不论国王及其王弟的质朴（这种质朴又是和富贵结合在一起的），比起法国画家，委拉斯贵支更是深知要优先刻画人物的心理。在《布雷达之降》中，他需要展示的是战争场景，但他并没有选择炮火轰隆，而是选择了战胜者带着感人的谦恭迎接被战胜者时所表现出的人性。在塞维利亚画过平民场景的年轻人，在上了年纪后，成功地在《阿剌克涅的传说》的工坊里表现了光线的透明感，并在《宫娥》中使宫廷生活的一个瞬间似乎停留成了永恒。

单单说委拉斯贵支因其某些特点而超前于19世纪绘画是不够的。他将生灵与事物最本真的特质放在首位，所以他是表现恒久的大师。他笔下的某些色彩，比如《弗拉加的腓力四世肖像》里的玫红色调【图206】[157]和《英诺森十世肖像》中的红色【图229】，都是为他所独有的。他是不可替代的，因为他既博学又真实，既有大师风范又有诗人气质。

Alberto Giacometti

结语

身后的命运

在腓力四世与卡洛斯二世治下，委拉斯贵支的艺术在同他关系亲近的两位画家身上延续，即马索和卡雷尼奥。前者逝于1667年2月，后者则于1685年辞世。

1654年，弗朗西斯卡·委拉斯贵支和马索的女儿伊内斯结婚时，弗朗西斯卡已不在人世。我们知道，马索再婚后并没有失去岳父的支持。他先是娶了弗朗西斯卡·德拉·维加（Francisca de la Vega）为妻。1665年第二任妻子亡故后，他又迎娶了安娜·德拉·维加（Ana de la Vega），她可能是马索上任妻子的妹妹。在三次婚姻中出生的子女众多。委拉斯贵支离世后，马索于1661年4月接替他成为宫廷画家。[1]

岳父的盛名掩盖了他的才华，学界对他或许有低估的倾向。将那些不能归到委拉斯贵支名下的作品视为马索的手笔是极具诱惑的想法。诚然，他并没有委拉斯贵支那样的综合能力，但他的细腻与诗意，同画技的精湛和心理刻画的敏锐完美地融合了起来。

马索为西班牙宫廷绘制的肖像沉浸在忧郁之中。在这些画像里，明显可以感受到《宫娥》及其核心人物布局的影响。我们在介绍马德里老王宫的八角厅时，曾提到过马索于1666年为国王遗孀玛丽亚娜创作的肖像【图223】，王后虽然端坐在镜厅中，但透过左侧的门框我们可以看到八角厅，里面小卡洛斯二世所处的场景从《宫娥》中汲取了灵感。

图312
《宫娥（委拉斯贵支与国王一家）》
1656年
图269局部，第317页

图313
胡安·包蒂斯塔·马丁内斯·德尔·马索《画家一家》
1664—1667年
布面油画
148厘米×174厘米
维也纳，艺术史博物馆

图314
胡安·包蒂斯塔·马丁内斯·德尔·马索《玛格丽特公主》
1666（?）
布面油画
205厘米×144厘米
马德里，普拉多博物馆

图315
传胡安·包蒂斯塔·马丁内斯·德尔·马索绘《穿教士装的孩童》
1660—1667年
布面油画
167厘米×121厘米
托莱多（俄亥俄州），美术博物馆，爱德华·德拉蒙德·利比捐赠

《画家一家》【图313】（1664—1667年）不由让人想起的也是《宫娥》。[2]从中一一辨认出他的妻子与儿女的身份并非易事，艺术史学家在这个问题上尚未达成共识。委拉斯贵支本人也出现在右侧背景中，他正在绘制的肖像看起来像是玛格丽特公主身穿银粉装的那幅。画面正中的墙上，是一帧同委拉斯贵支晚年所作国王肖像相似的《腓力四世》胸像。马索在画中呈现的似乎是岳父在马德里老王宫内的画室。藏于普拉多博物馆的另一幅马索画作，是可能成画于1666年的玛格丽特公主肖像【图314】。身着孝服的她站在室内，背景中的另一间房间内可以辨认出小卡洛斯二世和侏儒玛丽巴沃拉。这一时期西班牙最迷人的肖像之一，描绘的则是一个司铎或枢机装扮的孩童【图315】。卡尔·尤斯蒂曾深入分析过这幅画作。[3]他认为，站立的孩童所在的宫室是马德里老王宫北部底层的一间房间，画中还能看到房间外宽广的景色。这位德国学者还建议将模特视为被皇帝派往马德里宫廷的奥地利显贵哈拉赫伯爵（comte de Harrach，1637—1706年）的一个儿子，并把画作归为马索的手笔。不过，人物身份和肖像作者其实都还无法确定。第二次世界大战后，这幅谜一般的绘画于1951年从奥地利的哈拉赫收藏流转到了美国俄亥俄州的托莱多美术博物馆。

在分别藏于普拉多博物馆与马德里圣费尔南多王家美术学院的奥地利的玛丽安娜和卡洛斯二世的肖像中【图304、

图305】，[4]在我们看来，卡雷尼奥成功地把王室奢华、宫廷背景的忠实再现以及人性的真实结合了起来。[5]他是一位巴洛克艺术家，在为曾于1668、1681年两度出任俄罗斯驻马德里大使的彼得·伊凡诺维奇·波将金（Pierre Iwanowitz Potemkine）和帕斯特拉纳公爵绘制的肖像中，他表现出了对动感与色彩的十足把握。在侏儒欧亨尼娅·马丁内斯·巴列霍（Eugenia Martínez Vallejo）的肖像中，他给笔下或裸体或着装的人物带来了光彩，这与委拉斯贵支面对不幸生命所展示出的克制大相径庭。上述四幅绘画如今都收藏在普拉多博物馆。藏于卢浮宫博物馆的大型绘画《圣三会建会弥撒》（*La Messe de fondation de l'ordre des Trinitaires*，1666年）【图316】，则概括了他的各项长处：构图的宏大、人像的丰富与真实、对光线与色彩的把握以及对宗教的虔诚。[6]

只要哈布斯堡家族继续统治着西班牙，委拉斯贵支的威望就不会受到质疑。王宫内，他作为装饰师的作品依然完好如初，他的画作也四处可见。受卡洛斯二世之邀而来到马德里的那不勒斯天才画家卢卡·焦尔达诺，当国王问他如何看待《宫娥》时，是这样回答的："陛下，这是绘画的神学。"[7]他的《向委拉斯贵支致敬》（*Hommage à Vélasquez*，伦敦，国家美术馆）反映了他对艺术家及其名画的赞赏之情。

1700年，波旁家族路易十四的孙子腓力五世登上西班牙王位，让人担虑新王室因不了解委拉斯贵支而疏远其作品。在17世纪的法国，西班牙绘画处于不为人知或不太受人欣赏的境地。[8]格拉蒙元帅的使团成员似乎并不知道在老王宫里为他们导览的王宫总管同时也是一位伟大的艺术家。1687年，批评家罗歇·德·皮莱（Roger de Piles）在马德里逗留过数日，然而，在他的《画家生平简介》（*Abrégé de la vie des peintres*，1699年）一书里，西班牙画家中他仅仅提到了里贝拉。腓力五世、他的第二任妻子伊丽莎白·法尔内塞以及他们身边源自法意两国的圈子，都未曾接受过有助于理解伊比利亚艺术的相关教育，他们习惯的是建立在优雅神话题材之上的其他艺术标准。此外，18世纪初的西班牙，也没有可以和委拉斯贵支相提并论的绘画大师。尽管种种的不利因素，委拉斯贵支的作品与艺术继续为世人所赞赏、研究。[9]

帕洛米诺于1724年出版的《绘画博物馆与视觉比例》第三卷含有众多画家的生平，其中自然也介绍了委拉斯贵支。关于这位画家的记述，帕洛米诺借鉴了胡安·德·阿尔法罗先

图316
胡安·卡雷尼奥·德·米兰达
《圣三会建会弥撒》
1666年
布面油画
500厘米×315厘米
巴黎，卢浮宫博物馆，绘画部

图317
弗朗西斯科·德·戈雅-卢西恩特斯《卡洛斯四世一家》
1800年
布面油画
280厘米×336厘米
马德里，普拉多博物馆

前搜集的信息。这一卷著作是献给当时的国王腓力五世之子路易斯一世（Louis Ier）的，同一年登基的君主也于同年离世。

装饰师委拉斯贵支在王宫内留下的作品得到了尊重，他的绘画也继续陈列在宫中。只可惜，我们无法忘记1734年圣诞由马德里老王宫大火引发的艺术灾难。如前所述，委拉斯贵支的一些作品毁于烈火之中，还有一些则惨遭损坏。不过，这场火灾并非蓄意造成的。有传言说，法国画家让·朗克（Jean Ranc）的仆人在酒醉后引发了大火。其实，火灾的真正原因迄今无人知晓，让·朗克本人在1735年1月18日致帕蒂尼奥（Patiño）的信中也作了澄清："我的套房和壁炉里未曾有过半点火星。"[10]即便如此，人们还是继续重复着这一谣言。

火灾之后，直到1764年12月1日卡洛斯三世迁居新王宫，丽池宫成了王室在马德里的唯一居所。一些画作被添加到了丽池宫原有的收藏中，其中也包括委拉斯贵支的部分作品，如《墨丘利和阿尔戈斯》。

艺术趣味广泛的伊丽莎白·法尔内塞后来也欣赏西班牙绘画，尤其是穆里略的作品。根据她1746年的拉格兰哈财产清册，她也拥有数幅委拉斯贵支的画作。当然，这些记载中涉及的作者归属或人物身份问题必须经得起现代学术的检验。财产清册中，有被推定为胡安娜·巴切柯以及贝纳文特伯爵的肖像，而后者当时被认为是提香的手笔；清册还提及枢机王子的一帧肖像以及如今藏于普拉多博物馆的《圣面》（*Sainte Face*），最后这幅绘画被记成贝尔纳多·斯特罗齐（Bernardo Strozzi）的作品。腓力五世1746年的拉格兰哈财产清册则提到了被假定为弗朗西斯科·巴切柯的那张肖像，但当时它被视为出自丁托列托之手。

曾长期驻留腓力五世及费尔南多六世宫廷的路易-米歇尔·凡·洛（Louis-Michel van Loo），希望在自己的收藏中可以拥有委拉斯贵支的作品。他购得一幅同普拉多博物馆的《梅尼普斯》相关的老者胸像（圣彼得堡，艾尔米塔什博物馆），还有一幅被认为是马索所作的《巴尔塔萨·卡洛斯王子》（伦敦，华莱士收藏）。[11]

委拉斯贵支对腓力五世的法国画家们所产生的微妙影响尤其体现在对《宫娥》的接受上。他们希望赋予新王朝如法国波旁王朝那般的形象。这一奢望令人莞尔，但史料确实给我们提供了许多相关信息。让·朗克去世时，留下了一幅未完成的《腓力五世一家》（*La Famille de Philippe V*）。这件作品后来散失，但普拉多博物馆藏有一幅此画富有魅力的准备性习作。[12]路易-米歇尔·凡·洛于1743年完成了一幅大尺寸的《腓力五世一家》（普拉多博物馆）。音乐会上的这场王室团聚，因其戏剧化的特征，与《宫娥》中王室的低调背道而驰。[13]

当卡洛斯三世定居马德里新王宫时，委拉斯贵支的一些作品被选来装饰墙面。正因如此，在画家最负盛名的画作中，有四幅被安置在国王套房，它们分别是：《伏尔甘的打铁铺》《墨丘利和阿尔戈斯》《宫娥》《纺织女》。[14]这一明显的尊重意图在安东·拉斐尔·门斯对最后这幅绘画的颂扬中更是得到了加强。这位被卡洛斯三世召入宫廷的新古典主义画家认为，委拉斯贵支的笔法如此出神入化，以至于画面上已经看不到任何落笔的痕迹，唯有画家的意志介入了创作。[15]卡洛斯四世治下的1778年，戈雅开始根据委拉斯贵支的一些原作刊印版画【图318】。在1800年绘制的《卡洛斯四世一家》（*La Famille de Charles IV*）中【图317】，虽然他采用了完全不同于《宫娥》的正面构图与基调，但还是看得出他在创作时想起了这幅画作。

委拉斯贵支的这些杰作最终离开王室居所而入藏普拉多博物馆，则完全奠定了这一博物馆在委拉斯贵支公共收藏中首屈一指的地位。

图318
弗朗西斯科·德·戈雅-卢西恩特斯《宫娥》
1778—1779年
蚀刻版画，委拉斯贵支原画
40厘米×32厘米
马德里，西班牙国家图书馆

图319
马德里佚名画家《十三人集会》
约1650年
布面油画
47厘米×77厘米
巴黎，卢浮宫博物馆，绘画部

图320
爱德华·马奈《十三人集会》
1861—1862年
蚀刻版画，佚名画家（曾传委拉斯贵支绘）原画
24.8厘米×39厘米
巴黎，法国国家图书馆，版画摄影部

在法国，1838年至1848年卢浮宫的路易-菲利普西班牙画廊属于国王私人所有。比起委拉斯贵支的作品，那里收藏更多的是苏巴朗的绘画。[16]不过，西班牙大师们给法国年轻艺术家群体带来的艺术感悟，构成了一个超越路易-菲利普画廊影响力的普遍现象。爱德华·马奈（Édouard Manet）的题材选择就体现了西班牙对他的吸引力。[17]他在卢浮宫研究过博物馆于1851年收购的《十三人集会》（*Réunion de treize personnages*）【图319】，当时人们把这件作品视为委拉斯贵支的真迹。他还以油画、水彩画及蚀刻版画的形式临摹了这幅画作【图320】。[18]1865年的西班牙之旅更是加深了他对艺术家的景仰之情。他在西班牙首都给亨利·方丹-拉图尔（Henri Fantin-Latour）写信时这样说道："我在这里为您感到遗憾，不然您看到委拉斯贵支时将会是何等喜悦，就为他一人，此次旅行也是值得的。马德里博物馆里围绕在他边上且充分代表了各个流派的画家，看起来都是矫揉造作之辈。"在给扎卡里·阿斯特吕克（Zacharie Astruc）的信中，他还如此写道："这是画家中的画家。然而我一点也不讶异，我在他身上看到了自己绘画理想的实现。"[19]

委拉斯贵支的公主肖像让一些法国诗人如痴如醉。《西班牙公主的玫瑰》（*La rose de l'infante*，1859年）是《历代传说》（*La Légende des siècles*）中最引人注目的诗歌之

一。在这首诗中，维克多·雨果（Victor Hugo）望了一眼小公主后写下：

她那么弱小，陪媪将她照看着。
她手持一朵玫瑰望着。

但是，风“刹那间把花吹散在水池里”，这让诗人想起了无敌舰队及其悲剧性命运：

人们以为看到了在深渊中沉没的舰队。
公主，陪媪脸色阴郁，
对从沉思中惊缓过来的小女孩说，
地上的一切都归王子们所有，
除了风。[20]

阿尔贝·萨曼（Albert Samain）在诗集《在西班牙公主的花园里》（*Au jardin de l'infante*，1893年）的卷首，写下了内心忧郁的沉思：

我的灵魂既是身着裙装炫耀的西班牙公主，
她永恒的王家流放映现
在老埃斯科里亚尔荒废的大镜子上，
又是被遗忘抛弃的帆桨舢舻。[21]

杰作的本义正是在于激起各种不同的反应。除了维克多·雨果的史诗笔调、阿尔贝·萨曼的优雅哀伤，在艺术上，还有巴勃罗·毕加索（Pablo Picasso）以遒劲、硬朗之气创作而成的《宫娥》变体【图321】。

图321
巴勃罗·毕加索《宫娥》
1957年8月17日
布面油画，委拉斯贵支原画
194厘米×260厘米
巴塞罗那，毕加索博物馆

附录

注释

告读者

在综述文本后的补充性注释中，为了避免冗沓，我们不得不缩减文献批评的比重。因此，在分析委拉斯贵支的作品时，我们未能悉数征引有关艺术家的各种专著和多部画家作品目录(彼得罗·玛丽亚·巴尔迪、何塞·洛佩斯-雷伊、乔纳森·布朗、恩里克塔·哈里斯、让尼娜·巴蒂克尔、奥迪勒·德朗达)。此外，我们也未能在文中相关部分一一引用胡利安·加列戈于1990年为普拉多博物馆的《委拉斯贵支》大展所撰写的作品介绍，以及卡门·加里多·佩雷斯关于画家技法的著述。不过，有必要在这里说明的是，在本书的写作过程中，我们大量参考了这些文献，也正是它们促成了本书的问世。

伊夫·博蒂诺原书中的注释，在增订版中以更符合当今学术规范的简明形式呈现，并由奥迪勒·德朗达补充了大量评注及1998年以后出版的参考文献。

前言

1.Bottineau 1998，第9页。

2.López-Rey 2014，第382～383页，编号108。

3.Delenda 2014，第19～31页。

初版前言

1.1996年经奥迪勒·德朗达修订成两卷本，由塔森出版社和威尔德斯坦研究院联合再版，2014年又增补成单卷本。本书中将会大量引用的López-Rey 1981及López-Rey 2014分别指这部著作的初版与最新增补版。

2.1990年普拉多博物馆为《委拉斯贵支》大展编纂了展览图录，其中的作品简介由胡利安·加列戈（Julián Gállego）撰写，法文版图录则由埃尔舍出版社于1991年出版，参见展览图录Madrid 1990。

3.López-Rey 1996，第1卷，第237页，注释112；López-Rey 2014，第399页，注释106。

4.Harris 1991，第189～190页。

5.法语读者也可以参考Bennassar 2010，这部重要的传记总结了画家诞辰四百周年时学界推出的最新研究成果。

6.Wilkinson-Zerner 1993，第13页。

7.López-Rey 1990，第1～8页；Bennassar 2010，第15～27页。

引言　委拉斯贵支及其所处时代的历史

1.关于委拉斯贵支所处时代的西班牙，主要参考文献如下：Menéndez Pidal *et al.* 1982—1986，第23～26卷；Domínguez Ortiz *et al.* 1988，第6卷；Bennassar 1982；Bennassar 1992；Defourneaux 1992；Domínguez Ortiz 1977，第3卷；Elliott 1992；Maravall 1983。另见*Cartas de Sor María de Agreda y Felipe IV*，1958。

2.Elliott 1991。

第一编　青年时代（1599—1630年）

1.关于塞维利亚，参见Domínguez Ortiz 1983。关于塞维利亚绘画与画家，参见Valdivieso/Serrera 1985；展览图册Séville 1973；Pérez Sánchez 1992及其增订版Navarrete 2010。

2.Cervantes [1605—1615] 1949，第1185页。

3.参见Hernández Díaz 1987。

4.参见展览图录Séville 1999；Valdivieso 1986；Valdivieso 1992；Valdivieso 2002。

5.参见Valdivieso 2003。

6.关于胡安·德·罗埃拉斯，参见Valdivieso 1978；Valdivieso 2003，第34～161页。

7.关于老埃雷拉，参见Ripoll 1978；Valdivieso 2003，第228～250页。

8.关于画家巴切柯，参见Valdivieso 2003，第112～133页。关于作家、理论家巴切柯及其生平，参见Bassegoda 1990，第11～50页。关于巴切柯学院，参见Brown 1978，第21页及其后。

9.关于此书1866年的影印版和1984年的导读版，参见Pacheco [1866] 1984。

10.关于《绘画艺术》的不同版本，参见本书的“参考文献”。

11.Palomino [1724] 1988，第178页。

12.Augé 1993，第10～11页。

13.关于委拉斯贵支的所有历史文献资料都已结集出版，参见*Varia Velazqueña*，1960，第2卷，第211～413页；*Corpus Velazqueño*，2000。

14.Palomino [1724] 1988，第3卷，第205～273页。米格尔·莫兰·图里纳（Miguel Morán Turina）于2008年出版了帕洛米诺所撰《唐·迭戈·委拉斯贵支·德·席尔瓦的生平》的校勘注释本，这也是委拉斯贵支的首部传记，校勘注释本在下文中引用时作Palomino [1724] 2008。

15.根据最新的研究，似乎可以确定委拉斯贵支家族并非贵族出身，参见Méndez Rodríguez 1999，第33～49页；Méndez Rodríguez 2005；Morán 2008，第61～62页，注释2～5。

16.Ceán Bermúdez [1800] 1965，第5卷，第155～180页，词条“委拉斯贵支·德·席尔瓦”。

17.Pacheco [1649] 1990，第202页。

18.同上。

19.Bennassar 1982，第89页。

20.关于委拉斯贵支的塞维利亚时期，参见Gállego 1974；Harajzti-Takács 1973，第21～48页；López Navío 1961，第53～84页；Moffitt 1991，尤其是第15页、第41页；

Davies/Harris *et al.* 1996；展览图录Séville 1992₂。
21.Alemán [1599—1604] 1968，第97页。
22.Garrido 1992，第89页。
23.Gállego 1974，第144页。
24.关于塞维利亚时期的宗教画，奥迪勒·德朗达的《宗教画家委拉斯贵支》是必读文献，这部著作也让我们受益匪浅，参见Delenda 1993。
25.Palomino [1724] 1988，第207页。
26.参见本编注释29。
27.参见Bennassar 2010，第62～63页。
28.法语原文中的福音书片段引自路易-伊萨克·勒迈特·德·萨西（Louis-Issac Lemaître de Sacy）于1672至1684年间完成的《圣经》法译本；相应的中文译文引自2010年出版的《圣经（和合本修订版）》。
29.参见本编注释26。
30.Pacheco [1649] 1990，第203～205页。
31.参见Bennassar 2010，第79～83页。
32.López-Rey 1981，第274～277页，编号36；López-Rey 2014，第343页，编号33；Brown 1986，第45～47页。
33.参见展览图录Manderen 2002。
34.关于马德里的建筑与城市规划，参见Molina 1960；Bonet Correa 1961；Tovar Martín 1983；展览图录Madrid 1986。
35.关于胡安·包蒂斯塔·克雷申齐，参见Taylor 1979，第61～126页；Tovar Martín 1981，第297～317页。
36.关于马德里老王宫，参见Azcárate 1960，第357～385页；Gérard 1978，第2卷，第237～251页；Gérard 1984；Íñiguez Almech 1952；Orso 1986；展览图录Madrid 1994。
37.关于这些画家以及他们的作品，参见Angulo/Pérez Sánchez 1969；Angulo/Pérez Sánchez 1983；Pérez Sánchez/Navarrete 2010。
38.关于这一时期的雕塑，参见Martín González 1991；Checa 1993。
39.Carducho [1633] 1979。关于画家，参见Crawford 1977。
40.1626年8月29日的委托合同包括27幅描绘圣布鲁诺生平的画作，27幅讲述欧洲加尔都西会修士各时期光辉事迹的作品，还有两幅分别绘有腓力四世和加尔都西会纹章的小尺寸绘画。最后这两件作品，以及另外两帧大尺寸画作，散失于1936年至1939年的西班牙内战中。自2002年起，普拉多博物馆开始回征、修复这一系列绘画，最终于2011年把系列画中保存至今的52幅比森特·卡尔杜奇作品重新安置到它们的原始保存地，也就是埃尔保拉尔加尔都西会修院的大回廊内。为了迎接这一蔚为大观的绘画陈列，回廊建筑也得以修葺一新。参见展览图录Monasterio de El Paular 2013—2015。
41.参见Ruiz 2009—2010。
42.Harris 1970，第364～373页。
43.参见展览图录Madrid 2005—2006。
44.参见Gérard 1982，第9～14页。
45.关于鲁本斯，参见Vosters 1990；Crawford 1980；Crawford 1981。
46.近年来曾在普拉多博物馆展出，参见展览图录Madrid 2013—2014。
47.Baticle 1961，第13页。
48.López-Rey 1981，第45页；López-Rey 2014，第104页。
49.Palomino [1724] 2008，第34页。
50.1989年，人们发现这帧小画从王室收藏中消失了。
51.关于这幅腓力四世骑马像，有学者认为它被委拉斯贵支日后为丽池宫王国大厅创作的那一幅国王骑马像覆盖了，后者的创作年代也备受争议，参见Sancho 1991，第135～139页。
52.委拉斯贵支于1626年10月14日向教宗提出了特许申请，参见*Corpus Velazqueño*，2000，第1卷，第45号文档。
53.关于这幅画作，参见López-Rey 2014，第339页，编号26。
54.Baticle 1960，第543页。
55.参见Orso 1993。
56.西利乌斯·伊塔利库斯（25—101年）。
57.Moffitt 1985，第24～29页，后收录于Moffitt 1991，第67～74页。
58.Harris 1991，第72～74页。
59.Ors [1922] 1941，第108页。
60.关于信件，参见*Varia Velazqueña*，1960，第2卷，第231～233页；*Corpus Velazqueño*，2000，第70.[44]号、第71.[45]号、第68.[40、43]号文档。关于此次旅行的背景，参见Goldberg 1992，第453～456页。
61.展览图册Madrid 1992，第79页。
62.Palomino [1724] 2008，第28～32页。
63.Marias 1999，第81页。
64.*Corpus Velazqueño*，2000，第1卷，第244号、第250号、第253号、第262号文档。
65.Harris 1967，第414～419页。关于委拉斯贵支在罗马的艺术品收购活动，有学者认为早在1630年，画家就介入了为丽池宫购买第一批意大利风景画的事务，参见Harris 1980，第562～564页；Harris 1981，第541页，注释17。也有学者并不同意这一观点，如Brown/Elliott 1980，第270页。另见Salort 2002。
66.Moffitt 1983，第322～326页，后收录于Moffitt 1991，第75～84页。
67.《约瑟的彩衣》（现有尺寸为213.5厘米×284厘米）的原始宽度约为330厘米，比《伏尔甘的打铁铺》（223厘米×290厘米）宽得多，两件作品似乎并非以画对的形式构思而成的，参见Angulo 1978，第81～84页。

第二编　成熟期：马德里的艺术生涯（1631—1648年）

1.委拉斯贵支住在“康塞普西翁·赫罗尼玛街”上的“彼得罗·德·伊塔之家”，但从何时开始已无从考证。这些房产属于国王。1637年，画家还住在那里，但“这些住宅似乎已归他所有”。直到1655年8月，他才奉命迁居到珍宝馆。参见Bustamante 1985，第482～483页。
2.有关这方面的研究，参见Cruzada Villaamil 1885，尤其是第153～155页；Justi 1953，第318～320页。1960年出版的《委拉斯贵支研究论文集》也收录了许多研究成果，涉及1632年及随后时段的信息，参见*Varia Velazqueña*，1960，第2卷，第234页及其后。另见Barrios 2004，第63～69页。与这一时期的历史事件相关的所有文献资料，则由阿特里多（Aterido）整理收录在*Corpus Velazqueño*，2000，第1卷。
3.“*Alguacil*”是宫廷官职。马德里虽然是王国的首都，但它并没有独立城市（*ciudad*）的司法地位，它是“城市与宫廷”（*Villa y Corte*）。
4.参见Lafuente 1960。
5.Baticle 1961，第12～19页。
6.Harris 1991，第22～23页，图17～19。

7.参见Cherry 1990、Cherry [2008] 2009。

8.奥迪勒·德朗达曾详细研究过圣普拉西多的《十字架上的基督》，参见Delenda 1993，第96页，第103～106页。

9.Unamuno 1920，法语译文摘自Munier 1990，第22～23页。

10.Garrido 1992，第288～297页。

11.Sánchez Portas 1990，第1卷，第57～63页。关于此画的图像学研究，参见Delenda 1993，第110～113页。关于绘画技法，参见Garrido 1992，第263～278页；López-Rey 1996，第2卷，第322～323页，编号130；López-Rey 2014，第354页，编号51。

12.Delenda 1993，第90～95页。

13.参见马德里宫廷档案总馆所藏圣伊尔德丰索系列第13号档（San Ildefonso，legajo 13）。

14.在关于这三幅王后肖像的众多文献中，最值得关注的是Baticle/Marinas 1981，第198～199页，编号305。这段资料翔实、观点中肯的文字研究的是曾经收藏于路易-菲利普西班牙画廊的那一幅肖像。1995年12月，它的所有者是纽约的一位私人藏家，参见López-Rey 1996，第2卷，第128～131页，编号53；López-Rey 2014，第353～354页，编号50；Bardi 1969，编号50A。此外，另一幅曾经被路易-菲利普西班牙画廊收藏的肖像，描绘了年老的腓力四世，它被视为维也纳博物馆那幅完成于1632年的国王肖像的变体（老师过世后由马索所绘？）。1981年卢浮宫举办路易-菲利普画廊展览时，这件作品属于私人收藏。参见Baticle/Marinas 1981，第196～197页，编号302。

15.Pérez Sánchez 1992，第41～42页。关于西班牙宫廷内的“非正常”群体，最重要的文献是Moreno 1939。关于以他们为创作对象的艺术，参见展览图录Madrid 1986$_3$。至于委拉斯贵支作品中的这一人群，参见*Varia Velazqueña*，1960，第1卷，第250～256页；Mateo Gómez 1991，第141～150页。

16.López-Rey 1981，第90页；López-Rey 1996，第1卷，第132～133页；López-Rey 2014，第198页。

17.关于丽池宫的建筑与装饰，参见Caturla 1947（再版见Cartula/Delenda 1994，第259～269页）；Azcárate 1966，第1卷，第99～135页；Pita 1970；Chaves 1972，第217～230页；Brown/Elliott 1980。2005年，借腓力四世诞辰400周年之机，普拉多博物馆举办纪念性展览，总结了丽池宫及其装饰的相关研究成果，参见展览图录Madrid 2005，尤其是Úbeda 2005$_1$。

18.参见Mazón 1977，第283～287页，第360页，编号34，图48。

19.参见Reyre 2008。

20.参见Fernández Bayton 1975。

21.参见Úbeda 2005$_2$。

22.普拉多博物馆，馆藏编号Inv.P1169。参见Delenda 1993，第114～120页；Gállego 1990，第284～291页，编号47；Garrido 1992，第299～307页。

23.Tormo 1911—1912，后收录于Tormo 1949，第127～246页。

24.Brown/Elliott 1980，第141～192页；Brown/Elliott 2003，第149～202页，图101～102。另见Caturla/Delenda 1994，第112～122页，第257～259页。

25.Álvarez Lopera 2005，第90～147页；Delenda 2010，第2卷，第150～159页。

26.Álvarez Lopera 2005中提出的绘画布局与这里介绍的大相径庭，参见第106～108页，图49。

27.有学者认为，胡塞佩·莱昂纳多的《于利希之降》事实上描绘的就是布雷达投降，而1635年的王国大厅内还没有委拉斯贵支的《布雷达之降》，参见Moffitt 1991，第141～171页。我们在这里采用的是艺术史学家普遍接受的观点，如何塞·洛佩斯-雷伊等。关于《布雷达之降》（馆藏编号Inv.P1172）的研究文献数量巨大，主要参见：López-Rey 1981，第71～80页，第378～381页；López-Rey 2014，第143～146页，第363页；Gállego 1990，第212～219页，编号35。另见Vosters 1973。

28.彼得·斯奈耶斯这三幅收藏在普拉多博物馆的绘画作品是：《占领布雷达》（*Prise de Breda*，馆藏编号Inv.P1743）、《布雷达围城战中的伊莎贝尔·克拉拉·欧亨尼娅》（*Isabelle Claire Eugénie au siège de Breda*，馆藏编号Inv.P1747）和《布雷达围城战等距投影图》（*Vue cavalière du siège de Breda*，馆藏编号Inv.P1748）。

29.*Carta tercera...*，1625。

30.胡利安·加列戈在其著作中征引了西班牙语版本，参见Gállego 1990，第214页。这里的法语版本由伊夫·博蒂诺翻译。

31.参见Fumaroli 1994，第250～252页。

32.Garrido 1992，第320～337页。

33.Soria 1954，第93～108页。关于这五幅肖像的研究文献为数不少，其中比较经典的论著有：López-Rey 1981，第65～69页，第367～377页；López-Rey 2014，第139～140页，第360～362页；Gállego 1990，第220～224页，编号36～40；Garrido 1992，第338～383页。这些骑马像在普拉多博物馆的馆藏编号是：《腓力三世骑马像》，Inv.P1176；《玛格丽特王后骑马像》，Inv.P1177；《腓力四世骑马像》，Inv.P1178；《伊丽莎白王后骑马像》，Inv.P1179；《巴尔塔萨·卡洛斯王子骑马像》，Inv.P1180。关于腓力四世的骑马像，另见Sancho 1991。

34.在这些骑马像中，马匹呈现了“腾跃”的姿势，也就是说后腿着地，马身跃起，凌空的前腿弯曲并拢，参见Pluvinel 1623。这种马的姿势在绘画和版画中为王公和军事将领所专用。

35.参见Covarrubias *et al.* 1635，fol. D2。何塞·洛佩斯-雷伊引用了费利佩·戈迪内斯关于腓力四世肖像的诗歌，参见López-Rey 1981，第173页，注释97；López-Rey 2014，第399页，注释91。

36.Palomino [1724] 2008，第34页。

37.在纽约大都会艺术博物馆最新的藏品目录中，《奥利瓦雷斯伯-公爵骑马像》（弗莱彻收藏，编号52.125）“被认为是委拉斯贵支的作品”。胡利安·加列戈也认为这幅画作是委拉斯贵支的手笔，参见Gállego 1990，第204页。

38.López-Rey 1981，第394页；López-Rey 2014，第365页。这幅绘画的相关研究众多，主要可以参见Harris 1976，第266～275页；Moffitt 1991，第195～212页。伦敦的华莱士收藏有此画的另一个版本，其中奥利瓦雷斯缺席（可能是在他失宠后被擦除了）。这个版本曾被何塞·洛佩斯-雷伊严厉批评，他认为即便是马索的技艺都要更胜一筹。

39.Tovar 1995，第343～348页。

40.Alpers 1971。
41.让尼娜·巴蒂克尔认为，这幅肖像中，“除了头部，基本上全画都出自委拉斯贵支之手”，参见Baticle 1963，第220～222页，编号85。
42.普拉多博物馆，馆藏编号Inv.P1168。参见López-Rey 1981，第464～465页，编号105；López-Rey 2014，第377～378页，编号100。
43.Garrido 1992，第456页。
44.Gérard 1983，第275～284页。
45.Harris 1991，第123～124页。
46.Delenda 1993，第129页。作者不仅研究了图像志和艺术两方面的灵感来源，还分析了这些灵感背后的虔诚及对耶稣、圣母的圣心崇拜，作者也提出了一些让人信服的先例比较，参见第125页及其后。
47.Gállego 1968，第45页；Gállego 1990，第348～351页，编号59。
48.MacLaren 1988，第101～108页，编号197。
49.一些艺术史学家把这幅画作视为委拉斯贵支独立完成的作品，参见Gállego 1990，第274页；Carr 2006—2007，第200～205页，编号33。
50.López-Rey 1981，第86页；López-Rey 2014，第194页。
51.普拉多博物馆，馆藏编号Inv.P1208。参见Gállego 1990，第310～315页，编号51；López-Rey 1981，第435页，编号94；López-Rey 2014，第372页，编号90。
52.参见Portús 2007，第271页、第332～333页，编号44。
53.López-Rey 1981，第440～441页，编号96；López-Rey 2014，第373页，编号92；Gállego 1990，第392页，编号67；Garrido 1992，第519～525页。
54.López-Rey 1981，第442～443页，编号97；López-Rey 2014，第373～374页，编号93。
55.López-Rey 1981，第404～405页，编号81；López-Rey 2014，第367页，编号77。
56.普拉多博物馆，馆藏编号Inv.P1194。参见López-Rey 1981，第386～387页，编号76；López-Rey 2014第363页，编号72；Gállego 1990，第292～297页，编号48。
57.Martín González 1991，第176～181页。
58.López-Rey 1981，第337页及其后，编号56；López-Rey 2014，第355～356页，编号54（散失于1989年）。
59.Bardi 1969，编号77；López-Rey 1981，第424页，编号89；López-Rey 2014，第371页，编号85。
60.1639年3月12日的信函，参见*Corpus Velazqueño*，2000，第1卷，第141号文档。
61.Harris 1991，第104页。
62.Bardi 1969，编号83。
63.普拉多博物馆，馆藏编号Inv.P1204。参见*Corpus Velazqueño*，2000，第1卷，第127号、第169号文档。
64.普拉多博物馆，馆藏编号Inv.P1205。参见*Corpus Velazqueño*，2000，第1卷，第77号、第127号、第159号、第371号文档。
65.Palomino [1724] 1988，第33页；Morán 2008，第98页，注释241～245。
66.参见*Corpus Velazqueño*，2000，第1卷，第177～178号文档。
67.关于弄臣和侏儒，参见Moreno 1939；Bennassar 1982，第39～42页。
68.参见*Corpus Velazqueño*，2000，第1卷，第114号、第127号、第169号、第177号、第273号文档。
69.参见*Corpus Velazqueño*，2000，第1卷，第109号、第169号文档。
70.普拉多博物馆，馆藏编号Inv.P1193。参见López-Rey 1981，第164页，注释6；López-Rey 2014，第13页，注释6；Brown 1988，第326～328页。对这幅画作是否出自委拉斯贵支之手学界争论激烈。一些专家拒绝把它视为画家真迹，但考虑到技术层面的原因，也有学者同意把它鉴认为委拉斯贵支的作品，如Garrido 1992，第180～189页。
71.Bottineau 1964，第31～34页。
72.Garrido 1992，第189页。
73.Gaya 1960，第472页。被认为是出自马索之手的《萨拉戈萨之景》在普拉多博物馆的馆藏编号为Inv.P889。
74.参见Bennassar 2010，第197～210页。
75.委拉斯贵支把新的“意大利化”风格引介到了西班牙宫廷，他所扮演的角色曾被用来同胡安·包蒂斯塔·克雷申齐的相比较，参见Tovar 1981，第297～317页；Tovar 1983，第73页。
76.参见Barbeito 1992，第160页。
77.Bottineau 1958，第55～61页；Bonet 1960，第233～235页；Orso 1986，第153～162页；Barbeito 1992，第157～173页；Barbeito 1994，第80～95页；Marías 1991，第88页。
78.参见*Corpus Velazqueño*，2000，第1卷，第195、第197号文档。
79.伊夫·博蒂诺研究并翻印了这些平面图，参见Bottineau 1993，第273页及其后，图页6～11。
80.卡尔·尤斯蒂在他的专著中详细研究了腓力四世的宫殿，参见Justi 1953。
81.Hellwig 1989，第35～46页。
82.巴黎，法国国家图书馆，版画摄影部。
83.MacLaren 1988，第52～54页，编号2926。
84.我们曾经研究过画中的厅室在王宫中的具体位置，参见Bottineau 1955，第114～116页。
85.关于这一年的财产清册，参见本编注释20。
86.Barbeito 1992，第169页。
87.同上，第170页。
88.在七星球和王室之间建立某种象征关系似乎是没有必要的。委拉斯贵支为腓力四世所选艺术品本身的价值，足以解释画家的选择。
89.Bottineau 1993，第485页。
90.参见Palomino [1724] 1988，第43页。

第三编　最后的岁月（1649—1660年）

1.关于委拉斯贵支的第二次意大利之行以及他在艺术品收购中所扮演的角色，参见Salort 1999；Salort 2001；Salort 2002；Salort 2012；Bennassar 2010，第189～195页。
2.参见*Velázquez. Biografías de los siglos XVII y XVIII*，1960，第178页。
3.藏于马德里国家图书馆的一幅素描，描绘了格拉纳达城及其主教座堂，它曾被视为委拉斯贵支经过这座城市时所画的作品，但这一作者归属备受争议。
4.*Corpus Velazqueño*，2000，第1卷，第218号、第219号文档。
5.关于此次旅行的参考文献为数众多。在古人的记述中，帕洛米诺的文字并不完全可信，正如何塞·洛佩斯-雷伊所揭示的那样，参见López-Rey 1981，第118页。在当代研究中，必读的有Harris 1960$_1$，第109～136页。关于1650年委拉斯贵支在佛罗伦萨逗留的细节，参见Goldberg 1993，第92～96页。另见本编注释1。

6.Baticle 1989，第102页。

7.Montagu 1983，第683～685页。

8.参见Boschini 1660；*Velázquez. Biografías de los siglos XVII y XVIII*，1960，第231～232页。

9.人物近来被视为宗座秘书处的高官费尔迪南多·布兰达尼，参见Rossetti 2011；Curti 2011。

10.Harris 1957，第136～139页；Harris 1958，第279～280页；Harris 1960，第161～166页；Harris/Lank 1983，第410～415页；Pita 1960，第1卷，第409页；Haskell 1991，第219～228页；Colomer/Harris 1994，第545～548页。关于委拉斯贵支于1654年3月28日写给卡米洛·马西米的信函（伦敦，大英博物馆）全文，参见Harris 1960，第162～166页；*Varia Velazqueña*，1960，第2卷，第286页。关于这封信函的照片，参见Baticle 1989，第123页。

11.参见第一编注释26。

12.参见Palomino [1724] 2008，第39页。

13.Fahy 1971，第453～475页。

14.Montagu 1983，第683～685页。

15.Harris 1991，第141～145页。也有学者认为这些风景体现了不同的创作意图，并从整体上研究了委拉斯贵支和花园的关系，参见Bonet 1960$_1$；Bonet 1963。

16.Harris 1981，第537～541页。另外需要说明的是，两件作品所使用的画布在此之前就已经处理完毕并准备待用了，这也使我们在创作年代问题上多少还有些困惑，参见Garrido 1992，第216～217页。

17.卡门·加里多·佩雷斯从技术层面论证了两幅《罗马美第奇别墅的花园景色》应当作于1629年夏，也就是委拉斯贵支首次意大利之行期间，参见Garrido 1992，第208～216页。今天，艺术史学家所广泛接受的正是这一创作日期。

18.*Corpus Velazqueño*，2000，第1卷，第244号、第250号、第253号和第262号文档；Colomer 1993，第67～72页。

19.Brown 1986，第208页；Salort 2008。

20.这些画作在普拉多博物馆藏品目录中的编号为：《维纳斯和阿多尼斯》，Inv.P482；《苏撒拿与二长老》，Inv.P386；《以斯帖在亚哈随鲁面前》，Inv.P388；《犹滴和何乐弗尼》，Inv.P389；《洁净米甸被俘的处女》，Inv.P393；《沙巴女王访问所罗门》，Inv.P394；《约瑟和波提乏的妻子》，Inv.P395；《水中被救的摩西》，Inv.P396。馆藏编号为Inv.P398的《天堂》，如今被认为是丁托列托模仿者的作品，参见Luna 2000，第164页。

21.*Corpus Velazqueño*，2000，第1卷，第352号文档。另见Colomer-Harris 1994，第545～548页，关于此次收购，这篇文章提供了许多信息，但也指出尚有不少存疑之处。我们并不知道《朱庇特》（*Jupiter*）和《朱诺》（*Junon*）到达西班牙的确切日期；阿尔加迪去世后，《尼普顿》（*Neptune*）和《库柏勒》（*Cybèle*）由其工作室完成，最终四尊雕像在阿兰胡埃斯的岛上花园组成了一座喷泉的装饰，参见Martín Gónzalez 1991，第187～188页。

22.关于用来装饰镜厅的作品，参见Harris 1960，第109～136页。我们在下文详谈马德里老王宫装饰时将具体研究这座大厅，参见下文“装饰师委拉斯贵支：马德里老王宫与镜厅”一节。

23.《赫马佛洛狄忒斯》原作现藏于卢浮宫。委拉斯贵支当时是在博尔盖塞别墅研究的这件作品。其青铜复制品由马泰奥·博纳雷利制作。

24.关于这些雕塑的清单，参见Palomino [1724] 2008，第39～42页；Harris 1960。我们在下文的“装饰师委拉斯贵支：马德里老王宫与镜厅”一节中还会谈到这些雕塑。关于财产清册，参见Bottineau 1956；Bottineau 1958。

25.López-Rey 1981，第125页；López-Rey 2014，第291页。关于总管负责的具体事务，阿隆索·努涅斯·德·卡斯特罗（Alonso Núñez de Castro）在《宫廷只在马德里》（*Solo Madrid es Corte*）中进行了详细描述，参见Cruzada Villaamil 1885，第184～185页。

26.关于接下来所概述的具体事例的档案资料，参见Cruzada Villaamil 1885，第186～187页、第199页、第224～225页、第232页及第263页。

27.*Corpus Velazqueño*，2000，第1卷，第383号文档。

28.同上，第393号文档。

29.同上，第400号文档。

30.Palomino [1724] 2008，第54页；*Varia Velazqueña*，1960，第1卷，第301页及其后。在分析拉萨罗·迭斯·德尔·巴列的手稿来源时，海尔维希发现委拉斯贵支的雄心壮志得到了作者的大力支持，参见Díaz del Valle [1656—1659] 1933；Díaz del Valle [1656—1659] 2008；Hellwig 1994，第27～41页。

31.*Corpus Velazqueño*，2000，第1卷，第408.1～408.11号文档。

32.同上，第408.15号文档。

33.同上，第408.16～408.17号文档。

34.Palomino [1724] 2008，第54～55页。

35.Bustamante 1985，第482～483页。

36.Sánchez Cánton 1942，第69～91页；*Corpus Velazqueño*，2000，第1卷，第436号文档。

37.参见Bennassar 2010中的“日常生活中的迭戈和胡安娜”一节，第237～246页。

38.Sánchez Cánton 1925，第379～406页；*Varia Velazqueña*，1960，第1卷，第640～648页；*Corpus Velazqueño*，2000，第1卷，第478～482页，第436号文档。

39.胡利安·加列戈对委拉斯贵支的藏书作了精要的概述，参见Gállego 1968，第25页。

40.参见展览图录Madrid 2013—2014。

41.这份财产清册现藏于马德里阿尔瓦之家档案部。时任阿尔瓦馆藏部馆员的何塞·曼努埃尔·皮塔·安德拉德（José Manuel Pita Andrade）首次将这段文字同画作联系了起来，此后他将文本告知了伦敦国家美术馆的尼尔·麦克拉伦馆员，后者出版了这段文字，参见MacLaren 1988，第127页，注释7。清册中记载的尺寸（1.27×2.11米）符合今天的尺寸（约1.225×1.77米），因为17世纪的尺寸是粗估的，而且画作曾因加上丘比特而放大了，但同时左侧又略有裁切。

42.Baticle 1989，第104～105页。

43.Baticle 1963，第19页。

44.参见本编注释23。

45.Harris 1991，第136～140页。作者暗指的

《罗马美第奇别墅的花园景色》是普拉多博物馆馆藏编号为Inv.P1211的那一幅。
46.Tolnay 1960，第1卷，第341页。
47.参见下文“装饰师委拉斯贵支：马德里老王宫与镜厅”一节。同多明戈·格拉·科罗内尔所拥有的“裸女”相关的史料，参见*Varia Velazqueña*，1960，第2卷，第283页。
48.胡利安·加列戈提议把画名改成《被美战胜的爱》（*L'Amour vaincu par la Beauté*），参见Gállego 1968，第262页。
49.Rose-de Viejo 1983，第2卷，第499～502页，编号662。
50.参见Pérez Villanueva 1986。
51.参见前文中委拉斯贵支为她绘制的肖像，图103。
52.Baticle 1962，第290～291页。
53.*Velázquez. Biografías de los siglos XVII y XVIII*，1960，第26页。
54.普拉多博物馆，馆藏编号Inv.P1185。López-Rey 1981，第504页，编号120；López-Rey 2014，第386页，编号115；Harris 1991，第172页，图183。
55.MacLaren 1988，第108～113页，编号745；Harris 1991，第171页，图182。正如尼尔·麦克拉伦所指出的，和国家美术馆这幅肖像密切关联的腓力四世画像有很多，它们的品质参差不齐。其中有些肖像的创作年代比较晚近，似乎没有任何一幅是委拉斯贵支的真迹。尼尔·麦克拉伦对此曾做过不完全的统计。另见Delenda 2014，第31页。关于路易-菲利普西班牙绘画收藏中的《老年腓力四世》（*Philippe IV âgé*），参见Baticle/Marinas 1981。
56.普拉多博物馆，馆藏编号Inv.P1219。关于这幅肖像，参见展览图录Madrid 1990，第418～419页，编号72；Garrido 1992，第539～549页。
57.普拉多博物馆，馆藏编号Inv.P1220、Inv.P1221。
58.普拉多博物馆，馆藏编号Inv.P1191。参见展览图录Madrid 1990，第408～417页，编号71；Garrido 1992，第527页。关于最近发现的一些年代细节，参见Morán-Rudolf 1992，第289～302页。关于王后及公主的裙撑（*guardainfante*），参见Bernis 1991，第49～60页。来自于法国且在西班牙改良后的裙撑，在1650年代以向四周扩展为特点，参见Bandrés 2002，第317～318页、第389页。
59.Gállego 1968，第214～216页，图页29。
60.Hernández Perera 1958，第143页，图页19。
61.展览图录Paris 1963，第225页，编号86。这则作品介绍由让尼娜·巴蒂克尔撰写，她认为“几乎全画都是出自委拉斯贵支之手”。除了藏于普拉多博物馆和卢浮宫的两幅肖像，还有三幅也或多或少可以被视为委拉斯贵支画室的作品：1653年寄给利奥波德·威廉大公的那一幅现藏维也纳博物馆，另一幅藏于堪萨斯城美术博物馆，最后一幅则收藏在佛罗里达萨拉索塔（Sarasota）的瑞格林博物馆。
62.在卢浮宫的藏品目录中，王后奥地利的玛丽亚娜的肖像（馆藏编号R.F.1941-31）被认为是出自“委拉斯贵支画室”，参见Gérard Powell 2002，第255～258页；哈维尔·波图斯（Javier Portús）同样认为它是“委拉斯贵支画室”的作品，参见展览图录Madrid 2013—2014，编号9；另外也有学者认为出自“委拉斯贵支画室，但大师也参与了绘制工作”，参见Meslay/Foucart-Walter 2013，第86页。
63.López-Rey 2014，第353～354页。
64.展览图录Madrid 2013—2014，编号11（1650）。
65.同上，编号12（1653）。
66.哈维尔·波图斯翻印了这幅肖像的画室创作版本，这一版本现藏波士顿美术博物馆，参见展览图录Madrid 2013—2014，图54。卢浮宫藏有一幅缩略版的《玛丽·特蕾莎公主肖像》（馆藏编号M.I.898），此画在卢浮宫藏品目录中被认为是“委拉斯贵支及其画室”的作品，参见Gérard Powell 2002，第252～254页；Meslay/Foucart-Walter 2013，第86页。
67.展览图录Madrid 2013—2014，编号13（1654）。
68.Morán-Rudolf 1992，第292页，编号20。
69.在马德里利里亚宫的阿尔瓦之家收藏中，有这幅肖像的另外一个版本。它的笔法更加自由，创作年代也更早，而且画中没有花束。维也纳的这幅画作是更完整、更精致的版本。弗朗西斯科·哈维尔·桑切斯·坎顿（Francisco Javier Sánchez Cantón）认为阿尔瓦之家的那件作品是委拉斯贵支的真迹，但其他专家把它排除在画家作品之外。这帧高品质的肖像曾在1990年普拉多博物馆的“委拉斯贵支”大展中展出，参见展览图录Madrid 1990，第434～435页，编号75。卡门·加里多·佩雷斯提供了此画的实验室检测结果，她认为很难确定委拉斯贵支是否参与了创作，并假设“这是一幅始于委拉斯贵支画室的摹本，最后由其中一位合作者在大师生前或身后完成”，参见Garrido 1992，第565～571页。
70.Baticle 1962，第291页；Baticle 1963，第225页、第227页，编号87。
71.如今，《玛格丽特公主》（馆藏编号Inv.941）在卢浮宫藏品目录中被视为“委拉斯贵支及其画室”的作品，参见Gérard Powell 2002，第247～251页；Meslay/Foucart-Walter 2013，第85页。哈维尔·波图斯则认为这只是“委拉斯贵支画室”的作品，参见展览图录Madrid 2013—2014，编号14。
72.Palomino [1724] 2008，第52～53页。
73.维也纳，艺术史博物馆，馆藏编号Inv.2130。参见López-Rey 1981，第532～533页，编号128；展览图录Madrid 2013—2014，编号19（1659）。
74.法语译文引自López-Rey 1981，第532页；López-Rey 2014，第390页。
75.López-Rey 1981，第534～535页，编号129；López-Rey 2014，第390页，编号124；展览图录Madrid 2013—2014，编号18（1659）。
76.法语译文引自López-Rey 1981，第534页；López-Rey 2014，第390页。
77.Moffitt 1991，第137～139页，后收录于Moffitt 1992，第377～382页。
78.普拉多博物馆，馆藏编号Inv.P1192。参见展览图录Madrid 1990，第450～455页，编号79；展览图录Madrid 2013—2014，编号21（传马索绘）。
79.展览图录Madrid 2013—2014，编号23。
80.Garrido 1992，第602～611页。

81.虽然《宫娥》是这件作品惯用的名称，但事实上还存在其他两个画名：其一为《委拉斯贵支与〈皇后肖像〉》（*Vélasquez et le « Portrait de Madame l'Impératrice »*），来自马德里老王宫财产清册中的描述；其二为《委拉斯贵支与腓力四世一家》（*Vélasquez et la famille de Philippe IV*），是根据画中所描绘人物的重要性而得。"一家"一词可以指代的不仅是有血缘关系的亲属，有时也可以泛指某些王室随从人员。关于《宫娥》（普拉多博物馆，馆藏编号Inv.P1174），大概可以毫不夸张地说，其参考文献几乎是无穷无尽的。关于此画的基本知识，参见López-Rey 1981，第147～153页、第518～525页，编号124（以《委拉斯贵支与国王一家，通常称作宫娥》（*Vélasquez et la Famille royale, communément appelé les Ménines*）作为画名）；López-Rey 2014，第300～305页、第387～389页，编号119；Gállego 1990，第420～433页，编号73；展览图录Madrid 2013—2014，编号16。至于相关古代文献，可参考帕洛米诺已多次再版的记述，另见Harris 1991，第214～215页；Harris 2008，第45～46页。关于此画的专门研究，可着重参考Sánchez Cantón 1943；Sánchez Cantón 1952；Tolnay 1949，第21～38页，后收录于Tolnay 1961，第20～37页；Brown 1978，第87～110页；Brown 1993，第113～144页；Mestre Fiol 1980，第125～181页；Campo 1985；Moffitt 1991，第213～246页；Calvo Serraller 1995。

82.Sánchez Cantón 1952，第13页。另外需要注意卡门·加里多·佩雷斯的观察结果："这件作品是一气呵成的。"参见Garrido 1992，第582页。

83.Bottineau 1958，第450～455页。

84.马索，《阿波罗与潘神》摹本，普拉多博物馆，馆藏编号Inv.P1712；约尔丹斯，《阿波罗与潘神》，普拉多博物馆，馆藏编号Inv.P1551。启发了约尔丹斯的是鲁本斯的一幅草图，作品现藏布鲁塞尔美术博物馆。

85.Sánchez Cantón 1952，第14页。

86.Moffitt 1983，第271～300页，后收录于Moffitt 1991，第223～246页；Moffitt 1987，第7卷，第173～183页，后收录于Moffitt 1991，第213～220页。

87.史蒂文·奥索（Steven Orso）认为《宫娥》描绘的是巴尔塔萨·卡洛斯王子的套房主室，他重构了里面的画作分布，并认为其中的佛兰德斯绘画对《宫娥》的构思只产生了次要影响，参见Orso 1986，第165页及其后；也有学者认为佛兰德斯绘画扮演了重要的角色，参见Kahr 1975，第225～246页。不管怎样，我们可以看到委拉斯贵支都在极力捍卫绘画作为艺术创作的尊严，这一点我们接下来还会谈到。

88.参见本书图73。

89.据桑切斯·坎顿的说法，小水壶（*búcaro*）是来自葡萄牙埃什特雷莫什（Estremoz）的陶瓷制品，参见Sánchez Cantón 1952，第26页。近来有学者认为水壶产地是墨西哥哈利斯科州的托纳拉（Tonalá），参见Seseña 1991，第5卷，第39～48页。

90.*Corpus Velazqueño*，2000，第1卷，第273号文档。

91.Kubler 1966，第212～214页。

92.Emmens 1961，第51～79页。

93.Harris 1991，第174页、第229页。有关最新的阐释，参见Sebastián 1989，第187～207页，编号1；Hernández Guardiola 1991，第111～129页；Dorival 1994，第36～41页。

94.Palomino [1724] 2008，第45页；Morán 2008，第122页，注释441。

95.恩里克塔·哈里斯如此总结道："这是流传最广、最令人信服的解释。"参见Harris 1991，第172～174页。

96.参见Brown 1978；Brown 1993；Crawford 1978，第69～86页。胡利安·加列戈曾对争取绘画被承认为博雅艺术作过整体研究，参见Gállego 1976。

97.Tolnay 1961，第26页。

98.Cruzada Villaamil 1885，第305页。关于1686年老王宫财产清册中的文字，参见Bottineau 1958，第297页，编号513；Fernández Baytón 1975，第1卷，第46页，编号286。

99.López-Rey 1981，第518页；Baticle 1989，第116页；Garrido 1992，第578～591页。

100.Baticle 1989，第116页。

101.Palomino [1724] 2008，第45页。

102.1556年，这幅画作由匈牙利的玛丽带到西班牙，继而进入王室收藏。马德里老王宫财产清册首次提及此画是在1701年。

103.Foucault 1966，第19～31页。

104.Mena 1984，第87～107页。

105.关于画作的各种阐释，参见Bennassar 2010，第223～235页。

106.关于《阿剌克涅的传说》或《纺织女》（普拉多博物馆，馆藏编号Inv.P1173）的基本知识，参见López-Rey 1981，第470～473页，编号107；López-Rey 2014，第378～379页，编号102；Gállego 1990，第360～367页，编号62。在和这幅绘画相关的众多文献中，可着重参见Angulo 1947，第54～63页；Angulo 1948，第1～19页；Angulo 1952，第67～84页；Cartula 1948，第293～304页；Tolnay 1949，第21～38页，后收录于Tolnay 1961，第20～37页；Azcárate 1960，第1卷，第344～351；Menéndez-Angulo 1965，第1～12页；Gállego 1968，第257～258页；Mestre 1974，第77～101页；Kahr 1980，第376～385页；López Torrijos 1985，第319～322页；Garrido/Davila 1986，第145～156页；Garrido 1992，第551～563。在这些文献的基础上，还可以加上约翰·弗朗西斯·莫菲特的新颖视角，参见Moffitt 1985，第77～90页，后收录于Moffitt 1991，第85～89页；Moffitt 1986，第43～49页，后收录于Moffitt 1991，第247～256页。画作在1984年至1985年得以修复。

107.有学者认为《阿剌克涅的传说》是为装饰老王宫镜厅而创作的，装饰的缘起是格拉蒙元帅的使团前来马德里宫廷为路易十四向腓力四世提亲，希望迎娶玛丽·特蕾莎公主。如此一来，画作应当是在1659年年中绘制的，后来又被唐·佩德罗·德·阿尔塞购得，参见Moffitt 1986，第48页，注释2。

108.关于第九代梅迪纳塞利公爵神秘的叛变事件，参见Baudrillart 1890，第397～399页。关于《阿剌克涅的传说》同公爵及其收藏的关系，参见Lleó Cañal 1985，第22～23页。

109.画作原有的尺寸为：高1.67米、宽2.52米。扩展后的尺寸为：高2.22米、宽2.93米。

关于这些扩展的具体添加时间，学界尚未形成统一的认识。约翰·弗朗西斯·莫菲特认为它们添加于1665年至1675年，参见Moffitt 1985，第88页，注释6；也有学者认为可能是在1711年和1772年之间，因为在唐·路易斯·德·拉塞尔达的收藏清册中，画作呈现的还是原有尺寸，参见Garrido/Davila M. T/Davila R. 1986，第147页。

110.正如对待《宫娥》那样，恩里克塔·哈里斯反对这种性质的阐释，我们也再次同意他的立场，参见Harris 1991，第229页。

111.在绘制《阿剌克涅的传说》的年代，这座主营挂毯修复而非制造的工场的负责人是胡安·阿尔瓦雷斯（Juan Álvarez），他受出现在《宫娥》背景门框里的何塞·涅托·贝拉斯克斯保护。约翰·弗朗西斯·莫菲特再次使用了用来确定《宫娥》所在宫室的建筑、几何研究方法，并得出以下结论：《阿剌克涅的传说》中所描绘的工坊，实际上位于马德里老王宫的西南角，也就是胡安·戈麦斯·德·莫拉的底层平面图上编号为26、27和28的三间房间，它们也是委拉斯贵支严格意义上的画室，参见Moffitt 1986，第46页。

112.为了表现《掳走欧罗巴》（*L'Enlèvement d'Europe*），委拉斯贵支从当时保存在马德里老王宫的提香同名画作中汲取了灵感。1704年，腓力五世把提香的绘画赠送给了格拉蒙公爵，画作现藏于波士顿伊莎贝拉·嘉纳博物馆；鲁本斯于1628年至1629年旅居马德里时，临摹过提香的《掳走欧罗巴》，摹本在画家去世后由腓力四世购得，现藏普拉多博物馆（馆藏编号Inv.P1693）。

113.Tolnay 1949，第32页。

114.Bonet 1960，第228页。

115.关于这方面的深入调查，参见Martín González 1959，第199～213页；Íñiguez Almech 1960，第1卷，第663页及其后。对这一问题的整体看法，参见Brown 1986，第230页及其后。

116.Brown 1986，第250页。

117.同上。

118.Hernández Perera 1960，第295～297页。

119.Palomino [1724] 2008，第50页。多梅尼科·圭迪（1625—1701年）那时的确还非常年轻。对于恩里克塔·哈里斯来说，多梅尼科·圭迪的《十字架上的基督》起初可能是由朱利亚诺·菲内利负责创作的，参见Harris 1991，第118页，图112。关于委拉斯贵支和意大利艺术家的关系，需要指出的是，他是罗马人乔凡尼·巴蒂斯塔·莫雷利（Giovanni Battista Morelli）的保护者。后者来到西班牙宫廷时，腓力四世的画家已经离世，他本人也于1669年逝于马德里。普拉多博物馆藏有他在西班牙创作的一尊天使陶像。参见Harris 1991，第32～33页，图23。

120.Palomino [1724] 2008，第50页。

121.Palomino [1724] 2008，第46页。关于这次重组的详尽研究，参见Brown 1986，第233～240页；Brown 1988，第248～263页。在这些研究中，我们可以看到委拉斯贵支所选绘画的全部列表，以及它们在乔纳森·布朗著书时的收藏地点。在接下来的分析中，我们主要参考了这位艺术史学家的研究成果，尤其是他的英文著述。我们将会提及那些在我们看来最著名、最能代表委拉斯贵支选择标准的画作，可惜我们并不能悉数列举。

122.Brown 1986，第300页，注释48。"（流传下来的）所谓委拉斯贵支撰写的《报告》如今已声名狼藉，它被公认为是伪造的。"

123.文本由桑切斯·坎顿整理出版，参见*Fuentes literarias*，1933，第2卷。

124.引文参见Brown 1986，第233～234页。另见Bennassar 2010，第203～206页。

125.参见展览图录Madrid 2002。

126.本段中接下来的分析及引文，参见Morán-Checa 1985，第272～274页。

127.Bottineau 1956；Bottineau 1958。关于老王宫进一步的装饰工程，尤其是镜厅的，除了这一年的财产清册及其介绍外，还可参见以下研究：Harris 1960，第109～136页；Harris 1991，第155页及其后；Palomino [1724] 2008，第46～49页；Orso 1986，第74页及其后；Brown 1986，第241页及其后；Brown 1988，第265页及其后；Barbeito 1992，第133页及其后；展览图录Madrid 1994。

128.恩里克塔·哈里斯对此持保留态度，参见Harris 1960，第119页。

129.关于两位意大利壁画家旅居马德里的细节，参见Palomino [1724] 2008，第48～50页；Ceán 1800，第1卷，第348～350页，第3卷，第142～145页；Bonet Correa 1960，第235～240页；Harris 1961，第101～105页。

130.根据桑切斯·坎顿的说法，夏季办公室的天花板上是科隆纳和米泰利绘制的《白昼》或《阿波罗》。《宫娥》也陈设在这间办公室内，参见Sánchez Cantón 1952，第10页。

131.Palomino [1724] 2008，第47页。

132.帕洛米诺提供了许多关于创作潘多拉故事的细节，参见Palomino [1724] 2008，第47～48页。有学者借助两幅藏于马德里国家图书馆的素描（Barcia 1906，编号721、编号722），重构了镜厅的天顶画，参见Barbeito 1992，第174页。

133.马德里圣费尔南多王家美术学院藏有一幅卡雷尼奥的《潘多拉与厄庇墨透斯的婚礼》（*Les Noces de Pandore et d'Épiméthée*）素描草图，画中使用的是黑色铅笔和红垩笔。帕洛米诺曾指出，几年后，卡雷尼奥修复了由雨水造成的损坏，并重新"以油画绘制了几乎整个故事"，参见Palomino [1724] 2008，第47页。

134.参见本书图222。

135.关于墙上绘画布局的重构图，参见Orso 1986，第75页；Barbeito 1992，第135页。史蒂文·奥索在1659年的布局重构中，还列出了画作清单，以及每件作品的尺寸与位置，参见Orso 1986，第74页及其后；作者也介绍了图像志层面的规划，第87页。

136.Orso 1986，第103页。

137.Moisy 1961，第41～50页。

138.关于格拉蒙元帅的使团，参见Bertaut [1668] 1919。

139.Palomino [1724] 2008，第52页。

140.我们曾研究过这场火灾及艺术品收藏所遭受的损失，参见Bottineau 1993，第477页及其后；关于镜厅，参见第486～487页。

141.藏于托莱多格列柯故居博物馆，参见Madrid 2013—2014，第144页，图59。

142.参见第二编"1643—1648年"一章中关于八角厅的分析。

143.Madrid 2013—2014，编号27。

144.同上，第147页，注释2。

145.哈维尔·波图斯提议把卡雷尼奥作于1671年的一幅《卡洛斯二世肖像》（*Portrait de Charles II*，奥维耶多，阿斯图里亚斯美术博物馆）和藏于普拉多博物馆的《玛丽亚娜王后肖像》视为画对，参见Madrid 2013—2014，编号26。

146.普拉多博物馆，馆藏编号Inv.P1175。关于此画的介绍，参见López-Rey 1981，第530～531页，编号127；López-Rey 2014，第389～390页，编号122；Gállego 1990，第436～441页，编号76；Garrido 1992，第593～601页。

147.Orso 1986，第86页。

148.Garrido 1992，第598页。

149.根据1686年的财产清册，当时的尺寸为高0.84米、宽2.51米，后来的尺寸为高1.28米、宽2.5米，参见Orso 1986，第83页。

150.Bluche 1986，第126～139页。

151.关于腓力四世的旅行，参见Castillo 1667。另见Alenda y Mira 1903，第353页及其后；Palomino [1724] 2008，第55～56页；*Varia Velazqueña*，1960，第2卷，第379页及其后；*Corpus Velazqueño*，2000，第1卷，第416～421号文档；Brown 1986，第249～250页。

152.*Varia Velazqueña*，1960，第2卷，第382页；*Corpus Velazqueño*，2000，第1卷，第425号文档。法语译文参见Baticle 1989，第135页。

153.Palomino [1724] 2008，第56页。

154.关于委拉斯贵支的离世及葬礼，参见Palomino [1724] 2008，第56～57页；*Varia Velazqueña*，1960，第2卷，第387页及其后；Bonet 1960，第705～708页。

155.帕洛米诺记录的逝世日期是1660年8月6日星期五，参见Palomino [1724] 2008，第56～57页；拉萨罗·迭斯·德尔·巴列在手稿中提及的也是同一日期，参见*Varia Velazqueña*，1960，第2卷，第387页。根据这一手稿，画家于下午三点辞世。8月6日这个日期已得到普遍认可，但“死亡证明”给出的却是8月7日，参见*Varia Velazqueña*，1960，第2卷，第387页；*Corpus Velazqueño*，2000，第1卷，第431～432号文档。

156.López-Rey 1981，第161页；López-Rey 2014，第308页。

157.参见展览图录New York 2010—2011。

结语　身后的命运

1.*Corpus Velazqueño*，2000，第1卷，第450号文档；*Varia Velazqueña*，1960，第1卷，第471～481页。马索曾于1657年前往意大利，参见Caturla 1955，第73～75页。

2.展览图录Madrid 2013—2014，编号23。

3.Justi 1953，第695～697页。

4.展览图录Madrid 2013—2014，编号26～27、编号29～30。

5.*Varia Velazqueña*，1960，第1卷，第482～498页。

6.Baticle 1964，第140～153页；Baticle 1965，第15～22页。

7.Palomino [1724] 2008，第46页。

8.*Varia Velazqueña*，1960，第1卷，第526～552页；Thuillier 1963，第73～90页。

9.*Varia Velazqueña*，1960，第1卷，第553～560页；Bottineau 1993，第385～393页。

10.Bottineau 1993，第487页。

11.*Varia Velazqueña*，1960，第1卷，第542页、第544页。

12.Bottineau 1993，第444页。藏于普拉多博物馆的让·朗克画作，馆藏编号为Inv.P2376。

13.Bottineau 1993，第572～574页。藏于普拉多博物馆的路易-米歇尔·凡·洛画作，馆藏编号为Inv.P2283。

14.Bottineau 1986，第317页。

15.《唐·安东·拉斐尔·门斯致唐·安东尼奥·庞斯的信》，参见*Corpus Velazqueño*，2000，第2卷，第1781页，第573号文档。

16.Baticle/Marinas 1981，第190～206页、第210页及其后。

17.Darragon 1991；展览图录Paris 2002—2003。

18.Harris 1991，第189页。

19.Wilson-Bareau 1991，第34页、第36页。

20.Hugo [1859] 2000，第399页。

21.Samain [1883] 1911，第11页。

书中涉及到的西班牙王室谱系

- 腓力三世
  1578年生
  西班牙国王（1598—1621年）
  1599年娶奥地利的玛格丽特（1584—1611年）
  - 奥地利的安娜
    （1601—1666年）
    1615年嫁路易十三
    法国国王（1615—1643年）
  - 腓力四世
    1605年生
    西班牙国王（1621—1665年）
    娶
    - 1. 1615年
      波旁的伊丽莎白
      （1603—1644年）
      亨利四世与玛丽·德·美第奇之女
      - 玛丽·特蕾莎
        （1638—1683年）
        - 路易十四
          1638年生
          国王（1643—1715年）
          1660年娶
          - 大太子路易
            （1661—1711年）
            娶巴伐利亚的玛丽·克里斯蒂娜
            - 公爵路易
              12年卒
            - 安茹公爵腓力
              1683年生
              后成为西班牙国王
              腓力五世
              （1700—1746年）
            - 贝里公爵
              1714年卒
      - 巴尔塔萨·卡洛斯
        （1629—1646年）
    - 2. 1649年
      奥地利的玛丽亚娜
      （1634—1696年）
      腓力四世外甥女
      - 奥地利的玛格丽特·特蕾莎（1651—1673年）
        1666年嫁利奥波德一世
        - 玛丽·安托瓦内特
          嫁巴伐利亚选帝侯马克西米利安·埃曼努尔
          - 约瑟夫·斐迪南
            巴伐利亚选帝侯王子
            1699年卒
      - 腓力·普罗斯佩罗
        1661年卒
      - 托马斯
        1659年卒
      - 卡洛斯二世
        1661年生
        西班牙国王
        （1665—1700年）
        娶
        1. 奥尔良的玛丽–路易丝
        2. 诺伊堡的玛丽亚娜
  - 玛丽
    （1606—1646年）
    1631年嫁斐迪南三世
    神圣罗马帝国皇帝（1637—1658年）
    - 利奥波德一世
      皇帝（1658—1705年）
      1. 1666年娶其外甥女奥地利的玛格丽特·特蕾莎
      2. 1676年娶诺伊堡的埃莱奥诺雷
      - 约瑟夫一世
        皇帝（1705—1711年）
      - 查理
        与腓力五世争夺西班牙王位后成为神圣罗马帝国皇帝
        （1711—1740年）

委拉斯贵支大事年表

1597年

12月28日：胡安·罗德里格斯·德·席尔瓦与赫罗尼玛·委拉斯贵支在塞维利亚圣彼得教堂结为连理。夫妇二人均生于这座城市，但新郎的父母迭戈·罗德里格斯·德·席尔瓦和玛丽亚·罗德里格斯来自波尔图，后定居于安达卢西亚首府。

1599年

胡安·罗德里格斯·德·席尔瓦与赫罗尼玛·委拉斯贵支的长子迭戈·委拉斯贵支出生，6月6日在塞维利亚圣彼得教堂受洗。

1610年

父母将他送往巴切柯的画坊习画，并签下为期六年的学徒合同。委拉斯贵支浸润在老师及其学院所在的人文主义环境中。

1617年

3月14日：他在巴切柯和胡安·德·乌塞达面前通过考核成为画师，从此可以自由地主持自己的画室，以自己的名义作画并招收学徒。

1618年

4月23日：委拉斯贵支与巴切柯之女胡安娜在塞维利亚圣米迦勒教堂成婚。

1619年

5月18日：长女弗朗西斯卡受洗。

1620年

2月1日：委拉斯贵支收迭戈·德·梅尔加为学徒。画家创作《塞维利亚的卖水老人》。

1621年

1月29日：次女伊格纳西亚受洗。

1622年

4月：委拉斯贵支的首次马德里之行。应岳父巴切柯的要求，他为作家路易斯·德·贡戈拉绘制了肖像，但由于缺少时间，他未能为王室成员创作肖像。

12月：宫廷肖像画家罗德里戈·德·比利安德兰多逝世。

1623年

委拉斯贵支为第二次马德里之行作了充分的准备，此行的目的是接近君主。国王的首席宫廷牧师唐·胡安·德·丰塞卡也是巴切柯的好友，经他的奔走安排，委拉斯贵支得以于8月30日为腓力四世绘制了肖像。首相奥利瓦雷斯令画家举家迁往马德里。10月6日，他被任命为御用画家；同月30日任令得到正式确认，俸禄为每月20杜卡特；此外，他还享有特别的恩惠，即每幅画作都将得到额外的报酬。奥利瓦雷斯向委拉斯贵支保证，国王的肖像从此由他专门负责。

1627年

国王令他绘制《驱逐摩里斯科人》。他和比森特·卡尔杜奇、欧亨尼奥·卡雷斯以及安杰洛·纳尔迪以此为主题展开绘画竞赛。他的历史画拔得头筹，作为奖赏，他被任命为国王内侍房的掌门官，并于3月7日宣誓就职。

1628年

天主教尼德兰的统治者伊莎贝尔·克拉拉·欧亨尼娅公主派鲁本斯前往马德里为王室绘制肖像。委拉斯贵支得以和佛兰德斯大师往来。两人之间的交往使他意识到，自己还缺乏对意大利的直接认知经验。在鲁本斯的影响下，委拉斯贵支丰富了用色，使它们变得更加明丽，所用技法也显得更为流畅。

1628—1629年

完成深受腓力四世赞赏的《饮酒人》，此画是马德里时期初年创作中的代表作。

1629年

6月28日：委拉斯贵支获准离开宫廷前往意大利，目的是研究意大利的文物古迹，并为丰富王室的艺术品收藏做好前期准备工作。

他沉浸在众多大师的艺术之中，受丁托列托的影响尤甚。在罗马和梵蒂冈，他得以尽情研究米开朗琪罗与拉斐尔的壁画，并以素描的形式临摹了他们的作品。

1630年
在意大利完成的《伏尔甘的打铁铺》和《约瑟的彩衣》被运回西班牙后，于1634年由赫罗尼莫·德·比利亚努埃瓦为国王购得。这两件作品反映了委拉斯贵支得益于意大利之行的艺术创新。

1631年
1月：腓力四世终于等到了画家的归来，此前的1629年10月，国王喜得王位继承人巴尔塔萨·卡洛斯王子。委拉斯贵支为后者创作了《巴尔塔萨·卡洛斯王子和他的侏儒》。

1633年
5月8日：委拉斯贵支收到城市与宫廷掌门官节杖，这也意味着君主对画家十分器重。
8月21日：画家马索与委拉斯贵支的长女弗朗西斯卡在马德里圣雅各教堂成婚。

1634年
1月30日：委拉斯贵支将自己于1627年谋得的国王内侍房掌门官一职传给女婿。同年被任命为国王司服的委拉斯贵支需要负责国王套房内的家具、挂毯、绘画以及艺术品陈设。他的雄心是像提香那样加入军事骑士团。

1634—1635年
委拉斯贵支为马德里新建的丽池宫王国大厅创作了《布雷达之降》和《腓力四世骑马像》，后者是巴洛克时期绘制的最伟大、最具诗意的君主骑马像之一。

1635—1636年
委拉斯贵支为奥利瓦雷斯在帕尔多修建的猎亭绘制了多幅作品，其中包括腓力四世、枢机王子唐·费尔南多及巴尔塔萨·卡洛斯王子的猎装像。

1643年
不同的新职务扩展了委拉斯贵支的业务范围，他在马德里老王宫成为一名重要的室内装饰师。
1月6日：他以国王侍从的身份宣誓就职。
6月9日：他成为马尔皮卡侯爵手下的王室工程部助理，也就是说他正式进入负责王宫营造工程的行政体系。

1644年
1月5日：君主将出入国王套房的钥匙交给了他。

1647年
1月至3月，他相继被任命为八角厅工地的督察和会计，这座大厅是腓力四世治下在老王宫建造的最重要的建筑之一。胡安·戈麦斯·德·莫拉是八角厅的建筑师，而委拉斯贵支则负责大厅的室内装饰。

1649年
1月21日：委拉斯贵支再次前往意大利。国王希望装饰老王宫的某座长廊，委拉斯贵支毛遂自荐，愿意前往意大利为他收罗可供购买的最美画作。在威尼斯短暂停留后，他前往罗马，途经帕尔马、摩德纳和博洛尼亚。此后，他南下那不勒斯，7月10日前后，又返回教宗国首都。

1650年
他被接受为圣路加学院成员，并成为万神殿宗座文学艺术学院的一员。委拉斯贵支为时年73岁的教宗英诺森十世绘制了肖像。自2月起，腓力四世数次要求委拉斯贵支返回马德里，但他拒绝遵从君命。11月26日，他离开罗马前往佛罗伦萨、摩德纳、威尼斯，最后又重返意大利首都。

1651年
他的私生子安东尼奥在罗马出生。他在罗马的这段私情可以解释他为何迟迟不愿返回西班牙宫廷。
6月23日：委拉斯贵支返回马德里。他从意大利带回了一些名画：委罗内塞的《维纳斯和阿多尼斯》与《刻法罗斯和普洛克里斯》，以及丁托列托一系列以《旧约》为题材的天顶装饰画。在他为腓力四世的王宫所收罗的且最终运至西班牙的艺术品中，还有阿尔加迪的雕塑。
他在埃斯科里亚尔的部分建筑中，以及更重要的马德里老王宫内，通过改造厅室内部的布局和陈设绘画、雕塑作品，烙下了他个性化的印记。
7月，玛格丽特公主出生，她是腓力四世与他的外甥女、皇帝斐迪南三世之女玛丽亚娜婚后的第一个孩子。

1652年
2月16日：委拉斯贵支被任命为王宫总管，这是宫廷内最显赫的官职之一。

1656年
委拉斯贵支绘制《宫娥》。

1659年
他成为圣地亚哥骑士团骑士。
他完成了老王宫镜厅的装饰工作，使其成为西班牙宫廷巴洛克的代表作。镜厅毁于1734年火灾，委拉斯贵支为镜厅创作的绘画中，仅有《墨丘利和阿尔戈斯》幸免于难。

1660年
4月：委拉斯贵支前往西法边境的雉鸡岛筹备路易十四与玛丽·特蕾莎的婚礼庆典。
8月6日：委拉斯贵支辞世。

参考文献

文献名或以作者姓氏及著述出版年份，或以展览地加展览年份的形式呈现。展览城市名前的星号代表了相关展览图录仅涉及委拉斯贵支。

Agulló 2006
Agulló y Cobo (Mercedes), *Documentos para la historia de la pintura española*, III, Madrid, 2006.

Alcalá *et al.* 2005
Alcalá-Zamora (José) *et al., Felipe IV. El hombre y el reinado,* Madrid, Centro de Estudios Europea Hispánica, 2005.

Alemán [1599-1604] 1968
Aleman (Mateo), *Primera parte de Guzmán de Alfarache, Madrid 1599 ; Segunda parte de la vida de Guzmán de Alfarache, atalaya de la vida humana*, Lisbonne, 1604 ; traduction française par M. Molho et J.-F. Reille dans *Romans picaresques espagnols*, Paris, 1968.

Alenda 1903
Alenda y Mira (Jenaro), *Relaciones de solemnidades y fiestas públicas de España*, Madrid, 1903.

Allende 1925
Allende-Salazar (Juan), *Velázquez*, Berlin, 1925.

Alpers 1971
Alpers (Sveltana), *The Decoration of the Torre de la Parada*, Londres, coll. « Corpus Ruberianum », 1971, vol. 9.

Alpers 2005, 2009
Alpers (Svetlana), *The vexations of art: Velázquez and others*, Yale University Press, New Haven, 2005 ; éd. espagnole, *Por la fuerza del arte. Velázquez y otros*, Madrid, Centro de Estudios Europa Hispánica, Col. Velazqueña, 2009.

Álvarez Lopera 2005
Álvarez Lopera (José), « La reconstitución del Salón de Reinos. Estado y replanteamiento de la cuestión », dans Madrid 2005, pp. 90-147.

Angulo 1947
Angulo Íñíguez (Diego), *Velázquez. Como compuso sus cuadros*, Séville, 1947.

Angulo 1948
Angulo Íñíguez (Diego), « Las Hilanderas », *Archivo Español de Arte*, 1948, t. XXI, pp. 1-19.

Angulo 1952
Angulo Íñíguez (Diego), « Las Hilanderas. Sobre la iconografía de Aracne », *Archivo Español de Arte*, 1952, t. XXV, pp. 67-84.

Angulo 1958
Angulo Íñíguez (Diego), *Pintura del siglo xvii*, Madrid, coll. « Ars Hispaniae », 1958, t. XV.

Angulo 1965
Angulo Íñíguez (Diego), voir Menéndez Pidal 1965.

Angulo 1978
Angulo Íñiguez (Diego), « Velázquez : Retrato del Conde-Duque de Olivares. La túnica de José », *Archivo Español de Arte*, 1978, t. LV, pp. 81-83.

Angulo 2007
Angulo Íñiguez (Diego), *Escritos completos sobre Velázquez*, Madrid, Centro de Estudios Europa Hispánica, Col. Velazqueña, 2007.

Angulo /Pérez Sánchez 1969
Angulo Íñiguez (Diego) et Pérez Sánchez (Alfonso Emilio), *Historia de la pintura española. Escuela madrileña del primer tercio del siglo xvii*, Madrid, 1969.

Angulo /Pérez Sánchez 1983
Angulo Íñiguez (Diego) et Pérez Sánchez (Alfonso Emilio), *Historia de la pintura española. Escuela madrileña del segundo tercio del siglo xvii*, Madrid, 1983.

Aterido 1998
Aterido Fernández (Ángel), « La 'Trastienda' del genio : Velázquez y su familia en la decada de 1640 », *Archivo Español de Arte*, 1998, t. LXXI, pp. 289-298.

Aterido 2000
Aterido Fernández (Ángel), voir *Corpus Velazqueño,* 2000.

Augé 1993
Augé (Jean Louis), « *Le Christ servi par les anges*, 1616, de Francisco Pacheco au musée Goya de Castres », *La Revue du Louvre et des musées de France*, n° 2, 1993, pp. 10-11.

Augé 2007
Augé (Jean Louis), « Francisco Pacheco y Diego Velázquez. Del manierismo al naturalismo. ¿Transmisión o transgresión ? », dans *In Sapienta Libertas. Homenaje al profesor Alfonso E. Pérez Sánchez*, Madrid-Séville, 2007, pp. 255-262.

Azcárate 1960$_1$
Azcárate (José María de), « Noticias sobre Velázquez en la Corte », *Archivo Español de Arte*, 1960, t. XXXIII, pp. 357-385.

Azcárate 1960$_2$
Azcárate (José María de), « La alegoría en las Hilanderas », dans *Varia Velazqueña*, Madrid, 1960, t. I, pp. 344-351.

Azcárate 1966
Azcárate (José María de), « Anales de la construcción del Buen Retiro », dans *Anales del Instituto de Estudios Madrileños*, 1966, t. I, pp. 99-135.

Bandrés 2002
Bandrés Oto (Maribel), *La moda en la pintura : Velázquez. Usos y costumbres del siglo XVII*, Pampelune, 2002.

Barbé [1999], 2002
Barbé-Coquelin de Lisle (Geneviève), *Velázquez aujourd'hui*, actes du colloque scientifique international, 400e anniversaire de la naissance de l'artiste, [9-10-11 décembre 1999, Université de Cergy-Pontoise], Anglet, 2002.

Barbeito 1992
Barbeito (José Manuel), *El Alcázar de Madrid*, Madrid, 1992.

Barbeito 1994
Barbeito (José Manuel), « Velázquez y las obras reales », dans Madrid 1994, pp. 80-95.

Barcelone 1983
L'Època del Barroc, Palau Reial de Pedralbes, 8 mars-20 avril 1983. [cat. exp.]

Barcelone 1992
Prefiguración del Museu Nacional d'Art de Catalunya, Barcelone, Palacio Nacional de Montjuic, 27 juillet-30 novembre 1992. [cat. exp.]

Barcelone 2000
Pintura española de la Colección Meadows, Barcelone, Museu Nacional d'art de Catalunya, 5 septembre-5 novembre 2000, voir Madrid 2000. [cat. exp.]

***Barcelone 2008**
Oblidant Velázquez : Las Meninas, Barcelone, Museu Picasso, 15 mai-28 décembre 2008. [cat. exp.]

Barcia 1906
Barcia (Ángel María de), *Catálogo de la colección de dibujos originales de la Biblioteca Nacional*, Madrid, 1906.

Bardi 1969
Bardi (Pietro María), *Tout l'œuvre peint de Velázquez*, Paris, Flammarion, 1969. Préface de Yves Bottineau, pp. 5-9.

Barnard Castle 1996
Flesh & Spirit. Velázquez and Painters in seventeenth Century Madrid, The Josephine & John Bowes Museum, 3 mars-2 juin 1996. [cat. exp.]

Barrios 2004
Barrios (Feliciano), « Velázquez. Sus oficios palatinos », dans Iglesias 2004, pp. 63-93.

Bassegoda 1990
Bassegoda i Hugas (Bonaventura) voir Pacheco 1990.

Bassegoda 2002
Bassegoda i Hugas (Bonaventura), *El Escorial como museo. La decoración pictórica mueble en el monasterio de El Escorial desde Diego Velázquez hasta Frédéric Quilliet (1809)*, Barcelone, 2002.

Bassegoda [2008], 2009
Bassegoda i Hugas (Bonaventura), « Velázquez y la *Memoria de las pinturas* de El Escorial. Propuesta de edición crítica », dans Navarrete [2008], 2009, pp. 166-176.

Baticle 1960
Baticle (Jeannine), « Recherches sur la connaissance de Velázquez en France de 1650 à 1830 », dans *Varia Velazqueña*, Madrid, 1960, t. I, pp. 532-552.

Baticle 1961
Baticle (Jeannine), « Les procédés techniques de Vélasquez », *Jardin des arts*, n° 75, février 1961, pp. 12-19.

Baticle 1962
Baticle (Jeannine), « Remarques sur les relations artistiques entre la France et l'Espagne au xviie siècle », *La Revue du Louvre et des musées de France*, n° 6, 1962, pp. 281-292.

Baticle 1964
Baticle (Jeannine), « La fundación de la orden trinitaria de Carreño de Miranda », *Goya*, novembre-décembre 1964, pp. 140-153.

Baticle 1963
Baticle (Jeannine), « Essai sur le caractère de Velázquez », dans *Velázquez, son temps, son influence,* 1963, pp. 11-22.

Baticle 1965
Baticle (Jeannine), « Une œuvre retrouvée de Carreño de Miranda, La Fondation de l'ordre des Trinitaires », *La Revue du Louvre et des musées de France*, n° 1, 1965, pp. 15-22.

Baticle 1989
Baticle (Jeannine), *Velázquez, peintre hidalgo*, Paris, 1989.

Baticle/Marinas 1981
Baticle (Jeannine) et Marinas (Christine), *La Galerie espagnole de Louis-Philippe au Louvre 1838-1848*, Paris, 1981.

Baudrillart 1890
Baudrillart (Alfred), *Philippe V et la cour de France*, Paris, 5 vol., 1890-1901.

Bennassar 1982
Bennassar (Bartolomé), *Un Siècle d'or espagnol*, Paris, 1982.

Bennassar 1992_1
Bennassar (Bartolomé), *Histoire des Espagnols*, Paris, 1992.

Bennassar 1992_2
Bennassar (Bartolomé), voir Elliott 1992.

Bennassar 2008
Bennassar (Bartolomé), *Les Lances de Breda*, Paris, 2008.

Bennassar 2010, 2012
Bennassar (Bartolomé), *Vélasquez : une vie*, Paris, 2010 ; éd. espagnole Madrid, 2012.

Bernis 1991
Bernis (Carmen), « Velázquez y el guardainfante », dans *Velázquez y el arte de su tiempo*, 1991, t. V, pp. 49-60.

Bertaut [1668], 1919
Bertaut (François), *Journal du voyage d'Espagne*, Paris, 1668 ; éd. Cassan, *Revue Hispanique*, 1919, t. XLVII, pp. 1-318.

Beruete y Moret 1898, 1991
Beruete y Moret (Aureliano de), *Velázquez*, Paris, 1898 ; éd. espagnole, Madrid, 1991.

Bilbao 1997
Obras maestras del arte español, museo de Bellas Artes de Budapest, Bilbao, Museo de Bellas Artes, février-avril 1997. [cat. exp.]

Bilbao 2006
De Herrera a Velázquez. El primer naturalismo en Sevilla, Bilbao, Museo de Bellas Artes, 20 mars-28 mai 2006, voir Séville 2005-2006. [cat. exp.]

Bluche 1986
Bluche (François), *Louis XIV*, Paris, 1986.

Bonet 1960_1
Bonet Correa (Antonio), « Velázquez y los jardines », *Goya*, n°s 37-38, 1960, pp. 124-129.

Bonet 1960_2
Bonet Correa (Antonio), « Velázquez arquitecto y decorador », *Archivo Español de Arte*, 1960, t. XXXIII, pp. 215-249.

Bonet 1960_3
Bonet Correa (Antonio), « La Iglesia de San Juan y las exequias de Velázquez », dans *Varia Velazqueña*, 1960, t. I, pp. 705-708.

Bonet 1961
Bonet Correa (Antonio), *Iglesias madrileñas del siglo xvii*, Madrid, 1961.

Bonet 1963
Bonet Correa (Antonio), « Velázquez y los jardines », dans *Velázquez, son temps, son influence,* 1963, pp. 127-132.

Bonn 1999-2000
Velázquez, Rubens, Lorrain-Malerei am Hof Philipps IV. Museo del Prado, Bonn, Kunst und Ausstellungshalle der Bundesrepublik, octobre 1999-janvier 2000. [cat. exp.]

Boschini 1660
Boschini (Marco), *La carta del navegar pitoresco*, Venise, 1660.

Bottineau 1955
Bottineau (Yves), « A Portrait of Queen Mariana in the National Gallery », *The Burlington Magazine*, avril 1955, pp. 114-116.

Bottineau 1956, 1958 et 1972
Bottineau (Yves), « L'Alcázar de Madrid et l'inventaire de 1686. Aspects de la cour d'Espagne au xviie siècle », *Bulletin Hispanique*, 1956, vol. 58, pp. 421-452 ; 1958, vol. 60, pp. 30-61, 145-179, 289-326 et 450-483 et 1972, vol. 74, pp. 138-157.

Bottineau 1960
BOTTINEAU (Yves), « La cour d'Espagne et l'œuvre de Velázquez pendant la première moitié du XVIIIe siècle », dans *Varia Velazqueña*, 1960, t. I, pp. 553-560.

Bottineau 1962, 1986 et 1993
BOTTINEAU (Yves), *L'Art de cour dans l'Espagne de Philippe V, 1700-1746*, Bordeaux, 1962 ; éd. espagnole, 1986 ; édition révisée dans « Mémoires du musée de l'Île-de-France », château de Sceaux, 1993, vol. I.

Bottineau 1964
BOTTINEAU (Yves), « False Attribution. The Inventory of Elisabeth Farnese and the Portrait of the Count of Benavente », *Apollo*, janvier 1964, pp. 31-34.

Bottineau 1969
BOTTINEAU (Yves), voir BARDI 1969.

Bottineau 1986
BOTTINEAU (Yves), *L'Art de cour dans l'Espagne des Lumières*, Paris, 1986.

Bouza 1999-2000
BOUZA ÁLVAREZ (Firmín), « Entre la realidad y la memoria: los retratos en el siglo de Velázquez », dans Oviedo 1999-2000.

Braham 1970, 1988
BRAHAM (Allan), voir MACLAREN 1970, 1988.

Brisbane 2012
Portrait of Spain: Masterpieces from the Prado, Brisbane, Queensland Art Gallery, 21 juillet-4 novembre 2012. [cat. exp]

Brown 1978, 1980 et 1993
BROWN (Jonathan), *Images and Ideas in Seventeenth-Century Spanish Painting*, Princeton, 1978 ; éd. espagnole, Madrid, 1980 ; éd. française, Paris, 1993.

Brown 1986, 1988
BROWN (Jonathan), *Velázquez Painter and Courtier*, New Haven et Londres, 1986 ; trad. française : *Velázquez*, Paris, 1988.

Brown 1991
BROWN (Jonathan), *The Golden Age of Painting in Spain*, New Haven et Londres, 1991 ; éd. française, Paris, 1991 ; éd. espagnole, Madrid, 1991.

Brown 1995
BROWN (Jonathan) *Kings & Connaisseurs. Collecting Art in Seventeenth-Century Europe,* Princeton, 1995 ; éd. espagnole, 1995.

Brown 1999
BROWN (Jonathan), *Velázquez in New York Museums*, New-York, 1999.

Brown 1999-2000
BROWN (Jonathan), « Entre tradición y función: Velázquez como pintor de corte », dans Madrid 1999-2000, pp. 55-66.

Brown 2000
BROWN (Jonathan), « Velázquez y lo velazqueño: los problemas de las atribuciones », *Boletín del Museo del Prado*, nº 36, 2000, pp. 51-69.

Brown 2008
BROWN (Jonathan), *Escritos completos sobre Velázquez*, Madrid, Centro de Estudios Europa Hispánica, Col. Velazqueña, 2008.

Brown/Elliot 1980, 1982, 2003
BROWN (Jonathan) et ELLIOTT (John H.), *A Palace for a King. The Buen Retiro and the Court of Philip IV*, New Haven et Londres, 1980; éd. espagnole, *Un Palacio para el Rey. El Buen Retiro y la corte de Felipe IV*, Madrid, 1982 ; rééd. espagnole augmentée et annotée, Madrid, 2003.

Brown/Garrido 1998
BROWN (Jonathan) et GARRIDO (Carmen), *Velázquez. La Técnica del genio*, Madrid, 1998.

Bruxelles 1985
Splendeurs d'Espagne et les villes belges 1500-1700. Europalia 1985 España, Bruxelles, palais des Beaux-Arts, septembre-décembre 1985, 2 vols. [cat. exp]

Budapest 2006
Greco, Velázquez, Goya. Spanische Malerei aus deutschen Sammlungen, Budapest, Szépmüvészti Muzeum, 21 janvier-30 mai 2006 voir Hambourg 2005 et Dresde 2005-2006. [cat. exp.]

Bustamente 1985
BUSTAMANTE GARCÍA (Agustín), « Donde vivía Velázquez », *Boletín del Seminario de Estudios de Arte y Arqueología*, 1985, t. 51, pp. 482-483.

Bustamente 1993
BUSTAMANTE GARCÍA (Agustín), *El siglo XVII. Clasicismo y Barroco*, Madrid, 1993.

Calvo 1981
CALVO SERRALLER (Francisco), *Teoría de la pintura en el Siglo de Oro*, Madrid, 1981.

Calvo 1995
CALVO SERRALLER (Francisco), *Las Meninas de Velázquez*, Madrid, 1995.

Camón 1964
CAMÓN AZNAR (José), *Velázquez*, Madrid, 1964, 2 vol.

Campo 1985
CAMPO Y FRANCÉS (Angel del), *La Magia de las Meninas*, Madrid, 1985.

Cano 2002
CANO RIVERO (Ignacio), voir Manderen 2002.

Caracas 1981
400 años de Pintura española, Caracas, Museo de Bellas Artes, 19 février-19 avril 1981. [cat. exp.]
Carta tercera que vino a un cavallero desta Ciudad, auisándole como la Ciudad de Breda está a por el Rey nuestro señor…, Valladolid, 1625.

Carducho [1633], 1979
CARDUCHO (Vicencio), *Diálogos de la Pintura*, Madrid, 1633 ; rééd. Calvo Serraller, Madrid, 1979.

Carlos Varona [1999] 2004
CARLOS VARONA (María Cruz de), « Sobre el supuesto boceto de *Las meninas* y otros Velázquez que poseyó el duque de Arcos (1729) », dans *Actas del Symposium Internacional Velázquez*, [8-11 novembre 1999, Séville], Séville 2004, pp. 329-340.

Carr 2006-2007
CARR (Dawson W.), voir Londres 2006-2007.

Cartas de sor María de Jesús de Ágreda y de Felipe IV, Madrid, coll. « Biblioteca de Autores Españoles », 1958, t. CVIII-CIX.

Castillo 1667
CASTILLO (Leonardo del), *Viaje del Rey N.S.D. Felipe IV a la frontera de Francia. Desposorio de la Serenissima Sra Infanta de España y solemne Juramento de La Paz…*, Madrid, 1667.

***Castres** 1999
Velázquez et la France. La découverte de Velázquez par les peintres français, Castres, musée Goya, 9 juillet-3 octobre 1999. [cat. exp.]

Caturla 1947
CATURLA (María Luisa), « Pinturas, frondas y fuentes del Buen Retiro », *Revista de Occidente*, 1947, XX, pp. 9-50.

Caturla 1948
CATURLA (María Luisa), « El coleccionista madrileño Don Pedro de Arce, que poseyó "Las Hilanderas" de Velázquez », *Archivo Español de Arte*, 1948, t. XXI, pp. 293-304.

Caturla 1955
CATURLA (María Luisa), « Sobre un viaje de Mazo a Italia hasta ahora ignorado », *Archivo Español de Arte*, 1955, t. XXVIII, pp. 73-75.

Caturla/Delenda 1994
CATURLA (María Luisa), *Francisco de Zurbarán*, traduction, adaptation et appareil critique par O. DELENDA, Paris, 1994.

Ceán Bermúdez [1800], 1965, 2001
Ceán Bermúdez Juan (Agustín), *Diccionario histórico de los más ilustres profesores de las Bellas Artes en España*, Madrid, 1800 et 1965, 6 vol. ; prologue de MORÁN TURINA, Madrid 2001.

Cervantes [1605-1615] 1949
CERVANTES SAAVEDRA (Miguel de), *El ingenioso hidalgo don Quixote de la Mancha*, Madrid, 1605-1615 ; *Novelas ejemplares*, Madrid, 1613; traduction française par J. Casson, Paris, 1949.

Chaves 1972
CHAVES MONTOYA (María Teresa), « El Buen Retiro y el Conde Duque de Olivares », dans *Anuario del Departamento de Historia y Teoría del arte*, Madrid, 1972, t. IV, pp. 217-230.

Checa 1993
Checa (Fernando), *Pintura y escultura del renacimiento en España*, 1450-1600, Madrid, 1993.

Checa 2008
Checa (Fernando), *Velázquez. Obra completa*, Barcelona, 2008.

Cherry 1990
Cherry (Peter), « Juan Bautista Martinez del Mazo, viudo de Francisca Velázquez », *Archivo Español de Arte*, 1992, t. LXV, pp. 511-527.

Cherry [2008], 2009
Cherry (Peter), « Juan Bautista Martínez del Mazo, copista », dans Navarrete [2008] 2009, pp. 250-257.

Cherry 2011
Cherry (Peter), « Poniéndole cara a un Velázquez, Face to face to a new Velázquez portrait », *Ars Magazine, Revista de Arte y coleccionismo*, n° 12, octobre 2011, pp. 54-65.

Chicago 1992
Master European Paintings from the National Gallery of Ireland : Mantegna to Goya, Chicago, The Art Institute, juin-août 1992, voir San Francisco 1992. [cat. exp.]

Chueca 1966
Chueca Goita (Fernando), *Casas reales en monasterios y conventos españoles*, Madrid, 1966.

Colomer 1993
Colomer (José Luis), « Four Letters from Velázquez to Virgilio Malvezzi », *The Burlington Magazine*, février 1993, pp. 67-72.

Colomer 2002
Colomer (José Luis), « Uso y función de la miniatura en la corte de Felipe IV : Velázquez miniaturista », *Boletín del Museo del Prado*, n° 38, 2002, pp. 65-83.

Colomer 2003
Colomer (José Luis), « 1650: Velázquez en la corte pontifica: Galería de retratos de la roma hispanófila », dans C. Fernando, *Cortes del Barroco: de Bernini y Velázquez a Luca Giordano*, Madrid, 2003, pp. 35-52.

Colomer/Harris 1994
Colomer (José Luis) et Harris (Enriqueta), « Two Letters from Camillo Massimi to Diego Velázquez », *The Burlington Magazine*, août 1994, pp. 545-548.

Corpus Velazqueño. *Documentos y Textos,* ouvrage collectif, José Manuel Pita Andrade (dir.), édition de compilation par Ángel Aterido, 2 vol., Madrid, 2000.

Covarrubas *et al.* 1635
Covarrubias y leyva (Don Diego de) *et al.*, *Elogios al Palacio del Buen Retiro escritos por algunos ingenios de España,* Madrid, 1635.

Crawford 1977
Crawford Volk (Mary), *Vicencio Carducho and Seventeenth-Century Castilian Painting*, New York, 1977.

Crawford 1978
Crawford Volk (Mary), « On Velázquez and the Liberal Arts », *The Art Bulletin*, mars 1978, pp. 69-86.

Crawford 1980
Crawford Volk (Mary), « Rubens in Madrid and the Decoration of the Salón Nuevo in the Palace », *The Burlington Magazine*, mars 1980, pp. 166-180.

Crawford 1981
Crawford Volk (Mary), « Rubens in Madrid and the Decoration of the King's Summer Apartment », *The Burlington Magazine,* septembre 1981, pp. 513-529.

Cruz Valdovinos 2011
Cruz Valdovinos (José María), *Velázquez: vida y obra de un pintor cortesano*, Saragosse, 2011.

Cruzada Villaamil 1885
Cruzada Villaamil (Gregorio), *Anales de la vida y de las obras de Diego de Silva Velázquez*, Madrid, 1885.

Curti 2011
Curti (Francesca) « Il ritratto svelato di Fernando Brandini. Carriera e interessi artistici di un banchiere amico di Diego Velázquez e di Juan de Córdoba », *Boletín del Museo del Prado*, n° 47, 2011, pp. 54-67.

Curtis 1883
Curtis (Charles B.), *Velázquez and Murillo*, New York, 1883.

Dallas 2006
Voir Madrid 2005-2006 [cat. exp.].

***Dallas 2012-2013**
Diego Velázquez: The Early Court Portraits, Dallas, Meadows Museum, 16 septembre 2012-13 janvier 2013.[cat. exp.]

Darragon 1991
Darragon (Éric), *Manet, Paris*, 1991.

Davies/Harris *et al.* 1996
Davies (David), Harris (Enriqueta) *et al.*, voir Édimbourg 1996.

Defourneaux 1992
Defourneaux (Marcelin), *La Vie quotidienne au siècle d'or*, rééd. Paris, 1992.

Delenda 1993
Delenda (Odile), *Velázquez, peintre religieux*, Genève, 1993.

Delenda 1994
Delenda (Odile), voir Caturla 1994.

Delenda 1996, 1997-98 et 1999
Delenda (Odile), voir López-Rey, 1996, 1997-98 et 1999.

Delenda 2009 et 2010
Delenda (Odile), *Francisco de Zurbarán, 1598-1664. Catálogo razonado y crítico.* 2 vol., Madrid, 2009 et 2010.

Delenda 2014
Delenda (Odile), « Préface et nouvelles attributions » dans López-Rey 2014, pp. 11-31.

Díaz del Valle [1656-59] 1933 et 2008
Díaz del Valle (Lázaro), « Epílogo y nomenclatura de algunos artífices. Apuntes varios (1656-59) », dans F. J. Sánchez Cantón, *Fuentes literarias para la Historia del Arte Español*, Madrid, 1933, t. II, pp. 384-385 et dans García López 2008.

Díaz Padrón 2003
Díaz Padrón (Matías), « Velázquez extramuros: La Inmaculada Conceptíon,
Santa Rufina y Las meninas de Kingston Lacy », dans M. Cabañas (éd.), *El arte español fuera de España*, Madrid, 2003, pp. 208-225.

Domínguez Ortiz 1977
Domínguez Ortiz (Antonio), « El Antiguo Régimen : los Reyes Católicos y los Austrias », dans *Historia de España Alfaguara*, 1977, t. III.

Domínguez Ortiz 1983
Domínguez Ortiz (Antonio), *Historia de Sevilla en el siglo xvii*, Séville, 1983.

Domínguez Ortiz *et al.* 1988
Domínguez Ortiz (Antonio) dir. *et al.*, *Historia de España*. t. VI : *La crisis del siglo xvii*, Madrid, 1988.

Domínguez Ortiz 1990
Domínguez Ortiz (Antonio), « Velázquez y su tiempo », dans Madrid 1990, pp. 3-19.

Dorival 1960
Dorival (Bernard), « Velázquez et la critique d'art française aux xviie et xviiie siècles », dans *Varia Velazqueña*, Madrid, 1960, t. I, pp. 526-531.

Dorval 1994
Dorival (Bernard), « À propos des Ménines », *L'Œil*, juin 1994, pp. 36-41.

Doval 2003
Doval Trueba (María del Mar), *Los velazqueños: pintores que trabajaron en el taller de Velázquez,* Madrid, 2003.

Doval 2006
Doval Trueba (María del Mar), « Sobre algunos retratos *velazqueños* de la infanta Margarita », *Goya*, n°s 313-314, 2006, pp. 245-250.

Dresde 2005-2006
Greco, Velázquez, Goya. Spanische Malerei aus deutschen Sammlungen, Dresde, Staatliche Kunstsammlungen Dresden, Gemäldegalerie, 27 septembre 2005-2 janvier 2006, voir Hambourg 2005 et Budapest 2006. [cat. exp.]

***Édimbourg 1996**
Velázquez in Seville, Édimbourg, National Galleries of Scotland, 8 août-20 octobre 1996. [cat. exp.]

Elliott 1986, 1992 et 2005
ELLIOTT (John H.), *The Count-Duke of Olivares. The Statesman in an Age of Decline*, New Haven et Londres, 1986 ; éd. française, Paris, 1992 ; éd. espagnole, Barcelone, 2005.

Elliott 1991
ELLIOTT (John H.), *Richelieu et Olivares*, Paris, 1991.

Elliot [1992], 2005
ELLIOTT (John H.), *Olivares (1587-1645). L'Espagne de Philippe IV.* Introduction, orientation bibliographique et glossaire par B. BENNASSAR, Paris, 1992 ; éd. espagnole Barcelone 2005.

Emmens 1961
EMMENS (Jan Ameling), « Les Ménines de Velázquez : Miroir des Princes pour Philippe IV », dans *Nederlands Kunsthistorisk Jaarboek*, 1961, vol. 12, pp. 51-79.

Fahy 1951
FAHY (Everett), « Juan de Pareja : A History of the Portrait and His Painter », *The Metropolitan Museum of Art Bulletin*, n° 10, juin 1971, vol. 29, pp. 452-475.

Fernández Baytón 1975, 1981 et 1985
FERNÁNDEZ BAYTÓN (Gloria), *Inventarios reales. Testamentaría del rey Carlos II 1701-1703*, Madrid, 1975, 1981 et 1985, 3 vol.

Florence 1986
Da El Greco a Goya, Florence, Palazzo Vecchio, septembre-décembre 1986. [cat. exp.]

Foucault 1966
FOUCAULT (Michel), *Les Mots et les Choses*, Paris, 1966.

Francfort 1991-1992
Goya und Velázquez. Das Königliche Portrait, Francfort, Städtische Galerie im Städelschen Kunstinstitut, 10 juillet 1991-1er septembre 1992. [cat. exp.]

Frutos Sastre 2009
FRUTOS SASTRE (Leticia de), *El Templo de la Fama. Alegoría del marqués del Carpio*, Madrid, 2009.

Fuentes literarias para la historia del arte español, édition par Francisco Javier Sánchez Cantón, 5 vol., Madrid, 1923-1941.

Fukuoka 1984
Masterpieces of European Painting from the Museum of Fine Arts, Boston, Fukuoka Art Museum, janvier 1984, voir Kyoto 1984. [cat. exp.]

Fumaroli 1994
FUMAROLI (Marc), *L'École du silence*, Paris, 1994.

Gallagher 2010
GALLAGHER (Michael), « Velázquez's *Philip IV* in the Metropolitan Museum *», Metropolitan Museum Journal*, 2010, t. XXXXV, pp. 187-198.

Gallagher / Pérez d'Ors 2010
GALLAGHER (Michael Brian) et PÉREZ D'ORS (Pablo), « New information on Velázquez portrait of Philip IV at Fraga in the Frick Collection, New York », *The Burlington Magazine*, octobre 2010, pp. 652-659.

Gállego [1968], 1972 et 1984
GÁLLEGO (Julián), *Vision et symboles dans la peinture espagnole du Siècle d'or*, Paris, 1968 ; éd. espagnoles, Madrid, 1972 et 1984.

Gállego 1974
GÁLLEGO (Julián), *Velázquez en Sevilla*, Séville, coll. « Arte Hispalense », n° 6, 1974.

Gállego 1976
GÁLLEGO (Julian), *El pintor, de artesano a artista*, Grenade, 1976.

Gállego 1990
ÁLLEGO (Julián), « Catálogo » dans Madrid 1990, pp. 57-454.

Gállego 2011
GÁLLEGO Julián, *La realidad trascendida y otros estudios sobre Velázquez*, Madrid, Centro de Estudios Europa Hispánica, col. Velazqueña, 2011.

García López 2008
GARCÍA LÓPEZ (David), *Lázaro Díaz del Valle y las Vidas de pintores España*, Madrid, 2008.

Garrido 1992
GARRIDO PÉREZ (María del Carmen), *Velázquez. Técnica y evolución*, Madrid, 1992.

Garrido 1998
GARRIDO PÉREZ (María del Carmen), voir BROWN/ GARRIDO 1998.

Garrido 2004
GARRIDO PÉREZ (María del Carmen), « Puntualizaciones sobre algunos retratos de Diego Velázquez », *Goya*, nos 298, 2004, pp. 4-24.

Garrido 2013
GARRIDO PÉREZ (María del Carmen), « Velázquez y el inquisidor », *Ars Magazine, Revista de Arte y coleccionismo,* n° 17, janvier-mars 2013, pp. 56-68.

Garrido /Davila M.T/Davila R. 1986
GARRIDO PÉREZ (María del Carmen), DAVILA (María Teresa) et DAVILA (Rocío), « Las Hilanderas : estudio técnico y restauración », *Boletín del Museo del Prado*, septembre-décembre 1986, pp. 149-156.

Gaya 1953, 1999
GAYA NUÑO (Juan Antonio), voir JUSTI 1953, 1999.

Gaya 1958
GAYA NUÑO (Juan Antonio), *La Pintura española fuera de España*, Madrid, 1958.

Gaya 1960
GAYA NUÑO (Juan Antonio), « Juan Bautista del Mazo, el gran discípulo de Velázquez », dans *Varia Velazqueña*, 1960, t. I, pp. 471-481.

Gaya 1963
GAYA NUÑO (Juan Antonio), *Bibliografía crítica y antológica de Velázquez*, Madrid, 1963.

Genève 1989
Du Greco à Goya : Chefs-d'œuvre du Prado et de collections espagnoles : 50e anniversaire de la sauvegarde du patrimoine artistique espagnol, 1939-1989, Genève, musée d'Art et d'Histoire, 16 juin-24 septembre 1989. [cat. exp.]

Georgievska-Shine/Silver 2014
GEORGIEVSKA-SHINE (Aneta) et SILVER (Larry), *Rubens, Velázquez, and the King of Spain,* Ashgate, 2014.

Gérard 1978
GÉRARD (Véronique), « La fachada del Alcázar de Madrid (1608-1630) », dans *Cuadernos de Investigación Histórica*, 1978, t. II, pp. 231-251.

Gérard 1982
GÉRARD (Véronique), « Philip IV's Early Italian Commissions », *Oxford Art Journal*, n° 1, 1982, vol. 5, pp. 9-14.

Gérard 1983
GÉRARD (Véronique), « Los sitios de devoción en el Alcázar de Madrid ; capilla y oratorios », *Archivo Español de Arte*, 1983, t. LVI, pp. 275-284.

Gérard 1984
GÉRARD (Véronique), *De Castillo a Palacio. El Alcázar de Madrid en el siglo XVI*, Madrid, 1984.

Gérard Powell/Ressort 2002
GÉRARD POWELL (Véronique) et RESSORT (Claudie), *Musée du Louvre. Peintures espagnoles*, Paris, 2002.

Gerstenberg 1975
GERSTENBERG (Kurt), *Diego Velázquez*, Munich et Berlin, 1975.

Gérone 1987
L'època dels genis. Renaixement i Barroc, Gérone, Museu d'Història de la Ciutat, 10 mai-30 novembre 1987. [cat. exp.]

Goldberg 1992
GOLDBERG (Edward L.), « Velázquez in Italy : Painters, Spies and Low Spaniards », *The Art Bulletin*, septembre 1992, pp. 453-456.

Goldberg 1993
GOLDBERG (Edward L.), « Diego Velázquez's Visit to Florenz in 1650 », *Paragone*, janvier-mars 1993, pp. 92-96.

Gómez Moreno 1963
Gómez Moreno (María Elena), *Escultura del siglo xvii*, Madrid, coll. «Ars Hispaniae», 1963, t. XVI.

Gudiol 1973
Gudiol (José), *Velázquez 1599-1660*, Barcelone, 1973.

Hambourg 2005
Greco, Velázquez, Goya. Spanische Malerei aus deutschen Sammlungen, Hambourg, Bucerius Kunst Forum, 28 mai-21 août 2005, voir Dresde 2005-2006 et Budapest 2006. [cat. exp.]

Haraszti-Takács 1973
Haraszti-Takács (Marianna), «Quelques problèmes des *bodegones* de Velázquez», *Bulletin du Musée hongrois des Beaux-Arts*, nº 412, 1973, t. 41, pp. 21-48.

Harris 1957
Harris (Enriqueta), «El marqués del Carpio y sus cuadros de Velázquez», *Archivo Español de Arte*, 1957, t. XXX, pp. 136-139. Repris dans Harris 2006, pp. 27-31.

Harris 1958
Harris (Enriqueta), «Velázquez's Portrait of Camillo Massimi», *The Burlington Magazine*, août 1958, pp. 279-280. Repris dans Harris 2006, pp. 41-43.

Harris 1960_1
Harris (Enriqueta), «La misión de Velázquez en Italia», *Archivo Español de Arte*, 1960, t. XXXIII, pp. 109-136. Repris dans Harris 2006, pp. 45-77.

Harris 1960_2
Harris (Enriqueta), «A Letter from Velázquez to Camillo Massimi», *The Burlington Magazine*, avril 1960, pp. 162-166. Repris dans Harris 2006, pp. 79-83.

Harris 1961
Harris (Enriqueta), «Angelo Michele Colonna y la decoración de San Antonio de los Portugueses», *Archivo Español de Arte*, 1961, t. XXXIV, pp. 101-105.

Harris 1967
Harris (Enriqueta), «Velázquez and Charles I. Antique busts and modern paintings from Spain for the royal collection», *Journal of the Warburg and Courtauld Institutes*, 1967, pp. 414-419. Repris dans Harris 2006, pp. 85-96.

Harris 1970
Harris (Enriqueta), «Cassiano dal Pozzo on Diego Velázquez», *The Burlington Magazine*, juin 1970, pp. 364-373. Repris dans Harris 2006, pp. 97-112.

Harris 1976
Harris (Enriqueta), «Velázquez's Portrait of Prince Baltasar Carlos in the Riding School», *The Burlington Magazine*, mai 1976, pp. 266-275. Repris dans Harris 2006, pp. 127-145.

Harris 1980
Harris (Enriqueta), «G.B. Crescenzi, Velázquez and the Italian Landscapes for the Buen Retiro», *The Burlington Magazine*, août 1980, pp. 562-564. Repris dans Harris 2006, pp. 155-161.

Harris 1981_1
Harris (Enriqueta), «Velázquez and His Ecclesiastical Benefice», *The Burlington Magazine*, février 1981, pp. 95-96. Repris dans Harris 2006, pp. 163-166.

Harris 1981_2
Harris (Enriqueta), «Velázquez and the Villa Medici», *The Burlington Magazine*, septemre 1981, pp. 537-541. Repris dans Harris 2006, pp. 167-177.

Harris [1982], 1991, 2003
Harris (Enriqueta), *Velázquez*, Oxford, 1982 ; éd. espagnole : *Velázquez*, Vitoria, 1991, Madrid 2003.

Harris 1994
Harris (Enriqueta), voir Colomer 1994.

Harris 1996
Harris (Enriqueta), voir Davies 1996.

Harris 2006
Harris (Enriqueta), *Estudios completos sobre Velázquez*, Madrid, Centro de Estudios Europa Hispánica, Col. Velazqueña, 2006.

Harris/Lank 1983
Harris (Enriqueta) et Lank (Herbert), «The Cleaning of Velázquez's Portrait of Camillo Massimi», *The Burlington Magazine*, juillet 1983, pp. 410-415.

Haskell 1980, 1991
Haskell (Francis), *Patrons and Painters: A Study in the Relations Between Italian Art and Society in the Age of the Baroque,* New Haven, 1980 ; éd. française 1991.

Hellwig 1989
Hellwig (Konnerth Karin), «Un plano del siglo xviii del Alcázar de Madrid», *Archivo Español de Arte*, 1989, t. LXII, pp. 35-46.

Hellwig 1994
Hellwig (Konnerth Karin), «Diego Velázquez y los escritos sobre el arte de Lázaro Diez del Valle», *Archivo Español de Arte*, 1994, t. LXVII, pp. 27-41.

Hellwig 2001
Hellwig (Konnerth Karin), «Las firmas de Velázquez», *Boletín del Museo del Prado,* nº 37, 2001, pp. 21-46.

Hellwig [1999] 2004
Hellwig (Konnerth Karin), «Velázquez y la teoría del retrato en la España del siglo XVII», *Actas del Symposium internacional Velázquez*, [8-11 novembre 1999, Séville], Séville, 2004, pp. 215-222.

Heras 1999
Heras Casas (Carmen), «Modelos en yeso de esculturas antiguas que Velázquez trajo de Italia en 1651», *Boletín de la Real Academia de Bellas Artes de San Fernando,* nº 88, 1999, pp. 77-100.

Hernández Díaz 1987
Hernández Díaz (José), *Juan Martínez Montañés (1568-1649),* Séville, 1987.

Hernández Guardiola 1991
Hernández Guardiola (Lorenzo), «La alegoría de la vida y otras claves simbólicas de las Meninas», *Boletín del Museo e Instituto Camón Aznar*, 1991, vol. XLV, pp. 111-129.

Hernández Perera 1958
Hernández Perera (Jesús), *La pintura española y el reloj*, Madrid, 1958.

Hernández Perera 1960_1
Hernández Perera (Jesús), «Carreño y Velázquez», dans *Varia Velazqueña*, Madrid, 1960, t. I, pp. 482-498.

Hernández Perera 1960_2
Hernández Perera (Jesús), «Un Cristo de marfil llevado por Velázquez al pantheón de El Escorial», *Archivo Español de Arte*, 1960, t. XXXIII, pp. 295-297.

Hugo [1859] 2000
Hugo (Victor), « La rose de l'infante », dans *La Légende des siècles*, Paris, [1859], 2000.

Horcajo 1999
Horcajo (Natalia), «Amuletos y talismanes en el retrato del príncipe Felipe Próspero de Velázquez», *Archivo Español de Arte*, 1999, t. LXXII, pp. 521-530.

Iglesias *et al* 2004
Iglesias (María del Carmen) *et al.*, *Velázquez en la corte de Felipe IV*, Madrid, 2004.

Ingram 1999
Ingram (Kevin), «Diego Velázquez's Secret History», *Boletín del Museo del Prado*, nº 35, 1999, pp. 69-85.

Íñiguez 1952
Íñiguez Almech (Francisco), *Casas reales y jardines de Felipe II*, Madrid, 1952.

Íñiguez 1960
Íñiguez Almech (Francisco), «La Casa del Tesoro, Velázquez y las obras reales», dans *Varia Velazqueña*, Madrid, 1960, t. I, pp. 649-682.

In Sapientia Libertas. *Homenaje al profesor Alfonso E. Pérez Sánchez,* Madrid-Sevilla, Museo Nacional del Prado/Fundación Focus-Abengoa, 2007.

Justi [1888, 1903], 1953, 1999 et 2006
JUSTI (Carl), *Diego Velázquez und sein Jahrhundert*, Bonn, 1888 et 1933. Les références sont faites à la traduction espagnole de P. Marrades, *Velázquez y su siglo*, avec révision et appendice de J.A.Gaya Nuño ; suivi de *Después de Justi-Medio siglo de estudios velazquistas* par GAYA NUÑO 1953 et 1999 ; éd. française et anglaise, *Vélazquez et son temps / Velazquez and his Times*, New York, 2006.

Kagané 2005
KAGANÉ (Ludmila), *La pintura española del museo del Ermitage : siglos XV a comienzos del XIX : historia de una collección,* Séville, 2005.

Kahr 1975
KAHR (Madlyn Millner), « Velázquez and *Las Meninas* », *The Art Bulletin*, juin 1975, pp. 225-246.

Kahr 1980
KAHR (Madlyn Millner), « Velázquez's *Las Hilanderas*. A New Interpretation », *The Art Bulletin*, septembre 1980, pp. 376-385.

Knox 2010
KNOX (Giles), *Las últimas obras de Velázquez. Reflexiones sobre el estilo pictórico*, Madrid, Centro de Estudios Europa Hispánica, Col. Velazqueña, 2010.

Kubler 1957
KUBLER (George), *Arquitectura de los siglos XVII y XVII*, Madrid, coll. « Ars Hispaniae », 1957, t. XIV.

Kubler 1966
KUBLER (George), « Three Remarks on *The Meninas* », *The Art Bulletin*, juin 1966, pp. 212-214.

Kyoto 1984
Masterpieces of European Painting from the Museum of Fine Arts, Boston, Kyoto, Municipal Museum of Art, février-avril 1984, voir Fukuoka 1984. [cat. exp]

Lafuente 1943, 1960
LAFUENTE FERRARI (Enrique), *Velázquez. Complete Edition*, Londres, 1943 ; éd. française : *Vélasquez*, Genève, 1960.

Léningrad 1984
Murillo et les peintres andalous du 17e siècle dans les collections de l'Ermitage, Léningrad, musée de l'Ermitage, 1984. [cat. exp.]

Lleó Cañal 1985
LLEÓ CAÑAL (Vicente), « Nuevos datos sobre *Las Hilanderas* de Velázquez », *Boletín del Museo del Prado,* nº 16, janvier-avril 1985, pp. 22-23.

Llorente 2006
LLORENTE (Mercedes), « Imagen y autoridad en una regencia: Los retratos de Mariana de Austria y los límites del poder », *Studia histórica. Historia Moderna*, nº 28, 2006, pp. 211-238.

Llorente 2010$_1$
LLORENTE (Mercedes), « Portraits of Children at the Spanish Court in the 17th Century : the Infanta Margarita and the Young King Carlos II », *Bulletin for Spanish and Portuguese Studies*, 2010, pp. 43-60.

Llorente 2010$_2$
LLORENTE (Mercedes), « Queen Mariana of Austria as regent and the Boundaries of Her Power in Mazo's Portrait », *Object*, nº 12, 2010, pp. 26-40.

Londres 1981
El Greco to Goya. The Taste for Spanish Painting in Britain and Ireland, Londres, National Gallery, 16 septembre-30 novembre 1981. [cat. exp.]

Londres 1995
Spanish Still Life from Velázquez to Goya, Londres, National Gallery, 22 février-21 mai 1995. [cat. exp.]

***Londres 2006-2007**
Velázquez, Londres, National Gallery, 18 octobre 2006-21 janvier 2007. [cat. exp.]

López Navío 1961
LÓPEZ NAVÍO (José), « Velázquez tasa los cuadros de su protector D. Juan de Fonseca », *Archivo Español de Arte*, 1961, t. XXXIV, pp. 53-84.

López-Rey 1963
LÓPEZ-REY (José), *Velázquez. A Catalogue Raisonné of His Œuvre*, Londres, 1963.

López-Rey 1968
LÓPEZ-REY (José), *Velázquez' Work and World,* Londres, 1968.

López-Rey 1972
LÓPEZ-REY (José), « An Unpublished Velázquez : A Knight of Calatrava », *Gazette des Beaux-Arts*, juillet-août 1972, pp. 61-70.

López-Rey 1979
LÓPEZ-REY (José), *Velázquez. The Artist as a Maker*, Lausanne-Paris, 1979.

López-Rey 1981
LÓPEZ-REY (José), « On Velázquez' Portraits of Jesters at the Buen Retiro », *Gazette des Beaux-Arts*, avril 1981, pp. 163-166.

López-Rey 1990
LÓPEZ-REY (José), « Nombres y nombradía de Velázquez », *Gazette des Beaux-Arts*, juillet-août 1990, pp. 1-8.

López-Rey [1996], 1997-1998, 1999 et 2014
LÓPEZ-REY (José), *Velázquez. Le Peintre des Peintres. Catalogue Raisonné - Werkverzeichnis*, mise à jour par DELENDA, Cologne/Paris, Benedikt Taschen/ Wildenstein Institute ; 1er éd. 1996, 2 vol. ; 2e éd. 1997-1998, 1 vol. ; 3e éd. 1999, 1 vol. ; 4e éd. actualisée 2014.

López Torrijos 1985
LÓPEZ TORRIJOS (Rosa), *La mitología en la pintura española del siglo de oro*, Madrid, 1985.

Lugano 1985
Capolavori da Musei ungheresi, Lugano, Villa Favorita, Fondation Thyssen-Bornemisza, 15 juin-15 octobre 1985. [cat. exp.]

Luna 2000
LUNA (Juan), *Guía actualizada del Prado. Una historia de la pintura a través de las obras del museo*, Madrid, 2000.

Luzón 2007-2008
LUZÓN (José María), voir Madrid 2007-2008$_1$.

MacLaren [1952], 1970, 1988
MACLAREN (Neil), *The Spanish School*, Londres, "National Gallery Catalogues" 1952 ; éd. revue par A. BRAHAM, 1970 et 1988.

Madrid 1981-1982$_1$
El Arte en la época de Calderón, Madrid, Palacio de Velázquez, décembre 1981-janvier 1982.[cat. exp.]

Madrid 1981-1982$_2$
Pintura española de los siglos 16 al 18 en colecciones entroeuropeas, Madrid, Museo Nacional del Prado, décembre 1981-janvier 1982. [cat. exp.]

Madrid 1982$_1$
El Greco de Toledo, Madrid, Museo Nacional del Prado, avril-juin 1982. [cat. exp.]

Madrid 1982$_2$
Murillo (1617-1682), Madrid, Museo Nacional del Prado, octobre-décembre 1982. [cat. exp.]

Madrid 1983-1984
Pintura española de Bodegones y Floreros de 1600 a Goya, Madrid, Palacio de Bibliotecas y Museos, novembre 1983-janvier 1984. [cat. exp.]

Madrid 1986$_1$
Carreño, Rizi, Herrera y la pintura madrileña de su tiempo (1650-1700), Madrid, Palacio de Villahermosa, janvier-mars 1986. [cat. exp.]

Madrid 1986$_2$
Juan Gómez de Mora (1586-1648), Madrid, Museo Municipal, Madrid, mai 1986. [cat. exp.]

Madrid 1986$_3$
Monstruos, enanos y bufones en la Corte de los Austrias, Madrid, Museo Nacional del Prado, Madrid, 20 juin-31 août 1986. [cat. exp.]

Madrid 1987
Tesoros de las colecciones particulares madrileñas : Pintura desde el siglo 15 a Goya, Madrid, Real Academia de Bellas Artes de San Fernando, mai-juin 1987. [cat. exp.]

***Madrid 1990**
Velázquez, Madrid, Museo Nacional del Prado, 23 janvier-31 mars 1990. [cat. exp.]

Madrid 1992
Pérez Sánchez (Alfonso Emilio), Spinosa (Nicola) *et al.*, *Ribera*, Madrid, Museo Nacional del Prado, 2 juin-16 août 1992. [cat. exp.]

Madrid 1994$_1$
Pintores del reinado de Felipe IV, Madrid, Museo Nacional del Prado, septembre-octobre 1994, voir Pampelune 1995. [cat. exp.]

Madrid 1994$_2$
Checa (Fernando) *et al*, *El Real Alcázar de Madrid. Dos siglos de arquitectura y coleccionismo en la Corte de los Reyes de España*, Madrid, Museo Nacional del Prado, Palacio Real, Calcografía Nacional, Real Academia de Bellas Artes de San Fernando, Fundación Carlos de Amberes, Madrid, 16 septembre-13 novembre 1994. [cat. exp.]

***Madrid 1996**
Velázquez, el papa Inocencio X de la Galleria Doria Pamphilj, Roma, Madrid, Museo Nacional del Prado, janvier-février 1996. [cat. exp.]

Madrid 1996-1997
Obras maestras del arte español, museo de Bellas Artes de Budapest, Madrid, Banco Bilbao Vizcaya, décembre 1996-février 1997, voir Bilbao 1997. [cat. exp.]

Madrid 1999-2000
Velázquez, Rubens y van Dyck. Pintores cortesanos del siglo XVII, Madrid, Museo Nacional del Prado, 17 décembre 1999-5 mars 2000. [cat. exp.].

Madrid 2000$_1$
Pintura española de la Colección Meadows, Madrid, Museo Thyssen-Bornemisza, 10 mai-27 août 2000, voir Barcelone 2000. [cat. exp.].

***Madrid 2000$_2$**
Velázquez en blanco y negro. La pintura de Velázquez en el grabado de sus contemporáneos, Madrid, Museo Nacional del Prado, 1er juin-23 juillet 2000. [cat. exp.]

Madrid 2002
La Almoneda del siglo. Relaciones artisticas entre España y Gran Bretaña, 1604 – 1655, Madrid, Museo Nacional del Prado, Madrid, 15 mars-2 juin 2002. [cat. exp.]

Madrid 2004
El retrato espanol : del Greco a Picasso, Madrid, Museo Nacional del Prado, 20 octobre 2004-6 février 2005. [cat. exp.]

Madrid 2005
El palacio del Rey Planeta: Felipe IV y el Buen Retiro, Madrid, Museo Nacional del Prado, Madrid, 6 juillet-27 novembre 2005. [cat. exp.]

Madrid 2005-2006/Dallas 2006
Jordan (William B.), *Juan van der Hamen y León y la Corte de Madrid*, Madrid, Palacio Real, octobre 2005-janvier 2006 ; Dallas, Meadows Museum, février-mai 2006. [cat. exp.]

***Madrid 2007-2008$_1$**
Fábulas de Velázquez : mitología e historia sagrada en el Siglo de Oro, Madrid, Museo Nacional del Prado, 20 novembre 2007-24 février 2008. [cat. exp.]

***Madrid 2007-2008$_2$**
Velázquez. Esculturas para el Alcázar, Madrid, Real Academia de Bellas Artes de San Fernando, 14 décembre 2007-30 mars 2008. [cat. exp.]

Madrid 2009-2010
Ruiz Gómez (Leticia), *Juan Bautista Maíno*, Madrid, Museo Nacional del Prado, 20 octobre 2009-17 janvier 2010. [cat. exp.]

Madrid 2010-2011
El retrato español en el Prado. Del Greco a Sorolla, Madrid, Museo Nacional del Prado, 1er octobre 2010-8 janvier 2011. [cat. exp.]

***Madrid 2013-2014**
Velázquez y la familia de Felipe IV, Madrid, Museo Nacional del Prado, 8 octobre 2013-4 février 2014. [cat. exp.]

Madrid 2014
Rubens. El Triunfo de la Eucaristía, Madrid, Museo Nacional del Prado, Madrid, 25 mars-29 juin 2014. [cat. exp.]

***Manderen** 2002
La remise de la chasuble à saint Ildefonse de Diego Velázquez, Manderen (France), Château de Malbrouck, 6 avril-31 juillet 2002. [cat. exp.]

Maravall 1983
Maravall (José Antonio), *La cultura del Barroco*, Barcelone, 1983.

Marciari 2010
Marciari (John), « Redescubriendo a Velázquez. La Educación de la Virgen », *Ars Magazine*, *Revista de Arte y coleccionismo,* n° 7, 2010, pp. 52-66.

Marciari 2013
Marciari (John), « Velázquez's early court portraits » *The Burlington Magazine*, avril 2013, pp. 291-292.

Marías 1991
Marías (Fernando), « De pintores a arquitectos : Crescenzi y Velázquez en el Alcázar de Madrid », dans *Velázquez y el arte de su tiempo*, Madrid, 1991, t. V, pp. 81-89.

Marías 1999
Marías (Fernando), *Velázquez pintor y criado del Rey*, Madrid, 1999.

Marías 2004
Marías (Fernando), « La representación del heredero: la imagen del Príncipe de Asturias en la España de los Austrias », dans V. Mínguez, *Ceremoniales, ritos y representación del poder*, Castellón, 2004, pp. 109-142.

Marías/Carlos [2008] 2009
Marías (Fernando) et Carlos Varona (María Cruz de), « Cultura visual y cultura literaria en Velázquez », dans Navarrete [2008] 2009, pp. 108-119.

Martín González 1959
Martín González (Juan José), « El Panteón de San Lorenzo de El Escorial », *Archivo Español de Arte*, 1959, t. XXXII, pp. 199-213.

Martín González 1960
Martín González (Juan José), « Algunas sugerencias acerca de los bufones de Velázquez », dans *Varia Velazqueña*, 1960, t. I, pp. 250-256.

Martín González 1983
Martín González (Juan José), *Escultura barroca en España 1600-1700*, Madrid, 1983.

Martín González 1991
Martín González (Juan José), *El escultor en Palacio. Viaje a través de la escultura de los Austrias*, Madrid, 1991.

Martínez Ripoll 1978
Martínez Ripoll (Antonio), *Francisco de Herrera el Viejo*, Séville, 1978.

Martínez Ripoll [2008], 2009
Martínez Ripoll (Antonio), « ¿Error o acierto ? Sólo Velázquez pinta al rey », dans Navarrete [2008], 2009, pp. 188-203.

Mateo 1991
Mateo Gómez (Isabel), « Velázquez pintor de la comedia humana : los bufones », dans *Velázquez y el arte de su tiempo*, 1991, pp. 141-150.

Mayer [1911], 2010
Mayer (August Liebmann), *Die sevillaner Malerschule, Beiträge zu ihrer Geschichte*, Leipzig, 1911 ; éd. espagnole, *La Escuela Sevillana de Pintura*, présentation et traduction de Daniel Romero, Séville 2010.

Mayer 1936
Mayer (August Liebmann), *Velázquez. A Catalogue Raisonné of the Pictures and Drawings*, Londres, 1936.

Mazón de la Torre 1977
Mazón de la Torre (María Angeles), *Jusepe Leonardo y su tiempo*, Saragosse, 1977.

Mena 1984
Mena Marqués (Manuela), « La restauración de las Meninas de Velázquez », *Boletín del Museo del Prado*, n° 14, mai-août 1984, pp. 87-107.

Méndez Rodríguez 1999
Méndez Rodríguez (Luis), « La familia de Velázquez: une falsa hidalguía », dans Séville 1999$_2$, pp. 33-45.

Méndez Rodríguez 2005
Méndez Rodríguez (Luis), *Velázquez y la cultura sevillana*, Universidad de Sevilla, 2005.

Méndez Ruiz 2011
MÉNDEZ RUIZ (Luis), *Esclavos en la pintura sevillana de los Siglos de Oro*, Séville, 2011.

Menéndez Pidal/Angulo 1965
MENÉNDEZ PIDAL (Gonzalo) et ANGULO ÍÑIGUEZ (Diego), « "Las Hilanderas" de Velázquez. Radiografías y fotografías en infrarrojo », *Archivo Español de Arte*, 1965, t. XXXVIII, pp. 1-12.

Menéndez Pidal/Jover Zamora *et al.* 1982, 1983 et 1986
MENÉNDEZ PIDAL (Rámon) et JOVER ZAMORA (José María), dir. *et al.*, *Historia de España* : t. XXIII : *La crisis del siglo XVII. La población. La economía. La sociedad*, Madrid, 1983 ; t. XXIV : *La España de Felipe III. La política interior y los problemas internacionales*, Madrid, 1983 ; t. XXV : *La España de Felipe IV. El gobierno de la monarquía, la crisis de 1640 y el fracaso de la hegemonía europea*, Madrid, 1982 ; t. XXVI : *El siglo del Quijote (1580-1680)*, Madrid, 1986.

Meslay/Foucart-Walter 2013
MESLAY (Olivier) et FOUCART-WALTER (Élisabeth), « Écoles espagnole, portugaise et mexicaine », dans *Catalogue des peintures britanniques, espagnoles, germaniques, scandinaves et diverses du musée du Louvre*, Paris 2013, pp. 57-103.

Mestre 1974
MESTRE FIOL (Bartolomé), « El cuadro en el cuadro en la pintura de Velázquez (Las Hilanderas) », *Traza y Baza*, 1974, pp. 77-101.

Mestre 1980
MESTRE FIOL (Bartolomé), « "La familia de Felipe IV" (*Las Meninas*) de Velázquez », *Academia*, n° 51, 1980, pp. 125-181.

Milan 1993
L'Europa della pintura nel 18 secolo. 80 Capolavori dai musei ungheresi, Milan, Palazzo della Permanente, avril-mai 1993. [cat. exp.]

Milan 1996
I Capolavori della Collezione Doria Pamphilj. Da Tiziano a Velázquez, Milan, Fondazione Arte e Civiltà, 28 septembre-8 décembre 1996. [cat. exp.]

Moffit 1983$_1$
MOFFITT (John Francis), « Velázquez's "Forge of Vulcain". The Cuckhold, the Poets and the Painter », *Pantheon*, n° 4, 1983, t. XLI, pp. 322-326. Repris dans MOFFIT 1991, pp. 75-84.

Moffit 1983$_2$
MOFFITT (John Francis), « Velázquez in the Alcázar Palace in 1656 : the meaning of the "mise-en-scène" of "Las Meninas" », *Art History*, septembre 1983, pp. 271-300. Repris dans MOFFIT 1991, pp. 223-246.

Moffit 1985$_1$
MOFFITT (John Francis), « In vino veritas : Velázquez, Baco y Pérez de Moya », *Boletín del Museo del Prado*, n° 16, janvier-avril 1985, pp. 24-29. Repris dans MOFFIT 1991, pp. 67-74.

Moffit 1985$_2$
MOFFITT (John Francis), « Painting, Music and Poetry in Velázquez's Las Hilanderas », *Konsthistorisk Tidskrift*, 1985, t. LIV, pp. 77-90. Repris dans MOFFIT 1991, pp. 85-89.

Moffit 1986$_1$
MOFFITT (John Francis), « The Architectural Setting of Velázquez's Las Hilanderas », *Pantheon*, n° 44, 1986, pp. 43-49. Repris dans MOFFIT 1991, pp. 247-256.

Moffit 1986$_2$
MOFFITT (John Francis), « Anatomía de *Las Meninas* : Realidad, Ciencia y Arquitectura », *Boletín del Museo del Prado*, n° 21, septembre-décembre 1986, pp. 173-183. Repris dans MOFFIT 1991, pp. 213-220.

Moffit 1991
MOFFITT (John Francis), *Velázquez. Práctica e Idea : estudios dispersos*, Málaga, 1991.

Moffit 1992
MOFFITT (John Francis), « Velázquez, Felipe Prospero e Isa », *Archivo Español de Arte*, 1992, t. LXV, pp. 377-382.

Moisy 1961
MOISY (Pierre), « Note sur la galerie des Glaces », *XVIIe siècle*, n° 53, 1961, pp. 41-50.

Molina 1960
MOLINA CAMPUZANO (Miguel), *Planos de Madrid de los siglos XVII y XVIII*, Madrid, 1960.

Monasterio de El Paular 2013-2015
La recuperación de El Paular, Monasterio de El Paular, 19 décembre 2013-15 janvier 2015. [cat. exp.]

Montagu 1983
MONTAGU (Jennifer), « Velázquez Marginalia : His Slave Juan de Pareja and His Illegitimate Son Antonio », *The Burlington Magazine*, novembre 1983, pp. 683-685.

Morán 2001$_1$
MORÁN TURINA (José Miguel), « Velázquez, la pintura y el teatro del Siglo de Oro », *Boletín del Museo del Prado*, n° 37, 2001, pp. 47-71.

Morán 2001$_2$
MORÁN TURINA (José Miguel), voir CÉAN BERMUDEZ 2001.

Morán 2006
MORÁN TURINA (José Miguel), *Estudios sobre Velázquez*, Madrid, 2006.

Morán 2008
MORÁN TURINA (José Miguel), voir PALOMINO 2008.

Morán /Checa 1985
MORÁN TURINA (José Miguel) et CHECA (Fernando), *El coleccionismo en España. De la cámera de maravillas a la galería de pinturas*, Madrid, 1985.

Morán /Rudolf 1992
MORÁN TURINA (José Miguel) et RUDOLF (Karl), « Nuevos documentos en torno a Velázquez y a las colecciones reales », *Archivo Español de Arte*, 1992, t. LXV, pp. 289-302.

Moreno 1939
MORENO VILLA (José), *Locos, enanos, negros y niños palaciegos*, Mexico, 1939.

Munich 1982
Von el Greco bis Goya, Munich, Hans der Kunst, 20 février-25 avril 1982, voir Vienne 1982. [cat exp.]

***Naples 2005**
Velázquez a Capodimonte, Naples, Museo di Capodimonte, 19 mars-19 juin 2005. [cat exp.]

Navarrete [2008], 2009
NAVARRETE PRIETO (Benito), *En torno a Santa Rufina. Velázquez de lo íntimo a lo cortesano: simposio Internacional,* [10 au 12 mars 2008], Séville, Fundación Focus-Abengoa, 2009.

Navarrete 2009
NAVARRETE PRIETO (Benito), « Velázquez y Sevilla: La Inmaculada del Deán López Cepero recuperada », *Ars Magazine. Revista de Arte y coleccionismo*, n° 3, 2009, pp. 100-117.

Navarrete 2010
NAVARRETE PRIETO (Benito), voir PÉREZ SÁNCHEZ 2010.

New York 1981
Masterworks from the John and Mable Ringling Museum of Art, New York, Wildenstein, 1er avril-8 mai 1981. [cat. exp.]

New York 1987
A Selection of Spanish Masterworks from the Meadows Museum, New York, Wildenstein, 30 septembre-30 octobre 1987. [cat. exp.]

***New York 1989-1990**
Velázquez, New York, The Metropolitan Museum of Art, 3 octobre 1989-7 janvier 1990. [cat. exp.]

New York 1993
Master European Paintings from the National Gallery of Ireland: Mantegna to Goya, New York, The IBM Gallery of Science and Art, avril-juin 1993. [cat. exp.]

***New York 1999-2000**
Velázquez in New York Museums, New York, The Frick Collection, 16 novembre 1999-16 janvier 2000. [cat. exp.]

New York 2003
Manet-Velázquez. The French Taste for Spanish Painting, New York, The Metropolitan Museum of Art, 4 mars-8 juin 2003, voir Paris 2002-2003. [cat. exp.]

***New York 2009-2010**
Velázquez Rediscovered, New York, The Metropolitan Museum of Art, 17 novembre 2009-7 février 2010. [cat. exp.]

***New York 2010**
The King at War: Velázquez's Portrait of Philip IV, New York, The Frick Collection, 26 octobre 2010-23 janvier 2011. [cat. exp.]

Novero 2006-2007
NOVERO PLAZA (Raquel), « La familia de Juan Bautista Martínez del Mazo, yerno de Velázquez. Consideraciones sobre los personajes del cuadro La familia del pintor », *Boletín del Seminario de Arte y Arqueología*, LXXII-LXXIII, 2006-2007, pp. 177-191.

Número Extraordinario dedicado a Velázquez y su tiempo, *Archivo Español de Arte,* 1999, t. LXXII.

Nyerges 2008
NYERGES (Éva), *Spanish paintings. The collections of the Museum of Fine Arts, Budapest*, Budapest, 2008.

Ors [1922], 1941 et 2003
ORS (Eugenio d'), *Tres horas en el Museo del Prado,* Madrid, [1922], 1941 et 2003.

Orso 1986
ORSO (Steven N.), *Philip IV and the Decoration of the Alcázar of Madrid,* Princeton, 1986.

Orso 1993
ORSO (Stevens N.), *Velázquez, Los Borrachos and Painting at the Court of Philip IV*, Cambridge, 1993.

Ortega 1950
ORTEGA Y GASSET (José), *Papeles sobre Velázquez y Goya*, Madrid, 1950.

***Oviedo 1999-2000**
En torno a Velázquez. Pintura española del siglo de oro. Exposicion homenaje a Velázquez en el IV centenario de su nacimiento, Oviedo, Museo de Bellas Artes de Asturias, 20 mai 1999-30 janvier 2000. [cat. exp.]

Pacheco [1649], 1956, 1986, 1990 et 2009
PACHECO (Francisco), *Arte de la Pintura. Su antigüedad y grandesa* (ms. 1638), Séville, 1649 ; éd. F.J. Sánchez Cantón, Madrid, 1956, 2 vol ; morceaux choisis et traduction française par L. Fallay d'Este, Paris, 1986 ;
éd. critique B. Bassegoda i Hugas, Madrid, 1990 ; éd. Cátedra, Madrid, 2009.

Pacheco [1886], 1984
PACHECO (Francisco), *Libro de descripción de verdaderos retratos de ilustres y memorables varones*, éd. fac-similé de J.M. Asensio, Séville, 1886 et éd. avec prologue de D. Angulo, Séville, 1984.

Palencia [1999] 2004
PALENCIA (José Maria), « Sobre las relaciones de Velázquez con Juan de Alfaro », *Actas del Symposium Internacional Velázquez,* [8-11 novembre 1999, Séville], Séville, 2004, pp. 329-366.

Palomino [1724], 1947 et 1988
PALOMINO y VELÁSCO (Antonio), *El museo pictórico y escala óptica*, Madrid, 1715-1724, 3 vol ; rééd. Aguilar, Madrid, 1947 et Ayala Mallory, Madrid, 1988.

Palomino 2008
PALOMINO (Antonio A.), *Vida de Don Diego Velázquez de Silva*, introduction, édition et notes de Miguel MORÁN TURINA, Madrid, 2008.

Pampelune 1995
Pintores del reinado de Felipe IV, Pampelune, Museo Nacional del Prado, février-mars 1995, voir Madrid 1994. [cat. exp.]

Pantorba 1955
PANTORBA (Bernardino de), *La vida y la obra de Velázquez*, Madrid, 1955.

Paris 1963
Baticle (Jeannine) *et al, Trésors de la peinture espagnole. Églises et musées de France*, Paris, Palais du Louvre, Musée des Arts décoratifs, janvier-avril 1963 [cat. exp.].

Paris 1987-1988
Cinq siècles d'art espagnol, De Greco à Picasso, Paris, musée du Petit Palais, 10 octobre 1987-3 janvier 1988. [cat. exp.]

Paris 1988
BATICLE (Jeannine), *Zurbarán*, Paris, Galeries nationales du Grand Palais, 14 janvier-11 avril 1988 [cat. exp.]

Paris 1991
Dessins espagnols. Maîtres des 16e et 17e siècles, Paris, musée du Louvre, 18 avril-22 juillet 1991. [cat. exp.]

Paris 1993
Le Triomphe du trompe-l'œil. Histoire du trompe-l'œil dans la peinture occidentale du 6e siècle avant J.-C. à nos jours, Paris, Salon des Indépendants, Galeries nationales du Grand-Palais, novembre 1993. [cat. exp.]

Paris 2002-2003
Manet-Velázquez. La manière espagnole au XIXe siècle, Paris, musée d'Orsay, 16 septembre 2002-12 janvier 2003, voir New York 2003. [cat. exp.]

Pellicer de Tovar [1790] 1965
PELLICER DE TOVAR (José), « Avisos históricos » dans Antonio Valladares, *Semanario Erudito,* vols. 31 et 32, Madrid 1790 ; rééd. Madrid, 1965.

Pérez d'Ors 2010
PÉREZ D'ORS (Pablo), voir GALLAGHER 2010

Pérez Sánchez 1990
PÉREZ SÁNCHEZ (Alfonso Emilio), « Velázquez y su arte », dans Madrid, 1990, pp. 20-56.

Pérez Sánchez [1992], 2010
PÉREZ SÁNCHEZ (Alfonso Emilio), *Pintura barroca en España, 1600-1750*, Madrid, 1992 ; édition actualisée par NAVARRETE PRIETO, 2010.

Pérez Sánchez 1999
PÉREZ SÁNCHEZ (Alfonso Emilio), « Novedades velazqueñas », *Archivo Español de Arte*, 1999, t. LXXII, pp. 372-390.

Pérez Sánchez 2004_1
PÉREZ SÁNCHEZ (Alfonso Emilio), « Felipe IV, a través de Velázquez », dans IGLESIAS *et al* 2004, pp. 29-59.

Pérez Sánchez 2004_2
PÉREZ SÁNCHEZ (Alfonso Emilio), « Velázquez y el retrato barroco », dans Madrid 2004, pp. 166-185.

Pérez Sánchez 2005
PÉREZ SÁNCHEZ (Alfonso Emilio), « La Pintura. Velázquez, pintor del Rey », dans ALCALÁ *et al*, 2005, pp. 293-308.

Pérez Sánchez/Spinosa 1978
PÉREZ SÁNCHEZ (Alfonso Emilio) et SPINOSA (Nicola), *L'opera completa del Ribera*, Milan, 1978.

Pérez Villanueva 1986
PÉREZ VILLANUEVA (Joaquin), *Felipe IV. Un epistolario inedito con Velázquez al fondo*, Salamanque, 1986, pp. 14,17 et 173.

Pita 1952
PITA ANDRADE (José Manuel), « Los cuadros de Velázquez y Mazo que poseyó el séptimo marqués del Carpio », *Archivo Español de Arte*, 1952, t. XXV, pp. 223-236.

Pita 1960
PITA ANDRADE (José Manuel), « Noticias en torno a Velázquez en el Archivo de la Casa de Alba », dans *Varia Velazqueña*, 1960, t. I, pp. 400-413.

Pita 1970
PITA ANDRADE (José Manuel), *Los palacios del Buen Retiro en la época de los Austrias*, Madrid, 1970.

Pita 2000
PITA ANDRADE (José Manuel), voir *Corpus Velazqueño,* 2000.

Pluvinel 1623
PLUVINEL (Antoine de), *Le Manège royal*, PARIS, 1623.

Ponz [1772-1794], 1947, 1972 et 2012
PONZ (Antonio), *Viaje de España,* Madrid, 1772-1794, 18 vol. ; éd. Madrid, Aguilar, 1947 ; rééd. fac-similé, Madrid, 1972 et 2012.

Portús 1999
PORTÚS PÉREZ (Javier), *Velázquez. Guía*, Madrid, Museo del Prado y Aldeasa, 1999.

Portús 2000
PORTÚS PÉREZ (Javier), *Entre dos centenarios. Bibliografia crítica y antológica de Velázquez, 1962-1999*, Séville, Consejeria de Cultura, 2000.

Portús 2004
PORTÚS PÉREZ (Javier), voir Madrid 2004.

Portús 2005
PORTÚS PÉREZ (Javier), « Velázquez's "Portrait of a man", recently acquis by the Prado », *The Burlington Magazine*, mai 2005, pp. 324-326.

Portús 2006-2007
PORTÚS PÉREZ (Javier), « Nudes and knights: A context for Venus », dans Londres 2006-2007, pp. 56-67.

Portús 2007
PORTÚS PÉREZ (Javier), « Velázquez en Roma: De la pintura de historia al triunfo del retrato » dans C. Hernando, *Rome y España. Un crisol de la cultura europea en la Edad Moderna*, Madrid, 2007, II, pp. 729-744.

Portús 2007-2008
PORTÚS PÉREZ (Javier), voir Madrid 2007-2008.

Portús [2008], 2009
PORTÚS PÉREZ (Javier), « Cribando a Velázquez: la construcción de un catálogo razonado », dans NAVARRETE [2008], 2009, pp. 266-273.

Portús 2009
PORTÚS PÉREZ (Javier), « San Juan Bautista en el desierto y el canon del joven Velázquez », *Ars Magazine, Revista de Arte y coleccionismo,* n 2, avril-juin 2009, pp. 54-66.

Portús /García-Máiquez/Dávila 2011
PORTÚS PÉREZ (Javier), GARCÍA-MÁIQUEZ (Jaime) et DÁVILA (Rocío), « Los retratos ecuestres de Felipe III y Margarita de Austria de Velázquez », *Boletín del Museo del Prado*, n° 47, 2011, pp. 16-39.

Prater 2007
PRATER (Andreas), *Venus ante el espejo: Velázquez y el desnudo*, Madrid, Centro de Estudios Europa Hispánica, Col. Velazqueña, 2007.

Ragusa 2006
RAGUSA (Elena), *Velázquez*, Paris, Flammarion, 2006.

Reyre 2008
REYRE (Dominique), « Transmisión poética y dramatúrgica del dogma en el « auto El nuevo palacio del Retiro » de Calderón. La teología eucarística de las metáforas », *Criticón,* n° 102, 2008, pp. 113-122.

Riello [2008], 2009
RIELLO (José María), « Del "único Diego en el mundo", o sobre Velázquez y Lázaro Díaz del Valle », dans NAVARRETE [2008], 2009, pp. 212-219.

Rome 1990-1991
Capolavori dal Museo d'Arte della Catalogna, Rome, Accademia Spagnola di Storia, Archeologia e Belle Arti, 22 octobre 1990-2 janvier 1991, n° 11, pp. 52-53. [cat. exp.]

Rome 1991-1992
La Pittura madrilena del secolo XVII, Rome, Palazzo delle Esposizioni, décembre 1991-janvier 1992. [cat. exp.]

Rome 1994-1995
Roma, 1630. El trionfo del pennello, Rome, Villa Medicis, octobre 1994-janvier 1995. [cat. exp.]

***Rome 1999-2000**
Velázquez a Roma-Velázquez e Roma, Rome, Galleria Borghese, 17 décembre 1999-30 janvier 2000. [cat. exp.]

***Rome 2001**
Velázquez, Rome, Fondazione Memmo, 30 mars-30 juin 2001. [cat. exp.]

Rose-de Viejo 1983
ROSE-DE VIEJO [WAGNER] (Isadora), *Manuel Godoy Patrón de las Artes y coleccionista*, Madrid, 1983, 2 vol.

Rossetti 2011
ROSSETTI (Marta), « Amici e acquirenti di Angelo Caroselli (1585-1652), qualche suo inédito e un ritratto di Velázquez », *Annali della Pontifica Insigne Accademia di Belle Arti e Lettere dei Virtuosi al Pantheon*, 2011, t. XI, pp. 477-516.

Rouen 2005-2006
Les curieux philosophes de Velázquez et de Ribera, Rouen, musée des Beaux-Arts, 2 décembre 2005-20 février 2006. [cat. exp.]

Rudolf 1992
RUDOLF (Karl), voir MORÁN TURINA 1992.

Ruiz 2006
RUIZ GÓMEZ (Leticia), *El retrato español en el Prado. Del Greco a Goya,* mars 2006-septembre 2007 [cat. exp. itinérante en espagne].

Salazar 2004
SALAZAR Y ACHA (Jaime de), « Velázquez, caballero de Santiago », dans IGLESIAS *et al* 2004, pp. 95-125.

Salort 1999
SALORT (Salvador), « La misión de Velázquez y sus agentes en Roma y Venecia : 1649-1653 », *Archivo Español de Arte*, 1999, t. LXXII, pp. 415-468.

Salort 2001
SALORT (Salvador), « Fortuna e collezionismo della pittura di Velázquez in Italia », *Economia e arte, secc. XIII-XVIII*, Prato, 2001, pp. 897-914.

Salort 2002
SALORT (Salvador), *Velázquez en Italia*, Madrid, 2002.

Salort 2008
SALORT (Salvador), *Diego Velázquez, pintor 1599-1660*, Madrid, 2008.

Salort 2012
SALORT (Salvador), « A letter of Introduction for Velázquez in Bologna », *The Burlington Magazine*, septembre 2012, pp. 616-619.

SAMAIN [1883] 1911
SAMAIN (Albert), *Au jardin de l'infante, augmenté de plusieurs poèmes*, PARIS, [1883], 1911.

Sambricio *et al.* 1960
SAMBRICIO (Valentín de) *et al.*, voir Madrid, 1960.

Sánchez Cantón 1925
SÁNCHEZ CANTÓN (Francisco Javier), « La librería de Velázquez », dans *Homenaje a Menéndez Pidal*, Madrid, 1925, pp. 379-406.

Sánchez Cantón 1942
SÁNCHEZ CANTÓN (Francisco Javier), « Como vivía Velázquez. Inventario descubierto por D.F. Rodríguez Marín. Transcrito y publicado por F.J. Sánchez Cantón », *Archivo Español de Arte*, 1942, t. XV pp. 69-91.

Sánchez Cantón 1943 et 1952
SÁNCHEZ CANTÓN (Francisco Javier), *Las Meninas y sus personajes*, Barcelone, 1943 et 1952.

Sánchez Cantón 1960
SÁNCHEZ CANTÓN (Francisco Javier), « Los libros españoles que poseyó Velázquez », dans *Varia Velazqueña*, 1960, t. I, pp. 640-648.

Sánchez Portas 1990
SÁNCHEZ PORTAS (Javier), « El Santo Tomás de Velázquez del Museo diocesano de Orihuela », *Ars Longa. Cuadernos de arte*, Valencia, 1990, t. I, pp. 57-63.

Sancho 1991
SANCHO (José Luis), « En torno al retrato ecuestre de Felipe IV por Velázquez : una hipótesis », dans *Velázquez y el arte de su tiempo*, 1991, pp. 135-139.

Sanz 2005
SANZ (Carmen), « Felipe IV y el teatro », dans ALCALÁ-ZAMORA 2005, pp. 269-289.

Saragosse 1992
Goya, Saragosse, Museo Pablo Gargallo, 18 juin-18 octobre 1992. [cat. exp.]

Sebastián 1989
SEBASTIÁN (Santiago), « Nueva lectura de *Las Meninas* : un retrato emblemático y pedagógico », *Lecturas de Historia del Arte*, n° 1, 1989, pp. 187-207.

Seseña 1991
SESEÑA (Natacha), « El búcaro de *Las Meninas* », dans *Velázquez y el arte de su tiempo*, 1991, pp. 39-48.

***Séville 1960**
Exposicion homenaje a Velázquez en el III Centenario de su muerte. "Velázquez y la Escuela sevillana", Séville, Museo Provincial de Bellas Artes, 1er mai-1er juin 1960. [cat. exp.]

Séville 1973
Pérez Sánchez (Alfonso Emilio), *Caravaggio y el naturalismo español*, Séville, Sala de Armas de los Reales Alcazares, septembre-octobre 1973. [cat. exp.]

Séville 1983-1984
Sevilla en el siglo 17, Séville, Museo de Artes y Costumbres populares, décembre 1983-janvier 1984. [cat. exp.]

Séville 1991-1992
La Pintura Sevillana de los Siglos de Oro, Séville, Hospital de los Venerables Sacerdotes, novembre 1991-janvier 1992. [cat. exp.]

Séville 1992
Tesoros del Arte Español, Séville, Exposición Universal de Sevilla 1992, Pabellón de España avril-octobre 1992. [cat. exp.]

Séville 1995-1996
Tres siglos de dibujo sevillano, Séville, Hospital de Los Venerables, 30 novembre 1995-11 février 1996. [cat. exp.]

***Séville 1999$_1$**
Riuz Pérez (Pedro), *De la pintura y las letras. La Biblioteca de Velázquez,* Séville, Casa Murillo, 1999. [cat. exp.]

***Séville 1999$_2$**
Velázquez y Sevilla, Séville, Monasterio de la Cartuja de Santa María de las Cuevas, Salas del Centro Andaluz de Arte Contemporáneo, 1er octobre-12 décembre 1999, voir *Velázquez y Sevilla ; Estudios* 1999. [cat. exp.]

Séville 2005-2006
De Herrera a Velázquez. El primer naturalismo en Sevilla, Séville, Hospital de los Venerables, 29 novembre 2005-28 février 2006, voir Bilbao 2006. [cat. exp.]

Silva [1999], 2004
Silva (Pilar), « En torno al segundo viaje de Velázquez a Italia », *Actas del Symposium International Velázquez,* [8-11 novembre 1999, Séville], Séville, 2004, pp. 139-154.

Simal 2011
Simal López (Mercedes), « Nuevas noticias sobre las pinturas para el Real Palacio del Buen Retiro realizadas en Italia (1633-1642) », *Archivo Español de Arte*, 2011, t. LXXXIV, pp. 245-260.

Soria 1954
Soria (Martin S.), « *Las Lanzas* y los retratos ecuestres de Velázquez », *Archivo Español de Arte*, 1954, t. XXVII, pp. 93-108.

Spinosa 1992
Spinosa (Nicola), voir Pérez Sánchez 1992

Steinberg 1965
Steinberg (Léo), « Revision of José López-Rey *Velázquez. A Catalogue Raisonné of His Œuvre with an Introductory Study*, Londres, 1963 », *The Art Bulletin*, juin 1965, pp. 274-294.

Stirling-Maxwell 1855
Stirling-Maxwell (William), *Velázquez and His Works*, Londres, 1855.

Stirling-Maxwell [1855], 1999
Stirling-Maxwell (William), *Velázquez,* Madrid, (1855), 1999.

Stoichita 1999
Stoichita (Victor), « El retrato del esclavo. *Juan de Pareja*: semejanza y conceptismo », dans *Velázquez*, Madrid et Barcelone, 1999, pp. 367-382.

Stratton-Pruitt 2002
Stratton-Pruitt (Suzanne L.), *Velázquez*, Cambridge University Press, Cambridge, 2002.

Stratton-Pruitt 2003
Stratton-Pruitt (Suzanne L.), *Velázquez's las Meninas*, Cambridge University Press, Cambridge, 2003.

Symposium Internacional Velázquez : actas,
8-11 novembre 1999, Junta de Andalucia, Consejería de cultura, Séville, 2004.

Taylor 1979
Taylor (René), « Juan Bautista Crescenzio y la arquitectura cortesana española (1617-1635) », *Academia*, nº 48, 1979, pp. 61-126.

Thuillier 1963
Thuillier (Jacques), « Sur un silence de Roger de Piles », dans *Velázquez, son temps, son influence,* 1963, pp. 73-90.

Tiffany 2012
Tiffany (Tanya J.), *Diego Velázquez's Early Paintings and the Culture of Seventeenth-century Seville*, University Park, 2012.

Tiffany 2014
Tiffany (Tanya J.), « Diego Velázquez's Early Paintings and the Culture of Seventeenth-Century Seville Amaya Alzaga », *Kunstchronik*, nº 1, janvier 2014, p. 22.

Tinterow/Lacambre 2002-2003
Tinterow (Gary) et Lacambre (Geneviève), voir Paris 2002-2003 et New York 2003.

***Tokyo 1980**
Velázquez y la pintura española de su tiempo. Cuadros del Museo del Prado y de los Museos provinciales de Francia, Tokyo, National Museum, 29 octobre-21 décembre 1980. [cat. exp.]

Tokyo 1983
Masterpieces of European Painting from the Museum of Fine Arts, Boston, Tokyo, Isetan Museum of Art, octobre-décembre 1983. [cat. exp.]

Tokyo 1992
Pintura española de bodegones y floreros, Tokyo, The National Museum of Western Art, février-avril 1992, voir Nagoya 1992. [cat. exp.]

Tolnay [1949], 1961
Tolnay (Charles de), « Velázquez's *Las Hilanderas* and *Las Meninas* », *Gazette des Beaux-Arts*, janvier 1949, pp. 21-38 ; repris dans *Jardin des arts*, février 1961, nº 75, pp. 20-37.

Tolnay 1960
Tolnay (Charles de), « *La Vénus au miroir* de Velázquez », dans *Varia Velazqueña*, 1960, t. I, pp. 339-343.

Tormo [1911-12], 1949
Tormo (Elías), « Velázquez, el Salón de Reinos del Buen Retiro y el poeta del palacio y del pintor », *Boletín de la sociedad española de excursiones*, mars 1911, t. XIX, pp. 24-44 ; repris dans Tormo 1949, pp. 127-246.

Tormo 1949
Tormo (Elías), *Pintura, Escultura y Arquitectura en España : Estudios dispersos*, Madrid, 1949.

Tovar 1981
Tovar Martín (Virginia), « Significación de Juan Bautista Crescenzio en la arquitectura española del siglo xvii », *Archivo Español de Arte*, 1981, t. LIV, pp. 297-317.

Tovar 1983
Tovar Martín (Virginia), *Arquitectura madrileña del siglo XVII. Datos para su estudio*, Madrid, 1983.

Tovar 1986
Tovar Martín (Virginia), « Juan Gómez de Mora. Arquitecto y trazador del Rey y Maestro Mayor de obras de la Villa de Madrid », dans Madrid 1986, pp. 1-162.

Tovar 1995
Tovar Martín (Virginia), *El Real Sitio de El Pardo*, Madrid, 1995.

Trapier 1948
Trapier (Elisabeth Du Gué), *Velázquez*, New York, 1948.

Úbeda 2005$_1$
Úbeda de los Cobos (Andrés), "La decoración pictórica del Palacio del Buen Retiro", dans Madrid 2005, pp. 14-27.

Úbeda 2005$_2$
Úbeda de los Cobos (Andrés), "El ciclo de la Historia de Roma Antigua", dans Madrid 2005, pp. 168-239.

Unamuno 1920
Unamuno (Miguel), *El Cristo de Velázquez*, Madrid, 1920 ; éd. critique espagnole de Victor García de la Concha, Madrid 1987 ; éd. critique française de Jacques Munier, Paris, 1990.

Valdivieso 1978
Valdivieso (Enrique), *Juan de Roelas*, Séville, coll. « Arte hispalense », n° 18, 1978.

Valdivieso 1986, 1992 et 2002
Valdivieso (Enrique), *Historia de la Pintura Sevillana,* Séville, 1986, 2e et 3e éd., 1992, 2002.

Valdivieso 2003
Valdivieso (Enrique), *Pintura Barroca Sevillana*, Séville, 2003.

Valdivieso [2008], 2009
Valdivieso (Enrique), « La iconografía de las santas Justa y Rufina en la pintura sevillana », dans Navarrete [2008] 2009, pp. 30-35.

Valdivieso/Serrera 1985
Valdivieso (Enrique) et Serrera (Juan Miguel), *Pintura sevillana del primer tercio del siglo xvii*, Madrid, 1985.

Varia Velazqueña, publ. de la Dirección general de Bellas Artes, Madrid, 1960, 2 vol.

Varsovie 1990
Opus Sacrum. Catalogue of the Exhibition from the Collection of Barbara Piasecka Johnson, Varsovie, Royal Castle, 1990. [cat. exp.]

Velázquez, Dossier de l'Art, 1999-2000, n° 63, 1999.

Velázquez. Biografías de los siglos xvii y xviii, Madrid, Instituto Diego Velázquez 1960.

Velázquez, son temps, son influence. Actes du colloque tenu à la Casa de Velázquez les 7, 9 et 10 décembre 1960, Paris, 1963.

Velázquez y el arte de su tiempo, Madrid, Departamento de Historia del Arte Diego Velázquez, Centro de Estudios históricos, coll. « Jornadas de arte », 1991, t. V.

Velázquez y Sevilla ; Estudios, Junta de Andalucia, Séville 1999, voir Séville 1999_2.

Venise 1993
Da Velázquez a Murillo. Il « siglo de oro » in Andalusia, Venise, Fondazione Giorgio Cini, 27 mars-27 juin 1993. [cat. exp.]

Vienne 1982
Von el Greco bis Goya, Vienne, Künstlerhaus, 14 mai-11 juillet 1982, voir Munich 1982. [cat. exp.]

Vienne 1996-1997
Restaurierte Gemälde : die Restaurierwerkstätte der Gemäldegalerie des Kunsthistorischen Museums, 1986-1996, Vienne, Kunsthistorisches Museum, 16 octobre 1996-2 février 1997. [cat. exp.]

Vosters 1973
Vosters (Simon A.), *La rendición de Breda en la literatura y el arte de España*, Londres, 1973.

Vosters 1990
Vosters (Simon A.), *Rubens y España : estudio artistico-literario sobre la estética del Barroco*, Madrid, 1990.

Warnke 2007
Warnke (Martin), *Velázquez. Forma y reforma*, Madrid, Col. Velazqueña, 2007.

Wilkinson 1993
Wilkinson-Zerner (Catherine), *Juan de Herrera, Architect to Philip II of Spain*, New Haven, 1993.

Wilson-Bareau 1991
Wilson-Bareau (Juliet), *Manet par lui-même. Correspondance et conversations, peintures, pastels, dessins et estampes*, Paris, 1991.

Wolf 1999
Wolf (Norbert), *Diego Velázquez 1599-1660. Le Visage de l'Espagne*, Cologne, 1999.

索引

粗体数字为插图编号

人名、地名索引

作品索引

委拉斯贵支作品

传委拉斯贵支所绘作品

委拉斯贵支、马索作品

委拉斯贵支及其画室作品

委拉斯贵支画室作品

委拉斯贵支作品摹本

致谢

Pendant les longues années de préparation, de rédaction et de fabrication de ce livre, l'auteur a reçu des conseils et des aides multiples, dont il est profondément reconnaissant : en particulier, à son foyer, Josette Bottineau, dont l'appui affectueux et lucide a été constant, et à Paris, Jeannine Baticle, Odile Delenda, Véronique Gérard-Powell, Claudie Ressort, François Souchal et les rédactrices de la *Gazette des Beaux-Arts*, spécialement Dominique Choffel et Véronique Sulzer. Il remercie pareillement, à Sceaux, au musée de l'Île-de-France, Jean-Georges Lavit et Isabelle de Lannoy. À Madrid, sa gratitude s'adresse à Juan Luna Fernández, Tomás Llorens Serra et José Luis Sancho.

L'éditeur adresse également ses plus vifs remerciements à Marie-Christine Maufus et Céline Cordier du Wildenstein Institute.

Y. B.

图片说明

图书在版编目(CIP)数据

委拉斯贵支：凝练世间繁华背后的真实 /（法）伊夫·博蒂诺著；黄磊译. -- 武汉：华中科技大学出版社，2021.6

ISBN 978-7-5680-7077-5

Ⅰ.①委… Ⅱ. ①伊… ②黄… Ⅲ. ①委拉斯贵兹（Velazquez, Diego Rodriguez Silva Y 1599-1660）-人物研究 Ⅳ. ①K835.515.72

中国版本图书馆CIP数据核字(2021)第087122号

作者：Yves Bottineau

简体中文版由法国 Citadelles & Mazenod 授权华中科技大学出版社有限责任公司在中华人民共和国境内（但不含香港、澳门和台湾地区）出版、发行。
湖北省版权局著作权合同登记 图字：17-2021-076 号

委拉斯贵支：凝练世间繁华背后的真实
Wei La Si Gui Zhi：Ninglian Shijian Fanhua Beihou de Zhenshi

[法] 伊夫·博蒂诺（Yves Bottineau） 著
黄磊 译

出版发行：华中科技大学出版社（中国·武汉） 电话：(027) 81321913
北京有书至美文化传媒有限公司 (010) 67326910-6023
出 版 人：阮海洪

责任编辑：莽 昱 张丹妮 封面设计：唐 棣
责任监印：徐 露 郑红红

制　　作：北京博逸文化传播有限公司
印　　刷：广东省博罗县园洲勤达印务有限公司
开　　本：889mm × 1194mm 1/8
印　　张：48
字　　数：329千字
版　　次：2021年6月第1版第1次印刷
定　　价：398.00元